만들면서 배우는
파이토치 딥러닝

만들면서 배우는 파이토치 딥러닝

12가지 모델로 알아보는 딥러닝 응용법

초판 1쇄 발행 2021년 8월 5일
초판 2쇄 발행 2023년 1월 30일

지은이 오가와 유타로 / **옮긴이** 박광수 / **펴낸이** 김태헌
펴낸곳 한빛미디어(주) / **주소** 서울시 서대문구 연희로2길 62 한빛미디어(주) IT출판2부
전화 02-325-5544 / **팩스** 02-336-7124
등록 1999년 6월 24일 제25100-2017-000058호 / **ISBN** 979-11-6224-460-9 93000

총괄 송경석 / **책임편집** 홍성신 / **기획** 이윤지 / **교정** 김은미
디자인 표지 이아란 내지 박정화 / **전산편집** 다인
영업 김형진, 장경환, 조유미 / **마케팅** 박상용, 한종진, 이행은, 고광일, 성화정 / **제작** 박성우, 김정우

이 책에 대한 의견이나 오탈자 및 잘못된 내용에 대한 수정 정보는 한빛미디어(주)의 홈페이지나 아래 이메일로
알려주십시오. 잘못된 책은 구입하신 서점에서 교환해드립니다. 책값은 뒤표지에 표시되어 있습니다.

한빛미디어 홈페이지 www.hanbit.co.kr / 이메일 ask@hanbit.co.kr

지금 하지 않으면 할 수 없는 일이 있습니다.
책으로 펴내고 싶은 아이디어나 원고를 메일(writer@hanbit.co.kr)로 보내주세요.
한빛미디어(주)는 여러분의 소중한 경험과 지식을 기다리고 있습니다.

PYTORCH DEEP LEARNING

만들면서 배우는

파이토치 딥러닝

12가지 모델로 알아보는 딥러닝 응용법

오가와 유타로 지음 | 박광수(아크몬드) 옮김

ⅢB 한빛미디어
Hanbit Media, Inc.

지은이·옮긴이 소개

지은이 **오가와 유타로**(小川 雄太郎)

SIer의 기술본부 개발기술부 소속. 딥러닝을 비롯한 머신러닝 관련 기술의 연구 개발 및 기술 지원을 담당한다. 아카시 공업고등전문학교, 도쿄대학 공학부를 거쳐 도쿄대학 대학원, 짐보/고타니 실험실에서 뇌 기능 측정 및 계산 신경과학을 연구했으며 2016년에 박사 학위를 취득했다. 도쿄대학 특임 연구원을 거쳐 2017년 4월부터 현재 직무에 종사 중이다.

저서로 『PyTorch를 활용한 강화학습/심층강화학습 실전 입문』, 『つくりながら學ぶ! Pythonによる因果分析』 등이 있다.

- **깃허브:** *https://github.com/YutaroOgawa*
- **Qiita:** *https://qiita.com/sugulu*

옮긴이 **박광수** archmond@outlook.com | archmond.win

'아크몬드'라는 필명으로 더 잘 알려진 블로거. 2004년부터 지금까지 최신 윈도우 정보를 꾸준히 나누고 있다. 2007년부터 2019년까지 마이크로소프트 MVP(Windows 부문)를 수상했다. 윈도우 11 등 마이크로소프트의 최신 기술에 열광한다. 현재 일본에서 서버 개발자로 활동하며 딥러닝에 많은 관심을 두고 있다. 번역서로 『처음 배우는 딥러닝 수학』, 『파이썬으로 배우는 머신러닝의 교과서』, 『파이썬으로 배우는 딥러닝 교과서』(이상 한빛미디어) 등이 있다.

지은이의 말

이 책에서는 딥러닝의 응용 방법으로 전이학습/파인튜닝을 활용한 화상 분류, 물체 감지, 시맨틱 분할, 자세 추정, GAN을 활용한 화상 생성 및 이상 탐지, 텍스트 데이터의 감정 분석 그리고 동영상 데이터의 클래스 분류를 다뤘습니다. 딥러닝은 입출력 데이터와 손실함수만 잘 정의한다면 다양한 분야의 과제를 해결할 수 있는 기술입니다. 이 책을 통해 딥러닝 기술의 응용 가능성을 조금이라도 느낄 수 있기를 바랍니다.

딥러닝의 다양한 응용법을 설명하고 구현했지만 심층강화학습은 다루지 않습니다. 심층강화학습은 딥러닝뿐 아니라 강화학습 지식도 필요합니다. 『PyTorch를 활용한 강화학습/심층강화학습 실전 입문』(위키북스, 2018)에서 심층강화학습을 설명하고 구현하였으니 참고해주세요.

머신러닝과 딥러닝이 널리 보급된 오늘날 간단한 화상 분류나 물체 감지 등의 작업은 직접 구현하지 않더라도 클라우드 서비스 등으로 손쉽게 해결할 수 있습니다. 딥러닝 기술과 기업 고유의 도메인 지식이 모두 있는 엔지니어는 딥러닝 응용 방법을 직접 구현하여 해결할 수 있는 과제가 많을 것입니다.

머신러닝과 딥러닝은 '단독'으로 이뤄진 총 같은 무기나 도구가 아닌 'ㅇㅇ×딥러닝'이라는 형태일 때 비로소 진정한 가치를 발휘합니다. '인사 업무×딥러닝', '영업×딥러닝', '제조업×딥러닝', '의료×딥러닝', '소매업×딥러닝' 등 ㅇㅇ에는 기업과 산업 그리고 직무 특성에 따른 도메인 지식과 과제가 해당됩니다. '도메인 지식×딥러닝 구현 능력'을 가진 인재가 성장하여 기업에서 활약할 수 있도록 이 책이 도움이 되었으면 합니다. 최근에는 학생 대상의 머신러닝 및 딥러닝 강의가 활발하고 다양한 분야의 연구에서도 딥러닝이 활용됩니다. 이 책이 기업뿐만 아니라 대학 강의, 연구 등 학술 분야에서도 도움이 되기를 바랍니다.

책이 나오까지 마이나비 출판사의 야마구치 마사키 편집자의 제안, 세심한 조언, 피드백이 많은 도움이 되었습니다. 이 자리를 빌려 감사의 말을 전합니다.

이 책을 손에 든 독자 여러분에게도 깊게 감사드립니다.

2019년 5월

오가와 유타로

옮긴이의 말

이 책은 중상급자를 위한 도서입니다. 입문서에서는 알기 힘들었던 전이학습이나 파인튜닝 등을 다룹니다. 기본적인 머신러닝을 배운 후 다음 단계로 파이토치를 선택한 경우 권장합니다. 특히 물체 감지(SSD), 시맨틱 분할 등은 저자가 힘주어 집필한 부분입니다. 비즈니스 현장에서 딥러닝을 활용한 응용 경험을 쌓고 싶다면 이 책을 추천합니다.

번역 작업을 끝내고 하얀 바탕의 빈 문서에 역자의 글을 적고 있으니 감회가 새롭습니다. 번역에 많은 도움을 주신 한빛미디어 홍성신 님, 이윤지 님 그리고 쓰카모토 유이(塚本唯) 님께 감사드립니다.

2021년 6월

박광수

이 책에 대하여

이 책은 딥러닝 응용 기술을 구현하면서 학습합니다. 기초적인 딥러닝(합성곱 신경망을 이용한 화상 분류 등)을 구현한 경험이 있는 분을 독자로 상정했습니다. 딥러닝을 구현하는 패키지로는 파이토치를 이용합니다.

책에서 다루는 내용과 딥러닝 모델은 다음과 같습니다.

- 1장 화상 분류와 전이학습(VGG)
- 2장 물체 인식(SSD)
- 3장 시맨틱 분할(PSPNet)
- 4장 자세 추정(OpenPose)
- 5장 GAN을 활용한 화상 생성(DCGAN, Self-Attention GAN)
- 6장 GAN을 활용한 이상 감지(AnoGAN, Efficient GAN)
- 7장 자연어 처리를 활용한 감정 분석(Transformer)
- 8장 자연어 처리를 활용한 감정 분석(BERT)
- 9장 동영상 분류(3DCNN, ECO)

위 내용은 비즈니스 현장에서 딥러닝을 활용한 구현 경험을 쌓는 데 도움이 되는 것으로 구성했습니다.

이 책에서 설명하고 구현한 딥러닝 모델은 집필 시점의 최고 성능 모델state-of-the-art에 기반했습니다. 책에서 언급하는 모델을 이해하면 이후의 딥러닝 학습이나 연구 및 개발에 도움이 될 것입니다.

1장부터 순서대로 읽을 것을 권합니다. 각 장에서 설명하는 딥러닝 모델을 이해하려면 이전 장의 지식이 필요합니다. 1장부터 다양한 딥러닝 모델을 구현하여 점차 고도의 딥러닝 응용법을 익힐 수 있도록 했습니다.

직접 딥러닝 모델을 구현하면서 즐겁게 응용 기법을 배우길 바랍니다.

구현 환경

구현 환경은 다음과 같습니다. 이 책은 아나콘다^{Anaconda}와 주피터 노트북$^{Jupyter\ Notebook}$을 사용합니다.

- PC 환경: 일반 PC(GPU 불필요) 및 AWS$^{Amazon\ Web\ Services}$를 사용한 GPU 서버
- AWS 환경: p2.xlarge 인스턴스, Deep Learning AMI 머신(우분투 18.04 64비트, NVIDIA CUDA, 파이썬 3.6.5, 콘다, 파이토치 1.x)

책을 집필할 당시의 파이썬 최신 버전은 3.7이지만 3.7에 대응되지 않는 외부 패키지도 많아 파이썬 3.6을 사용합니다.

파이토치는 집필 시점의 최신 버전인 1.0을 사용합니다. 초판 발행 시점에는 파이토치의 최신 버전이 1.1로 갱신되었습니다. 파이토치 버전이 업그레이드되면서 내용에 오류가 발생한 경우에는 저자의 깃허브 이슈$^{GitHub\ Issue}$를 통해 대응법을 알려드립니다.

환경 설정

1. 아나콘다 다운로드 및 설치

◆ 아나콘다 다운로드

*https://repo.anaconda.com/archive/*에 접속해 Anaconda3-5.2.0-Windows-x86_64.exe를 다운로드합니다(32비트 윈도우의 경우 Anaconda3-5.2.0-Windows-x86.exe 입니다).

- **직접 다운로드**: *https://repo.anaconda.com/archive/Anaconda3-5.2.0-Windows-x86_64.exe*

◆ 아나콘다 설치

다운로드한 Anaconda3-5.2.0-Windows-x86_64.exe 파일을 실행합니다.

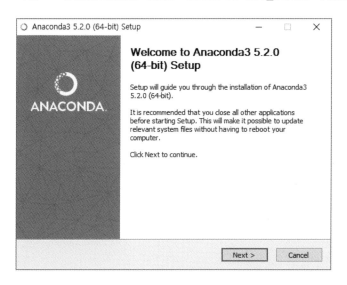

라이선스에 동의합니다.

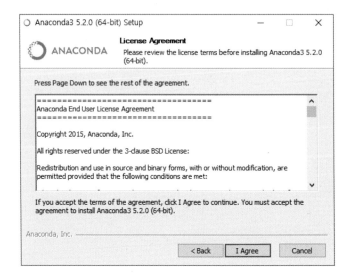

기본적으로 전체 사용자(All Users)가 아닌 'Just Me'가 선택되어 있습니다. 개인용 PC의 경우 기본 값인 'Just Me'를 선택합니다.

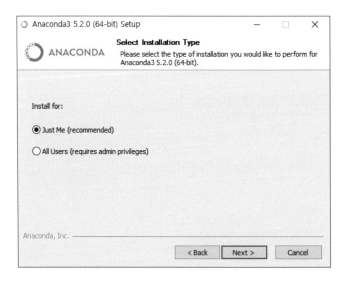

설치 폴더를 선택합니다. C 드라이브에 설치해도 괜찮다면 기본 값으로 진행합니다.

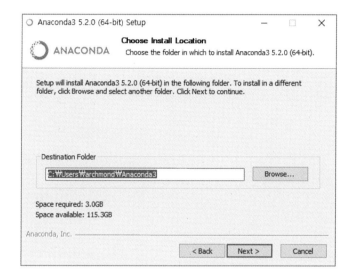

아나콘다를 파이썬 3.6의 기본 프로그램으로 등록합니다.

PC 환경에 따라 설치가 완료되기까지 시간이 다릅니다.

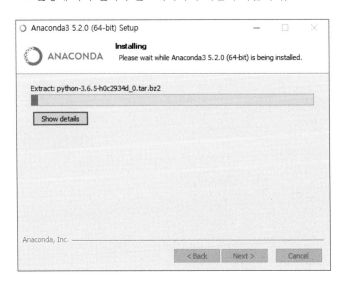

마이크로소프트 비주얼 스튜디오 코드Microsoft Visual Studio Code를 설치할 것인지 물어봅니다. 필요하지 않다면 이 단계는 넘어가고 진행할 수 있습니다.

아나콘다3 설치가 완료되었습니다.

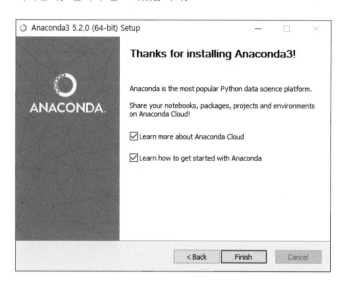

2. 깃 다운로드 및 설치

깃Git을 처음 사용한다면 다운로드해 설치해야 합니다.

◆ 깃 다운로드

*https://git-scm.com/downloads/*에 접속해 우측의 Download 2.28.0 for Windows를
클릭합니다.

자동으로 깃 설치 파일이 다운로드됩니다.

◆ 깃 설치

다운로드한 파일을 실행해 라이선스에 동의합니다.

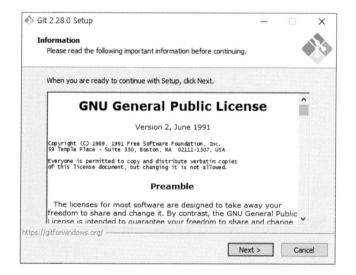

설치 폴더를 지정합니다. 기본 값은 C 드라이브로 되어 있습니다.

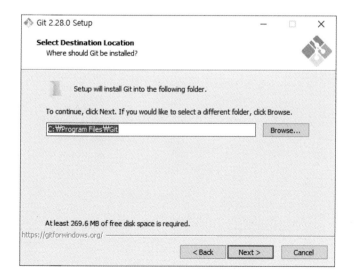

설치할 컴포넌트를 선택합니다. 기본 값대로 진행합니다.

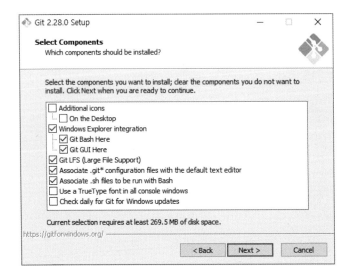

시작 메뉴 폴더명은 Git으로 정해집니다.

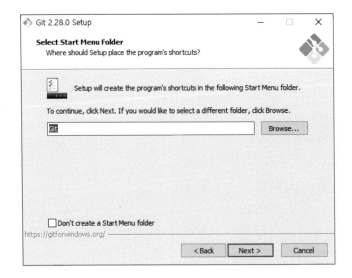

깃의 기본 편집기를 선택합니다. 주력으로 사용하는 텍스트 에디터를 선택합니다.

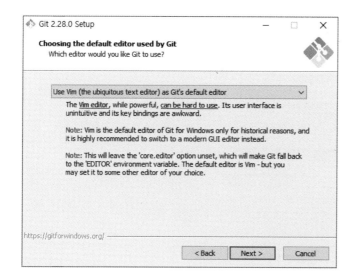

명령 프롬프트의 패스PATH에 깃을 추가합니다. 기본 값대로 진행합니다.

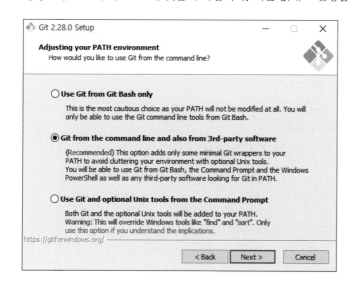

SSH 클라이언트로 OpenSSH를 사용합니다.

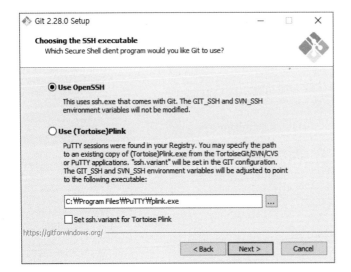

HTTPS 접속 시 사용할 라이브러리를 선택합니다. 기본적으로 OpenSSL을 사용합니다.

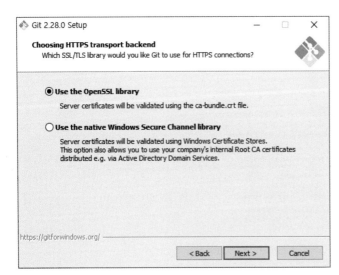

텍스트 파일의 개행 코드에 관한 옵션을 선택합니다. 기본 값을 선택합니다.

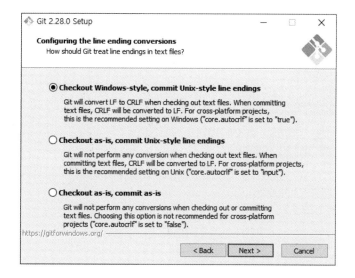

Git Bash 터미널 에뮬레이터로 어떤 것을 선택할지 고릅니다.

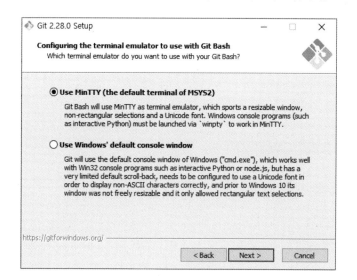

git pull 명령에 대한 설정입니다. 기본 값인 fast-forward or merge를 선택합니다.

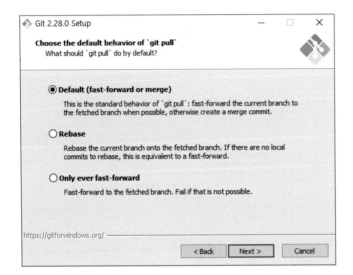

자격 증명 관리자를 선택합니다. 기본적으로 Git Credential Manager가 선택됩니다.

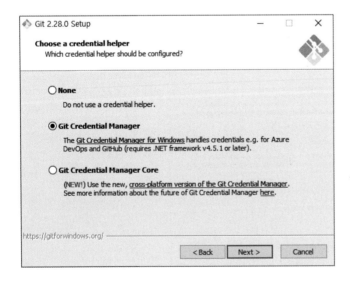

추가 기능 설정입니다. 기본적으로 파일 시스템 캐싱, 심볼릭 링크를 켜도록 되어 있습니다.

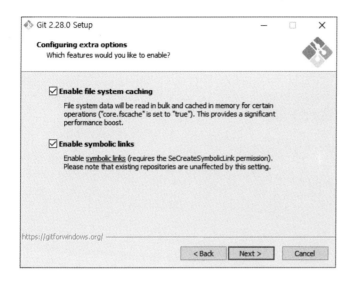

버그가 있지만 최신 기능인 Experimental support for pseudo consoles을 활성화할지 물어봅니다. 기본 값은 해제되어 있습니다.

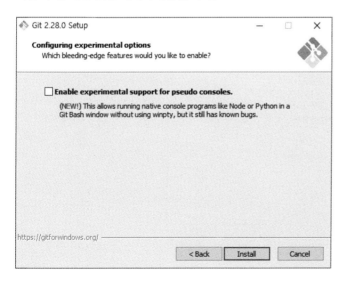

드디어 깃이 설치됩니다.

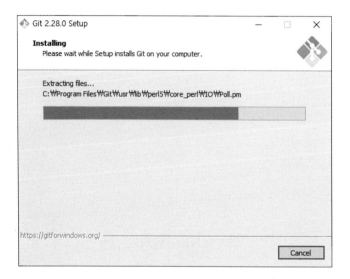

설치가 완료되었습니다.

3. 본문 실행 방법

1.1.2절 폴더 준비에 대한 내용입니다. 아나콘다(파이썬 3.6 포함)와 깃을 설치했으니 본문의 내용을 수행할 수 있습니다.

◆ 아나콘다 프롬프트 실행

단순히 깃 명령만 실행한다면 명령 프롬프트(cmd.exe)를 열면 됩니다. 만약 콘다 명령을 통해 라이브러리 등을 설치한다면 아나콘다 프롬프트^{Anaconda Prompt}를 여는 것이 편리합니다.

시작 메뉴 → Anaconda3 → Anaconda Prompt를 실행합니다.

아나콘다 프롬프트에서 다음의 내용을 그대로 실행합니다(깃에서 데이터를 내려받고 해당 디렉터리로 이동).

```
git clone https://github.com/YutaroOgawa/pytorch_advanced.git
cd pytorch_advanced/
cd 1_image_classification/
```

dir 명령어를 통해 디렉터리의 파일/폴더를 확인할 수 있습니다.

셸 명령어 실행

다음과 같은 명령어를 수행한다고 가정합니다.

```
conda install pytorch-cpu torchvision-cpu -c pytorch
```

앞서 소개한 대로 아나콘다 프롬프트 창에서 해당 명령을 입력한 후 엔터를 누르면 됩니다.

◆ **주피터 노트북으로 스크립트/명령 실행**

실습을 위해 make_folders_and_data_downloads.ipynb 파일을 실행하는 경우 주피터 노트북을 실행하여 딥러닝 코드를 수행할 수 있습니다.

주피터 노트북 실행

시작 → Anaconda3 → Jupyter Notebook을 실행합니다.

주피터 노트북이 실행됩니다. 기본적으로 C:₩ 루트를 가리킵니다. 앞서 git clone 명령으로
다운로드한 pytorch_advanced 폴더를 클릭합니다.

1_image_classification 폴더에 들어갑니다.

본문에서 설명하는 make_folders_and_data_downloads.ipynb 파일을 클릭합니다.

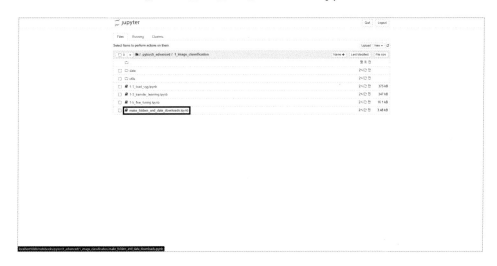

ipynb 파일 실행

본문에서 ipynb 파일 확장자를 실행하는 방법입니다. 주피터 노트북에서 해당 파일을 엽니다.

시프트 키를 눌러 실행할 셀 범위를 선택합니다.

상단의 Run을 클릭하면 해당 범위가 실행됩니다.

참고로 앞 코드는 화면에서는 변화가 없을 수 있지만 해당 폴더에 들어가면 실행 결과를 통한 파일 다운로드가 이뤄진 것을 확인할 수 있습니다.

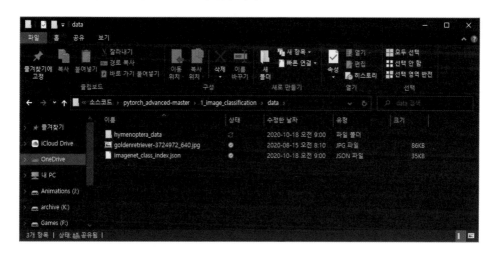

예제 소스

이 책의 코드는 저자의 깃허브 또는 다음 URL에서 다운로드할 수 있습니다.

- 저자의 깃허브: *https://github.com/YutaroOgawa/pytorch_advanced*
- *https://www.hanbit.co.kr/src/10460*
  (본문 그림의 컬러 버전도 확인 가능하며 해당 그림에는 *로 표시해두었습니다.)

본서의 내용에 대한 질문이나 수정 사항은 저자의 깃허브 이슈에서 관리합니다. 예상치 못한 오류가 발생했다면 깃허브 이슈를 체크해보세요.

CONTENTS

CHAPTER 1 화상 분류와 전이학습(VGG)

CHAPTER 2 물체 감지(SSD)

CONTENTS

CHAPTER3 시맨틱 분할(PSPNet)

CONTENTS

CHAPTER 4 자세 추정(OpenPose)

CHAPTER 5 GAN을 활용한 화상 생성(DCGAN, Self-Attention GAN)

CONTENTS

CHAPTER 6 GAN을 활용한 이상 화상 탐지(AnoGAN, Efficient GAN)

CHAPTER 7 자연어 처리에 의한 감정 분석(Transformer)

CONTENTS

CHAPTER 8 자연어 처리를 활용한 감정 분석(BERT)

CONTENTS

CHAPTER 9 동영상 분류(3DCNN, ECO)

화상 분류와 전이학습(VGG)

1.1 학습된 VGG 모델을 사용하는 방법

이 장에서는 화상 분류를 위해 딥러닝 모델인 VGG^{visual geometry group}를 설명합니다. 학습된(학습이 끝난) VGG 모델을 활용해 소량의 데이터로 딥러닝 모델을 구축할 수 있는 전이학습 및 파인튜닝^{fine-tuning}도 알아봅니다.

먼저 학습된 딥러닝 모델인 VGG 모델을 사용한 화상 분류를 설명하겠습니다. 이 절의 내용은 GPU 탑재 머신이 아닌 CPU 머신에서 구현합니다. 학습 목표는 다음과 같습니다.

1. 파이토치로 ImageNet 데이터셋에서 학습된 모델을 로드할 수 있다.
2. VGG 모델을 이해한다.
3. 입력 화상의 크기와 색상을 변환할 수 있다.

구현 파일

1-1_load_vgg.ipynb

1.1.1 ImageNet 데이터셋과 VGG-16 모델

ImageNet 데이터셋에서 사전에 파라미터를 학습한 VGG-16 모델로 미지의 화상을 분류하는 프로그램을 구현하겠습니다. 먼저 **ImageNet 데이터셋**과 **VGG-16 모델**을 설명합니다.

ImageNet 데이터셋은 스탠퍼드 대학교에서 인터넷 화상을 수집해 분류한 데이터셋입니다. ILSVRC^{ImageNet Large Scale Visual Recognition Challenge} 대회에서 사용되었습니다.

파이토치는 ImageNet 데이터셋 중 ILSVRC2012 데이터셋(클래스: 1천 개, 학습 데이터: 120만 장, 검증 데이터: 5만 장, 테스트 데이터: 10만 장)으로 신경망의 결합 파라미터를 학습한 다양한 모델을 사용할 수 있습니다.

VGG-16 모델은 2014년 ILSVRC에서 2위를 차지한 합성곱 신경망입니다.[1] 옥스퍼드 대학교의 VGG 팀이 16층으로 구성한 모델이므로 VGG-16 모델로 불립니다. 11, 13, 19층 버전의 VGG 모델도 존재합니다. VGG 모델의 구조는 이후에 자세히 설명하겠습니다. VGG 모델은 구성이 간단하여 다양한 딥러닝 응용 기술의 기반 네트워크로 사용합니다.

1.1.2 폴더 준비

구현에 앞서 폴더를 만들어 파일을 다운로드합니다. 코드를 다운로드하여 1_image_classification 폴더 내 make_folders_and_data_downloads.ipynb 파일의 각 셀을 하나씩 실행하십시오.¹

이 책의 코드는 다음에서 다운로드할 수 있습니다.

- 저자의 깃허브: *https://github.com/YutaroOgawa/pytorch_advanced*
- *https://www.hanbit.co.kr/src/10460*

깃허브를 사용한다면 다음처럼 셸^{shell}에서 작업합니다.

1　옮긴이_ 윈도우(GUI 환경)에서는 다음의 파일을 내려받고 설치하면 아나콘다(파이썬 3.6 버전)를 사용할 수 있습니다. 설치가 완료되면 시작 메뉴의 'Anaconda → Anaconda Prompt'를 실행하세요(23쪽 '아나콘다 프롬프트 실행' 참조). *https://repo.anaconda.com/archive/Anaconda3-5.2.0-Windows-x86_64.exe*

```
git clone https://github.com/YutaroOgawa/pytorch_advanced.git
cd pytorch_advanced/
cd 1_image_classification/
```

1_image_classification 폴더의 make_folders_and_data_downloads.ipynb 파일을 실행하면 [그림 1-1]과 같은 폴더 구조가 자동으로 생성됩니다. 1_image_classification 폴더 아래에 data가 존재하며 그 속에는 골든 리트리버 견종의 화상이 준비되었습니다. 그 외에 ImageNet 클래스명을 기재한 imagenet_class_index.json 파일과 1.3절 이후 사용할 hymenoptera_data 폴더가 다운로드됩니다.

폴더 내 gitignore 파일은 깃허브에 업로드할 때 업로드하지 않을 파일을 지정합니다. data 폴더의 내용 등 웹사이트에서 충분히 다운로드할 수 있는 파일을 깃허브에 업로드하는 것은 불필요합니다. 이러한 불필요한 업로드를 하지 않도록 설정하는 파일입니다.

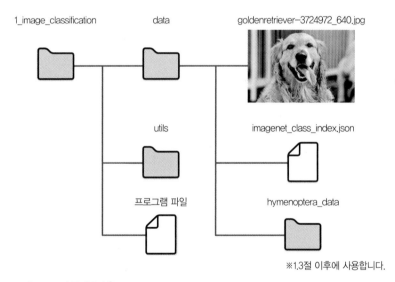

그림 1-1 1장 폴더 구성[2]

---

2   이 장에서 사용하는 골든 리트리버의 화상은 픽사베이(Pixabay)에서 다운로드합니다.[2]

1.1.3 사전 준비

딥러닝 패키지로 파이토치를 사용하겠습니다. 파이토치 다운로드 사이트(*https://pytorch. org/get-started/locally/*)를 참고하여 자신의 OS, 파이썬 버전에 맞는 파이토치 및 토치 비전torchvision을 다운로드해 설치하세요(그림 1-2). 이 책에서는 파이썬 3.6 버전을 사용합니다. 집필 당시에는 파이썬 3.7이 최신이었지만 3.7 버전을 지원하지 않는 패키지도 많아 파이썬 3.6을 사용합니다.

책에서는 Matplotlib 패키지도 사용합니다. 다음 명령으로 설치하십시오.

- 윈도우(GPU 없음) 환경에서 콘다를 사용해 파이토치를 설치하는 경우[3]

```
conda install pytorch-cpu torchvision-cpu -c pytorch
```

- Matplotlib 설치

```
conda install -c conda-forge matplotlib
```

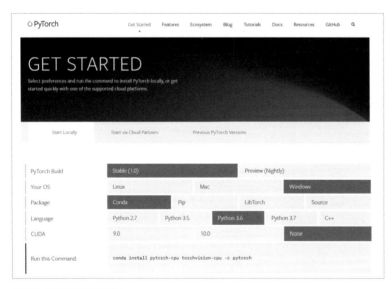

그림 1-2 파이토치 다운로드

....

3 옮긴이_ 23쪽 '3. 본문 실행 방법'을 참고 바랍니다.

1.1.4 패키지 import 및 파이토치 버전 확인

지금부터 1-1_load_vgg.ipynb 파일을 구현하겠습니다. 사용할 패키지가 import할 수 있는지 확인하고 파이토치 버전을 살펴봅니다.

```python
# 패키지 import
import numpy as np
import json
from PIL import Image
import matplotlib.pyplot as plt
%matplotlib inline

import torch
import torchvision
from torchvision import models, transforms

# 파이토치 버전 확인
print("PyTorch Version: ", torch.__version__)
print("Torchvision Version: ", torchvision.__version__)
```

```
[출력]
PyTorch Version:  1.1.0
Torchvision Version:  0.3.0
```

1.1.5 학습된 VGG-16 모델 읽기

학습된 VGG-16 모델을 사용하여 data 폴더의 골든 리트리버 화상을 분류합니다.

먼저 ImageNet으로 파라미터를 학습한 VGG-16 모델을 읽어옵니다. 처음 실행할 때는 학습된 파라미터를 다운로드하여 실행되기까지 시간이 걸립니다.[4]

```python
# VGG-16 모델의 인스턴스 생성
use_pretrained = True  # 학습된 파라미터 사용
net = models.vgg16(pretrained=use_pretrained)
net.eval()  # 추론 모드(평가 모드)로 설정
```

---

[4] 옮긴이_ 추론을 실행하기 전에는 반드시 model.eval()을 호출하여 드롭아웃 및 배치 정규화를 평가 모드로 설정해야 합니다. 설정하지 않으면 추론 결과가 일관성 없이 출력됩니다. 다음의 링크를 참조하세요. *https://tutorials.pytorch.kr/beginner/saving_loading_models.html/*

```
# 모델의 네트워크 구성 출력
print(net)
```

[출력]
```
VGG(
  (features): Sequential(
    (0): Conv2d(3, 64, kernel_size=(3, 3), stride=(1, 1), padding=(1, 1))
    (1): ReLU(inplace)
    (2): Conv2d(64, 64, kernel_size=(3, 3), stride=(1, 1), padding=(1, 1))
    (3): ReLU(inplace)
    (4): MaxPool2d(kernel_size=2, stride=2, padding=0, dilation=1, ceil_mode=False)
    (5): Conv2d(64, 128, kernel_size=(3, 3), stride=(1, 1), padding=(1, 1))
    (6): ReLU(inplace)
    (7): Conv2d(128, 128, kernel_size=(3, 3), stride=(1, 1), padding=(1, 1))
    (8): ReLU(inplace)
    (9): MaxPool2d(kernel_size=2, stride=2, padding=0, dilation=1, ceil_mode=False)
    (10): Conv2d(128, 256, kernel_size=(3, 3), stride=(1, 1), padding=(1, 1))
    (11): ReLU(inplace)
    (12): Conv2d(256, 256, kernel_size=(3, 3), stride=(1, 1), padding=(1, 1))
    (13): ReLU(inplace)
    (14): Conv2d(256, 256, kernel_size=(3, 3), stride=(1, 1), padding=(1, 1))
    (15): ReLU(inplace)
    (16): MaxPool2d(kernel_size=2, stride=2, padding=0, dilation=1, ceil_mode=False)
    (17): Conv2d(256, 512, kernel_size=(3, 3), stride=(1, 1), padding=(1, 1))
    (18): ReLU(inplace)
    (19): Conv2d(512, 512, kernel_size=(3, 3), stride=(1, 1), padding=(1, 1))
    (20): ReLU(inplace)
    (21): Conv2d(512, 512, kernel_size=(3, 3), stride=(1, 1), padding=(1, 1))
    (22): ReLU(inplace)
    (23): MaxPool2d(kernel_size=2, stride=2, padding=0, dilation=1, ceil_mode=False)
    (24): Conv2d(512, 512, kernel_size=(3, 3), stride=(1, 1), padding=(1, 1))
    (25): ReLU(inplace)
    (26): Conv2d(512, 512, kernel_size=(3, 3), stride=(1, 1), padding=(1, 1))
    (27): ReLU(inplace)
    (28): Conv2d(512, 512, kernel_size=(3, 3), stride=(1, 1), padding=(1, 1))
    (29): ReLU(inplace)
    (30): MaxPool2d(kernel_size=2, stride=2, padding=0, dilation=1, ceil_mode=False)
  )
  (avgpool): AdaptiveAvgPool2d(output_size=(7, 7))
  (classifier): Sequential(
    (0): Linear(in_features=25088, out_features=4096, bias=True)
    (1): ReLU(inplace)
    (2): Dropout(p=0.5)
    (3): Linear(in_features=4096, out_features=4096, bias=True)
    (4): ReLU(inplace)
```

```
    (5): Dropout(p=0.5)
    (6): Linear(in_features=4096, out_features=1000, bias=True)
  )
)
```

출력 결과를 보면 VGG-16 모델의 네트워크 구성은 features와 classifier라는 두 모듈로 나누어졌습니다. 그리고 각 모듈 속에 합성곱 층과 전결합 층이 있습니다.

VGG-16은 이름처럼 16층이 아닌 총 38층으로 구성되었습니다. 16층이란 합성곱 층과 전결합 층의 수를 나타냅니다(활성화 함수 ReLU, 풀링 층, 드롭아웃 층은 포함하지 않습니다).

[그림 1-3]을 보면 VGG-16 층의 구성을 알 수 있습니다.

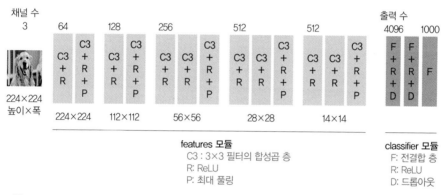

그림 1-3 VGG-16 모델의 구성

입력 화상의 크기는 RGB 색상 채널 3, 높이와 너비가 224 픽셀이므로 (batch_num, 3, 224, 224)가 됩니다. batch_num은 미니 배치의 사이즈를 나타내며 [그림 1-3]에서는 미니 배치의 차원을 생략했습니다.

입력 화상은 처음에 3×3 크기의 합성곱 필터(64 채널), 활성화 함수 ReLU 쌍을 두 번 통과하고, 이후 2×2 크기의 최대 풀링^{Max Pooling} 층을 통과합니다. 그 결과 화상의 크기는 절반인 112×112가 됩니다. 합성곱 층, ReLU, 최대 풀링 조합을 총 다섯 번 통과하고 최종적으로 features 모듈의 끝에 있는 최대 풀링을 빠져나오면 데이터 크기는 (512, 7, 7)이 됩니다. 이처럼 파이토치에서 처리하는 데이터를 텐서^{tensor}라고 합니다. 책에서도 텐서라고 부르겠습니다.

입력 데이터는 features 모듈을 통과한 후 classifier 모듈에 들어갑니다. 첫 번째 전결합 층은 입력 요소 수가 25088, 출력 수가 4096입니다. 25088이라는 숫자는 classifier 모듈에 대한 입력 화상의 전체 요소 수인 512×7×7=25088로 계산된 것입니다.

전결합 층 이후에는 ReLU, 드롭아웃 층을 통과합니다. 여기에 다시 한 번 전결합 층, ReLU, 드롭아웃 조합을 통과하여 마지막에는 출력 유닛 수가 1,000인 전결합 층을 통과합니다. 출력 수 1,000의 출력 유닛은 ImageNet 데이터셋의 클래스 수 1,000 종류에 대응하며, 1,000 클래스 중 입력 화상이 어디에 해당하는지 나타냅니다.

1.1.6 입력 영상의 전처리 클래스 작성

학습된 VGG-16 모델을 읽은 후에는 VGG-16 화상을 입력하는 데 필요한 전처리 부분을 작성합니다.

전처리로 화상 크기를 224x224로 변경하고 색상 정보를 규격화해야 합니다. 색상 정보의 규격화는 RGB를 평균 (0.485, 0.456, 0.406), 표준편차 (0.229, 0.224, 0.225)의 조건으로 표준화합니다. 해당 규격화 조건은 ILSVRC2012 데이터셋의 지도 데이터로 구해지는 값입니다. 방금 읽어들인 학습된 VGG-16 모델은 이 규격화 조건으로 전처리된 화상을 학습하여 같은 전처리를 해야 됩니다.

화상의 전처리 클래스를 구현합니다. BaseTransform 클래스를 만들어 동작을 확인합니다.

파이토치와 필로^{pillow}(PIL)에서 화상 요소의 순서가 다른 점에 주의하세요. 파이토치는 화상을 (색상 채널, 높이, 너비) 순서로 다루지만 필로는 (높이, 너비, 색상 채널) 순으로 다룹니다. 파이토치에서 출력된 텐서의 순서를 img_transformed = img_transformed.numpy().transpose((1, 2, 0))으로 교체합니다.

__call__()은 파이썬의 일반 메서드입니다. 해당 클래스의 인스턴스를 구체적인 함수를 지정하지 않고 호출하면 실행되는 함수입니다. BaseTransform의 인스턴스를 생성한 후 함수를 지정하지 않고 인스턴스명으로 실행하면 __call__()이 실행됩니다.

```
# 입력 화상의 전처리 클래스
class BaseTransform():
    """
```

화상 크기 변경 및 색상 표준화

```
    Attributes
    ----------
    resize : int
        크기 변경 전의 화상 크기
    mean : (R, G, B)
        각 색상 채널의 평균값
    std : (R, G, B)
        각 색상 채널의 표준편차
    """

    def __init__(self, resize, mean, std):
        self.base_transform = transforms.Compose([
            transforms.Resize(resize),  # 짧은 변의 길이가 resize 크기가 된다.
            transforms.CenterCrop(resize),  # 화상 중앙을 resize×resize로 자른다.
            transforms.ToTensor(),  # 토치 텐서로 변환
            transforms.Normalize(mean, std)  # 색상 정보의 표준화
        ])

    def __call__(self, img):
        return self.base_transform(img)
```

```
# 화상 전처리 확인

# 1. 화상 읽기
image_file_path = './data/goldenretriever-3724972_640.jpg'
img = Image.open(image_file_path)  # [높이][너비][색RGB]

# 2. 원본 화상 표시
plt.imshow(img)
plt.show()

# 3. 화상 전처리 및 처리된 화상의 표시
resize = 224
mean = (0.485, 0.456, 0.406)
std = (0.229, 0.224, 0.225)
transform = BaseTransform(resize, mean, std)
img_transformed = transform(img)  # torch.Size([3, 224, 224])

# (색상, 높이, 너비)를 (높이, 너비, 색상)으로 변환하고 0-1로 값을 제한하여 표시
img_transformed = img_transformed.numpy().transpose((1, 2, 0))
img_transformed = np.clip(img_transformed, 0, 1)
```

```
plt.imshow(img_transformed)
plt.show()
```

[그림 1-4]를 보면 화상의 크기는 224로 변경되고 색상 정보가 표준화된 것을 알 수 있습니다.

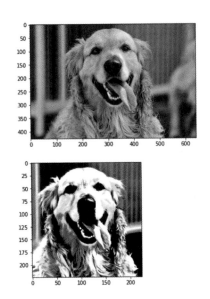

그림 1-4 화상 전처리 출력 결과

1.1.7 출력 결과로 라벨을 예측하는 후처리 클래스 생성

VGG-16 모델의 1000차원 출력을 라벨명으로 변환하는 ILSVRCPredictor 클래스를 만듭니다. ILSVRC의 라벨명은 사전에 준비한 JSON 파일인 imagenet_class_index.json을 사용합니다.

VGG-16 모델로 출력된 값은 torch.Size([1, 1000]) 크기의 파이토치 텐서 형식입니다. 이를 넘파이형[NumPy] 변수로 변환합니다. 먼저 출력 값을 네트워크에서 분리하는 .detach()를 적용합니다. 분리한 텐서에 .numpy()를 적용하여 넘파이형으로 변환하고 np.argmax()로 최 댓값의 인덱스를 얻습니다. 이를 maxid = np.argmax(out.detach().numpy())처럼 한 줄로 표현합니다. 이후에는 maxid에 해당하는 라벨명을 사전형 변수 ILSVRC_class_index에서 얻습니다.

```
# ILSVRC 라벨 정보를 읽어 사전형 변수 생성
ILSVRC_class_index = json.load(open('./data/imagenet_class_index.json', 'r'))
ILSVRC_class_index
```

[출력]
```
{'0': ['n01440764', 'tench'],
 '1': ['n01443537', 'goldfish'],
 '2': ['n01484850', 'great_white_shark'],
...
```

```python
# 출력 결과에서 라벨을 예측하는 후처리 클래스
class ILSVRCPredictor():
    """
    ILSVRC 데이터 모델의 출력에서 라벨을 구한다.

    Attributes
    ----------
    class_index : dictionary
            클래스 index와 라벨명을 대응시킨 사전형 변수
    """

    def __init__(self, class_index):
        self.class_index = class_index

    def predict_max(self, out):
        """
        최대 확률의 ILSVRC 라벨명을 가져온다.

        Parameters
        ----------
        out : torch.Size([1, 1000])
            Net에서 출력

        Returns
        -------
        predicted_label_name : str
            가장 예측 확률이 높은 라벨명
        """
        maxid = np.argmax(out.detach().numpy())
        predicted_label_name = self.class_index[str(maxid)][1]

        return predicted_label_name
```

1.1.8 학습된 VGG 모델로 화상 예측

화상 전처리용 BaseTransform 클래스와 네트워크 출력의 후처리용 ILSVRCPredictor 클래스를 만들었습니다. 프로그램 구성은 [그림 1-5]와 같습니다.

입력 화상이 BaseTransform 클래스로 변환되어 VGG-16 모델에 입력됩니다. 모델에서 1000차원의 출력은 ILSVRCPredictor 클래스로 가장 예측 확률이 높은 라벨명으로 변환되어 최종 예측 결과가 출력됩니다.

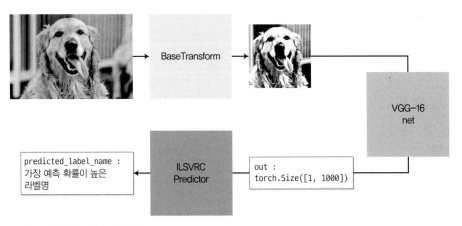

그림 1-5 학습된 VGG 모델 구성

이러한 흐름을 구현하여 학습된 VGG 모델로 화상을 예측합니다. 파이토치 네트워크에 화상을 입력할 때 데이터를 미니 배치 형태로 해야 합니다. unsqueeze_(0)을 사용하여 입력 데이터에 미니 배치의 차원을 추가합니다.

```
# ILSVRC 라벨 정보를 읽어 사전형 변수 생성
ILSVRC_class_index = json.load(open('./data/imagenet_class_index.json', 'r'))

# ILSVRCPredictor 인스턴스 생성
predictor = ILSVRCPredictor(ILSVRC_class_index)

# 입력 화상 읽기
image_file_path = './data/goldenretriever-3724972_640.jpg'
img = Image.open(image_file_path)  # [높이][너비][색RGB]

# 전처리 후 배치 크기의 차원 추가
```

```
transform = BaseTransform(resize, mean, std)  # 전처리 클래스 작성
img_transformed = transform(img)  # torch.Size([3, 224, 224])
inputs = img_transformed.unsqueeze_(0)  # torch.Size([1, 3, 224, 224])

# 모델에 입력하고 모델 출력을 라벨로 변환
out = net(inputs)  # torch.Size([1, 1000])
result = predictor.predict_max(out)

# 예측 결과 출력
print("입력 화상의 예측 결과 : ", result)
```

[출력]
입력 화상의 예측 결과 : golden_retriever

프로그램을 실행하면 golden_retriever가 출력되고 골든 리트리버 화상을 제대로 분류한 것을 확인할 수 있습니다.

이 절에서는 ImageNet으로 사전에 파라미터를 학습한 VGG-16 모델을 읽어들여 예제 화상인 골든 리트리버 견종을 ImageNet 클래스에 따라 분류하는 프로그램을 구현했습니다. 다음 절에서는 파이토치로 딥러닝을 구현하는 흐름을 살펴보겠습니다.

1.2 파이토치를 활용한 딥러닝 구현 흐름

앞서 학습이 끝난 모델을 사용해 ILSVRC의 1,000종류 클래스에서 화상의 라벨을 예측했습니다. 실제 비즈니스에서는 예측하고자 하는 화상의 라벨이 ILSVRC로 준비한 1,000 클래스와 달라 자신의 데이터로 딥러닝 모델을 다시 학습해야 합니다.

여기서는 파이토치를 사용한 딥러닝 구현의 흐름과 자신의 데이터로 신경망을 다시 학습하는 방법을 설명합니다. 학습 목표는 다음과 같습니다.

  1. 파이토치의 데이터셋과 데이터 로더를 이해한다.
  2. 파이토치로 딥러닝을 구현하는 흐름을 이해한다.

구현 파일

없음

1.2.1 파이토치를 활용한 딥러닝 구현 흐름

파이토치를 활용한 딥러닝 구현 흐름은 [그림 1-6]을 보면 알 수 있습니다.

먼저 앞으로 구현할 딥러닝 응용 기술의 전체 그림을 파악합니다. 구체적으로는 전처리, 후처리, 네트워크 모델의 입출력을 확인합니다.

다음으로 Dataset 클래스를 만듭니다. 입력 데이터와 라벨 등을 쌍으로 갖는 클래스입니다. Dataset에는 데이터에 대한 전처리 클래스의 인스턴스를 할당하여 파일을 읽을 때 자동으로 전처리를 적용하도록 설정합니다. 훈련 데이터, 검증 데이터(그리고 테스트 데이터)에 대한 Dataset을 작성합니다.

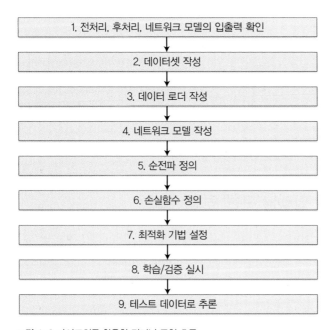

그림 1-6 파이토치를 활용한 딥러닝 구현 흐름

다음은 DataLoader 클래스를 만듭니다. Dataset에서 데이터를 어떻게 가져올지 설정하는 클래스입니다. 일반적으로 딥러닝에서는 미니 배치 학습을 실시하여 여러 데이터를 동시에 Dataset에서 가지고 와 네트워크를 학습시킵니다. DataLoader는 Dataset에서 미니 배치를 쉽게 가지고 올 수 있도록 합니다. 훈련 데이터와 검증 데이터(그리고 테스트 데이터)의

DataLoader를 만듭니다. DataLoader가 완성되면 입력 데이터에 대한 사전 준비가 완료됩니다.

이어서 네트워크 모델을 만듭니다. 네트워크 모델 생성은 처음부터 전부 스스로 만드는 경우, 학습된 모델을 로드하여 사용하는 경우, 학습된 모델을 기반으로 변경하는 경우가 있습니다. 딥러닝을 응용할 때는 학습된 모델을 기반으로 수정하는 경우가 많습니다. 다음 절에서 학습된 모델을 수정하여 네트워크 모델을 작성해보겠습니다.

네트워크 모델을 만든 후 네트워크 모델의 순전파 함수^{forward}를 정의합니다. 네트워크 모델이 단순하다면 데이터 모델을 구축한 층은 앞에서 뒤로 흐릅니다. 딥러닝에서 응용할 때는 순전파가 복잡한 경우가 많습니다. 네트워크가 도중에 나뉘기도 합니다. 복잡한 순서를 제대로 전달하려면 순전파 함수를 정확하게 정의해야 합니다. 처음에는 순전파 함수를 이해하기 어렵습니다. 여러분의 이해를 도울 수 있도록 2장에서 구체적으로 구현하며 순전파 함수를 정의하겠습니다.

순전파 함수를 정의했다면 오차 역전파법^{backpropagation}을 하기 위한 손실함수를 정의합니다. 간단한 딥러닝 기법이면 제곱 오차와 같이 단순하지만 응용 기법에 따라 매우 복잡한 형태일 수 있습니다.

이어 네트워크 모델의 결합 파라미터를 학습시킬 때의 최적화 기법을 설정합니다. 오차 역전파법으로 결합 파라미터의 오차 경사가 구해집니다. 최적화 방법으로 이 경사를 사용해 결합 파라미터의 수정량을 어떻게 계산할지 설정합니다. 최적화 방법에는 모멘텀SGD^{MomentumSGD} 등을 사용합니다.

딥러닝 학습용 설정이 완료되었습니다. 이제 학습과 검증을 실시합니다. 기본적으로 에폭^{epoch}마다 훈련 데이터와 검증 데이터의 성능을 확인합니다. 검증 데이터의 성능을 향상시킬 수 없으면 훈련 데이터가 과학습해 학습을 종료시키는 경우가 많습니다. 검증 데이터의 성능이 향상되지 않을 때 학습을 종료하는 방법을 early stopping(조기 종료)이라고 합니다.

학습이 완료되면 마지막으로 테스트 데이터를 추론합니다.

이상 파이토치를 활용한 딥러닝 구현의 기본적인 흐름입니다. 다음 절에서는 적은 양의 데이터로 화상을 분류하는 딥러닝 모델의 구현법을 설명하겠습니다.

1.3 전이학습 구현

전이학습transfer learning을 사용하여 적은 양의 데이터로 원본 화상 분류용 딥러닝 모델을 구축하는 법을 설명하겠습니다. 파이토치 튜토리얼에서 사용되는 '개미'와 '벌'의 화상을 분류하는 모델을 학습합니다. 일반적인 CPU 머신에서 구현합니다.

학습 목표는 다음과 같습니다.

1. **화상 데이터로 데이터셋을 만들 수 있다.**
2. **데이터셋으로 데이터 로더를 만들 수 있다.**
3. **학습된 모델의 출력층을 원하는 형태로 변경할 수 있다.**
4. **출력층의 결합 파라미터만 학습시켜 전이학습을 구현할 수 있다.**

구현 파일

1-3_transfer_learning.ipynb

1.3.1 전이학습

전이학습은 학습된 모델을 기반으로 최종 출력층을 바꿔 학습하는 기법입니다. 학습된 모델의 최종 출력층을 보유 중인 데이터에 대응하는 출력층으로 바꾸고, 교체한 출력층의 결합 파라미터(그리고 앞 층의 결합 파라미터)를 소량의 데이터로 다시 학습합니다. 입력층에 가까운 부분의 결합 파라미터는 학습된 값으로 변화시키지 않습니다.

학습된 모델에 기반하는 전이학습은 보유 중인 데이터가 적더라도 뛰어난 성능의 딥러닝을 실현하기 좋습니다. 입력층에 가까운 층의 결합 파라미터도 학습된 값으로 갱신하는 경우는 파인튜닝이라고 합니다. 파인튜닝에 대해서는 1.5절에서 살펴보겠습니다.

1.3.2 폴더 준비

1.1절에서 make_folders_and_data_downloads.ipynb 파일을 실행하지 않았다면 각 셀을 하나씩 실행하십시오. data 폴더 내에 hymenoptera_data 폴더가 만들어집니다. 폴더에는 파이토치의 전이학습 튜토리얼[3]에서 사용하는 개미와 벌의 화상 데이터가 있습니다.

1.3.3 사전 준비

for 루프의 경과 시간과 남은 시간을 측정하는 tqdm 패키지를 설치합니다.

```
conda install -c conda-forge tqdm
```

1.3.4 구현 초기 설정

구현을 시작하겠습니다. 먼저 패키지를 import하고 난수 시드를 설정합니다. 이 절 이후에는 패키지 import와 난수 시드 설정을 생략하겠습니다.

```
# 패키지 import
import glob
import os.path as osp
import random
import numpy as np
import json
from PIL import Image
from tqdm import tqdm
import matplotlib.pyplot as plt
%matplotlib inline

import torch
import torch.nn as nn
import torch.optim as optim
import torch.utils.data as data
import torchvision
from torchvision import models, transforms

# 난수 시드 설정
torch.manual_seed(1234)
np.random.seed(1234)
random.seed(1234)
```

1.3.5 데이터셋 작성

3단계로 Dataset을 작성합니다. 먼저 화상의 전처리 클래스인 ImageTransform을 만듭니다. 다음으로 화상 파일 경로를 리스트형 변수에 저장하는 make_datapath_list 함수를 만듭니다. 마지막으로 전처리 클래스와 함수를 사용하여 Dataset 클래스인 HymenopteraDataset을 작성합니다.

단순한 화상 분류 작업으로 Dataset을 작성할 때는 torchvision.datasets.ImageFolder 클래스로 만드는 것이 간단합니다. 2장 이후에는 다양한 작업에 딥러닝을 응용할 경우 직접 Dataset을 작성할 수 있도록 ImageFolder 클래스를 사용하지 않고 Dataset 작성 방법을 설명합니다. 먼저 화상 전처리 클래스인 ImageTransform을 만듭니다. 훈련 시와 추론 시에 각각 다른 전처리를 해봅니다. 훈련 시에는 데이터 확장data augmentation을 실시합니다. 데이터 확장이란 데이터에 대해 에폭마다 화상 변환을 다르게 적용하여 데이터를 부풀리는 기법입니다. 이번에는 훈련 시의 전처리에 RandomResizedCrop과 RandomHorizontalFlip을 수행합니다.

전처리 클래스 ImageTransform은 다음과 같이 구현합니다. RandomResizedCrop(resize, scale=(0.5, 1.0))은 scale에 지정된 0.5~1.0 크기로 화상을 확대 및 축소합니다. 화면 비율을 3/4에서 4/3 중 하나로 변경해 화상을 가로 혹은 세로로 늘이고 마지막으로 resize에서 지정한 크기로 화상을 자릅니다. RandomHorizontalFlip()은 화상의 좌우를 50%의 확률로 반전시킵니다. 동일한 훈련 데이터라도 에폭마다 조금씩 다른 화상이 생성됩니다. 다양한 데이터를 학습하여 테스트 데이터에 대한 성능(일반화 성능) 개선에도 도움이 됩니다.

```python
# 입력 화상의 전처리 클래스
# 훈련 시와 추론 시 처리가 다르다.

class ImageTransform():
    """
    화상 전처리 클래스. 훈련 시, 검증 시의 동작이 다르다.
    화상 크기를 리사이즈하고 색상을 표준화한다.
    훈련 시에는 RandomResizedCrop과 RandomHorizontalFlip으로 데이터를 확장한다.

    Attributes
    ----------
    resize : int
        리사이즈 대상 화상의 크기
    mean : (R, G, B)
        각 색상 채널의 평균값
    std : (R, G, B)
        각 색상 채널의 표준편차
    """

    def __init__(self, resize, mean, std):
        self.data_transform = {
            'train': transforms.Compose([
                transforms.RandomResizedCrop(
                    resize, scale=(0.5, 1.0)),  # 데이터 확장
                transforms.RandomHorizontalFlip(),  # 데이터 확장
                transforms.ToTensor(),  # 텐서로 변환
                transforms.Normalize(mean, std)  # 표준화
            ]),
            'val': transforms.Compose([
                transforms.Resize(resize),  # 리사이즈
                transforms.CenterCrop(resize),  # 화상 중앙을 resize×resize로 자른다.
                transforms.ToTensor(),  # 텐서로 변환
                transforms.Normalize(mean, std)  # 표준화
            ])
        }

    def __call__(self, img, phase='train'):
        """
        Parameters
        ----------
        phase : 'train' or 'val'
            전처리 모드 지정
        """

        return self.data_transform[phase](img)
```

ImageTransform을 훈련 모드로 실시한 동작을 확인합니다. [그림 1–7]을 보면 강아지 얼굴 근처가 잘리고 옆으로 늘어나고 좌우가 바뀐 것을 알 수 있습니다. 결과는 실행할 때마다 바뀝니다.

```python
# 훈련 시 화상 전처리 동작 확인
# 실행할 때마다 처리 결과 화상이 바뀐다.

# 1. 화상 읽기
image_file_path = './data/goldenretriever-3724972_640.jpg'
img = Image.open(image_file_path)   # [높이][폭][색RGB]

# 2. 원본 화상 표시
plt.imshow(img)
plt.show()

# 3. 화상 전처리, 처리된 화상 표시
size = 224
mean = (0.485, 0.456, 0.406)
std = (0.229, 0.224, 0.225)

transform = ImageTransform(size, mean, std)
img_transformed = transform(img, phase="train")  # torch.Size([3, 224, 224])

# (색상, 높이, 너비)를 (높이, 너비, 색상)으로 변환하고 0-1로 값을 제한해 표시
img_transformed = img_transformed.numpy().transpose((1, 2, 0))
img_transformed = np.clip(img_transformed, 0, 1)
plt.imshow(img_transformed)
plt.show()
```

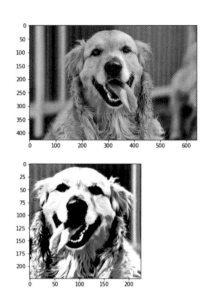

그림 1-7 ImageTransform을 실시한 결과. 화상 전처리 전후를 보여주며 실행할 때마다 결과가 변한다.

이제 데이터 파일 경로를 저장하는 리스트형 변수를 만듭니다. 이번에 사용할 훈련 데이터는 개미와 벌 화상이 총 243장, 검증 데이터는 총 153장입니다. 훈련 데이터와 검증 데이터의 파일 경로 리스트를 만듭니다.

파일 경로 문자열을 osp.join으로 작성하고 glob으로 파일 경로를 가져옵니다.

```
# 개미와 벌이 담긴 화상 파일의 경로 리스트 작성
def make_datapath_list(phase="train"):
    """
    데이터의 경로를 저장한 리스트 작성

    Parameters
    ----------
    phase : 'train' or 'val'
        훈련 데이터 또는 검증 데이터 지정

    Returns
    -------
    path_list : list
        데이터 경로를 저장한 리스트
    """
```

```
    rootpath = "./data/hymenoptera_data/"
    target_path = osp.join(rootpath+phase+'/**/*.jpg')
    print(target_path)

    path_list = []  # 여기에 저장

    # glob을 이용하여 하위 디렉토리의 파일 경로를 가져온다.
    for path in glob.glob(target_path):
        path_list.append(path)

    return path_list

# 실행
train_list = make_datapath_list(phase="train")
val_list = make_datapath_list(phase="val")

train_list
```

```
[출력]
./data/hymenoptera_data/train/**/*.jpg
./data/hymenoptera_data/val/**/*.jpg
['./data/hymenoptera_data/train\\ants\\0013035.jpg',
 './data/hymenoptera_data/train\\ants\\1030023514_aad5c608f9.jpg',
...
```

마지막으로 Dataset 클래스를 작성하여 훈련 데이터와 검증 데이터에 각각의 인스턴스를 만듭니다. 화상을 읽을 때 전처리 클래스인 ImageTransform을 적용합니다.

화상이 개미라면 label을 0으로, 벌인 경우 1로 합니다. Dataset 클래스를 상속한 원래의 Dataset을 만들 때는 Dataset에서 하나의 데이터를 꺼내는 메서드인 __getitem__()과 Dataset의 파일 수를 반환하는 __len__() 메서드를 구현해야 합니다.

```
# 개미와 벌의 화상에 대한 Dataset 작성

class HymenopteraDataset(data.Dataset):
    """
    개미와 벌 화상의 Dataset 클래스. 파이토치의 Dataset 클래스 상속

    Attributes
    ----------
    file_list : 리스트
```

```
        화상 경로를 저장한 리스트
    transform : object
        전처리 클래스의 인스턴스
    phase : 'train' or 'test'
        학습인지 훈련인지 설정
    """

    def __init__(self, file_list, transform=None, phase='train'):
        self.file_list = file_list  # 파일 경로 리스트
        self.transform = transform  # 전처리 클래스의 인스턴스
        self.phase = phase  # train or val 지정

    def __len__(self):
        '''화상 개수를 반환'''
        return len(self.file_list)

    def __getitem__(self, index):
        '''
        전처리한 화상의 텐서 형식의 데이터와 라벨 취득
        '''

        # index번째의 화상 로드
        img_path = self.file_list[index]
        img = Image.open(img_path)  # [높이][폭][색RGB]

        # 화상의 전처리 실시
        img_transformed = self.transform(
            img, self.phase)  # torch.Size([3, 224, 224])

        # 화상 라벨을 파일 이름에서 추출
        if self.phase == "train":
            label = img_path[30:34]
        elif self.phase == "val":
            label = img_path[28:32]

        # 라벨을 숫자로 변경
        if label == "ants":
            label = 0
        elif label == "bees":
            label = 1

        return img_transformed, label

# 실행
```

```
train_dataset = HymenopteraDataset(
    file_list=train_list, transform=ImageTransform(size, mean, std), phase='train')

val_dataset = HymenopteraDataset(
    file_list=val_list, transform=ImageTransform(size, mean, std), phase='val')

# 동작 확인
index = 0
print(train_dataset.__getitem__(index)[0].size())
print(train_dataset.__getitem__(index)[1])
```

```
[출력]
torch.Size([3, 224, 224])
0
```

1.3.6 데이터 로더 작성

데이터셋을 사용하여 데이터 로더를 만듭니다. 데이터 로더는 파이토치의 `torch.utils.data.DataLoader` 클래스를 그대로 사용합니다. 훈련용 데이터 로더는 `shuffle = True`로 설정하고 화상을 꺼내는 순서가 랜덤이 되도록 합니다. 훈련용 및 검증용 데이터 로더를 작성하고 양자를 사전형 변수 `dataloaders_dict`에 저장합니다. 사전형 변수에 저장하는 것은 학습 및 검증 시 쉽게 다루기 위해서입니다.

보유 중인 PC의 메모리 사이즈가 작거나 학습을 수행할 때 'Torch: not enough memory...' 오류가 표시된다면 `batch_size`를 작게 해야 합니다.

```
# 미니 배치 크기 지정
batch_size = 32

# 데이터 로더 작성
train_dataloader = torch.utils.data.DataLoader(
    train_dataset, batch_size=batch_size, shuffle=True)

val_dataloader = torch.utils.data.DataLoader(
    val_dataset, batch_size=batch_size, shuffle=False)

# 사전형 변수에 정리
dataloaders_dict = {"train": train_dataloader, "val": val_dataloader}
```

```
# 동작 확인
batch_iterator = iter(dataloaders_dict["train"])  # 반복자(iterator)로 변환
inputs, labels = next(
    batch_iterator)  # 첫 번째 요소 추출
print(inputs.size())
print(labels)
```

```
[출력]
torch.Size([32, 3, 224, 224])
tensor([1, 0, 0, 0, 1, 1, 1, 0, 1, 0, 1, 0, 1, 1, 0, 0, 1, 1, 0, 1, 1, 0, 1, 1,
        0, 1, 0, 0, 0, 0, 0, 1])
```

1.3.7 네트워크 모델 작성

데이터 사용 준비가 완료되었습니다. 이어서 네트워크 모델을 만듭니다. 1.1절을 참고하여 학습된 VGG-16 모델을 로드합니다. 출력 유닛의 수는 개미와 벌입니다. VGG-16 모델의 classifier 모듈 끝에 있는 전결합 층을 교체합니다.

구현된 코드의 net.classifier[6] = nn.Linear(in_features = 4096, out_features = 2)를 실행하면 출력 유닛이 두 개인 전결합 층으로 교체됩니다. 파이토치 딥러닝 구현에는 네트워크 모델의 순전파 함수까지 정의해야 하지만 이번에는 학습된 모델의 순전파 함수를 사용하므로 정의하지 않습니다.

```
# 학습된 VGG-16 모델 로드
# VGG-16 모델의 인스턴스 생성
use_pretrained = True  # 학습된 파라미터 사용
net = models.vgg16(pretrained=use_pretrained)

# VGG16의 마지막 출력층의 출력 유닛을 개미와 벌인 두 개로 변경
net.classifier[6] = nn.Linear(in_features=4096, out_features=2)

# 훈련 모드로 설정
net.train()

print('네트워크 설정 완료: 학습된 가중치를 읽어들여 훈련 모드로 설정했습니다.')
```

1.3.8 손실함수 정의

손실함수를 정의합니다. 이번 화상 분류 작업은 일반적인 클래스 분류입니다. 크로스 엔트로피cross entropy 오차 함수를 사용합니다. 크로스 엔트로피 오차 함수는 전결합 층의 출력(이번에는 개미와 벌인 두 가지)에 대해 소프트맥스 함수를 적용한 후 클래스 분류의 손실함수인 음의 로그 가능도negative log likelihood loss (NLL)를 계산합니다.

```
# 손실함수 설정
criterion = nn.CrossEntropyLoss()
```

1.3.9 최적화 기법 설정

최적화 방법을 설정합니다. 먼저 전이학습으로 학습하고 변화시킬 파라미터를 설정합니다. 네트워크 모델의 파라미터에 대해 requires_grad = True로 설정한 파라미터는 오차 역전파로 경사를 계산하여 학습 시에 값이 변합니다. 파라미터를 고정시켜 갱신하지 않도록 설정하려면 requires_grad = False로 합니다.

```
# 전이학습에서 학습시킬 파라미터를 params_to_update 변수에 저장
params_to_update = []

# 학습시킬 파라미터명
update_param_names = ["classifier.6.weight", "classifier.6.bias"]

# 학습시킬 파라미터 외에는 경사를 계산하지 않고 변하지 않도록 설정
for name, param in net.named_parameters():
    if name in update_param_names:
        param.requires_grad = True
        params_to_update.append(param)
        print(name)
    else:
        param.requires_grad = False

# params_to_update의 내용 확인
print("-----------")
print(params_to_update)
```

```
[출력]
classifier.6.weight
classifier.6.bias
-----------
[Parameter containing:
tensor([[-0.0109,  0.0036, -0.0132,  ...,  0.0019,  0.0018, -0.0121],
        [-0.0107,  0.0017,  0.0034,  ...,  0.0134,  0.0052, -0.0079]],
       requires_grad=True), Parameter containing:
tensor([-0.0060,  0.0011], requires_grad=True)]
```

최적화 알고리즘을 설정합니다. 이번에는 모멘텀SGD를 사용합니다. 앞서 학습하도록 설정한 params_to_update를 params 인수에 전해줍니다.

```
# 최적화 기법 설정
optimizer = optim.SGD(params=params_to_update, lr=0.001, momentum=0.9)
```

1.3.10 학습 및 검증 실시

마지막으로 학습 및 검증을 실시합니다. 모델을 훈련시키는 train_model 함수를 정의합니다. 함수 train_model 함수는 학습과 검증을 에폭마다 교대로 실시합니다. 학습 시 넷net을 훈련 모드로, 검증 시에는 검증 모드로 전환합니다. 파이토치에서 학습과 검증으로 네트워크 모드를 전환하는 것은 드롭아웃 층과 같이 학습 및 검증에 동작이 서로 다른 층이 있기 때문입니다.

코드의 with torch.set_grad_enabled(phase == 'train'):은 학습 시에만 경사를 계산하는 설정입니다. 검증 시에는 경사를 계산할 필요가 없어 생략합니다.

반복문iteration에서 에폭의 손실에 loss.item() * inputs.size(0)을 추가한 부분을 설명합니다. loss에는 미니 배치로 평균 손실이 저장되었습니다. 이 값을 .item()으로 꺼냅니다. 손실은 미니 배치 크기의 평균값으로 되어 미니 배치의 크기인 input.size(0) = 32를 곱해서 미니 배치의 총 손실을 구합니다.

```
# 모델을 학습시키는 함수 작성

def train_model(net, dataloaders_dict, criterion, optimizer, num_epochs):
```

```python
# 에폭 루프
for epoch in range(num_epochs):
    print('Epoch {}/{}'.format(epoch+1, num_epochs))
    print('-------------')

    # 에폭별 학습 및 검증 루프
    for phase in ['train', 'val']:
        if phase == 'train':
            net.train()  # 모델을 훈련 모드로
        else:
            net.eval()   # 모델을 검증 모드로

        epoch_loss = 0.0  # 에폭 손실 합
        epoch_corrects = 0  # 에폭 정답 수

        # 학습하지 않을 시 검증 성능을 확인하기 위해 epoch=0의 훈련 생략
        if (epoch == 0) and (phase == 'train'):
            continue

        # 데이터 로더로 미니 배치를 꺼내는 루프
        for inputs, labels in tqdm(dataloaders_dict[phase]):

            # 옵티마이저 초기화
            optimizer.zero_grad()

            # 순전파 계산
            with torch.set_grad_enabled(phase == 'train'):
                outputs = net(inputs)
                loss = criterion(outputs, labels)  # 손실 계산
                _, preds = torch.max(outputs, 1)  # 라벨 예측


                # 훈련 시에는 오차 역전파
                if phase == 'train':
                    loss.backward()
                    optimizer.step()

                # 반복 결과 계산
                # 손실 합계 갱신
                epoch_loss += loss.item() * inputs.size(0)
                # 정답 수의 합계 갱신
                epoch_corrects += torch.sum(preds == labels.data)
```

```
# 에폭당 손실과 정답률 표시
epoch_loss = epoch_loss / len(dataloaders_dict[phase].dataset)
epoch_acc = epoch_corrects.double(
) / len(dataloaders_dict[phase].dataset)

print('{} Loss: {:.4f} Acc: {:.4f}'.format(
    phase, epoch_loss, epoch_acc))
```

마지막으로 **train_model** 함수를 실행합니다. 이번에는 1에폭만 학습시킵니다. 계산 시간은 6분 정도입니다(PC의 성능에 다르며 대개 10분 미만입니다).

```
# 학습 및 검증 실시
num_epochs=2
train_model(net, dataloaders_dict, criterion, optimizer, num_epochs=num_epochs)
```

[그림 1-8]은 전이학습 결과입니다. 처음 에폭0에서는 학습을 **continue**로 건너뜁니다. 미학습의 신경망으로 분류합니다. 그 결과 검증 데이터의 정답률 Acc는 약 36%로 개미와 벌의 화상을 제대로 분류할 수 없습니다. 이후 1에폭 학습으로 학습 데이터의 정답률이 약 72%가 되고 검증 데이터의 정답률은 약 94%가 됩니다. 1에폭의 전이학습으로 200장 정도의 학습 데이터에서 개미와 벌의 화상을 정확하게 학습하게 되었습니다.

훈련 데이터의 정답률이 2에폭에서 검증 데이터보다 낮은 것은 두 가지 이유가 있습니다. 첫째, 훈련 데이터 학습이 여덟 번 반복하는 동안 네트워크는 학습하면서 성능이 높아집니다. 검증 데이터는 여덟 번 반복하여 학습한 네트워크에서 추론한 결과이므로 성능이 좋아집니다. 둘째, 훈련 데이터는 데이터 확장이 적용되어 데이터 확장에 따라 화상이 변형됩니다. 크게 변형되면 분류가 어려워집니다.

이번에는 1에폭만 학습하지만 에폭 수를 늘리면 훈련 데이터와 검증 데이터의 성능 차이는 없어지고 곧 훈련 데이터로 과학습합니다. 즉 훈련 데이터의 성능은 향상되지만 검증 데이터의 성능이 저하됩니다. 이때 학습을 종료합니다early stopping.

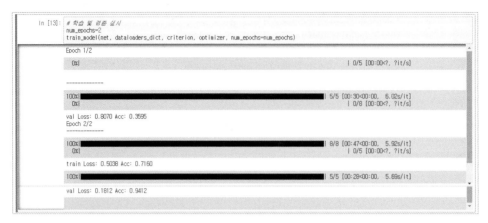

그림 1-8 전이학습 결과

전이학습을 구현했습니다. 데이터셋은 개미와 벌인 두 클래스로 훈련 데이터가 총 243장, 검증 데이터가 총 153장이었습니다. 소량의 데이터에서도 학습된 모델을 이용한 전이학습으로 높은 성능의 딥러닝을 실현할 수 있습니다.

다음 절부터는 GPU 환경에서 딥러닝 학습을 실행합니다. 아마존의 클라우드 서비스를 이용하여 GPU 머신을 사용 방법을 설명합니다.

1.4 아마존 AWS의 클라우드 GPU 머신을 사용하는 방법

클라우드 서비스로 GPU 머신의 사용 방법을 설명합니다. 아마존의 클라우드 서비스인 AWS 의 GPU 머신을 사용하겠습니다.

학습 목표는 다음과 같습니다.

1. 아마존 AWS EC2 인스턴스를 만들 수 있다.
2. 처음부터 GPU 환경이 설정된 EC2 인스턴스를 딥러닝 머신 화상을 활용하여 사용할 수 있다.
3. EC2에서 주피터 노트북을 시작하고 로컬 PC에서 GPU 머신을 조작할 수 있다.

구현 파일

없음

1.4.1 클라우드 서비스를 사용하는 이유

빠른 딥러닝 연산에는 GPU와 TPU가, 딥러닝 응용 기술의 구현에는 대용량 메모리가 있어야 합니다. 시스템은 GPU 및 메모리 64GB 이상(최소 32GB)을 탑재한 머신이 좋습니다. 아마존 클라우드 서비스의 딥러닝용 GPU 머신에서 가장 저렴한 p2.xlarge(시간당 약 0.900 USD)의 메모리 크기는 약 64GB(61GiB)입니다.[5] GPU 및 대용량 메모리를 탑재한 PC는 상당한 비용이 필요해 책에서는 아마존 AWS의 GPU 머신을 사용하겠습니다.

1.4.2 AWS 계정 생성

AWS를 사용하려면 AWS 메인 화면[5]에서 계정을 생성해야 합니다. 자세한 방법은 '새 AWS 계정을 생성하고 활성화하려면 어떻게 해야 하나요?'[6]에 설명되었습니다.

1.4.3 AWS 관리 콘솔

계정을 생성하면 AWS의 메인 화면에서 AWS 관리 콘솔AWS Management Console에 로그인합니다. 로그인하면 [그림 1-9]와 같습니다. 오른쪽 상단에는 계정 이름, 현재의 지역이 표시됩니다. [그림 1-9]의 지역은 오하이오입니다. AWS는 어떤 지역region에서 설치된 머신을 사용할지 선택할 수 있습니다. 한국에서 사용한다면 통신 거리가 가까운 서울이 좋지만 지역마다 서비스 가격이 다르니 유의해야 합니다(서울의 GPU 서비스는 비싼 편에 속합니다).[6]

---

5 옮긴이_ *https://aws.amazon.com/ko/ec2/instance-types/p2/*

6 옮긴이_ 2021년 7월 11일에 다음의 사이트에서 확인하니 p2.xlarge 기준으로 미국 동부(오하이오)가 시간당 0.90USD, 아시아 태평양(서울)의 경우 시간당 1.465USD입니다. *https://aws.amazon.com/ko/ec2/pricing/on-demand/*

그림 1-9 AWS 관리 콘솔 상단 화면

AWS는 딥러닝뿐만 아니라 다양한 클라우드 서비스를 이용할 수 있습니다. 책에서는 가상 서버를 이용하는 EC2^{elastic compute cloud} 서비스를 사용합니다.

EC2는 다양한 CPU 및 메모리 성능을 갖춘 여러 서버가 있으며 이를 인스턴스 유형이라고 합니다. 개별 가상 서버는 인스턴스라고 합니다. 딥러닝용으로는 '고속 컴퓨팅' 시리즈의 P2, P3 인스턴스를 사용합니다. P2 인스턴스는 GPU로 NVIDIA K80이, P3 인스턴스는 NVIDIA Tesla V100이 준비되었습니다.

종류로는 온디맨드^{on demand}, 스팟 인스턴스^{spot instance} 등이 있습니다. 가장 기본적인 온디맨드를 사용하겠습니다.[7] 스팟 인스턴스 등은 가격이 저렴해지는 대신 사용 방법에 제한이 있습니다.

지역을 미국 동부(오하이오)로 설정하면 p2.xlarge 인스턴스(vCPU: 4, 메모리: 61GiB, GPU: 한 개)의 가격은 0.90달러/1시간이며,[8] p3.2xlarge 인스턴스(vCPU: 8, 메모리: 61GiB, GPU: 한 개)의 가격은 3.06달러/1시간입니다. 아시아 태평양(서울) 지역의 경우 p2.xlarge는 1.465달러/1시간이며, p3.2xlarge는 4.234달러/1시간으로 미국 동부 지역보다 비쌉니다(2021년 7월 기준).

---

7 옮긴이_ 필요할 때 언제나 사용할 수 있으며 쓴 만큼 돈을 지불하는 서비스입니다.

8 옮긴이_ 하루 종일 해당 인스턴스를 동작시키면 0.90달러/1시간이므로 1달러를 1천 원으로 계산했을 시 0.90달러x1,000원x24시간 =21,600원이 됩니다.

[그림 1-9]에서 오른쪽 상단의 지역명을 클릭하면 지역을 선택할 수 있습니다. 가격이 저렴한 미국 동부(버지니아 북부)나 미국 동부(오하이오) 등을 선택하세요. 참고로 P2, P3에 GPU 를 여러 개 장착한 인스턴스도 존재하지만 그만큼 가격이 비쌉니다.

1.4.4 AWS EC2 인스턴스를 만드는 방법

EC2 서비스로 GPU 가상 서버를 만드는 방법을 설명하겠습니다. 왼쪽 상단에 '서비스'라는 메 뉴가 있습니다. 이를 클릭하면 AWS 서비스 리스트가 표시됩니다. '컴퓨팅'의 첫 번째에 있는 'EC2'를 클릭하십시오.

그림 1-10 AWS 서비스 리스트

[그림 1-11]의 EC2 대시보드 화면으로 이동합니다. 화면 중앙 아래에 '인스턴스 시작'이라는 버튼을 클릭하여 EC2 인스턴스 생성을 시작합니다.

그림 1-11 EC2 대시보드 화면

[그림 1-12]의 '단계 1: Amazon Machine Image(AMI) 선택'으로 이동합니다. AMI^amazon machine images는 EC2 서버의 예입니다. 운영 체제 종류나 선탑재된 라이브러리 등이 다른 다양한 항목이 존재합니다. 딥러닝을 위한 'Deep Learning AMI(Ubuntu)'를 사용하겠습니다. 'Deep Learning AMI(Ubuntu)'에는 파이토치와 텐서플로^TensorFlow, 케라스^Keras 등의 딥러닝 패키지가 아나콘다와 함께 이미 설치되어 있습니다. 또한 GPU를 사용하기 위한 CUDA도 설치되어 있습니다. EC2 서버를 시작하자마자 파이토치로 GPU를 사용한 딥러닝을 실행할 수 있습니다.

[그림 1-12]처럼 'deeplearning ubuntu'를 입력해 검색합니다.[9] 왼쪽의 검색 탭에서 'AWS Marketplace'를 클릭합니다. 표시된 목록 중 'Deep Learning AMI(Ubuntu 18.04)'가 첫 번째로 있습니다.[10] 오른쪽의 '선택' 버튼을 클릭합니다. 확인 화면이 표시되고 'Continue' 버튼을 클릭합니다.

---

9 옮긴이_ 검색되지 않는다면 deeplearning 키워드로 찾아보세요.

10 옮긴이_ X개 결과(AWS Marketplace)라고 표시되면 클릭합니다. 리스트가 나타납니다.

그림 1-12 단계 1: Amazon Machine Image(AMI)

다음으로 [그림 1-13]과 같이 '단계 2: 인스턴스 유형 선택'이 나타납니다. p2.xlarge를 선택하고 오른쪽 하단의 '다음: 인스턴스 세부 정보 구성' 버튼을 클릭합니다.

그림 1-13 단계 2: 인스턴스 유형 선택

'단계 3: 인스턴스 세부 정보 구성' 화면으로 이동합니다. 여기에서는 특별히 변경할 점은 없습니다. 오른쪽 하단의 '다음: 스토리지 추가' 버튼을 클릭합니다.

[그림 1-14]와 같이 '단계 4: 스토리지 추가' 화면으로 이동합니다. 가상 서버의 스토리지 유형과 크기를 선택합니다. 볼륨 유형은 기본적으로 '범용 SSD(gp2)'입니다. 크기는 기본적으로 100GiB 정도로 지정되지만 200GiB 정도로 설정한 후 오른쪽 하단의 '다음: 태그 추가' 버튼을 클릭합니다. 진행하는 도중에 스토리지가 가득 찰 수 있습니다. 가득 차면 새로운 인스턴스를 작성하겠습니다.

그림 1-14 단계 4: 스토리지 추가

'단계 5: 태그 추가' 화면으로 이동합니다. 설정하지 않아도 됩니다. 오른쪽 하단의 '다음: 보안 그룹 구성' 버튼을 클릭합니다.

[그림 1-15]와 같이 '단계 6: 보안 그룹 구성'에서 서버의 방화벽을 설정합니다. 웹 서비스나 중요한 데이터를 다룰 때는 설정이 중요합니다. 이 책의 학습을 위한 서버라면 중요한 데이터를 저장하거나 장기적으로 이용할 것은 아니니 기본 값으로 두고 오른쪽 하단의 '검토 및 시작' 버튼을 클릭합니다.

그림 1-15 단계 6: 보안 그룹 설정

[그림 1-16]과 같이 '단계 7: 인스턴스 시작 검토' 화면으로 이동합니다. 설정을 확인한 뒤 오른쪽 하단의 '시작하기' 버튼을 클릭합니다.

그림 1-16 단계 7: 인스턴스 작성 확인

[그림 1-17]처럼 '기존 키 페어 선택 또는 새 키 페어 생성' 창이 나타납니다. 키 페어는 EC2 서버에 접속할 때 필요한 암호 키 파일입니다. 먼저 '새 키 페어 생성'을 선택하고 원하는 키 페

어 이름을 입력합니다. [그림 1-17]에서는 keyname_hanbit으로 입력했습니다. 그리고 '키 페어 다운로드' 버튼을 클릭합니다. .pem 파일이 다운로드됩니다(keyname_hanbit.pem). 이 파일은 EC2 서버에 연결할 때 필요합니다.

키 페어를 다운로드한 후 '인스턴스 시작' 버튼을 클릭합니다. 설정한 내용을 바탕으로 EC2 서버 작성이 시작됩니다.

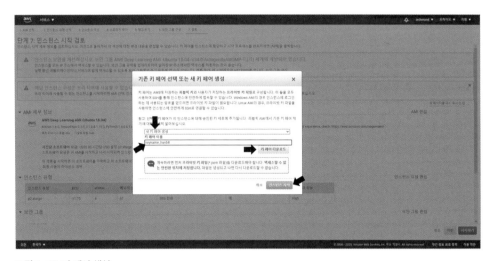

그림 1-17 키 페어 생성

EC2 서버 작성이 끝나면 [그림 1-18]처럼 '시작 상태' 화면으로 이동합니다. 화살표가 가리키는 인스턴스 id를 클릭하여 인스턴스 관리 화면으로 이동합니다.

각 지역에서 동시에 시작할 수 있는 p2.xlarge 인스턴스 수는 제한적입니다. p2.xlarge 하나는 시작할 수 있지만 만약 부팅 가능 수가 0이면 p2.xlarge를 시작할 수 없습니다. 인스턴스 생성 오류 메시지에 기재된 AWS 지원에 문의하면 변경할 수 있습니다.

그림 1-18 시작 상태

인스턴스 관리 화면으로 이동하면 [그림 1-19]처럼 작성된 인스턴스의 상태를 확인할 수 있습니다. 처음에는 '상태 검사'가 '초기화…'라고 나오며 EC2 서버의 초기화 및 기동 중임을 나타냅니다. 5분 정도 기다리면 초기화가 완료되어 '상태 검사'가 '2/2개 검사 통과'로 바뀝니다. 이때부터 사용할 수 있습니다.

지금까지 AWS에서 딥러닝용 머신을 기동했습니다. [그림 1-19]의 오른쪽 하단의 '퍼블릭 IPv4 주소'에 표시된 IP 주소에 액세스하면 딥러닝용 서버로 사용 가능합니다.

그림 1-19 인스턴스 관리 화면

1.4.5 EC2 서버에 대한 액세스 및 아나콘다 작업

이제 해당 서버에 액세스하여 컴퓨터를 조작하는 방법을 설명하겠습니다. 작성한 EC2 서버를 SSH로 연결합니다. SSH^{Secure Shell}은 원격 컴퓨터와 통신하는 프로토콜명입니다.

SSH 접속을 위해 SSH 클라이언트 응용 프로그램을 사용합니다. SSH 클라이언트는 테라 텀 Tera Term, 퍼티PuTTY, 윈도우10: 오픈SSH^{Windows10: OpenSSH} 등이 있습니다. 테라 텀의 사용 방법을 설명하겠습니다.

테라 텀을 인터넷에서 검색하여 설치하십시오.[11] 바탕 화면에서 테라 텀 아이콘을 클릭하면 [그림 1-20]과 같은 화면이 실행됩니다. '호스트'에 연결하려는 EC2 서버의 IP 주소를 입력합니다. [그림 1-19]에 표시된 '퍼블릭 IPv4 주소'입니다. 입력 후 '확인' 버튼을 클릭합니다.

그림 1-20 테라 텀 1

[그림 1-21]과 같은 '보안 경고'가 표시됩니다. 하단의 '계속' 버튼을 클릭합니다.

---

11 옮긴이_ https://ttssh2.osdn.jp/index.html.en에서 다운로드할 수 있습니다. 역자는 Tera Term-4.105.exe 파일을 설치했습니다. 설치 시 'Korean'을 선택합니다.

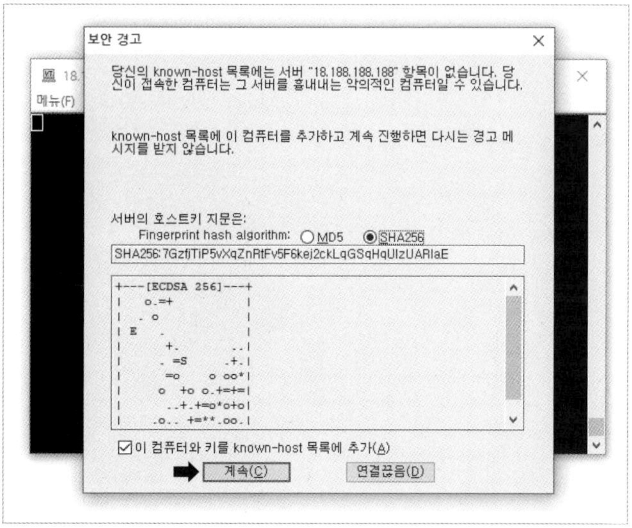

그림 1-21 테라 텀 2

[그림 1-22]처럼 'SSH 인증'으로 이동합니다. '사용자 이름'에는 'ubuntu'를 입력합니다. 이어 'RSA/DSA/ECDSA/ED25519 키 로그인'을 선택하여 '개인키'의 우측에 있는 '…' 버튼을 클릭합니다. [그림 1-23]과 같은 파일 선택 화면이 나타납니다. EC2 서버를 만들 때 다운로드한 .pem 파일을 선택합니다. 개인키 파일이 업로드되면 [그림 1-22]의 하단에 있는 '확인' 버튼을 클릭하고 SSH는 EC2 서버와 연결됩니다.

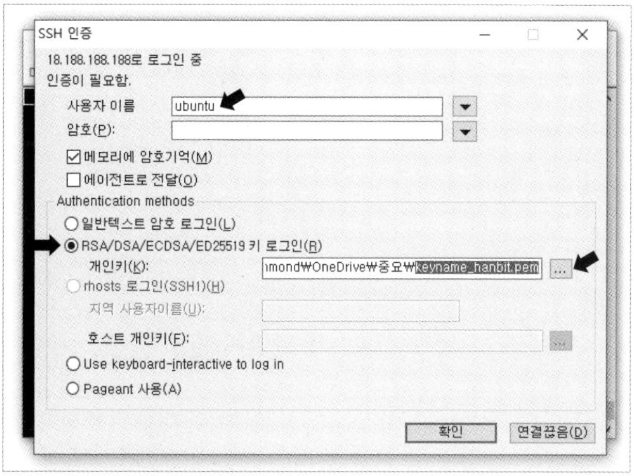

그림 1-22 테라 텀 3

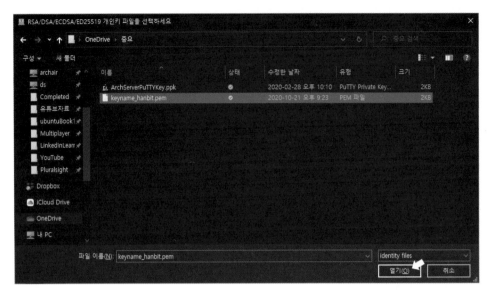

그림 1-23 테라 텀 4

SSH를 하면 [그림 1-24]와 같은 화면이 나타납니다. 회사 등에서 SSH를 사용하여 프록시가 있어야 한다면 테라 텀에서 프록시 연결을 설정합니다. 테라 텀에서 프록시를 연결하는 과정은 생략하겠습니다. 인터넷 등에서 해당 정보를 참고하세요.

지금부터 아나콘다를 시작하겠습니다.

```
📺 18.188.188.188 - ubuntu@ip-172-31-45-94: ~ VT                    —    □    ×
메뉴(F)  수정(E)  설정(S)  제어(O)  창(W)  도움말(H)
* Support:         https://ubuntu.com/advantage

 System information as of Sun Nov  1 01:44:23 UTC 2020

 System load:  0.0              Processes:           132
 Usage of /:   36.9% of 193.82GB  Users logged in:     0
 Memory usage: 0%              IP address for ens3:   172.31.45.94
 Swap usage:   0%              IP address for docker0: 172.17.0.1

* Introducing self-healing high availability clustering for MicroK8s!
  Super simple, hardened and opinionated Kubernetes for production.

    https://microk8s.io/high-availability

21 packages can be updated.
0 updates are security updates.

New release '20.04.1 LTS' available.
Run 'do-release-upgrade' to upgrade to it.


*** System restart required ***
Last login: Sun Nov  1 01:37:59 2020 from 126.115.57.245
ubuntu@ip-172-31-45-94:~$
```

그림 1-24 테라 텀 5

[그림 1-24]의 화면이 나타나면 source activate pytorch_p36을 입력하여 아나콘다의 pytorch_p36이라는 가상 환경으로 들어갑니다. 처음 실행할 때는 20초 정도 시간이 걸립니다. pytorch_p36이라는 가상 환경은 파이썬 3.6 버전의 파이토치 환경입니다.

이어서 [그림 1-25]처럼 jupyter notebook --port 9999를 입력하고 엔터를 누르세요. 주피터 노트북을 9999포트port에서 시작하라는 의미입니다. 주피터 노트북은 기본적으로 8888번 포트에서 시작됩니다. 기본 포트로 시작하면 사용 중인 PC(로컬 환경)의 아나콘다 포트와 겹쳐 로컬 환경의 아나콘다를 사용할 수 없습니다. 효율이 떨어지니 EC2 서버는 9999포트를 지정합니다. 다른 포트에서 아나콘다를 시작하면 로컬 환경과 EC2 서버에서 별도의 아나콘다를 작동하여 프로그램을 실행할 수 있습니다.

그림 1-25 테라 텀 6

1분 정도 후 [그림 1-26]과 같이 주피터 노트북이 작동합니다. [그림 1-26]의 *http://
localhost:9999/...*로 시작하는 URL을 로컬 PC의 브라우저에서 접속하면 EC2 서버 아나
콘다가 나타납니다. 접속 전 먼저 SSH 전송 설정을 위해 로컬 PC의 9999포트와 EC2 서버의
9999포트를 연결해야 합니다.

그림 1-26 테라 텀 7

테라 텀의 상단에 있는 '설정'에서 'SSH 전달'을 클릭합니다. 포트 포워딩Port Forwarding 창이 나타나면 '추가…' 버튼을 클릭합니다.

그림 1-27 테라 텀 8

[그림 1-28]처럼 포트 번호인 '9999'를 입력하고 '확인' 버튼을 클릭합니다. 포트 포워딩 화면으로 돌아가 다시 '확인' 버튼을 클릭합니다. 이어서 [그림 1-26]의 *http://localhost:9999/…*로 시작하는 URL을 로컬 PC의 웹 브라우저에서 접속합니다.

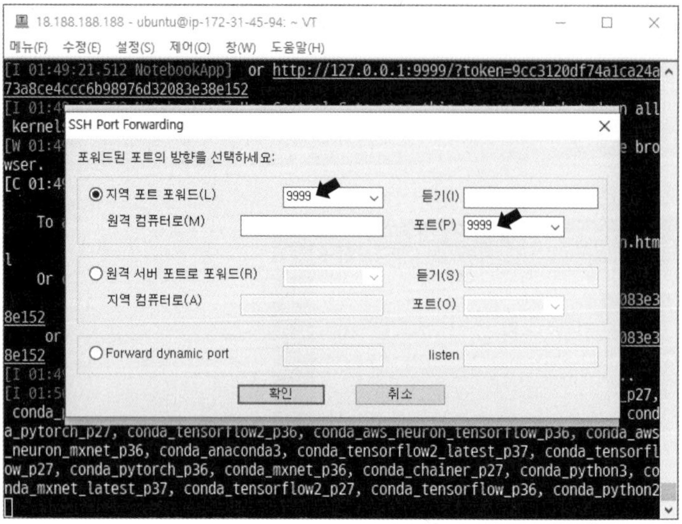

그림 1-28 테라 텀 9

URL에 접속하면 [그림 1–29]처럼 주피터 노트북이 작동합니다. 이제 로컬 PC의 주피터 노트북처럼 동일하게 사용할 수 있습니다. 또한 로컬 PC에서 EC2 서버에 파일을 업로드하거나 다운로드하는 것도 가능합니다. 주피터 노트북의 'Download' 또는 'Upload' 버튼을 활용하면 됩니다.

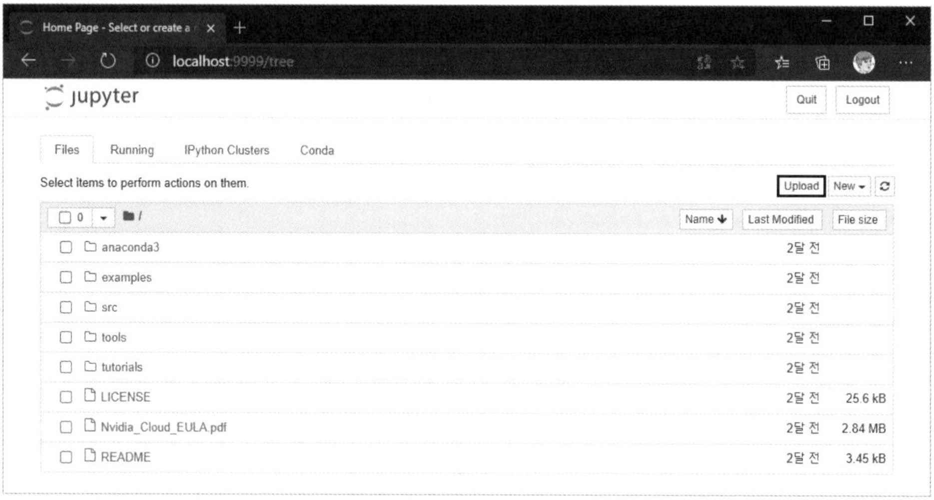

그림 1-29 로컬 PC의 브라우저에서 주피터 노트북 시작

AWS의 GPU 인스턴스를 계속 띄우면 비용이 듭니다. 프로그램 구현이나 책을 보면서 공부한다면 로컬 PC 환경을 권장합니다.

EC2 인스턴스를 중지하려면 [그림 1-30]처럼 AWS 관리 콘솔의 EC2 인스턴스 위에 마우스 오른쪽 단추를 눌러 나타나는 메뉴 중 '인스턴스 중지'를 클릭합니다. 인스턴스 중지 확인 화면이 나타나고 '중지' 버튼을 클릭하면 '인스턴스 상태'가 '중지 중stopping'으로 변경됩니다. 완전히 정지하면 '인스턴스 상태'는 '중지됨stopped'이 됩니다.[12] 중지된 EC2 서버를 시작하고 싶다면 인스턴스 위에서 마우스 오른쪽 단추를 클릭하여 메뉴를 열고 '인스턴스 시작'을 클릭합니다.

사용하지 않는 EC2 인스턴스는 '인스턴스 종료'를 클릭하여 삭제합니다. GPU 인스턴스는 시작하지 않으면 돈이 들지 않지만 정지 상태는 EC2의 스토리지(볼륨) SSD에 과금됩니다. 매달 청구되는 금액은 적지만 매월 과금되니 완전히 사용하지 않게 된 인스턴스는 삭제합니다.

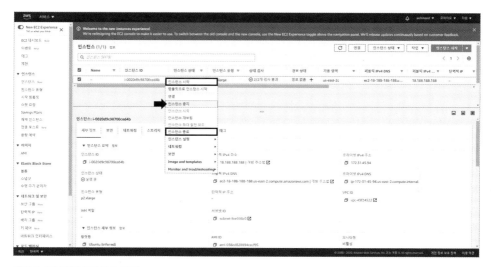

그림 1-30 EC2 인스턴스 중지

이상 아마존 AWS EC2의 GPU 머신을 작성한 후 로컬 PC에서 GPU 서버에 연결하여 주피터 노트북을 작동하는 방법에 대해 알아봤습니다. 다음 절에서는 AWS의 GPU 서버로 화상 분류의 파인튜닝을 구현하여 실행하는 방법을 설명합니다.

---

12 옮긴이_ 역자는 10분 정도가 걸렸습니다.

1.5 파인튜닝 구현

이번 절에서는 파인튜닝을 사용하여 소량의 데이터를 학습시키고 화상 분류 모델을 구축하는 방법에 대해 설명합니다. 1.4절에서 설명한 GPU 머신으로 1.3절에서 활용한 개미와 벌의 화상을 분류하는 모델을 학습시킵니다. 학습한 네트워크의 결합 파라미터를 저장하는 방법과 저장된 파라미터를 로드하는 방법을 알아보겠습니다.

학습 목표는 다음과 같습니다.

1. 파이토치에서 GPU를 사용하는 코드를 작성할 수 있다.
2. 최적화 기법의 설정에서 층마다 다른 학습률을 설정한 파인튜닝을 구현할 수 있다.
3. 학습한 네트워크를 저장하고 로드할 수 있다.

구현 파일
1-5_fine_tuning.ipynb

1.5.1 파인튜닝

파인튜닝은 출력층 등을 변경한 모델을 학습된 모델을 기반으로 구축한 후 직접 준비한 데이터로 신경망 모델의 결합 파라미터를 학습시키는 방법입니다. 결합 파라미터의 초깃값은 학습된 모델의 파라미터를 사용합니다.

파인튜닝은 1.3절에서 설명한 전이학습과는 달리 출력층 및 출력층에 가까운 부분뿐만 아니라 모든 층의 파라미터를 다시 학습시킵니다. 다만 일반적으로 입력층에 가까운 부분의 파라미터는 학습률을 작게 설정하고(경우에 따라서는 변화시키지 않고) 출력층에 가까운 부분의 파라미터는 학습률을 크게 설정합니다.

전이학습처럼 학습된 모델을 기반으로 하는 파인튜닝은 직접 준비한 데이터가 적어도 높은 성능의 딥러닝을 실현하기 쉽다는 장점이 있습니다.

1.5.2 폴더 준비 및 사전 준비

1.3절처럼 개미와 벌의 화상과 1.4절에서 소개한 아마존 EC2의 GPU 인스턴스를 사용하겠습니다. GPU 서버에 실습 파일을 업로드(또는 저자의 깃허브 저장소를 클론clone)하여 make_folders_and_data_downloads.ipynb 파일을 실행한 후 GPU 컴퓨터에 hymenoptera_data 폴더를 작성하세요. utils 폴더의 내용도 GPU 머신에 준비합니다.[13]

1.5.3 데이터셋과 데이터 로더 작성

데이터셋 및 데이터 로더 작성 방법은 1.3절 전이학습과 동일합니다. 1.3절에서 만든 ImageTransform, make_datapath_list, HymenopteraDataset 클래스는 utils 폴더의 dataloader_image_classification.py 파일이 제공합니다. 이번 절에서는 각 클래스를 import하는 방법을 사용합니다.

```python
# 1.3절에서 작성한 클래스를 utils 폴더의 dataloader_image_classification.py에 기재하여 사용
from utils.dataloader_image_classification import ImageTransform, make_datapath_list, HymenopteraDataset

# 개미와 벌의 화상 파일 경로 리스트 작성
train_list = make_datapath_list(phase="train")
val_list = make_datapath_list(phase="val")

# Dataset 작성
size = 224
mean = (0.485, 0.456, 0.406)
std = (0.229, 0.224, 0.225)
train_dataset = HymenopteraDataset(
    file_list=train_list, transform=ImageTransform(size, mean, std), phase='train')

val_dataset = HymenopteraDataset(
    file_list=val_list, transform=ImageTransform(size, mean, std), phase='val')
```

----

13 옮긴이_ 실행 시 ModuleNotFoundError: No module named 'torch'라는 오류가 발생한다면 EC2 인스턴스에 접속한 후 다음 명령으로 주피터 노트북을 작동시켰는지 확인해보세요. source activate pytorch_p36처럼 선택하지 않은 상태에서 주피터 노트북이 작동하면 파이토치 모듈이 설치되어 있지 않을 가능성이 있습니다.

```
source activate pytorch_p36
jupyter notebook --port 9999
```

```
# DataLoader 작성
batch_size = 32

train_dataloader = torch.utils.data.DataLoader(
    train_dataset, batch_size=batch_size, shuffle=True)

val_dataloader = torch.utils.data.DataLoader(
    val_dataset, batch_size=batch_size, shuffle=False)

# 사전 객체에 정리
dataloaders_dict = {"train": train_dataloader, "val": val_dataloader}
```

1.5.4 네트워크 모델 작성

네트워크 모델의 작성도 1.3절 전이학습과 동일합니다. 출력층을 1,000 클래스로, 개미와 벌이 2 클래스가 되도록 합니다.

```
# 학습된 VGG-16 모델 로드

# VGG-16 모델의 인스턴스 생성
use_pretrained = True  # 학습된 파라미터 사용
net = models.vgg16(pretrained=use_pretrained)

# VGG16의 마지막 출력층의 출력 유닛을 개미와 벌 두 개로 변경
net.classifier[6] = nn.Linear(in_features=4096, out_features=2)

# 훈련 모드로 설정
net.train()

print('네트워크 설정 완료: 학습된 가중치를 로드하고 훈련 모드로 설정했습니다')
```

1.5.5 손실함수 정의

1.3절 전이학습과 마찬가지로 크로스 엔트로피 오차 함수를 사용하여 손실함수를 정의합니다.

```
# 손실함수 설정
criterion = nn.CrossEntropyLoss()
```

1.5.6 최적화 방법 설정

파인튜닝은 최적화 기법의 설정이 전이학습과 다릅니다. 모든 층의 파라미터를 학습할 수 있도록 옵티마이저^{optimizer}를 설정합니다.

먼저 각 층의 학습률을 바꿀 수 있도록 파라미터를 설정합니다. VGG−16의 전반부 features 모듈의 파라미터를 update_param_names_1 변수에, 후반부 전결합 층의 classifier 모듈 중 처음 두 개의 전결합 층 파라미터를 update_param_names_2 변수에, 교체한 마지막 전결합 층 파라미터를 update_param_names_3 변수에 저장합니다. 각각 다른 학습률을 적용할 수 있습니다.

```python
# 파인튜닝으로 학습할 파라미터를 params_to_update 변수의 1~3에 저장한다.

params_to_update_1 = []
params_to_update_2 = []
params_to_update_3 = []

# 학습시킬 층의 파라미터명 지정
update_param_names_1 = ["features"]
update_param_names_2 = ["classifier.0.weight",
                        "classifier.0.bias", "classifier.3.weight",
                        "classifier.3.bias"]
update_param_names_3 = ["classifier.6.weight", "classifier.6.bias"]

# 파라미터를 각 리스트에 저장
for name, param in net.named_parameters():
    if update_param_names_1[0] in name:
        param.requires_grad = True
        params_to_update_1.append(param)
        print("params_to_update_1에 저장: ", name)

    elif name in update_param_names_2:
        param.requires_grad = True
        params_to_update_2.append(param)
        print("params_to_update_2에 저장: ", name)

    elif name in update_param_names_3:
        param.requires_grad = True
        params_to_update_3.append(param)
        print("params_to_update_3에 저장: ", name)
```

```
    else:
        param.requires_grad = False
        print("경사 계산 없음. 학습하지 않음: ", name)
```

```
[출력]
params_to_update_1에 저장: features.0.weight
params_to_update_1에 저장: features.0.bias
...
```

이어서 각 파라미터에 최적화 방법을 설정합니다. 1.3절과 마찬가지로 모멘텀SGD를 사용합니다. update_param_names_1의 학습률을 1e-4, update_param_names_2의 학습률을 5e-4, update_param_names_3의 학습률을 1e-3으로 설정합니다. momentum은 모두 0.9로 합니다.

{'params': params_to_update_1, 'lr': 1e-4}로 작성하면 params_to_updata_1의 학습률을 1e-4로 설정할 수 있습니다. [ ]의 외부에 작성한 파라미터는 모든 params에 동일한 값을 적용할 수 있습니다. momentum 값은 모두 동일하여 [ ]의 외부에 작성합니다.

```
# 최적화 방법 설정
optimizer = optim.SGD([
    {'params': params_to_update_1, 'lr': 1e-4},
    {'params': params_to_update_2, 'lr': 5e-4},
    {'params': params_to_update_3, 'lr': 1e-3}
], momentum=0.9)
```

1.5.7 학습 및 검증 실시

학습 및 검증을 실시합니다. 모델을 훈련시키는 train_model 함수를 정의합니다. 기본적으로 1.3절의 전이학습과 동일하며 GPU를 사용할 수 있도록 설정을 추가합니다.

GPU를 사용하려면 device = torch.device("cuda:0" if torch.cuda.is_available() else "cpu")를 수행합니다. GPU를 사용할 수 있는 경우는 device 변수에 cuda:0이 저장되고 CPU만 사용할 수 있는 경우는 cpu가 저장됩니다. device 변수를 사용하여 네트워크 모델, 모델에 입력할 데이터, 라벨 데이터를 GPU에 전송합니다. 네트워크 모델의 변수와 데이터 변수에 .to(device)를 실행하여 GPU에 전송할 수 있습니다.

파이토치는 device 변수에 GPU나 CPU를 저장합니다. 네트워크 모델의 변수와 입력 데이터의 변수에 .to(device)를 실행하여 GPU 머신 혹은 CPU 머신에서 동일한 코드로 프로그램을 실행할 수 있습니다(여러 GPU를 동시에 사용하는 경우 제외). 또한 신경망의 순전파 및 오차 함수의 계산 방법이 반복할 때마다 어느 정도 일정하다면 torch.backends.cudnn.benchmark = True,라는 설정으로 GPU의 계산을 고속화합니다.

```python
# 모델을 학습시키는 함수 작성

def train_model(net, dataloaders_dict, criterion, optimizer, num_epochs):

    # 초기 설정
    # GPU가 사용 가능한지 확인
    device = torch.device("cuda:0" if torch.cuda.is_available() else "cpu")
    print("사용 장치: ", device)

    # 네트워크를 GPU로
    net.to(device)

    # 네트워크가 어느 정도 고정되면 고속화시킨다.
    torch.backends.cudnn.benchmark = True

    # 에폭 루프
    for epoch in range(num_epochs):
        print('Epoch {}/{}'.format(epoch+1, num_epochs))
        print('-------------')

        # 에폭별 훈련 및 검증 루프
        for phase in ['train', 'val']:
            if phase == 'train':
                net.train()  # 모델을 훈련 모드로
            else:
                net.eval()   # 모델을 검증 모드로

            epoch_loss = 0.0  # 에폭 손실 합
            epoch_corrects = 0  # 에폭 정답 수

            # 학습하지 않았을 때의 검증 성능을 확인하기 위해 epoch=0의 훈련 생략
            if (epoch == 0) and (phase == 'train'):
                continue

            # 데이터 로더에서 미니 배치를 꺼내 루프
```

```
for inputs, labels in tqdm(dataloaders_dict[phase]):

    # GPU를 사용할 수 있다면 GPU에 데이터를 보낸다.
    inputs = inputs.to(device)
    labels = labels.to(device)

    # 옵티마이저 초기화
    optimizer.zero_grad()

    # 순전파 계산
    with torch.set_grad_enabled(phase == 'train'):
        outputs = net(inputs)
        loss = criterion(outputs, labels)  # 손실 계산
        _, preds = torch.max(outputs, 1)  # 라벨 예측

        # 훈련 시에는 오차 역전파법
        if phase == 'train':
            loss.backward()
            optimizer.step()

        # 결과 계산
        epoch_loss += loss.item() * inputs.size(0)  # 손실의 합계 갱신
        # 정답 수의 합계 갱신
        epoch_corrects += torch.sum(preds == labels.data)

# 에폭별 손실과 정답률 표시
epoch_loss = epoch_loss / len(dataloaders_dict[phase].dataset)
epoch_acc = epoch_corrects.double(
) / len(dataloaders_dict[phase].dataset)

print('{} Loss: {:.4f} Acc: {:.4f}'.format(
    phase, epoch_loss, epoch_acc))
```

학습 및 검증을 실행합니다.

```
# 학습 및 검증 실행
num_epochs=2
train_model(net, dataloaders_dict, criterion, optimizer, num_epochs=num_epochs)
```

파인튜닝의 결과를 [그림 1-31]에 나타냅니다. 첫 에폭0에서는 학습을 continue로 건너뜁니다. 미학습의 신경망으로 분류하고 그 결과 검증 데이터의 정답률 Acc는 약 44%가 됩니다. 처

음에는 전이학습처럼 개미와 벌의 화상을 능숙하게 분류할 수 없습니다. 그 후 1에폭 학습으로 학습 데이터에 대한 정답률은 약 72%, 검증 데이터의 정답률은 약 95%가 됩니다.

[그림 1-31]의 상단을 보면 '사용 장치: cuda:0'으로 GPU가 사용되었습니다. 전체 계산은 약 40초 걸리며 CPU 머신에 비해 빠르게 완료합니다.

간혹 AWS의 p2.xlarge를 사용할 때 device = torch.device("cuda:0" if torch.cuda.is_available() else "cpu")의 출력 변수 device가 gpu가 아닌 cpu가 되는 현상이 있습니다. 이때 torch.cuda.is_available()를 실행해보면 False로 되어 있습니다. 인스턴스를 중지하고 다시 시작해보길 바랍니다. 다시 시작해도 안 된다면 인스턴스를 새로 만드는 것이 좋습니다. 제대로 오류를 파악하여 환경을 고치는 것도 좋지만 다시 만드는 것이 더 빠를 수 있습니다.

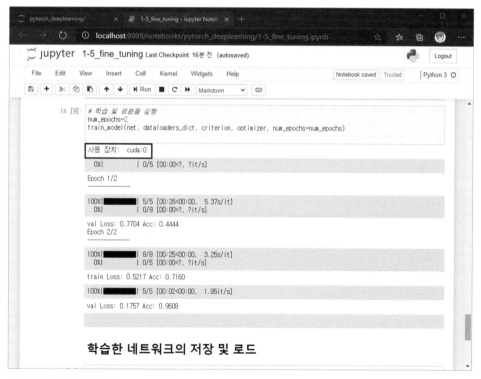

그림 1-31 파인튜닝의 결과

1.5.8 학습한 네트워크 저장 및 로드

학습한 네트워크의 결합 파라미터 저장 방법과 저장된 파라미터의 로드 방법을 설명하겠습니다.

저장할 경우에는 네트워크 모델의 net 변수를 .state_dict()를 활용해 파라미터를 사전형 변수로 꺼낸 후 torch.save()로 저장합니다. save_path 변수는 저장할 파일의 경로입니다.

```
# 파이토치 네트워크 파라미터 저장
save_path = './weights_fine_tuning.pth'
torch.save(net.state_dict(), save_path)
```

로드할 경우에는 torch.load()로 사전형 객체를 로드하여 네트워크를 load_state_dict() 로 저장합니다. GPU 상에 저장한 파일을 CPU에 로드할 때는 map_location을 사용해야 합니다. 다음과 같습니다. 여기서 net 변수는 네트워크 모델이며 로드하는 대상과 동일한 구성의 네트워크 모델을 net 변수로 준비해야 합니다.

```
# 파이토치 네트워크 파라미터 로드
load_path = './weights_fine_tuning.pth'
load_weights = torch.load(load_path)
net.load_state_dict(load_weights)

# GPU 상에 저장된 가중치를 CPU에 로드할 경우
load_weights = torch.load(load_path, map_location={'cuda:0': 'cpu'})
net.load_state_dict(load_weights)
```

파인튜닝을 활용하여 소량의 데이터로도 높은 성능의 딥러닝을 실현할 수 있습니다.

이번 장에서는 VGG 모델, 학습된 모델의 사용 방법, 전이학습, 파인튜닝, AWS에서 GPU 머신을 사용하는 방법, 파이토치 딥러닝 구현의 흐름을 설명하였습니다. 다음 장에서는 딥러닝을 활용한 물체 감지를 해보겠습니다.

만약 GPU 인스턴스를 작동한 상태로 당분간 사용하지 않는다면 여기서 일단 작동을 멈추는 것이 좋습니다.

1장 참고 문헌

[1] VGG 16 모델

Simonyan, K., & Zisserman, A. (2014). Very Deep Convolutional Networks for
Large-Scale Image Recognition arXiv preprint arXiv:1409.1556
https://arxiv.org/abs/1409.1556/

[2] 골든 리트리버 화상

https://pixabay.com/ja/photos/goldenretriever-犬-3724972/
(사진 권리 정보: CC0 Creative Commons, 상업적 사용 무료, 저작자 표시가 필
요하지 않습니다.)

[3] 파이토치 전이학습 튜토리얼

https://pytorch.org/tutorials/beginner/transfer_learning_tutorial.html

[4] 파이토치 REPRODUCIBILITY

https://pytorch.org/docs/stable/notes/randomness.html

[5] AWS의 톱 화면

https://aws.amazon.com/ko/

[6] 새 AWS 계정을 생성하고 활성화하려면 어떻게 해야 하나요?

*https://aws.amazon.com/ko/premiumsupport/knowledge-center/create-and-
activate-aws-account/*

물체 감지(SSD)

2.1 물체 감지란

이번 장에서는 물체 감지를 알아보고 딥러닝 모델인 SSD^{Single Shot MultiBox Detector}[1]를 설명합니다.

물체 감지는 딥러닝의 응용 기술 중에서도 특히 복잡합니다. 충분한 시간을 갖고 진행하길 바랍니다. 특히 이번 장에서 구현된 코드는 매우 어렵습니다. 우선 물체 탐지 및 SSD가 무엇을 하는지 처리 내용을 개념 수준에서 이해하는 것을 목표로 해보길 바랍니다.

여기서는 물체 감지의 개요, SSD를 활용한 물체 탐지의 입력과 출력, VOC 데이터셋을 설명합니다. 학습 목표는 다음과 같습니다.

1. 물체 감지는 무엇을 입력하고 출력하는 작업인지 이해한다.
2. VOC 데이터셋을 이해한다.
3. SSD를 활용한 물체 감지의 흐름을 이해한다.

구현 파일

없음

2.1.1 물체 감지 개요

물체 감지는 한 장의 사진에 포함된 여러 물체에 대해 영역과 이름을 확인하는 작업입니다. 화상의 어디에 무엇이 비치는지 알 수 있습니다.

[그림 2-1]은 물체 감지 결과입니다. 왼쪽 그림을 보면 화상 내에 사람과 말이 있는 것을 알 수 있습니다. 오른쪽 그림은 물체 감지 결과입니다. 사람과 말에 각각 테두리가 표시되었습니다. 물체의 위치를 나타내는 테두리를 바운딩 박스bounding box(BBox)라고 합니다. 테두리의 왼쪽 상단에는 라벨명이 나오며 person: 1.00, horse: 1.00이 표시되었습니다. 라벨명은 감지된 클래스를 보여줍니다. 사람은 사람으로, 말은 말로 감지되었습니다. 라벨명 후반의 숫자는 감지 신뢰도confidence입니다. 감지 신뢰도 수치가 높을수록(최대 1.00) 얼마나 명확하게 감지했는지 알 수 있습니다.[1]

그림 2-1 물체 감지 결과

2.1.2 물체 감지 작업의 입력과 출력

물체 감지에서 입력은 화상입니다. 출력은 다음의 정보입니다.

- 화상의 어디에 물체가 존재하는지 나타내는 바운딩 박스의 위치와 크기 정보
- 각 바운딩 박스가 어떤 물체인지 나타내는 라벨 정보
- 검색 신뢰도=confidence

---

1   승마 화상은 픽사베이에서 다운로드했습니다.[2]

바운딩 박스의 정보는 사각형을 만들기 위해 [그림 2-2]의 왼쪽 그림처럼 사각형의 왼쪽 $xmin$ 좌표, 상단 $ymin$ 좌표, 오른쪽 $xmax$ 좌표, 하단 $ymax$ 좌표를 지정합니다. 왼쪽 상단의 좌표가 원점입니다.

SSD 알고리즘은 [그림 2-2]의 오른쪽 그림처럼 바운딩 박스의 형태를 중심의 x 좌표 cx, 중심의 y 좌표 cy, 바운딩 박스의 너비 w, 바운딩 박스의 높이 h로 표시합니다.

라벨 정보는 감지하려는 물체의 클래스 수 O에 어떠한 물체도 아닌 배경 클래스background를 더한(O+1) 종류의 클래스로 각 바운딩 박스당 하나의 라벨을 구합니다.

검색 신뢰도는 각 바운딩 박스와 라벨에 대한 신뢰도를 보여줍니다. 물체 감지는 신뢰도가 높은 바운딩 박스만 최종 출력합니다.

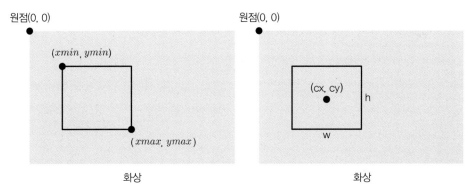

그림 2-2 두 가지 바운딩 박스 표현법

2.1.3 VOC 데이터셋이란

이번 장에서는 VOC 데이터셋[3]을 사용합니다. 물체 탐지 대회에서 사용된 데이터셋입니다. 정식 명칭은 파스칼 VOC 챌린지PASCAL Visual Object Classes Challenge입니다. 파스칼은 유럽의 연구 커뮤니티인 Pattern Analysis, Statistical Modelling and Computational Learning의 약어입니다. 파스칼이 주최한 대회의 데이터이므로 파스칼 VOC라고 합니다.

VOC 데이터셋 중 2007년, 2012년의 데이터가 주로 사용됩니다. 여기서는 VOC2012 데이터셋을 사용하겠습니다. 클래스는 20종류, 훈련 데이터는 5,717장, 검증 데이터는 5,823장인 데이터셋입니다. 20종류의 클래스에는 aeroplane, bicycle, bird, boat 등이 있습니다. 여기에 배경 클래스background를 더해 총 21가지 클래스를 사용합니다.

데이터셋의 각 화상에는 바운딩 박스의 정답 정보로서 사각형의 왼쪽 $xmin$ 좌표, 상단 $ymin$ 좌표, 오른쪽 $xmax$ 좌표, 하단 $ymax$ 좌표와 물체의 클래스를 나타내는 라벨 어노테이션 데이터가 부여되었습니다. 어노테이션 데이터annotation data는 화상마다 xml 형식의 파일로 제공됩니다. 파스칼 VOC 화상 데이터는 사진 좌측 상단의 원점이 $(0,0)$이 아니라 $(1,1)$입니다.

2.1.4 SSD를 활용한 물체 감지 흐름

SSD 물체 감지 흐름을 알아보기 전 먼저 SSD의 대략적인 흐름을 이해하길 바랍니다.

SSD는 입력 화상의 크기를 300x300픽셀로 바꾸어 입력하는 SSD300과 512x512픽셀로 처리하는 SSD512의 두 패턴이 있습니다. SSD300에 대해 알아보겠습니다.

SSD에서는 화상에서 물체의 바운딩 박스를 도출할 때 바운딩 박스의 정보를 출력하는 것이 아닙니다. 일반적인 사각형인 디폴트 박스default box(DBox)를 준비해두고 어떻게 변형시키면 바운딩 박스가 되는지에 대한 정보를 출력합니다. 디폴트 박스를 변형시키는 정보를 오프셋 정보라고 합니다(그림 2-3).

디폴트 박스의 정보가 (cx_d, cy_d, w_d, h_d)인 경우 오프셋 정보는 $(\Delta cx, \Delta cy, \Delta w, \Delta h)$의 4변수입니다. SSD에서 바운딩 박스의 정보는 다음과 같이 계산합니다.

$$cx = cx\_d + 0.1\Delta cx \times w\_d$$
$$cy = cy\_d + 0.1\Delta cy \times h\_d$$
$$w = w\_d \times \exp(0.2\Delta w)$$
$$h = h\_d \times \exp(0.2\Delta h)$$

위 계산식이 이론적으로 도출되는 것은 아닙니다. SSD에서 규정하고 딥러닝 모델을 학습시켜 생겨난 계산식입니다.

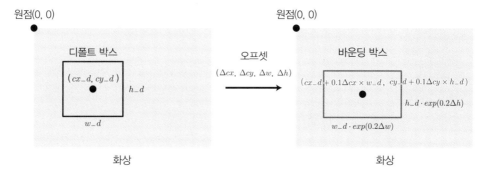

그림 2-3 오프셋 정보를 구해 디폴트 박스를 바운딩 박스로 수정

다음 [그림 2-4]는 SSD를 활용한 물체 감지 흐름 6단계를 나타냅니다.

Step1. 300×300으로 화상 리사이즈

Step2. 디폴트 박스 8,732개 준비

Step3. SSD 네트워크에 화상 입력

Step4. 신뢰도 높은 디폴트 박스 추출

Step5. 오프셋 정보로 수정 및 중복 제거

Step6. 일정 신뢰도 이상을 최종 출력으로 선정

person 0.7

horse 0.8

그림 2-4 SSD300를 활용한 의한 물체 감지 흐름 6단계

Step1은 화상 전처리로서 300x300 픽셀 크기로 리사이즈합니다. 색 정보의 표준화도 실행합니다.

Step2는 다양한 크기 및 화면 비율(가로 세로 비율)의 디폴트 박스를 준비합니다. SSD300은 8,732개의 디폴트 박스를 준비하며, 각 디폴트 박스는 입력 화상과 관계없이 모든 화상에 대해 똑같이 준비합니다.

Step3은 전처리한 화상을 SSD 네트워크에 입력합니다. 8,732개의 각 디폴트 박스를 바운딩 박스로 수정하는 오프셋 정보 4변수와 디폴트 박스가 각 클래스의 물체인 신뢰도 21개(21개는 각 클래스 수에 대응)의 합계 8,732x(4+21)=218,300개의 정보를 출력합니다.

Step4는 8,732개의 디폴트 박스 중 신뢰도 높은 것을 상위에서 top_k개(SSD300에서는 200개) 추출합니다. 디폴트 박스에 대응하는 라벨은 그중에서도 신뢰도가 가장 높은 클래스입니다.

Step5는 오프셋 정보를 사용하여 디폴트 박스를 바운딩 박스로 변형합니다. Step4에서 꺼낸 top_k개의 디폴트 박스 중 바운딩 박스와 겹치는 것(같은 물체를 감지한 것으로 보이는)이 많다면 가장 신뢰도 높은 바운딩 박스만 남깁니다.

Step6은 최종 바운딩 박스와 라벨을 출력합니다. 신뢰도의 임계치를 결정하여 그 이상의 신뢰도를 가진 바운딩 박스만 최종적으로 출력합니다. 잘못된 검출을 피하고 싶다면 높은 임곗값을 설정하고 검출되지 않는 것을 피하고 싶다면 낮은 임곗값을 설정합니다. 바로 이 단계가 SSD를 활용한 물체 감지 흐름입니다.

지금까지 물체 감지의 개요, VOC 데이터셋, SSD를 활용한 물체 감지 6단계를 설명하였습니다. 다음 절에서는 SSD 등의 물체 감지를 위한 데이터셋을 구현하겠습니다.

2.2 데이터셋 구현

SSD의 데이터셋 클래스를 구현해보겠습니다. 지금부터 설명할 데이터셋 클래스 작성법은 SSD뿐만 아니라 다른 물체 감지 알고리즘에서도 사용할 수 있습니다. 깃허브: amdegroot/ssd.pytorch[4]를 참고합니다.

학습 목표는 다음과 같습니다.

1. **물체 감지에 사용하는 데이터셋 클래스를 만들 수 있다.**
2. **SSD 학습 시 데이터 확장을 이해한다.**

구현 파일

2-2-3_Dataset_DataLoader.ipynb

2.2.1 파이토치를 활용한 딥러닝 구현 흐름 복습

[그림 2-5]를 보며 1.2절에서 설명한 파이토치를 활용한 딥러닝 구현 흐름을 다시 살펴보겠습니다. 파이토치를 활용한 딥러닝 구현의 기본적인 흐름은 '전처리, 후처리, 네트워크 모델의 입출력 확인', '데이터셋 클래스 작성', '데이터 로더 클래스 작성', '네트워크 모델 작성', '순전파 정의', '손실함수 정의', '결합 파라미터의 최적화 기법 설정', '학습 및 검증'입니다.

2.1절에서는 '전처리, 후처리, 네트워크 모델의 입출력 확인'을 실행했습니다. 이번에는 데이터셋을 생성하겠습니다.

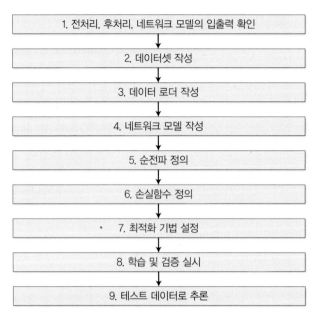

그림 2-5 파이토치를 활용한 딥러닝 구현 흐름

2.2.2 폴더 준비

이번 장에서 사용할 폴더를 만들고 파일을 다운로드합니다. make_folders_and_data_downloads.ipynb 파일을 실행하십시오. [그림 2-6]과 같은 폴더 구조가 자동으로 생성됩니다. 네트워크 환경에 따라 다르지만 AWS EC2 인스턴스의 경우 완료까지 15분 정도 소요됩니다.

data 폴더가 만들어지고 VOC2012 데이터셋의 압축이 풀립니다. SSD의 네트워크 초깃값으로 사용하는 네트워크 모델은 weights 폴더의 vgg16_reducedfc.pth 파일입니다. 해당 파일은 2.7절에서 설명하겠습니다.

VOC 홈페이지가 유지 보수 중인 경우 VOC 데이터셋이 다운로드되지 않을 수 있습니다. VOC 홈페이지가 복구되면 다시 시도하세요.

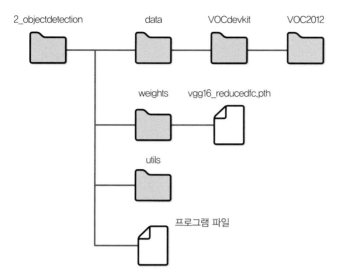

그림 2-6 2장 폴더 구성

2.2.3 사전 준비

OpenCV^{open source computer vision}를 사용합니다. 먼저 OpenCV를 설치합니다.

```
pip install opencv-python
```

2.2.4 화상 데이터, 어노테이션 데이터의 파일 경로 리스트 작성

물체 감지용 데이터셋 구현에서 1장의 화상 분류 데이터셋과 다른 점은 어노테이션 데이터입니다. 화상 분류에서는 파일 및 폴더 이름에 클래스명이 포함되었고 해답 데이터(어노테이션 데이터)는 없습니다. 물체 감지에서 물체 위치와 라벨의 해답이 되는 어노테이션은 바운딩 박스의 정보이며 어노테이션 데이터로 제공됩니다. 즉 물체 감지는 화상 데이터와 함께 어노테이션 데이터를 데이터셋에서 처리해야 합니다.

화상 전처리나 훈련 시의 데이터 확장에서 입력 화상의 크기가 변경되면 어노테이션 데이터의 바운딩 박스 정보도 함께 변경해야 합니다. 어노테이션 데이터의 존재는 물체 감지 데이터셋 작성에서 주의해야 할 사항입니다.

먼저 화상 데이터와 어노테이션 데이터의 파일 경로를 리스트형 변수로 만듭니다. 훈련 및 검증용으로 총 네 개의 리스트(train_img_list, train_anno_list, val_img_list, val_anno_list)를 작성합니다.

1장 화상 분류에서는 훈련 데이터와 검증 데이터의 폴더가 별도로 있었습니다. 2장에서 다루는 VOC2012 데이터셋은 따로 있지 않고 JPEGImages 화상 폴더에 훈련 및 검증용 데이터가 함께 있습니다. 어노테이션 데이터도 Annotations 폴더에 있습니다. 훈련 및 검증용 파일의 ID는 ImageSets/Main 폴더의 train.txt, val.txt 파일에 각각 저장되어 있습니다.

train.txt와 val.txt를 읽어들여 훈련 및 검증 데이터 각 파일의 ID를 받은 후 화상과 어노테이션 파일의 경로 리스트를 만듭니다.

```python
# 학습 및 검증용 화상 데이터, 어노테이션 데이터의 파일 경로 리스트 작성

def make_datapath_list(rootpath):
    """
    데이터 경로를 저장한 리스트 작성

    Parameters
    ----------
    rootpath : str
        데이터 폴더 경로

    Returns
    -------
    ret : train_img_list, train_anno_list, val_img_list, val_anno_list
        데이터 경로를 저장한 리스트
    """

    # 화상 파일과 어노테이션 파일의 경로 템플릿 작성
    imgpath_template = osp.join(rootpath, 'JPEGImages', '%s.jpg')
    annopath_template = osp.join(rootpath, 'Annotations', '%s.xml')

    # 훈련 및 검증 파일 ID(파일 이름) 취득
    train_id_names = osp.join(rootpath + 'ImageSets/Main/train.txt')
    val_id_names = osp.join(rootpath + 'ImageSets/Main/val.txt')

    # 훈련 데이터의 화상 파일과 어노테이션 파일의 경로 리스트 작성
```

```python
    train_img_list = list()
    train_anno_list = list()

    for line in open(train_id_names):
        file_id = line.strip()  # 공백과 줄 바꿈 제거
        img_path = (imgpath_template % file_id)  # 화상 경로
        anno_path = (annopath_template % file_id)  # 어노테이션 경로
        train_img_list.append(img_path)  # 리스트에 추가
        train_anno_list.append(anno_path)  # 리스트에 추가

    # 검증 데이터의 화상 파일과 어노테이션 파일의 경로 리스트 작성
    val_img_list = list()
    val_anno_list = list()

    for line in open(val_id_names):
        file_id = line.strip()  # 공백과 줄 바꿈 제거
        img_path = (imgpath_template % file_id)  # 화상 경로
        anno_path = (annopath_template % file_id)  # 어노테이션 경로
        val_img_list.append(img_path)  # 리스트에 추가
        val_anno_list.append(anno_path)  # 리스트에 추가

    return train_img_list, train_anno_list, val_img_list, val_anno_list
```

파일 경로 리스트를 작성하고 제대로 동작하는지 확인합니다.

```python
# 파일 경로 리스트 작성
rootpath = "./data/VOCdevkit/VOC2012/"
train_img_list, train_anno_list, val_img_list, val_anno_list = make_datapath_list(
    rootpath)

# 동작 확인
print(train_img_list[0])
```

[출력]
```
./data/VOCdevkit/VOC2012/JPEGImages\2008_000008.jpg
```

2.2.5 xml 형식의 어노테이션 데이터를 리스트로 변환하기

어노테이션 데이터는 xml 형식입니다. xml 데이터를 파이썬 리스트형 변수로 변환하는 Anno_xml2list 클래스를 작성합니다.

__call__을 메서드로 구현하고 클래스명과 동일한 이름으로 변환 함수를 실행합니다. __call__ 메서드는 대상 화상의 폭과 높이를 인수로 사용하며 바운딩 박스(이하 BBox)의 좌표를 규격화합니다. 규격화는 BBox의 정보를 화상의 폭 또는 높이로 나눕니다. 어노테이션 데이터에는 물체의 이름이 물체 클래스명의 문자열로 저장되었고 숫자로 변경해야 합니다. Anno_xml2list 클래스의 인스턴스를 생성할 때 생성자의 인수에 VOC 데이터셋의 클래스명 스무 개를 배치한 리스트 classes를 할당하고 클래스명을 인덱스 label_idx = self.classes.index(name)으로 바꿉니다.

```
# XML 형식의 어노테이션을 리스트 형식으로 변환하는 클래스

class Anno_xml2list(object):
    """
    한 화상의 XML 형식 어노테이션 데이터를 화상 크기로 규격화하여 리스트 형식으로 변환

    Attributes
    ----------
    classes : 리스트
        VOC의 클래스명을 저장한 리스트
    """

    def __init__(self, classes):

        self.classes = classes

    def __call__(self, xml_path, width, height):
        """
        한 화상의 XML 형식 어노테이션 데이터를 화상 크기로 규격화하여 리스트 형식
        으로 변환

        Parameters
        ----------
        xml_path : str
            xml 파일 경로
        width : int
            대상 화상 폭
        height : int
            대상 화상 높이

        Returns
        -------
```

```
ret : [[xmin, ymin, xmax, ymax, label_ind], ... ]
    물체의 어노테이션 데이터를 저장한 리스트. 화상에 존재하는 물체 수만큼의
    요소를 가진다.
"""

# 화상 내 모든 물체의 어노테이션을 이 리스트에 저장
ret = []

# xml 파일 로드
xml = ET.parse(xml_path).getroot()

# 화상 내 물체(object) 수만큼 반복
for obj in xml.iter('object'):

    # 어노테이션에서 검지가 difficult로 설정된 것은 제외
    difficult = int(obj.find('difficult').text)
    if difficult == 1:
        continue

    # 한 물체의 어노테이션을 저장하는 리스트
    bndbox = []

    name = obj.find('name').text.lower().strip()  # 물체 이름
    bbox = obj.find('bndbox')  # 바운딩 박스 정보

    # 어노테이션의 xmin, ymin, xmax, ymax를 취득하고 0~1으로 규격화
    pts = ['xmin', 'ymin', 'xmax', 'ymax']

    for pt in (pts):
        # VOC는 원점이 (1,1)이므로 1을 빼서 (0, 0)으로 한다.
        cur_pixel = int(bbox.find(pt).text) - 1

        # 폭, 높이로 규격화
        if pt == 'xmin' or pt == 'xmax':  # x 방향의 경우 폭으로 나눈다.
            cur_pixel /= width
        else:  # y 방향의 경우 높이로 나눈다.
            cur_pixel /= height

        bndbox.append(cur_pixel)

    # 어노테이션의 클래스명 index를 취득하여 추가
    label_idx = self.classes.index(name)
    bndbox.append(label_idx)
```

```
        # res에 [xmin, ymin, xmax, ymax, label_ind]를 더한다.
        ret += [bndbox]

    return np.array(ret)  # [[xmin, ymin, xmax, ymax, label_ind], ... ]
```

Anno_xml2list 클래스의 동작을 확인합니다. 출력되는 리스트형 변수의 어노테이션 정보는 요소 수가 화상에 존재하는 물체의 수이며 각 요소는 다섯 가지 값으로 이루어진 리스트입니다. 다섯 가지 값은 BBox의 위치 정보와 클래스의 인덱스입니다. 출력 결과는 [[xmin, ymin, xmax, ymax, label_ind], ...]의 형태입니다. 실행 결과를 보면 클래스 인덱스 18(train)과 14(person)의 물체가 화상에 존재한다는 것을 알 수 있습니다.

```
# 동작 확인
voc_classes = ['aeroplane', 'bicycle', 'bird', 'boat',
               'bottle', 'bus', 'car', 'cat', 'chair',
               'cow', 'diningtable', 'dog', 'horse',
               'motorbike', 'person', 'pottedplant',
               'sheep', 'sofa', 'train', 'tvmonitor']

transform_anno = Anno_xml2list(voc_classes)

# 화상 로드용으로 OpenCV 사용
ind = 1
image_file_path = val_img_list[ind]
img = cv2.imread(image_file_path)  # [높이][폭][색BGR]
height, width, channels = img.shape  # 화상 크기 취득

# 어노테이션을 리스트로 표시
transform_anno(val_anno_list[ind], width, height)
```
```
[출력]
array([[ 0.09      , 0.03003003, 0.998     , 0.996997 , 18.      ],
       [ 0.122     , 0.56756757, 0.164     , 0.72672673, 14.      ]])
```

2.2.6 화상과 어노테이션의 전처리를 실시하는 DataTransform 클래스 작성

화상과 BBox에 전처리를 실시하는 DataTransform 클래스를 만듭니다. 학습 시와 추론 시에 다르게 작동하도록 설정합니다.

학습 시에 DataTransform은 데이터 확장을 합니다. 1장의 화상 분류와 달리 데이터 확장으로 화상을 변형시킬 때는 BBox 정보도 함께 변경해야 합니다. 화상과 BBox를 동시에 변형하는 클래스는 파이토치에 없어 직접 만듭니다. 이번에는 참고 문헌[4]의 데이터 확장 클래스를 utils 폴더의 data_augumentation.py에 준비하고 이 파일로 전처리 클래스를 import합니다.

훈련 시의 데이터 확장에서는 색조를 변환하고 화상 크기를 변경하여 임의로 자르는 작업을 수행합니다. 또한 화상의 크기를 리사이즈하고 색상 정보의 평균값을 뺍니다. 추론 시에는 화상의 크기를 변환하고 색상의 평균값을 빼기만 하면 됩니다.

화상 데이터를 불러올 때 OpenCV를 사용합니다. OpenCV(cv2)로 화상을 불러오는 순서는 [높이][폭][색BGR]입니다. 특히 색상 채널이 RGB가 아닌 BGR인 점에 주의하십시오. 1장에서 활용했던 PIL 대신 OpenCV를 사용한 것은 이번 장에서 참조한 프로그램[4]이 OpenCV를 사용하여 작성되었으며 데이터 확장 기능을 그대로 활용하기 위해서입니다.

DataTransform 클래스를 작성하여 동작을 확인해보겠습니다.

```
# utils 폴더에 있는 data_augumentation.py에서 import
# 입력 영상의 전처리 클래스
from utils.data_augumentation import Compose, ConvertFromInts, ToAbsoluteCoords,
PhotometricDistort, Expand, RandomSampleCrop, RandomMirror, ToPercentCoords,
Resize, SubtractMeans

class DataTransform():
    """
    화상과 어노테이션의 전처리 클래스. 훈련과 추론에서 다르게 작동한다.
    화상 크기를 300x300으로 한다.
    학습 시 데이터 확장을 수행한다.

    Attributes
    ----------
    input_size : int
        리사이즈 대상 화상의 크기
    color_mean : (B, G, R)
        각 색상 채널의 평균값
    """

    def __init__(self, input_size, color_mean):
        self.data_transform = {
            'train': Compose([
```

```
            ConvertFromInts(),  # int를 float32로 변환
            ToAbsoluteCoords(),  # 어노테이션 데이터의 규격화 반환
            PhotometricDistort(),  # 화상의 색조 등 임의로 변화
            Expand(color_mean),  # 화상의 캔버스 확대
            RandomSampleCrop(),  # 화상 내의 특정 부분 무작위 추출
            RandomMirror(),  # 화상 반전
            ToPercentCoords(),  # 어노테이션 데이터를 0~1로 규격화
            Resize(input_size),  # 화상 크기를 input_size×input_size로 변형
            SubtractMeans(color_mean)  # BGR 색상의 평균값 빼기
        ]),
        'val': Compose([
            ConvertFromInts(),  # int를 float로 변환
            Resize(input_size),  # 화상 크기를 input_size×input_size로 변형
            SubtractMeans(color_mean)  # BGR 색상의 평균값 빼기
        ])
    }

def __call__(self, img, phase, boxes, labels):
    """
    Parameters
    ----------
    phase : 'train' or 'val'
        전처리 모드 지정
    """
    return self.data_transform[phase](img, boxes, labels)
```

DataTransform 클래스의 동작을 확인합니다. 원본 화상, 전처리로 변환된 훈련 시 화상, 전처리로 변환된 검증 시 화상이 출력됩니다.

훈련 화상은 데이터 확장 때문에 실행될 때마다 변화합니다. 구현된 코드에서 anno_list[:, :4]는 어노테이션 데이터 BBox의 좌표 정보를 나타내며, anno_list[:,4]는 물체의 클래스 명에 대응하는 인덱스 정보입니다. 코드는 다음과 같습니다.

```
# 동작 확인

# 1. 화상 읽기
image_file_path = train_img_list[0]
img = cv2.imread(image_file_path)  # [높이][폭][색BGR]
height, width, channels = img.shape  # 화상 크기 취득

# 2. 어노테이션을 리스트로
```

```
transform_anno = Anno_xml2list(voc_classes)
anno_list = transform_anno(train_anno_list[0], width, height)

# 3. 원본 표시
plt.imshow(cv2.cvtColor(img, cv2.COLOR_BGR2RGB))
plt.show()

# 4. 전처리 클래스 작성
color_mean = (104, 117, 123)  # (BGR) 색상의 평균값
input_size = 300  # 화상의 input 사이즈를 300×300으로
transform = DataTransform(input_size, color_mean)

# 5. Train 화상 표시
phase = "train"
img_transformed, boxes, labels = transform(
    img, phase, anno_list[:, :4], anno_list[:, 4])
plt.imshow(cv2.cvtColor(img_transformed, cv2.COLOR_BGR2RGB))
plt.show()

# 6. Val 화상 표시
phase = "val"
img_transformed, boxes, labels = transform(
    img, phase, anno_list[:, :4], anno_list[:, 4])
plt.imshow(cv2.cvtColor(img_transformed, cv2.COLOR_BGR2RGB))
plt.show()
```

[출력]
※ VOC2012 화상의 저작권 문제로 결과를 실을 수 없습니다. 코드를 동작시켜 결과를 확인해주십시오.

2.2.7 데이터셋 작성

마지막으로 파이토치의 Dataset 클래스를 상속받아 VOCDataset 클래스를 만듭니다. 지금까지 만든 Anno_xml2list 클래스, DataTransform 클래스를 활용합니다. __getitem__() 함수를 정의하고 전처리한 화상의 텐서 형식 데이터와 어노테이션을 취득합니다. OpenCV에서 가져온 화상 데이터는 데이터 형식이 [높이][폭][색BGR]로 되어 있습니다. [색RGB][높이][폭]이 되도록 요소 및 색상 채널의 순서를 변경합니다.

```python
# VOC2012의 Dataset 작성


class VOCDataset(data.Dataset):
    """
    VOC2012의 Dataset을 만드는 클래스. 파이토치의 Dataset 클래스를 상속한다.

    Attributes
    ----------
    img_list : 리스트
        화상 경로를 저장한 리스트
    anno_list : 리스트
        어노테이션 경로를 저장한 리스트
    phase : 'train' or 'test'
        학습 또는 훈련 설정
    transform : object
        전처리 클래스의 인스턴스
    transform_anno : object
        xml 어노테이션을 리스트로 변환하는 인스턴스
    """

    def __init__(self, img_list, anno_list, phase, transform, transform_anno):
        self.img_list = img_list
        self.anno_list = anno_list
        self.phase = phase  # train 또는 val 지정
        self.transform = transform  # 화상 변형
        self.transform_anno = transform_anno  # 어노테이션 데이터를 xml에서 리스트로 변경

    def __len__(self):
        '''화상의 매수 반환'''
        return len(self.img_list)

    def __getitem__(self, index):
        '''
        전처리한 화상의 텐서 형식 데이터와 어노테이션 취득
        '''
        im, gt, h, w = self.pull_item(index)
        return im, gt

    def pull_item(self, index):
        '''전처리한 화상의 텐서 형식 데이터, 어노테이션, 화상의 높이, 폭 취득'''

        # 1. 화상 읽기
        image_file_path = self.img_list[index]
```

```python
img = cv2.imread(image_file_path)  # [높이][폭][색BGR]
height, width, channels = img.shape  # 화상 크기 취득

# 2. xml 형식의 어노테이션 정보를 리스트에 저장
anno_file_path = self.anno_list[index]
anno_list = self.transform_anno(anno_file_path, width, height)

# 3. 전처리 실시
img, boxes, labels = self.transform(
    img, self.phase, anno_list[:, :4], anno_list[:, 4])

# 색상 채널의 순서가 BGR이므로 RGB로 순서 변경
# (높이, 폭, 색상 채널)의 순서를 (색상 채널, 높이, 폭)으로 변경
img = torch.from_numpy(img[:, :, (2, 1, 0)]).permute(2, 0, 1)

# BBox와 라벨을 세트로 한 np.array를 작성. 변수 이름 gt는 ground truth의 약칭
gt = np.hstack((boxes, np.expand_dims(labels, axis=1)))

return img, gt, height, width
```

Dataset의 동작을 확인합니다. 검증용 Dataset인 val_dataset을 __getitem__한 출력의 예는 다음과 같습니다.

```python
# 동작 확인
color_mean = (104, 117, 123)  # (BGR)의 색의 평균값
input_size = 300  # 화상의 input 사이즈를 300×300으로 한다.

train_dataset = VOCDataset(train_img_list, train_anno_list, phase="train",
transform=DataTransform(
    input_size, color_mean), transform_anno=Anno_xml2list(voc_classes))

val_dataset = VOCDataset(val_img_list, val_anno_list, phase="val",
transform=DataTransform(
    input_size, color_mean), transform_anno=Anno_xml2list(voc_classes))

# 데이터 출력 예
val_dataset.__getitem__(1)
```

```
[출력]
(tensor([[[  0.9417,    6.1650,   11.1283,  ...,  -22.9082,  -13.2200,
            -9.4034],
         [  6.4367,    9.6600,   13.8283,  ...,  -21.4433,  -18.6500,
           -18.2033],
```

```
        [  10.8833,    13.5500,    16.7000,   ...,  -20.9917,  -24.5250,
          -25.1917],
        ...,

                                생략

        ...,
        [  36.7166,    43.1000,    56.2417,   ...,  -94.7583,  -96.0000,
         -101.9000],
        [  32.3850,    37.8250,    52.4367,   ...,  -92.1617,  -96.0000,
         -101.8867],
        [  40.1900,    37.0000,    45.3666,   ...,  -94.5017,  -99.7800,
          -99.1466]]]),
 array([[ 0.09      , 0.03003003, 0.998     , 0.996997  , 18.       ],
        [ 0.122     , 0.56756757, 0.164     , 0.72672673, 14.       ]]))
```

2.3 데이터 로더 구현

SSD의 학습 및 추론 시 데이터를 미니 배치로 꺼내기 위한 DataLoader 클래스를 구현합니다. DataLoader 클래스를 만드는 방법은 SSD뿐 아니라 다른 물체 감지 알고리즘에도 사용할 수 있습니다.

학습 목표는 다음과 같습니다.

1. 물체 감지에 사용하는 DataLoader 클래스를 만들 수 있다.

구현 파일

2-2-3_Dataset_DataLoader.ipynb

2.3.1 데이터 로더 작성

1장 화상 분류에서는 파이토치의 DataLoader 클래스를 활용하면 Dataset에서 DataLoader 를 만들 수 있었습니다. 물체 감지는 좀 더 많은 노력을 해야 합니다. 화상 데이터마다 Dataset 에서 꺼낼 어노테이션 데이터 정보, gt 변수의 크기(화상 내의 물체 수)가 다릅니다. gt는 리스트형 변수이고 요소 수는 화상 속 물체 수입니다. 각 요소는 다섯 개의 변수 [xmin, ymin, xmax, ymax, class_index]입니다.

Dataset에서 꺼내는 변수의 크기가 데이터마다 다르다면 DataLoader 클래스에서 기본적으로 사용하는 데이터 추출 함수인 collate_fn을 별도로 만들어야 합니다. 데이터 추출 함수인 od_collate_fn을 만들어보겠습니다. od는 Object Detection의 약칭입니다.

다음의 코드처럼 구현합니다. 자세한 설명은 코드의 코멘트로 하겠습니다.

```python
def od_collate_fn(batch):
    """
    Dataset에서 꺼내는 어노테이션 데이터의 크기는 화상마다 다르다.
    화상 내의 물체 수가 두 개이면 (2, 5) 사이즈이지만 세 개이면 (3, 5) 등으로 바뀐다.
    변화에 대응하는 DataLoader를 만드는 collate_fn 작성한다.
    collate_fn은 파이토치 리스트로 mini-batch를 작성하는 함수이다.
    미니 배치 분량의 화상이 나열된 리스트 변수 batch에 미니 배치 번호를 지정하는
    차원을 가장 앞에 하나 추가하여 리스트 형태를 변형한다.
    """

    targets = []
    imgs = []
    for sample in batch:
        imgs.append(sample[0])  # sample[0]은 화상 img
        targets.append(torch.FloatTensor(sample[1]))  # sample[1]은 어노테이션 gt

    # imgs는 미니 배치 크기의 리스트
    # 리스트 요소는 torch.Size([3, 300, 300])
    # 이 리스트를 torch.Size([batch_num, 3, 300, 300])의 텐서로 변환
    imgs = torch.stack(imgs, dim=0)

    # targets은 어노테이션의 정답인 gt 리스트
    # 리스트 크기=미니 배치 크기
    # targets 리스트의 요소는 [n, 5]
    # n은 화상마다 다르며 화상 속 물체의 수
    # 5는 [xmin, ymin, xmax, ymax, class_index]

    return imgs, targets
```

od_collate_fn 함수로 DataLoader를 만듭니다. 작성 후 동작을 확인하여 미니 배치의 화상과 어노테이션 데이터를 얻을 수 있는지 확인합니다. 검증용 DataLoader의 첫 번째 데이터를 획득해보겠습니다.

```
# 데이터 로더 작성

batch_size = 4

train_dataloader = data.DataLoader(
    train_dataset, batch_size=batch_size, shuffle=True, collate_fn=od_collate_fn)

val_dataloader = data.DataLoader(
    val_dataset, batch_size=batch_size, shuffle=False, collate_fn=od_collate_fn)

# 사전형 변수에 정리
dataloaders_dict = {"train": train_dataloader, "val": val_dataloader}

# 동작 확인
batch_iterator = iter(dataloaders_dict["val"])  # 반복자로 변환
images, targets = next(batch_iterator)  # 첫 번째 요소 추출
print(images.size())  # torch.Size([4, 3, 300, 300])
print(len(targets))
print(targets[1].size())  # 미니 배치 크기의 리스트, 각 요소는 [n, 5], n은 물체 수
```

```
[출력]
torch.Size([4, 3, 300, 300])
4
torch.Size([2, 5])
```

DataLoader에서 꺼낸 화상 images는 텐서 크기(미니 배치 수, 색상 채널, 높이, 폭)로 되어 있습니다. 어노테이션 정보 targets는 미니 배치 크기의 리스트이며 리스트의 각 요소는 (화상 속 물체 수, 5) 크기의 텐서입니다.

물체 감지용 DataLoader를 완성했습니다. 마지막으로 데이터 수를 확인합니다.

```
print(train_dataset.__len__())
print(val_dataset.__len__())
```

```
[출력]
5717
5823
```

훈련 데이터와 검증 데이터가 모두 약 5,700장이라는 것을 알 수 있습니다.

물체 감지용 DataLoader를 구현했습니다. 다음 절에서는 SSD의 신경망을 구현합니다.

2.4 네트워크 모델 구현

SSD의 신경망을 만들어보겠습니다. 2.1절에서 바운딩 박스인 BBox의 토대가 되는 다양한 크기의 디폴트 박스, 즉 DBox를 준비해야 한다고 설명했습니다. 바로 이 DBox를 구현하는 방법을 이해하는 것이 중요합니다.

SSD의 네트워크 모델은 네 개의 모듈로 구성되었습니다. 네트워크 모델의 큰 그림을 살펴본 후 네 개의 모듈을 각각 구축해보겠습니다. 학습 목표는 다음과 같습니다.

1. **SSD의 네트워크 모델을 구축하는 네 개의 모듈을 파악한다.**
2. **SSD의 네트워크 모델을 만들 수 있다.**
3. **SSD에서 사용하는 다양한 크기의 DBox 구현 방법을 이해한다.**

구현 파일

2–4–5_SSD_model_forward.ipynb

2.4.1 SSD 네트워크 모델의 개요

[그림 2–7]은 SSD 네트워크 모델의 개요입니다. 네트워크의 입력은 전처리된 화상 데이터이며 크기는 300x300픽셀입니다. 1장에서 사용한 ImageNet의 학습된 모델의 화상 크기는 224픽셀이었습니다. 조금 더 큰 그림을 사용합니다.

SSD 네트워크 모델의 출력은 8,732개의 DBox에 대한 오프셋 정보(4변수: ($\Delta cx, \Delta cy, \Delta w, \Delta h$))와 각 클래스에 대한 21종류의 신뢰도입니다.

SSD의 주요 서브 네트워크는 vgg, extra, loc, conf 네 가지입니다.

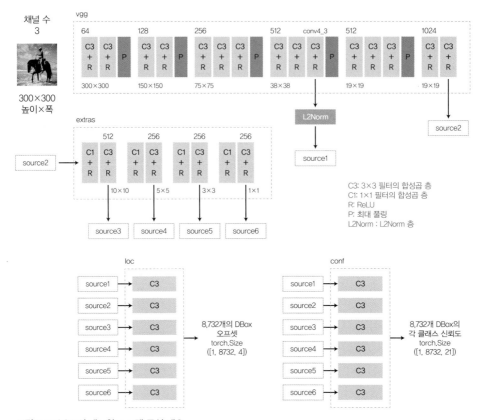

그림 2-7 SSD의 네트워크 모델 구성 개요

먼저 입력 화상은 **vgg** 모듈에 입력됩니다. 1장에서 사용한 VGG-16 모델이 **vgg** 모듈의 기반입니다. 합성곱 층의 커널 크기와 사용하는 유닛이 동일합니다. 다만 각 유닛의 특징량 맵 크기는 VGG-16과 다릅니다.

vgg 모듈에서 10회의 합성곱을 받은 데이터(conv4_3 출력)는 별도로 추출하여 L2Norm 층에서 크기를 정규화한 후 변수 **source1**로 합니다. L2Norm 층이 어떤 정규화^{normalization}를 실시할지는 구현할 때 설명하겠습니다. 변수 **source1**은 채널 수 512, 특징량 맵 크기는 38x38입니다.

vgg 모듈의 계산을 계속합니다. 다시 5회 합성곱을 받은 **vgg** 모듈의 출력 데이터를 변수 **source2**로 합니다. 변수 **source2**는 특징량 맵 크기가 19×19입니다.

이어 **vgg** 모듈의 출력을 **extra** 모듈에 입력합니다. **extra** 모듈은 최대 풀링을 사용하지 않고 합성곱 처리를 총 8회 실시합니다. 2회 합성곱마다 출력치를 source3~6으로 합니다. 총 네 개의 소스가 출력됩니다. 각 소스의 특징량 맵 크기는 각각 $10×10$, $5×5$, $3×3$, $1×1$입니다.

소스마다 특징량 맵 크기가 다르다는 점이 중요합니다. 변수 source1은 원래 $300×300$의 화상 크기가 $38×38$까지 축소된 데이터이며 source6은 $1×1$까지 축소되었습니다. source1은 $38×38=1440$개 영역의 각 특징량이, source6은 $1×1=1$개 영역 값이 구해집니다. 즉 source6은 원본 화상 전체에 걸쳐 커다란 하나의 물체를 감지하려고 하며 source1은 원본 화상의 가로 세로 1/38의 영역마다 하나의 물체를 감지하려고 합니다. 이처럼 특징량 맵 크기가 서로 다른 source1~6을 작성하여 화상 속 다양한 크기의 물체를 상정한 특징량을 얻을 수 있습니다(그림 2-8).

다만 source1~6은 합성곱 처리를 실시한 횟수가 다릅니다. 특징량 맵 크기가 큰, 즉 작은 물체에 주목하는 source1 등이 source6 등보다 합성곱 처리 횟수가 적습니다. 변수 source1은 10회 합성곱 처리를 했지만 변수 source6은 23번 합성곱을 했습니다. SSD는 source1이나 source2와 같은 작은 영역의 특징량을 추출하는 물체 감지가 미숙하여 화상 속 작은 물체를 감지하는 정밀도가 큰 물체의 감지보다 낮습니다.

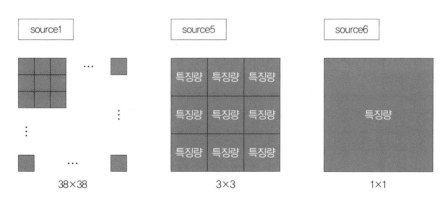

그림 2-8 소스별로 달라지는 특징량 맵 크기

vgg 모듈과 extra 모듈로 source1~6까지 특징량 맵 크기가 서로 다른 여섯 개의 소스를 얻었습니다. SSD에서는 loc 모듈로 각 소스에 1회씩 합성곱 처리를 실행하여 8,732개 DBox의 오프셋 정보(4변수)를 출력합니다. 마찬가지로 conf 모듈에서 각 소스에 1회 합성곱 처리를 실시하여 8,732개 DBox의 20가지+배경 21가지 클래스의 신뢰도를 출력합니다.

DBox가 8,732개인 이유를 설명하겠습니다. 각 소스에 하나의 DBox를 정의하고 그 DBox를 오프셋 정보로 변형시키면 $38 \times 38 + 19 \times 19 + 10 \times 10 + 5 \times 5 + 3 \times 3 + 1 \times 1 = 1,940$개의 DBox를 마련하게 됩니다. 이처럼 각 소스의 특징량 맵에 하나 DBox를 준비하는 것도 좋지만 여러 개의 DBox를 준비하는 것이 더 좋습니다. 화면비가 다른 여러 개의 DBox를 준비합니다. source1, 5, 6에는 네 개의 DBox를, source2, 3, 4에는 여섯 개의 DBox를 준비합니다. [그림 2-9]는 source5의 3×3 특징량 맵 중 중앙의 특징량 위치에 대응하는 네 종류의 DBox 모습입니다. 작은 정사각형, 큰 정사각형, 세로로 긴 직사각형, 가로로 긴 직사각형입니다.

이처럼 각 특징량 맵에 여러 개의 DBox를 제공하여 DBox의 합계는 $38 \times 38 \times 4 + 19 \times 19 \times 6 + 10 \times 10 \times 6 + 5 \times 5 \times 6 + 3 \times 3 \times 4 + 1 \times 1 \times 4 = 8,732$이 됩니다.

지금까지 SSD 네트워크 모델의 개요를 설명했습니다.

source5

 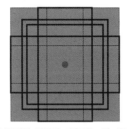

3×3 중앙의 특징량 위치에 대응하는 네 개의 DBox

그림 2-9 특징량 맵과 DBox의 관계(source5의 경우)

2.4.2 vgg 모듈 구현

[그림 2-7]의 vgg 모듈을 구현하는 make_vgg 함수를 정의해보겠습니다. [그림 2-7]처럼 합성곱 층, ReLU, 최대 풀링을 총 34유닛 준비합니다.

34회 코드를 쓰는 것은 힘드니 각 합성곱 층의 채널 수와 최대 풀링 층의 정보를 구성 변수configuration variables로 하여 cfg = [64, 64, 'M', …]로 작성하고 그 요소의 값에 따라 유닛을 만듭니다.

리스트형 변수 **cfg**의 요소 'M'은 최대 풀링 층을, 'MC'는 ceil 모드의 최대 풀링 층입니다. 기본적으로 최대 풀링 층의 출력 텐서 크기를 계산할 때는 **floor** 모드(바닥 함수 모드)가 되고 정수 텐서 크기를 구할 때 소수점을 버립니다. 하지만 **ceil** 모드(천장 함수 모드)로 하면 소수점을 올립니다. 다음 구현을 통해 34층으로 구성된 서브 네트워크 **vgg**가 만들어집니다.

ReLU 인수 **inplace**는 ReLU에 대한 입력을 메모리 상에 유지할 것인지 혹은 입력을 재작성하여 출력으로 바꾼 후 메모리 상에 유지하지 않을 것인지 나타냅니다. **inplace** 변수를 True로 하면 입력을 재작성합니다. 메모리 상에 입력을 유지하지 않도록 설정하고 메모리를 절약할 수 있습니다.

```python
# 34층에 걸친 vgg 모듈 작성

def make_vgg():
    layers = []
    in_channels = 3  # 색 채널 수

    # vgg 모듈에서 사용하는 합성곱 층이나 최대 풀링 채널 수
    cfg = [64, 64, 'M', 128, 128, 'M', 256, 256,
            256, 'MC', 512, 512, 512, 'M', 512, 512, 512]

    for v in cfg:
        if v == 'M':
            layers += [nn.MaxPool2d(kernel_size=2, stride=2)]
        elif v == 'MC':
            # ceil은 계산 결과(float)에서 출력 크기의 소수점을 올려 정수로 하는 모드
            # 디폴트는 계산 결과(float)에서 출력 크기의 소수점을 버려 정수로 하는
            floor 모드
            layers += [nn.MaxPool2d(kernel_size=2, stride=2, ceil_mode=True)]
        else:
            conv2d = nn.Conv2d(in_channels, v, kernel_size=3, padding=1)
            layers += [conv2d, nn.ReLU(inplace=True)]
            in_channels = v

    pool5 = nn.MaxPool2d(kernel_size=3, stride=1, padding=1)
    conv6 = nn.Conv2d(512, 1024, kernel_size=3, padding=6, dilation=6)
    conv7 = nn.Conv2d(1024, 1024, kernel_size=1)
    layers += [pool5, conv6,
                nn.ReLU(inplace=True), conv7, nn.ReLU(inplace=True)]
    return nn.ModuleList(layers)
```

```
# 동작 확인
vgg_test = make_vgg()
print(vgg_test)
```

```
[출력]
ModuleList(
  (0): Conv2d(3, 64, kernel_size=(3, 3), stride=(1, 1), padding=(1, 1))
  (1): ReLU(inplace)
...
```

2.4.3 extra 모듈 구현

[그림 2-7]의 vgg 모듈을 구현하는 make_extras 함수를 구현해보겠습니다. [그림 2-7]처럼 합성곱 층을 총 8유닛 나열합니다. 이번에는 활성화 함수의 ReLU를 SSD 모델의 순전파 함수 내에서 준비하고 extra 모듈에서는 준비하지 않습니다.

```
# 8층에 걸친 extras 모듈 작성

def make_extras():
    layers = []
    in_channels = 1024  # vgg 모듈에서 출력된 extra에 입력되는 화상 채널 수

    # extra 모듈의 합성곱 층 채널 수를 설정하는 구성(configuration)
    cfg = [256, 512, 128, 256, 128, 256, 128, 256]

    layers += [nn.Conv2d(in_channels, cfg[0], kernel_size=(1))]
    layers += [nn.Conv2d(cfg[0], cfg[1], kernel_size=(3), stride=2, padding=1)]
    layers += [nn.Conv2d(cfg[1], cfg[2], kernel_size=(1))]
    layers += [nn.Conv2d(cfg[2], cfg[3], kernel_size=(3), stride=2, padding=1)]
    layers += [nn.Conv2d(cfg[3], cfg[4], kernel_size=(1))]
    layers += [nn.Conv2d(cfg[4], cfg[5], kernel_size=(3))]
    layers += [nn.Conv2d(cfg[5], cfg[6], kernel_size=(1))]
    layers += [nn.Conv2d(cfg[6], cfg[7], kernel_size=(3))]

    # 활성화 함수의 ReLU는 이번에는 SSD 모듈의 순전파에서 준비하고
    # extra 모듈에서는 준비하지 않는다.

    return nn.ModuleList(layers)
```

```
# 동작 확인
extras_test = make_extras()
print(extras_test)
```

```
[출력]
ModuleList(
  (0): Conv2d(1024, 256, kernel_size=(1, 1), stride=(1, 1))
  (1): Conv2d(256, 512, kernel_size=(3, 3), stride=(2, 2), padding=(1, 1))
...
```

2.4.4 loc 및 conf 모듈 구현

[그림 2-7]의 loc과 conf를 구현하는 make_loc_conf 함수를 구현해보겠습니다. [그림 2-7] 처럼 각각 여섯 개의 합성곱 층을 준비합니다. loc와 conf 모듈은 각각 여섯 개의 합성곱 층을 준비하여 하나의 모듈로 합니다. 하지만 여섯 개의 합성곱 층을 앞에서 뒤로 순전파하지는 않습니다. vgg와 extras 모듈에서 꺼낸 변수 source1~source6에 여섯 개의 합성곱 층이 각각 대응해서 한 번씩 계산됩니다. 이 계산은 다음 절의 순전파 구현에서 정의하겠습니다.

loc 및 conf 모듈은 다음처럼 구현합니다. 각 소스로 사용하는 DBox 수를 bbox_aspect_ num 인수로 설정합니다.

```
# 디폴트 박스의 오프셋을 출력하는 loc_layers와
# 디폴트 박스의 각 클래스 신뢰도 confidence를 출력하는 conf_layers 작성

def make_loc_conf(num_classes=21, bbox_aspect_num=[4, 6, 6, 6, 4, 4]):

    loc_layers = []
    conf_layers = []

    # VGG 22층, conv4_3(source1)의 합성곱 층
    loc_layers += [nn.Conv2d(512, bbox_aspect_num[0]
                        * 4, kernel_size=3, padding=1)]
    conf_layers += [nn.Conv2d(512, bbox_aspect_num[0]
                        * num_classes, kernel_size=3, padding=1)]

    # VGG 최종층(source2)의 합성곱 층
    loc_layers += [nn.Conv2d(1024, bbox_aspect_num[1]
                        * 4, kernel_size=3, padding=1)]
```

```python
conf_layers += [nn.Conv2d(1024, bbox_aspect_num[1]
                          * num_classes, kernel_size=3, padding=1)]
# extra(source3)의 합성곱 층
loc_layers += [nn.Conv2d(512, bbox_aspect_num[2]
                         * 4, kernel_size=3, padding=1)]
conf_layers += [nn.Conv2d(512, bbox_aspect_num[2]
                          * num_classes, kernel_size=3, padding=1)]

# extra(source4)의 합성곱 층
loc_layers += [nn.Conv2d(256, bbox_aspect_num[3]
                         * 4, kernel_size=3, padding=1)]
conf_layers += [nn.Conv2d(256, bbox_aspect_num[3]
                          * num_classes, kernel_size=3, padding=1)]

# extra(source5)의 합성곱 층
loc_layers += [nn.Conv2d(256, bbox_aspect_num[4]
                         * 4, kernel_size=3, padding=1)]
conf_layers += [nn.Conv2d(256, bbox_aspect_num[4]
                          * num_classes, kernel_size=3, padding=1)]

# extra(source6)의 합성곱 층
loc_layers += [nn.Conv2d(256, bbox_aspect_num[5]
                         * 4, kernel_size=3, padding=1)]
conf_layers += [nn.Conv2d(256, bbox_aspect_num[5]
                          * num_classes, kernel_size=3, padding=1)]

    return nn.ModuleList(loc_layers), nn.ModuleList(conf_layers)

# 동작 확인
loc_test, conf_test = make_loc_conf()
print(loc_test)
print(conf_test)
```

[출력]
```
ModuleList(
  (0):Conv2d(512, 16, kernel_size =(3, 3) stride =(1, 1) padding =(1, 1))
  (1):Conv2d(1024, 24, kernel_size =(3, 3) stride =(1, 1) padding =(1, 1))
...
```

2.4.5 L2Norm 층 구현

[그림 2-7]의 conv_4_3에서 출력에 적용하는 L2Norm 층을 구현합니다.

L2Norm 층은 특징량 맵의 통계적 특성이 채널마다 다른 점을 정규화합니다. 이번 예제에서 L2Norm 층에 대한 입력은 (512채널×38×38) 텐서를 활용합니다. 38×38=1,444개의 셀에 대해 512채널에 걸쳐 정규화합니다. 1,444개의 셀마다 각 채널의 특징량 제곱을 계산하고 이를 512개 더해 루트를 계산합니다. 채널의 각 셀 값을 제곱합의 루트로 나누어 정규화합니다. 채널별로 특징량의 크기가 다른 것을 채널 방향으로 정규화하여 해결합니다.

L2Norm 층에서는 정규화한 512채널×38×38 텐서에 각 채널 계수를 곱합니다. 512개의 계수는 학습할 파라미터입니다.

다음과 같이 구현합니다. 파이토치 네트워크 층 클래스인 nn.Module을 상속합니다.

```python
# convC4_3의 출력을 scale=20의 L2Norm으로 정규화하는 층

class L2Norm(nn.Module):
    def __init__(self, input_channels=512, scale=20):
        super(L2Norm, self).__init__()  # 부모 클래스의 생성자 실행
        self.weight = nn.Parameter(torch.Tensor(input_channels))
        self.scale = scale  # 계수 weight의 초깃값으로 설정할 값
        self.reset_parameters()  # 파라미터 초기화
        self.eps = 1e-10

    def reset_parameters(self):
        '''결합 파라미터의 scale 크기 값으로 초기화 실행'''
        init.constant_(self.weight, self.scale)  # weight 값이 모두 scale(=20)이 된다.

    def forward(self, x):
        '''38×38의 특징량에 대해 512 채널에 걸쳐 제곱합의 루트를 구했다.
        38×38개의 값을 사용하여 각 특징량을 정규화한 후 계수를 곱하여 계산하는 층'''

        # 각 채널의 38×38개 특징량의 채널 방향 제곱합을 계산하고
        # 루트를 구해 나누어 정규화한다.
        # norm의 텐서 사이즈는 torch.Size([batch_num, 1, 38, 38])
        norm = x.pow(2).sum(dim=1, keepdim=True).sqrt()+self.eps
        x = torch.div(x, norm)

        # 계수를 곱한다. 계수는 채널마다 하나로 512개의 계수를 갖는다.
        # self.weight의 텐서 사이즈는 torch.Size([512])로
```

```
    # torch.Size([batch_num, 512, 38, 38])까지 변형한다.
    weights = self.weight.unsqueeze(
        0).unsqueeze(2).unsqueeze(3).expand_as(x)
    out = weights * x

    return out
```

2.4.6 디폴트 박스 구현

마지막으로 8,732개의 디폴트 박스를 준비하는 클래스를 만듭니다. source1~6까지 크기가
서로 다른 특징량 맵에 대해 각각 4 또는 6 종류의 DBox를 만듭니다. DBox 종류는 네 종류
설정일 때 작은 정사각형, 큰 정사각형, 1:2 비율의 직사각형, 2:1 비율의 직사각형입니다. 여
섯 종류일 때는 3:1과 1:3 비율의 직사각형 형태 DBox를 추가로 준비합니다.

구현은 다음과 같습니다. 소스 코드 중의 for i, j in product(...)는 조합을 꺼내는 명령입
니다. 예를 들어 다음과 같이 실행하면 (i, j) = (0, 0),(0, 1),(1, 0),(1, 1)의 조합을
꺼낼 수 있습니다.

```
for i, j in product(range(2), repeat=2):
    print(i, j)
```

이 조합의 취득을 활용하여 DBox의 중심 좌표를 작성합니다. 동작을 확인해보면 8,732행 4
열(cx, cy, w, h)의 표입니다.

```
# 디폴트 박스를 출력하는 클래스

class DBox(object):
    def __init__(self, cfg):
        super(DBox, self).__init__()

        # 초기 설정
        self.image_size = cfg['input_size']  # 화상 크기 300
        # [38, 19, …] 각 소스의 특징량 맵의 크기
        self.feature_maps = cfg['feature_maps']
        self.num_priors = len(cfg["feature_maps"])  # 소스의 개수=6
        self.steps = cfg['steps']  # [8, 16, …] DBox의 픽셀 크기
```

```python
        self.min_sizes = cfg['min_sizes']    # [30, 60, …] 작은 정사각형의 DBox 픽셀
                                             크기(정확히는 면적)
        self.max_sizes = cfg['max_sizes']    # [60, 111, …] 큰 정사각형의 DBox 픽셀
                                             크기(정확히는 면적)
        self.aspect_ratios = cfg['aspect_ratios']  # 정사각형의 DBox 화면비(종횡비)

    def make_dbox_list(self):
        '''DBox 작성'''
        mean = []
        # 'feature_maps': [38, 19, 10, 5, 3, 1]
        for k, f in enumerate(self.feature_maps):
            for i, j in product(range(f), repeat=2):  # f까지의 수로 두 쌍의 조합을
                                                      작성. f_P_2개

                # 특징량의 화상 크기
                # 300 / 'steps': [8, 16, 32, 64, 100, 300],
                f_k = self.image_size / self.steps[k]

                # DBox의 중심 좌표 x,y. 0~1로 정규화되어 있다.
                cx = (j + 0.5) / f_k
                cy = (i + 0.5) / f_k

                # 화면비 1의 작은 DBox [cx,cy, width, height]
                # 'min_sizes': [30, 60, 111, 162, 213, 264]
                s_k = self.min_sizes[k]/self.image_size
                mean += [cx, cy, s_k, s_k]

                # 화면비 1의 큰 DBox [cx,cy, width, height]
                # 'max_sizes': [60, 111, 162, 213, 264, 315],
                s_k_prime = sqrt(s_k * (self.max_sizes[k]/self.image_size))
                mean += [cx, cy, s_k_prime, s_k_prime]

                # 그 외 화면비의 defBox [cx,cy, width, height]
                for ar in self.aspect_ratios[k]:
                    mean += [cx, cy, s_k*sqrt(ar), s_k/sqrt(ar)]
                    mean += [cx, cy, s_k/sqrt(ar), s_k*sqrt(ar)]

        # DBox를 텐서로 변환. torch.Size([8732, 4])
        output = torch.Tensor(mean).view(-1, 4)

        # DBox가 화상 밖으로 돌출되는 것을 막기 위해 크기를 최소 0, 최대 1로 한다.
        output.clamp_(max=1, min=0)

        return output
```

동작을 확인합니다. DBox의 좌표 정보 표 (8732rows×4columns)이 출력됩니다.

```python
# 동작 확인

# SSD300 설정
ssd_cfg = {
    'num_classes': 21,  # 배경 클래스를 포함한 총 클래스 수
    'input_size': 300,  # 화상 입력 크기
    'bbox_aspect_num': [4, 6, 6, 6, 4, 4],  # 출력할 Box 화면비 종류
    'feature_maps': [38, 19, 10, 5, 3, 1],  # 각 source 화상 크기
    'steps': [8, 16, 32, 64, 100, 300],  # DBOX 크기를 정한다.
    'min_sizes': [30, 60, 111, 162, 213, 264],  # DBOX 크기를 정한다.
    'max_sizes': [60, 111, 162, 213, 264, 315],  # DBOX 크기를 정한다.
    'aspect_ratios': [[2], [2, 3], [2, 3], [2, 3], [2], [2]],
}

# DBox 작성
dbox = DBox(ssd_cfg)
dbox_list = dbox.make_dbox_list()

# DBox 출력 확인
pd.DataFrame(dbox_list.numpy())
```

2.4.7 SSD 클래스 구현

지금까지 만든 모듈을 사용하여 SSD 클래스를 구현합니다. 파이토치 네트워크 층 클래스인 nn.Module을 상속합니다. 다음 절에서 SSD 클래스에 순전파 메서드를 정의하겠습니다. SSD 클래스는 훈련할 때와 추론할 때 다르게 동작합니다. 추론할 때는 Detect 클래스를 사용합니다. Detect 클래스는 다음 절에서 살펴보겠습니다.

SSD 클래스를 구현해보겠습니다.

```python
# SSD 클래스 작성

class SSD(nn.Module):

    def __init__(self, phase, cfg):
        super(SSD, self).__init__()
```

```
        self.phase = phase  # train or inference 지정
        self.num_classes = cfg["num_classes"]  # 클래스 수 21

        # SSD 네트워크 작성
        self.vgg = make_vgg()
        self.extras = make_extras()
        self.L2Norm = L2Norm()
        self.loc, self.conf = make_loc_conf(
            cfg["num_classes"], cfg["bbox_aspect_num"])

        # DBox 작성
        dbox = DBox(cfg)
        self.dbox_list = dbox.make_dbox_list()

        # 추론 시 Detect 클래스 준비
        if phase == 'inference':
            self.detect = Detect()


# 동작 확인
ssd_test = SSD(phase="train", cfg=ssd_cfg)
print(ssd_test)
```

```
[출력]
SSD(
  (vgg): ModuleList(
    (0): Conv2d(3, 64, kernel_size=(3, 3), stride=(1, 1), padding=(1, 1))
    (1): ReLU(inplace)
...
```

이번 절에서는 SSD의 네트워크 모델을 구축했습니다. 다음 절에서는 SSD 모델의 순전파 함수를 구현해보겠습니다.

2.5 순전파 함수 구현

SSD 모델의 순전파 함수를 정의합니다. 1장 화상 분류에서 사용된 신경망은 단순히 모델의 층(유닛)을 앞에서 뒤로 처리했습니다. 물체 감지는 더 복잡하게 순전파 처리를 해야 합니다. 새로운 개념으로 Non-Maximum Suppression이라는 기술을 활용해보겠습니다.

학습 목표는 다음과 같습니다.

1. **Non-Maximum Suppression을 이해한다.**
2. **SSD의 추론 시 사용하는 Detect 클래스의 순전파를 이해한다.**
3. **SSD 순전파를 구현할 수 있다.**

구현 파일

2-4-5_SSD_model_forward.ipynb

2.5.1 decode 함수 구현

SSD 추론 시에는 순전파 끝에 Detect 클래스를 적용합니다. Detect 클래스에서 사용하는 decode 함수와 nm_supression 함수를 지금부터 구현해보겠습니다.

decode 함수는 $\mathrm{DBox} = (cx\_d, cy\_d, w\_d, h\_d)$와 SSD 모델에서 구한 오프셋 정보 $\mathrm{loc} = (\Delta cx, \Delta cy, \Delta w, \Delta h)$를 사용하여 BBox 좌표 정보를 생성합니다. 다음처럼 BBox 정보가 계산됩니다.

$$
\begin{aligned}
cx &= cx\_d + 0.1\Delta cx \times w\_d \\
cy &= cy\_d + 0.1\Delta cy \times h\_d \\
w &= w\_d \times \exp(0.2\Delta w) \\
h &= h\_d \times \exp(0.2\Delta h)
\end{aligned}
$$

이 식을 구현하여 BBox 좌표 정보의 표시 형식을 $(\Delta cx, \Delta cy, \Delta w, \Delta h)$에서 (xmin, ymin, xmax, ymax)로 변환합니다.

다음처럼 구현합니다.

```
# 오프셋 정보로 DBox를 BBox로 변환하는 함수

def decode(loc, dbox_list):
    """
    오프셋 정보로 DBox를 BBox로 변환한다.
```

```
Parameters
----------
loc:  [8732,4]
    SSD 모델로 추론하는 오프셋 정보
dbox_list: [8732,4]
    DBox 정보

Returns
-------
boxes : [xmin, ymin, xmax, ymax]
    BBox 정보
"""

# DBox는 [cx, cy, width, height]로 저장되었다.
# loc도 [Δcx, Δcy, Δwidth, Δheight]로 저장되었다.

# 오프셋 정보로 BBox를 구한다.
boxes = torch.cat((
    dbox_list[:, :2] + loc[:, :2] * 0.1 * dbox_list[:, 2:],
    dbox_list[:, 2:] * torch.exp(loc[:, 2:] * 0.2)), dim=1)
# boxes 크기는 torch.Size([8732, 4])가 된다.

# BBox의 좌표 정보를 [cx, cy, width, height]에서 [xmin, ymin, xmax, ymax]로 변경
boxes[:, :2] -= boxes[:, 2:] / 2  # 좌표 (xmin,ymin)로 변환
boxes[:, 2:] += boxes[:, :2]  # 좌표 (xmax,ymax)로 변환

return boxes
```

2.5.2 Non-Maximum Suppression 실시 함수 구현

Detect 클래스에서 사용하는 Non-Maximum Suppression을 실시하는 nm_supression 함수를 구현해보겠습니다.

먼저 Non-Maximum Suppression을 알아봅니다. 미리 8,732개의 DBox를 준비하여 물체를 감지하므로 BBox를 계산하면 화상 속 동일한 물체에 다른 BBox가 조금 다르게 복수 피팅될 때가 있습니다. 겹치는(중복) BBox를 삭제하고 하나의 물체에 하나의 BBox만 남기는 처리를 Non-Maximum Suppression이라고 합니다.

Non-Maximum Suppression 알고리즘은 동일한 물체 클래스를 가리키는 BBox가 여러 개

일 경우 BBox끼리 쓰는 면적이 임곗값(이번 구현에서는 변수 overlap = 0.45) 이상일 때 동일한 물체를 가리키는 중복 BBox로 판정합니다. 검색 신뢰도 conf는 가장 큰 값의 BBox만 남기고 다른 BBox는 삭제합니다.

이제 Non-Maximum Suppression을 구현합니다. 물체 클래스마다 nm_suppresion이 실행됩니다.

scores 인수는 SSD 모델에서 각 DBox의 신뢰도를 구할 때 신뢰도가 일정 값(이번에는 0.01) 이상으로 나온 DBox의 신뢰도 conf입니다. 물체 클래스마다 Non-Maximum Suppression을 실행하기 위해 scores 인수의 텐서 크기는 (신뢰도 임곗값을 넘은 DBox 수)가 됩니다. 8,732개인 DBox의 Non-Maximum Suppression을 계산하면 처리가 무거워져 임곗값 처리를 한 scores 변수를 인수로 사용합니다.

구현 방법은 매우 복잡합니다.

```python
# Non-Maximum Suppression을 실시하는 함수

def nm_suppression(boxes, scores, overlap=0.45, top_k=200):
    """
    Non-Maximum Suppression을 실시하는 함수
    boxes 중 겹치는(overlap 이상) BBox 삭제

    Parameters
    ----------
    boxes : [신뢰도 임곗값(0.01)을 넘은 BBox 수,4]
        BBox 정보
    scores :[신뢰도 임곗값(0.01)을 넘은 BBox 수]
        conf 정보

    Returns
    -------
    keep : 리스트
        conf의 내림차순으로 nms를 통과한 index 저장
    count : int
        nms를 통과한 BBox 수
    """

    # return 모형 작성
    count = 0
    keep = scores.new(scores.size(0)).zero_().long()
```

```
# keep : torch.Size([신뢰도 임곗값을 넘은 BBox 수]), 요소는 전부 0

# 각 BBox의 면적 area 계산
x1 = boxes[:, 0]
y1 = boxes[:, 1]
x2 = boxes[:, 2]
y2 = boxes[:, 3]
area = torch.mul(x2 - x1, y2 - y1)

# boxes 복사. 나중에 BBox 중복도(IOU) 계산 시 모형으로 준비
tmp_x1 = boxes.new()
tmp_y1 = boxes.new()
tmp_x2 = boxes.new()
tmp_y2 = boxes.new()
tmp_w = boxes.new()
tmp_h = boxes.new()

# socre를 오름차순으로 나열
v, idx = scores.sort(0)

# 상위 top_k개(200개)의 BBox index를 꺼낸다(200개가 존재하지 않는 경우도 있다).
idx = idx[-top_k:]

# idx의 요소 수가 0이 아닌 한 루프한다.
while idx.numel() > 0:
    i = idx[-1]  # conf의 최대 index를 i로

    # keep의 끝에 conf 최대 index 저장
    # 이 index의 BBox와 크게 겹치는 BBox 삭제
    keep[count] = i
    count += 1

    # 마지막 BBox는 루프를 빠져나온다.
    if idx.size(0) == 1:
        break

    # 현재 conf 최대의 index를 keep에 저장했으므로 idx를 하나 감소시킨다.
    idx = idx[:-1]

    # --------------------
    # 지금부터 keep에 저장한 BBox와 크게 겹치는 BBox를 추출하여 삭제
    # --------------------
    # 하나 감소시킨 idx까지의 BBox를 out으로 지정한 변수로 작성
    torch.index_select(x1, 0, idx, out=tmp_x1)
```

```python
torch.index_select(y1, 0, idx, out=tmp_y1)
torch.index_select(x2, 0, idx, out=tmp_x2)
torch.index_select(y2, 0, idx, out=tmp_y2)

# 모든 BBox를 현재 BBox=index가 i로 겹치는 값까지로 설정(clamp)
tmp_x1 = torch.clamp(tmp_x1, min=x1[i])
tmp_y1 = torch.clamp(tmp_y1, min=y1[i])
tmp_x2 = torch.clamp(tmp_x2, max=x2[i])
tmp_y2 = torch.clamp(tmp_y2, max=y2[i])

# w와 h의 텐서 크기를 index 하나 줄인 것으로 한다.
tmp_w.resize_as_(tmp_x2)
tmp_h.resize_as_(tmp_y2)

# clamp한 상태에서 BBox의 폭과 높이를 구한다.
tmp_w = tmp_x2 - tmp_x1
tmp_h = tmp_y2 - tmp_y1

# 폭이나 높이가 음수인 것은 0으로 한다.
tmp_w = torch.clamp(tmp_w, min=0.0)
tmp_h = torch.clamp(tmp_h, min=0.0)

# clamp된 상태의 면적을 구한다.
inter = tmp_w*tmp_h

# IoU = intersect 부분 / (area(a) + area(b) − intersect 부분) 계산
rem_areas = torch.index_select(area, 0, idx)  # 각 BBox의 원래 면적
union = (rem_areas - inter) + area[i]  # 두 구역의 합(OR) 면적
IoU = inter/union

# IoU가 overlap보다 작은 idx만 남긴다.
idx = idx[IoU.le(overlap)]  # le은 Less than or Equal to 처리를 하는 연산
# IoU가 overlap보다 큰 idx는 처음 선택한 keep에 저장한 idx와 동일한 물체에
BBox를 둘러싸고 있어 삭제

# while 루프에서 빠져나오면 종료

return keep, count
```

2.5.3 Detect 클래스 구현

SSD 추론 시 마지막에 Detect 클래스를 적용하여 (batch_num, 21, 200, 5)의 출력 텐서를 만듭니다. 해당 출력 텐서는 미니 배치 번호를 나타내는 차원, 각 클래스의 인덱스를 나타내는 차원, 신뢰도 상위 200개의 BBox 중 몇 번째인지 나타내는 차원, 다섯 가지 BBox 정보 (신뢰도 conf, xmin, ymin, width, height)로 구성됩니다.

Detect 클래스 입력은 3요소입니다. SSD 모델에서 오프셋 정보를 나타내는 loc 모듈의 출력 (batch_num, 8732, 4), 신뢰도를 나타내는 conf 모듈의 출력(batch_num, 8732, 21), 디폴트 박스 정보(8732, 4)입니다. conf 모듈 출력은 프로그램 내 소프트맥스 함수를 적용하여 규격화합니다.

Detect 클래스는 torch.autograd.Function을 상속합니다(nn.Module을 상속한 SSD 클래스의 순전파 함수 forward 내에서 Detect를 동일한 forward 명령으로 실행하기 위해).

Detect 클래스의 순전파 함수 forward 계산에 대해 설명하겠습니다. 크게 3단계로 계산합니다. 1단계로 이 절의 초반에 구현한 decode 함수를 사용하여 DBox 정보와 오프셋 정보 loc 를 BBox로 변환합니다. 2단계, conf가 임곗값(이번 구현에서는 변수 conf_thresh = 0.01) 이상인 BBox를 추출합니다. 3단계로 Non-Maximum Suppression을 실행하는 nm_supression 함수를 실시하여 동일한 물체로 중복된 BBox를 삭제합니다. 이상의 3단계로 물체 감지 결과인 BBox가 남습니다.

위 내용을 구현하면 다음과 같습니다.

```
# SSD 추론 시 conf와 loc의 출력에서 중복을 제거한 BBox 출력

class Detect(Function):

    def __init__(self, conf_thresh=0.01, top_k=200, nms_thresh=0.45):
        self.softmax = nn.Softmax(dim=-1)  # conf를 소프트맥스 함수로 정규화하기 위해 준비
        self.conf_thresh = conf_thresh  # conf가 conf_thresh=0.01보다 높은 DBox만 취급
        self.top_k = top_k  # conf가 높은 top_k개를 nm_supression으로 계산에 사용
                            하는 top_k = 200
        self.nms_thresh = nms_thresh  # nm_supression으로 IOU가 nms_thresh=0.45보다
                            크면 동일한 물체의 BBox로 간주

    def forward(self, loc_data, conf_data, dbox_list):
        """
```

순전파 계산 실행

```
Parameters
----------
loc_data:  [batch_num,8732,4]
    오프셋 정보
conf_data: [batch_num, 8732,num_classes]
    감지 신뢰도
dbox_list: [8732,4]
    DBox 정보

Returns
-------
output : torch.Size([batch_num, 21, 200, 5])
     (batch_num, 클래스, conf의 top200, BBox 정보)
"""

# 각 크기 취득
num_batch = loc_data.size(0)  # 미니 배치 크기
num_dbox = loc_data.size(1)  # DBox 수 = 8732
num_classes = conf_data.size(2)  # 클래스 수 = 21

# conf는 소프트맥스를 적용하여 정규화
conf_data = self.softmax(conf_data)

# 출력 형식을 작성. 텐서 크기 [minibatch수, 21, 200, 5]
output = torch.zeros(num_batch, num_classes, self.top_k, 5)

# cof_data 순서를 [batch_num,8732,num_classes]에서 [batch_num, num_classes,8732]로 변경
conf_preds = conf_data.transpose(2, 1)

# 미니 배치마다 루프
for i in range(num_batch):

    # 1. loc와 DBox로 수정한 BBox [xmin, ymin, xmax, ymax]를 구한다.
    decoded_boxes = decode(loc_data[i], dbox_list)

    # conf의 복사본 작성
    conf_scores = conf_preds[i].clone()

    # 화상 클래스별 루프(배경 클래스의 index인 0은 계산하지 않고 index=1부터)
    for cl in range(1, num_classes):

        # 2.conf의 임곗값을 넘은 BBox를 꺼낸다.
```

```python
# conf의 임곗값을 넘고 있는지 마스크를 작성하여
# 임곗값을 넘은 conf의 인덱스를 c_mask로 취득
c_mask = conf_scores[cl].gt(self.conf_thresh)
# gt는 Greater than을 의미. gt로 임곗값이 넘으면 1, 이하는 0
# conf_scores:torch.Size([21, 8732])
# c_mask:torch.Size([8732])

# scores는 torch.Size([임곗값을 넘은 BBox 수])
scores = conf_scores[cl][c_mask]

# 임곗값을 넘은 conf가 없는 경우, 즉 scores=[]는 아무것도 하지 않는다.
if scores.nelement() == 0:  # nelement로 요소 수의 합계를 구한다.
    continue

# c_mask를 decoded_boxes에 적용할 수 있도록 크기 변경
l_mask = c_mask.unsqueeze(1).expand_as(decoded_boxes)
# l_mask:torch.Size([8732, 4])

# l_mask를 decoded_boxes로 적용
boxes = decoded_boxes[l_mask].view(-1, 4)
# decoded_boxes[l_mask]로 1차원이 되기 때문에
# view에서 (임곗값을 넘은 BBox 수, 4) 크기로 바꾼다.

# 3. Non-Maximum Suppression를 실시하여 중복되는 BBox 제거
ids, count = nm_suppression(
    boxes, scores, self.nms_thresh, self.top_k)
# ids : conf의 내림차순으로 Non-Maximum Suppression를 통과한 index 저장
# count : Non-Maximum Suppression를 통과한 BBox 수

# output에 Non-Maximum Suppression를 뺀 결과 저장
output[i, cl, :count] = torch.cat((scores[ids[:count]].unsqueeze(1),
                                   boxes[ids[:count]]), 1)

return output  # torch.Size([1, 21, 200, 5])
```

2.5.4 SSD 모델 구현

마지막으로 순전파 계산을 실행하여 SSD 모델을 구현합니다. SSD 모델의 순전파 방법은 앞서 [그림 2-7]에서 살펴봤습니다. vgg 및 extras 모듈을 전달하면서 source1~6을 추출한 후 source1~6에 합성곱 층을 각각 한 번만 적용하여 오프셋 정보 loc와 클래스 신뢰도 conf를 추출합니다.

source1~6에서 사용한 DBox 수는 4 혹은 6이며 크기가 통일되지 않아 텐서 모양을 조심스럽게 변환합니다. 최종적으로 오프셋 loc 크기는 (batch_num, 8732, 4), 신뢰도 conf 크기는 (batch_num, 8732, 21), DBox 크기 (8732,4)의 dbox_list 변수를 output에 정리합니다. 학습할 때는 output = (loc, conf, dbox_list)가 출력됩니다. 추론할 때는 Detect 클래스의 순전파 함수에 output을 넣고 마지막으로 감지된 BBox 정보 (batch_num, 21, 200, 5)를 출력합니다.

미니 배치 차원을 가지면서 source마다 DBox 수가 4나 6으로 다른 점에 주의합니다. 텐서 크기의 변형 부분은 복잡하여 처음에는 이해하기 어렵습니다. 주석으로 해설 및 텐서 크기의 변화를 자세히 설명하겠습니다.

```python
# SSD 클래스 작성

class SSD(nn.Module):

    def __init__(self, phase, cfg):
        super(SSD, self).__init__()

        self.phase = phase  # train or inference 지정
        self.num_classes = cfg["num_classes"]  # 클래스 수=21

        # SSD 네트워크를 만든다.
        self.vgg = make_vgg()
        self.extras = make_extras()
        self.L2Norm = L2Norm()
        self.loc, self.conf = make_loc_conf(
            cfg["num_classes"], cfg["bbox_aspect_num"])

        # DBox 작성
        dbox = DBox(cfg)
        self.dbox_list = dbox.make_dbox_list()

        # 추론 시 Detect 클래스 준비
        if phase == 'inference':
            self.detect = Detect()

    def forward(self, x):
        sources = list()  # loc와 conf에 입력 source1~6 저장
        loc = list()  # loc의 출력 저장
        conf = list()  # conf의 출력 저장
```

```python
# vgg의 conv4_3까지 계산
for k in range(23):
    x = self.vgg[k](x)

# conv4_3의 출력을 L2Norm에 입력하고 source1을 작성하여 sources에 추가
source1 = self.L2Norm(x)
sources.append(source1)

# vgg를 마지막까지 계산하여 source2를 작성하고 sources에 추가
for k in range(23, len(self.vgg)):
    x = self.vgg[k](x)

sources.append(x)

# extras의 conv와 ReLU 계산
# source3~6을 sources에 추가
for k, v in enumerate(self.extras):
    x = F.relu(v(x), inplace=True)
    if k % 2 == 1:  # conv→ReLU→cov→ReLU를 하여 source에 넣는다.
        sources.append(x)

# source1~6에 각각 대응하는 합성곱을 1회씩 적용
# zip으로 for 루프의 여러 리스트 요소 취득
# source1~6까지 있어 루프가 6회 실시
for (x, l, c) in zip(sources, self.loc, self.conf):
    # Permute으로 요소 순서 교체
    loc.append(l(x).permute(0, 2, 3, 1).contiguous())
    conf.append(c(x).permute(0, 2, 3, 1).contiguous())
    # l(x)와 c(x)으로 합성곱 실행
    # l(x)와 c(x)의 출력 크기는 [batch_num, 4*화면비의 종류 수, featuremap
    높이, featuremap 폭]
    # 소스에 따라 화면비의 종류 수가 다르며 번거로워 순서를 바꾸어 조정
    # permute로 요소 순서를 다음과 같이 교체
    # [minibatch 수, featuremap 수, featuremap 수, 4*화면비의 종류 수]
    # torch.contiguous()은 메모리 상에 연속적으로 요소를 배치하는 명령
    # 이후 view 함수 사용
    # view를 수행하므로 대상의 변수가 메모리 상에 연속적으로 배치되어야 한다.

# loc와 conf의 모양 변형
# loc 크기는 torch.Size([batch_num, 34928])
# conf 크기는 torch.Size([batch_num, 183372])가 된다.
loc = torch.cat([o.view(o.size(0), -1) for o in loc], 1)
conf = torch.cat([o.view(o.size(0), -1) for o in conf], 1)
```

```
# loc와 conf의 모양 조정
# loc의 크기는 torch.Size([batch_num, 8732, 4])
# conf의 크기는 torch.Size([batch_num, 8732, 21])
loc = loc.view(loc.size(0), -1, 4)
conf = conf.view(conf.size(0), -1, self.num_classes)

# 마지막으로 출력
output = (loc, conf, self.dbox_list)

if self.phase == "inference":  # 추론 시
    # Detect 클래스의 forward 실행
    # 반환 값의 크기는 torch.Size([batch_num, 21, 200, 5])
    return self.detect(output[0], output[1], output[2])

else:  # 학습 시
    return output
    # 반환 값은 (loc, conf, dbox_list)의 튜플
```

SSD 모델의 순전파 함수 구현이 끝났습니다. 다음 절에서는 손실함수의 계산 방법을 알아보겠습니다.

2.6 손실함수 구현

SSD 모델의 손실함수를 정의하겠습니다. 정의하는 손실함수 값이 작아지도록 신경망의 결합 파라미터를 갱신 및 학습합니다.

이 절에서 실행하는 구현은 매우 복잡하니 코드를 이해하는 것은 잠시 뒤로 미루어도 괜찮습니다. 우선 무엇을 하고 싶은지 생각하고 처리 내용을 개념 수준 정도에서 이해하는 것을 목표로 합니다.

학습 목표는 다음과 같습니다.

1. **jaccard 계수를 이용한 match 함수의 동작을 이해한다.**
2. **Hard Negative Mining을 이해한다.**
3. **두 종류의 손실함수(SmoothL1Loss 함수, 교차 엔트로피 오차 함수)의 역할을 이해한다.**

2.6.1 jaccard 계수를 이용한 match 함수의 동작

SSD의 손실함수를 정의할 때 먼저 8,732개의 DBox에서 학습 데이터 화상의 정답인 BBox
와 가까운 DBox(정답과 물체 클래스가 일치하고 좌표 정보도 가까운 DBox)를 추출해야 합
니다. 추출은 match 함수가 실행합니다.

정답 BBox와 가까운 DBox를 추출할 때 jaccard 계수를 사용합니다. [그림 2-10]은
jaccard 계수의 계산 방법입니다. 두 개의 BBox와 DBox의 jaccard 계수는 두 Box의 총
면적(BBox∪DBox)에 BBox와 DBox가 겹친 부분의 면적(BBox∩SBox) 비율입니다.
jaccard 계수는 0~1의 값을 취하여 두 Box가 완전히 일치하면 jaccard 계수는 1이고 완전
히 벗어나면 0입니다(jaccard 계수와 IOU$^{intersection\ over\ union}$는 동일합니다).

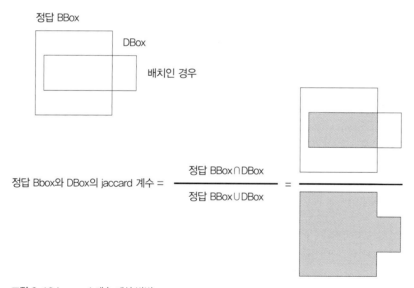

그림 2-10 jaccard 계수 계산 방법

jaccard 계수를 이용하여 훈련 데이터의 정답 BBox와 jaccard 계수가 임곗값 (jaccard_
thresh = 0.5) 이상인 DBox를 Positive DBox로 합니다(그림 2-11).

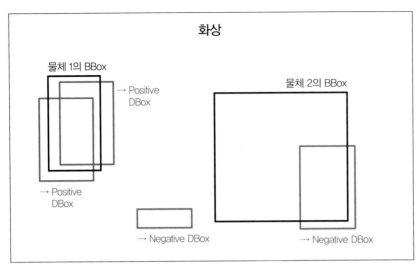

그림 2-11 match 함수로 Positive DBox 추출

다음과 같이 8,732개의 DBox가 처리됩니다.

먼저 jaccard 계수가 0.5 이상이 되는 정답 BBox가 없는 DBox는 Negative DBox로 합니다. 해당 DBox 예측 결과의 지도 데이터가 되는 정답 물체의 라벨을 0으로 합니다. 물체 라벨 0은 배경 클래스입니다. 배경이라는 물체를 인식하기 위해 물체를 감지하지 않는 DBox에 지도 데이터를 제공합니다. 따라서 정답 BBox가 없는 DBox는 물체가 존재하지 않는 배경 클래스를 제대로 인식하기 위해 손실함수의 계산 및 네트워크의 학습에 사용합니다.

DBox 중 jaccard 계수가 0.5 이상인 정답 BBox를 갖는 DBox를 Positive DBox라고 합니다. jaccard 계수가 가장 커지는 정답 BBox의 물체 클래스를 해당 DBox 예측 결과의 지도 데이터가 되는 정답 클래스로 합니다. DBox를 jaccard 계수가 가장 커지는 정답 BBox로 변형시키는 오프셋 값을 loc의 지도 데이터로 합니다.

SSD에서는 DBox의 좌표 정보와 DBox가 감지되는 클래스를 따로 생각해야 합니다. DBox의 jaccard 계수도 해당 DBox의 신뢰도 conf가 높은 클래스 등은 고려하지 않습니다. DBox의 좌표 정보, 즉 loc 변수만 고려합니다. 또한 DBox를 보정한 추정 BBox와 정답 BBox에 jaccard 계수를 처리하지 않습니다. 미리 준비한 DBox와 정답 BBox에 대해 jaccard 계수의 계산을 처리하고 각 DBox 지도 데이터를 작성합니다.

match 함수를 구현하는 것은 상당히 복잡합니다. 책에서는 match 함수는 구현하지 않고 참고 문헌[4]에서 구현한 것을 활용하겠습니다. utils 폴더의 match.py 프로그램에서 match 함수를 구현하여 이를 사용하겠습니다. 구현 프로그램에서는 각 DBox의 보정 정보 loc의 정답인 지도 데이터를 loc_t 변수로, 각 DBox의 신뢰도 conf의 정답인 라벨의 지도 데이터를 conf_t_label 변수로 하여 반환 값을 설정합니다.

중요한 것은 match 함수에서 물체 클래스의 지도 데이터인 라벨 인덱스를 +1 한다는 점입니다. 배경 클래스를 0번째 인덱스로 하기 위해 미리 VOC2012에서 제공하는 물체 클래스의 인덱스를 +1 하여 인덱스 0을 배경 클래스로 합니다.

2.6.2 Hard Negative Mining

match 함수를 사용하여 정답 BBox와 DBox 정보로 지도 데이터 loc_t와 conf_t_label을 준비하였습니다. 나머지는 손실함수에 예측 결과와 지도 데이터를 입력하여 손실 값만 계산하면 되지만 여기서 전처리로 Hard Negative Mining을 실행합니다. Hard Negative Mining은 Negative DBox로 분류된 DBox 중 학습에 사용할 DBox 수를 줄이는 작업입니다.

DBox를 정답 BBox로 변경하는 오프셋의 지도 데이터 loc_t는 Positive DBox에만 있어 오프셋 정보의 손실 값은 Positive DBox에서만 계산됩니다.

DBox의 클래스를 분류하는 지도 데이터 conf_t_label은 모든 DBox에 있습니다. 다만 8,732개 DBox 대부분은 Negative DBox로 분류되었고 Negative DBox의 지도 데이터는 라벨 0(배경 클래스)입니다. Negative DBox로 판정된 DBox를 전부 학습에 사용하면 라벨 0의 예측만 학습합니다. 그 결과 배경이 아닌 실제 물체 클래스를 예측하는 학습 횟수가 배경 클래스에 비해 매우 적어져 균형이 맞지 않습니다.

Negative DBox 수를 Positive DBox 일정 수의 배(이번 구현은 neg_pos = 3)로 제한합니다. 수를 제한할 때 무슨 Negative DBox를 사용할지 고려해야 합니다. SSD에서는 라벨을 예측할 때 손실 값이 높은 것(즉 라벨 예측이 잘 되지 않은 것)을 우선적으로 선택합니다. 물체가 존재하지 않는 배경 클래스의 DBox라고 예측해야 하지만 배경 클래스로 예측하지 못한 DBox를 라벨 예측이 잘 되지 않은 Negative DBox라고 합니다. 바로 이 배경 물체의 라벨을 제대로 예측하지 못한 Negative DBox를 우선적으로 학습시킵니다.

이러한 Hard Negative Mining 조작으로 학습에 사용할 Negative DBox 수를 좁혀 나갑니다.

2.6.3 SmoothL1Loss 함수와 교차 엔트로피 오차 함수

`match` 함수와 Hard Negative Mining 작업으로 손실을 계산하면 사용하는 지도 데이터와 예측 결과가 나오고 이를 손실함수에 입력하여 손실 값을 구할 수 있습니다.

Positive DBox 오프셋 정보의 예측 loc는 DBox와 정답 BBox로 변환하는 보정 값을 예측하는 회귀 문제입니다. 회귀 문제의 손실함수는 일반적으로 오차의 제곱 함수가 사용됩니다. SSD에서는 오차의 제곱 함수를 조금 수정한 `SmoothL1Loss` 함수를 사용합니다.

`SmoothL1Loss`는 Huber 손실함수의 하나로 다음과 같이 계산됩니다.

$$loss_i \left(loc_t - loc_p \right) = \begin{cases} 0.5 \left(loc_t - loc_p \right)^2, & if \left| loc_t - loc_p \right| < 1 \\ \left| loc_t - loc_p \right| - 0.5, & otherwise \end{cases}$$

지도 데이터와 예측 결과에서 차이의 절댓값이 1보다 작으면 제곱 오차가 되고 차이의 절댓값이 1보다 크면 차이의 절댓값 0.5을 뺀 값으로 합니다. 지도 데이터와 예측 결과의 차이가 큰 경우 제곱 오차를 사용하면 손실 값이 비정상적으로 커져 네트워크 학습이 불안정해집니다. `SmoothL1Loss`는 지도 데이터와 예측 결과의 차이가 큰 경우 제곱이 아닌 절댓값을 사용하여 손실을 제곱 오차보다 적게 합니다.

오프셋 예측 loc는 `jaccard` 계수로 임곗값을 초과한 Positive DBox의 예측 결과만 사용합니다. Negative DBox는 지도 데이터의 라벨이 배경 0으로 되어 있어 BBox가 존재하지 않으며 오프셋 값 또한 가지지 않습니다.

물체 클래스 라벨 예측의 손실함수를 설명하겠습니다. 라벨 예측 손실함수는 일반적인 다#클래스 예측에서 사용되는 교차 엔트로피 오차 함수입니다. 교차 엔트로피 오차 함수는 다음처럼 표기합니다.

$$loss_i \left(con f, label_t \right) = -\log \left(\frac{\exp \left(con f \left[label_t \right] \right)}{\sum \exp (con f [x])} \right)$$

교차 엔트로피 오차 함수의 계산을 예로 들어보겠습니다. 3클래스의 예측 문제를 상정하여 각 클래스의 신뢰도 예측 결과가 (−10, 10, 20), 정답 클래스는 첫 번째였다고 합시다. 즉 0번째 클래스의 예측 신뢰도가 −10, 첫 번째 클래스의 예측 신뢰도가 10, 두 번째 클래스의 예측 신뢰도는 20입니다. 이때 교차 엔트로피 오차 함수에 의한 손실 값은 다음처럼 계산됩니다.

$$loss_i([-10,10,20],1) = -\log\left(\frac{\exp(10)}{\exp(-10)+\exp(10)+\exp(20)}\right) = 4.34$$

만일 예측 결과가 (−100, 100, −100)로 잘 예측되면 손실은 0에 가깝습니다.

2.6.4 SSD의 손실함수 클래스 MultiBoxLoss 구현

앞서 설명한 내용을 손실함수 MultiBoxLoss 클래스로 구현합니다. nn.Module 클래스를 상속한 forward 함수 내에서 손실 값을 계산합니다.

다음과 같이 구현됩니다. 오프셋의 손실 값 loss_l과 라벨 예측의 손실 값 loss_c를 각각 반환합니다. variance 변수는 DBox에서 BBox로 보정 계산하는 데 사용하는 식의 계수 0.1 및 0.2를 나타냅니다.

$$cx = cx\_d + 0.1\Delta cx \times w\_d$$
$$cy = cy\_d + 0.1\Delta cy \times h\_d$$
$$w = w\_d \times \exp(0.2\Delta w)$$
$$h = h\_d \times \exp(0.2\Delta h)$$

손실함수 클래스 MultiBoxLoss를 구현하는 과정은 매우 복잡합니다. 물체 감지를 빠르게 처리하기 위해 직관적이지 않은 코드를 많이 사용합니다.

```python
class MultiBoxLoss(nn.Module):
    """SSD의 손실함수 클래스"""

    def __init__(self, jaccard_thresh=0.5, neg_pos=3, device='cpu'):
        super(MultiBoxLoss, self).__init__()
        self.jaccard_thresh = jaccard_thresh  # 0.5 match 함수의 jaccard 계수의 임계치
        self.negpos_ratio = neg_pos  # 3:1 Hard Negative Mining의 음과 양의 비율
        self.device = device  # CPU와 GPU 중 어느 것으로 계산하는가
```

```python
def forward(self, predictions, targets):
    """
    손실함수 계산

    Parameters
    ----------
    predictions : SSD net의 훈련 시 출력(tuple)
        (loc=torch.Size([num_batch, 8732, 4]), conf=torch.Size([num_batch,
    8732, 21]), dbox_list=torch.Size [8732,4])

    targets : [num_batch, num_objs, 5]
        5는 정답인 어노테이션 정보[xmin, ymin, xmax, ymax, label_ind]

    Returns
    -------
    loss_l : 텐서
        loc의 손실 값
    loss_c : 텐서
        conf의 손실 값
    """

    # SSD 모델의 출력이 튜플로 되어 있어 개별적으로 분리한다.
    loc_data, conf_data, dbox_list = predictions

    # 요소 수 파악
    num_batch = loc_data.size(0)  # 미니 배치 크기
    num_dbox = loc_data.size(1)   # DBox 수 = 8732
    num_classes = conf_data.size(2)  # 클래스 수 = 21

    # 손실 계산에 사용할 것을 저장하는 변수 작성
    # conf_t_label: 각 DBox에 가장 가까운 정답 BBox의 라벨 저장
    # loc_t: 각 DBox에 가장 가까운 정답 BBox의 위치 정보 저장
    conf_t_label = torch.LongTensor(num_batch, num_dbox).to(self.device)
    loc_t = torch.Tensor(num_batch, num_dbox, 4).to(self.device)
    # loc_t와 conf_t_label에
    # DBox와 정답 어노테이션 targets를 match한 결과 덮어쓰기
    for idx in range(num_batch):  # 미니 배치 루프

        # 현재 미니 배치의 정답 어노테이션 BBox와 라벨 취득
        truths = targets[idx][:, :-1].to(self.device)  # BBox
        # 라벨 [물체1 라벨, 물체2 라벨, …]
        labels = targets[idx][:, -1].to(self.device)

        # 디폴트 박스를 새로운 변수로 준비
```

```
        dbox = dbox_list.to(self.device)

        # match 함수를 실행하여 loc_t와 conf_t_label 내용 갱신
        # loc_t: 각 DBox에 가장 가까운 정답 BBox 위치 정보가 덮어써진다.
        # conf_t_label: 각 DBox에 가장 가까운 BBox의 라벨이 덮어써진다.
        # 단 가장 가까운 BBox와의 jaccard overlap이 0.5보다 작은 경우
        # 정답 BBox의 라벨 conf_t_label은 배경 클래스 0으로 한다.
        variance = [0.1, 0.2]
        # 이 variance는 DBox에서 BBox로 보정 계산할 때 사용하는 식의 계수
        match(self.jaccard_thresh, truths, dbox,
              variance, labels, loc_t, conf_t_label, idx)


# ----------
# 위치 손실: loss_l을 계산
# Smooth L1 함수로 손실 계산. 단 물체를 발견한 DBox의 오프셋만 계산
# ----------
# 물체를 감지한 BBox를 꺼내는 마스크 작성
pos_mask = conf_t_label > 0  # torch.Size([num_batch, 8732])

# pos_mask를 loc_data 크기로 변형
pos_idx = pos_mask.unsqueeze(pos_mask.dim()).expand_as(loc_data)

# Positive DBox의 loc_data와 지도 데이터 loc_t 취득
loc_p = loc_data[pos_idx].view(-1, 4)
loc_t = loc_t[pos_idx].view(-1, 4)

# 물체를 발견한 Positive DBox의 오프셋 정보 loc_t의 손실(오차)을 계산
loss_l = F.smooth_l1_loss(loc_p, loc_t, reduction='sum')

# ----------
# 클래스 예측의 손실: loss_c를 계산
# 교차 엔트로피 오차 함수로 손실 계산. 단 배경 클래스가 정답인 DBox가 압도적
으로 많으므로
# Hard Negative Mining을 실시하여 물체 발견 DBox 및 배경 클래스 DBox의 비율이
1:3이 되도록 한다.
# 배경 클래스 DBox로 예상한 것 중 손실이 적은 것은 클래스 예측 손실에서 제외
# ----------
batch_conf = conf_data.view(-1, num_classes)

# 클래스 예측의 손실함수 계산(reduction = 'none'으로 하여 합을 취하지 않고
차원을 보존)
loss_c = F.cross_entropy(
    batch_conf, conf_t_label.view(-1), reduction='none')
```

```
# -----------------
# Negative DBox 중 Hard Negative Mining으로 추출하는 것을 구하는 마스크 작성
# -----------------

# 물체를 발견한 Positive DBox의 손실을 0으로 한다.
# (주의) 물체는 label이 1 이상. 라벨 0은 배경을 의미
num_pos = pos_mask.long().sum(1, keepdim=True)  # 미니 배치별 물체 클래스의
                                                          예측 수
loss_c = loss_c.view(num_batch, -1)  # torch.Size([num_batch, 8732])
loss_c[pos_mask] = 0  # 물체를 발견한 DBox는 손실 0으로 한다.

# Hard Negative Mining 실시
# 각 DBox 손실의 크기 loss_c 순위 idx_rank를 구한다.
_, loss_idx = loss_c.sort(1, descending=True)
_, idx_rank = loss_idx.sort(1)

# 구현된 코드는 특수하며 직관적이지 않다.
# 위 두 줄의 요점은 각 DBox에 대해 손실 크기가 몇 번째인지 정보를
# 변수 idx_rank로 빠르게 얻는 코드이다.
# DBox의 손실 값이 큰 쪽부터 내림차순으로 정렬하여 DBox의 내림차순의 index를
loss_idx에 저장한다.
# 손실 크기 loss_c의 순위 idx_rank를 구한다.
# 내림차순이 된 배열 index인 loss_idx를 0부터 8732까지 오름차순으로 다시
정렬하기 위하여
# 몇 번째 loss_idx의 인덱스를 취할지 나타내는 것이 idx_rank이다.
# 예를 들면 idx_rank 요소의 0번째 = idx_rank[0]를 구하는 것은 loss_idx의
값이 0인 요소,
# 즉 loss_idx[?]=0의, ?는 몇 번째를 구할 것인지가 된다. 여기서 ? = idx_rank[0]이다.
# loss_idx[?]=0의 0은 원래 loss_c의 요소 0번째라는 의미이다.
# 즉 ?은 원래 loss_c의 요소 0번째는 내림차순으로 정렬된 loss_idx의 몇 번째입니까?
# 를 구하는 것이 되어 결과적으로
# ? = idx_rank[0]은 loss_c의 요소 0번째가 내림차순으로 몇 번째인지 나타낸다.

# 배경 DBox의 수 num_neg를 구한다. HardNegative Mining으로
# 물체 발견 DBox의 수 num_pos의 세 배(self.negpos_ratio 배)로 한다.
# DBox의 수를 초과한 경우에는 DBox의 수를 상한으로 한다.
num_neg = torch.clamp(num_pos*self.negpos_ratio, max=num_dbox)

# idx_rank에 각 DBox의 손실 크기가 위에서부터 몇 번째인지 저장되었다.
# 배경 DBox의 수 num_neg보다 순위가 낮은(손실이 큰) DBox를 취하는 마스크 작성
# torch.Size([num_batch, 8732])
neg_mask = idx_rank < (num_neg).expand_as(idx_rank)

# -----------------
```

```
# (종료) 지금부터 Negative DBox 중 Hard Negative Mining로 추출할 것을 구하는
마스크 작성
# -----------------

# 마스크 모양을 고쳐 conf_data에 맞춘다.
# pos_idx_mask는 Positive DBox의 conf를 꺼내는 마스크이다.
# neg_idx_mask는 Hard Negative Mining으로 추출한 Negative DBox의 conf를
꺼내는 마스크이다.
# pos_mask : torch.Size([num_batch, 8732]) → pos_idx_mask : torch.Size([num_batch,
8732, 21])
pos_idx_mask = pos_mask.unsqueeze(2).expand_as(conf_data)
neg_idx_mask = neg_mask.unsqueeze(2).expand_as(conf_data)

# conf_data에서 pos와 neg만 꺼내서 conf_hnm으로 한다. 형태는 torch.Size
([num_pos+num_neg, 21])
conf_hnm = conf_data[(pos_idx_mask+neg_idx_mask).gt(0)
                     ].view(-1, num_classes)
# gt는 greater than(>)의 약칭. mask가 1인 index를 꺼낸다.
# pos_idx_mask+neg_idx_mask는 덧셈이지만 index로 mask를 정리할 뿐이다.
# pos이든 neg이든 마스크가 1인 것을 더해 하나의 리스트로 만들어 이를 gt로 취득한다.

# 마찬가지로 지도 데이터인 conf_t_label에서 pos와 neg만 꺼내 conf_t_label_hnm
으로 torch.Size([pos+neg]) 형태가 된다.
conf_t_label_hnm = conf_t_label[(pos_mask+neg_mask).gt(0)]

# confidence의 손실함수 계산(요소의 합계=sum을 구한다)
loss_c = F.cross_entropy(conf_hnm, conf_t_label_hnm, reduction='sum')

# 물체를 발견한 BBox의 수 N(전체 미니 배치의 합계)으로 손실을 나눈다.
N = num_pos.sum()
loss_l /= N
loss_c /= N

return loss_l, loss_c
```

손실함수를 구현해보았습니다. 과정이 상당히 복잡합니다. 손실함수의 처리 내용을 개념 정도
로만 이해해주길 바랍니다. 다음 절에서는 지금까지 구현한 내용을 사용하여 SSD 모델을 학습
합니다.

2.7 학습 및 검증 실시

지금까지 구현해온 SSD 모델을 사용하여 학습 및 검증을 실시합니다.

학습 목표는 다음과 같습니다.

1. SSD 학습을 구현할 수 있다.

구현 파일

2-7_SSD_training.ipynb

2.7.1 프로그램 구현

SSD의 학습 프로그램을 구현해보겠습니다. 2.2절에서 2.6절까지 만든 클래스와 함수를 사용합니다. 지금까지 구현한 내용은 utils 폴더의 ssd_model.py 파일에 있습니다. 이 파일에서 각 클래스와 함수를 import합니다.

학습 프로그램의 흐름은 다음과 같습니다.

1. 데이터 로더 만들기(파일 경로 리스트 작성, 데이터셋 및 데이터 로더 생성)
2. 네트워크 모델 만들기
3. 손실함수 정의
4. 최적화 기법 설정
5. 학습 및 검증 실시

2.7.2 데이터 로더 만들기

데이터 로더를 준비합니다. 2.2절, 2.3절과 같습니다.

```
from utils.ssd_model import make_datapath_list, VOCDataset, DataTransform, Anno_
xml2list, od_collate_fn

# 파일 경로 리스트 취득
rootpath = "./data/VOCdevkit/VOC2012/"
```

```
train_img_list, train_anno_list, val_img_list, val_anno_list = make_datapath_list(
    rootpath)

# Dataset 작성
voc_classes = ['aeroplane', 'bicycle', 'bird', 'boat',
               'bottle', 'bus', 'car', 'cat', 'chair',
               'cow', 'diningtable', 'dog', 'horse',
               'motorbike', 'person', 'pottedplant',
               'sheep', 'sofa', 'train', 'tvmonitor']
color_mean = (104, 117, 123)  # (BGR) 색의 평균값
input_size = 300  # 화상의 input 크기를 300×300으로 설정

train_dataset = VOCDataset(train_img_list, train_anno_list, phase="train",
transform=DataTransform(
    input_size, color_mean), transform_anno=Anno_xml2list(voc_classes))

val_dataset = VOCDataset(val_img_list, val_anno_list, phase="val",
transform=DataTransform(
    input_size, color_mean), transform_anno=Anno_xml2list(voc_classes))

# DataLoader 작성
batch_size = 32

train_dataloader = data.DataLoader(
    train_dataset, batch_size=batch_size, shuffle=True, collate_fn=od_collate_fn)

val_dataloader = data.DataLoader(
    val_dataset, batch_size=batch_size, shuffle=False, collate_fn=od_collate_fn)

# 사전 오브젝트로 정리
dataloaders_dict = {"train": train_dataloader, "val": val_dataloader}
```

2.7.3 네트워크 모델 만들기

2.4절의 내용에 네트워크 모델의 결합 파라미터 초깃값 설정을 추가하여 네트워크 모델을 만듭니다.

이번에는 **vgg** 모듈의 초깃값에 미리 **vgg** 모듈을 ImageNet 화상 분류 작업으로 학습시킨 결합 파라미터를 사용합니다. 참고 문헌[4]에서 학습된 모델을 vgg16_reducedfc.pth로 준비했습니다. 다운로드하여 사용합니다. make_folders_and_data_downloads.ipynb 파일로

다운로드한 vgg16_reducedfc.pth 파일은 weights 폴더에 있습니다.

vgg 외 모듈의 초깃값은 'He 초깃값'을 사용합니다. He 초깃값은 활성화 함수가 ReLU일 때 사용하는 초기화 방법입니다. 각 합성곱 층에서 입력 채널 수가 input_n인 경우 합성곱 층의 결합 파라미터의 초깃값으로 '평균 0, 표준편차 sqrt(2 / input_n)의 가우스 분포'에 따른 난수를 사용합니다. 이 방법을 제안한 사람이 Kaiming He이므로 파이토치에서의 함수명은 kaiming_normal_입니다.

다음과 같이 구현합니다.

```python
from utils.ssd_model import SSD

# SSD300 설정
ssd_cfg = {
    'num_classes': 21,  # 배경 클래스를 포함한 총 클래스 수
    'input_size': 300,  # 화상 입력 크기
    'bbox_aspect_num': [4, 6, 6, 6, 4, 4],  # 출력할 DBox의 화면비 종류
    'feature_maps': [38, 19, 10, 5, 3, 1],  # 각 source 화상 크기
    'steps': [8, 16, 32, 64, 100, 300],
    'min_sizes': [30, 60, 111, 162, 213, 264],  # DBOX 크기(최소)
    'max_sizes': [60, 111, 162, 213, 264, 315],  # DBOX 크기(최대)
    'aspect_ratios': [[2], [2, 3], [2, 3], [2, 3], [2], [2]],
}

# SSD 네트워크 모델
net = SSD(phase="train", cfg=ssd_cfg)

# SSD의 초기 가중치 설정
# ssd의 vgg에 가중치 로드
vgg_weights = torch.load('./weights/vgg16_reducedfc.pth')
net.vgg.load_state_dict(vgg_weights)

# ssd의 기타 네트워크 가중치는 He의 초기치로 초기화

def weights_init(m):
    if isinstance(m, nn.Conv2d):
        init.kaiming_normal_(m.weight.data)
        if m.bias is not None:  # 바이어스 항이 있는 경우
            nn.init.constant_(m.bias, 0.0)
```

```
# He의 초기치 적용
net.extras.apply(weights_init)
net.loc.apply(weights_init)
net.conf.apply(weights_init)

# GPU를 사용할 수 있는지 확인
device = torch.device("cuda:0" if torch.cuda.is_available() else "cpu")
print("사용 중인 장치:", device)

print('네트워크 설정 완료: 학습된 가중치를 로드했습니다')
```

2.7.4 손실함수 및 최적화 기법 설정

손실함수 및 최적화 방법을 설정합니다.

```
from utils.ssd_model import MultiBoxLoss

# 손실함수 설정
criterion = MultiBoxLoss(jaccard_thresh=0.5, neg_pos=3, device=device)

# 최적화 기법 설정
optimizer = optim.SGD(net.parameters(), lr=1e-3,
                        momentum=0.9, weight_decay=5e-4)
```

2.7.5 학습 및 검증 실시

학습 및 검증을 수행하는 **train_model** 함수를 실행합니다. 10에폭에 한 번으로 검증합니다. 학습 및 검증의 손실 값은 에폭마다 log_output.csv에 저장합니다. 네트워크의 결합 파라미터도 10에폭마다 1회로 저장합니다.

```
# 모델을 학습시키는 함수 작성

def train_model(net, dataloaders_dict, criterion, optimizer, num_epochs):

    # GPU를 사용할 수 있는지 확인
    device = torch.device("cuda:0" if torch.cuda.is_available() else "cpu")
```

```python
print("사용 중인 장치:", device)

# 네트워크를 GPU로
net.to(device)

# 네트워크가 어느 정도 고정되면 고속화시킨다.
torch.backends.cudnn.benchmark = True

# 반복자의 카운터 설정
iteration = 1
epoch_train_loss = 0.0  # 에폭 손실 합
epoch_val_loss = 0.0  # 에폭 손실 합
logs = []

# 에폭 루프
for epoch in range(num_epochs+1):

    # 시작 시간 저장
    t_epoch_start = time.time()
    t_iter_start = time.time()

    print('-------------')
    print('Epoch {}/{}'.format(epoch+1, num_epochs))
    print('-------------')

    # 에폭별 훈련 및 검증을 루프
    for phase in ['train', 'val']:
        if phase == 'train':
            net.train()  # 모델을 훈련 모드로
            print(' (train) ')
        else:
            if((epoch+1) % 10 == 0):
                net.eval()   # 모델을 검증 모드로
                print('-------------')
                print(' (val) ')
            else:
                # 검증은 10회에 1회만 실시
                continue

        # 데이터 로더에서 미니 배치씩 꺼내 루프
        for images, targets in dataloaders_dict[phase]:

            # GPU를 사용할 수 있으면 GPU에 데이터를 보낸다.
            images = images.to(device)
```

```python
        targets = [ann.to(device)
                    for ann in targets]  # 리스트 각 요소의 텐서를 GPU로

        # 옵티마이저 초기화
        optimizer.zero_grad()

        # 순전파 계산
        with torch.set_grad_enabled(phase == 'train'):
            # 순전파 계산
            outputs = net(images)

            # 손실 계산
            loss_l, loss_c = criterion(outputs, targets)
            loss = loss_l + loss_c

            # 훈련 시에는 역전파
            if phase == 'train':
                loss.backward()  # 경사 계산

                # 경사가 너무 커지면 계산이 부정확해 clip에서 최대 경사 2.0에 고정
                nn.utils.clip_grad_value_(
                    net.parameters(), clip_value=2.0)

                optimizer.step()  # 파라미터 갱신

                if (iteration % 10 == 0):  # 10iter에 한 번 손실 표시
                    t_iter_finish = time.time()
                    duration = t_iter_finish - t_iter_start
                    print('반복 {} || Loss: {:.4f} || 10iter: {:.4f}
                        sec.'.format(
                        iteration, loss.item(), duration))
                    t_iter_start = time.time()

                epoch_train_loss += loss.item()
                iteration += 1

            # 검증 시
            else:
                epoch_val_loss += loss.item()

# 에폭의 phase당 손실과 정답률
t_epoch_finish = time.time()
print('-------------')
print('epoch {} || Epoch_TRAIN_Loss:{:.4f} ||Epoch_VAL_Loss:{:.4f}'.
```

```
format(
        epoch+1, epoch_train_loss, epoch_val_loss))
    print('timer: {:.4f} sec.'.format(t_epoch_finish - t_epoch_start))
    t_epoch_start = time.time()

    # 로그 저장
    log_epoch = {'epoch': epoch+1,
                'train_loss': epoch_train_loss, 'val_loss': epoch_val_loss}
    logs.append(log_epoch)
    df = pd.DataFrame(logs)
    df.to_csv("log_output.csv")

    epoch_train_loss = 0.0  # 에폭 손실 합
    epoch_val_loss = 0.0  # 에폭 손실 합

    # 네트워크 저장
    if ((epoch+1) % 10 == 0):
        torch.save(net.state_dict(), 'weights/ssd300_' +
                    str(epoch+1) + '.pth')
```

학습을 50에폭 실시합니다. 약 여섯 시간 소요되며 프로그램 실행 결과는 [그림 2-12]와 같습니다.[2]

```
# 학습 및 검증 실시
num_epochs= 50
train_model(net, dataloaders_dict, criterion, optimizer, num_epochs=num_epochs)
```

[그림 2-13]은 50에폭 학습시켰을 때의 훈련 데이터와 검증 데이터의 손실 추이를 보여줍니다. 시간 때문에 50에폭에서 멈추었지만 더 많이 반복하면 검증 데이터의 손실이 감소합니다.

50에폭째의 네트워크 파라미터를 학습된 모델로 설정하여 다음 절에서 활용합니다. 다음 절에서는 학습된 모델을 사용하여 물체 감지 추론을 실시합니다. 책은 SSD 논문[1]보다 반복 학습 횟수를 적게 설정하였습니다. 원 논문에서는 50,000회 반복하며 네트워크를 학습시킵니다.

....

2 옮긴이_ 다음과 같은 오류가 나타날 수 있습니다. 학습 및 검증에는 문제가 없으니 무시해도 좋습니다.
   2_objectdetection/utils/data_augumentation.py:246: VisibleDeprecationWarning: Creating an ndarray from ragged
   nested sequences (which is a list-or-tuple of lists-or-tuples-or ndarrays with different lengths or shapes) is
   deprecated. If you meant to do this, you must specify 'dtype=object' when creating the ndarray
   mode = random.choice(self.sample_options)

이 책에서는 학습이 반나절에 끝날 수 있도록 약 8,500번 반복 학습을 합니다(1에폭당 약 170 반복×50에폭). 최적화 기법 설정도 약간 다르며 책에서는 간단한 최적화 기법을 사용합니다.

```
In [*]:  # 학습 및 검증 실시
         num_epochs= 50
         train_model(net, dataloaders_dict, criterion, optimizer, num_epochs=num_epochs)

         사용 중인 장치: cuda:0
         ------------
         Epoch 1/50
         ------------
          (train)

         /home/ubuntu/2_objectdetection/utils/data_augumentation.py:246: VisibleDeprecationWarning: Creating an ndarray from ragged nested sequence
         s (which is a list-or-tuple of lists-or-tuples-or ndarrays with different lengths or shapes) is deprecated. If you want to do this, you m
         ust specify 'dtype=object' when creating the ndarray
           mode = random.choice(self.sample_options)

         반복 10 || Loss: 15.3722 || 10iter: 53.0672 sec.
         반복 20 || Loss: 13.9326 || 10iter: 24.9494 sec.
         반복 30 || Loss: 11.0837 || 10iter: 24.8528 sec.
         반복 40 || Loss: 10.9187 || 10iter: 24.8813 sec.
         반복 50 || Loss: 9.5503 || 10iter: 25.2435 sec.
         반복 60 || Loss: 8.5513 || 10iter: 26.1652 sec.
         반복 70 || Loss: 8.4516 || 10iter: 24.9801 sec.
         반복 80 || Loss: 8.1730 || 10iter: 24.7220 sec.
         반복 90 || Loss: 8.3374 || 10iter: 24.9227 sec.
         반복 100 || Loss: 7.6921 || 10iter: 25.8274 sec.
         반복 110 || Loss: 7.8238 || 10iter: 27.1894 sec.
         반복 120 || Loss: 7.8720 || 10iter: 26.0509 sec.
         반복 130 || Loss: 8.2793 || 10iter: 26.9762 sec.
         반복 140 || Loss: 8.2794 || 10iter: 25.5208 sec.
         반복 150 || Loss: 7.9990 || 10iter: 24.6304 sec.
         반복 160 || Loss: 8.3543 || 10iter: 24.8144 sec.
         반복 170 || Loss: 9.0924 || 10iter: 24.6995 sec.
         -------------
         epoch 1 || Epoch_TRAIN_Loss:1731.3374 ||Epoch_VAL_Loss:0.0000
         timer:  524.0650 sec.
         -------------
```

그림 2-12 학습 및 검증을 실행한 결과

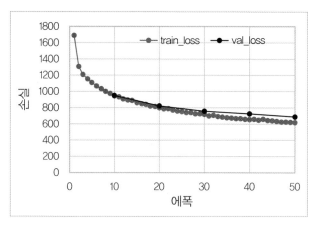

그림 2-13 학습 및 검증 데이터의 손실 추이

2.8 추론 실시

앞서 학습시킨 SSD 모델을 사용하여 화상의 물체 감지를 실제로 수행해보겠습니다. 학습 목표는 다음과 같습니다.

1. SSD의 추론을 구현할 수 있다.

구현 파일

2-8_SSD_inference.ipynb

2.8.1 추론 실시

지금까지의 내용을 사용하여 추론을 실시합니다. 학습된 모델로 weights 폴더의 ssd300_50.pth 파일을 사용합니다. 미리 학습된 SSD300 모델을 준비해두었습니다(make_folders_and_data_downloads.ipynb 파일의 마지막 셀에 기재). 반드시 다운로드하지 않아도 됩니다. 스스로 SSD 네트워크를 학습시키기 전 학습된 모델을 시험하고 싶다면 수동으로 다운로드한 ssd300_50.pth를 wights 폴더에 배치하세요.

SSD 모델을 조합하여 학습된 파라미터를 로드합니다.

```
from utils.ssd_model import SSD

voc_classes = ['aeroplane', 'bicycle', 'bird', 'boat',
               'bottle', 'bus', 'car', 'cat', 'chair',
               'cow', 'diningtable', 'dog', 'horse',
               'motorbike', 'person', 'pottedplant',
               'sheep', 'sofa', 'train', 'tvmonitor']

# SSD300 설정
ssd_cfg = {
    'num_classes': 21,  # 배경 클래스를 포함한 총 클래스 수
    'input_size': 300,  # 화상 입력 크기
    'bbox_aspect_num': [4, 6, 6, 6, 4, 4],  # 출력할 DBox 화면비 종류
    'feature_maps': [38, 19, 10, 5, 3, 1],  # 각 source의 화상 크기
    'steps': [8, 16, 32, 64, 100, 300],  # DBOX 크기 결정
    'min_sizes': [30, 60, 111, 162, 213, 264],  # DBOX 크기 결정
```

```
        'max_sizes': [60, 111, 162, 213, 264, 315],  # DBOX 크기 결정
        'aspect_ratios': [[2], [2, 3], [2, 3], [2, 3], [2], [2]],
}

# SSD 네트워크 모델
net = SSD(phase="inference", cfg=ssd_cfg)

# SSD의 학습된 가중치 설정
net_weights = torch.load('./weights/ssd300_50.pth',
                         map_location={'cuda:0': 'cpu'})

# net_weights = torch.load('./weights/ssd300_mAP_77.43_v2.pth',
#                          map_location={'cuda:0': 'cpu'})
net.load_state_dict(net_weights)

print('네트워크 설정 완료: 학습된 가중치를 로드했습니다')
```

이어서 data 폴더의 승마 화상을 읽어 전처리를 적용한 후 SSD 모델로 추론합니다.

```
from utils.ssd_model import DataTransform

# 1. 화상 읽기
image_file_path = "./data/cowboy-757575_640.jpg"
img = cv2.imread(image_file_path)  # [높이][폭][색BGR]
height, width, channels = img.shape  # 화상 크기 취득

# 2. 원본 화상 표시
plt.imshow(cv2.cvtColor(img, cv2.COLOR_BGR2RGB))
plt.show()

# 3. 전처리 클래스 작성
color_mean = (104, 117, 123)  # (BGR)의 색의 평균값
input_size = 300  # 화상의 input 크기를 300×300으로 설정
transform = DataTransform(input_size, color_mean)

# 4. 전처리
phase = "val"
img_transformed, boxes, labels = transform(
    img, phase, "", "")  # 어노테이션은 없어 ""으로 설정
img = torch.from_numpy(img_transformed[:, :, (2, 1, 0)]).permute(2, 0, 1)

# 5. SSD로 예측
net.eval()  # 네트워크를 추론 모드로
```

```
x = img.unsqueeze(0)  # 미니 배치화: torch.Size([1, 3, 300, 300])
detections = net(x)

print(detections.shape)
print(detections)

# output : torch.Size([batch_num, 21, 200, 5])
# = (batch_num, 클래스, conf의 top200, 규격화된 BBox 정보)
#   규격화된 BBox 정보(신뢰도, xmin, ymin, xmax, ymax)
```

[출력]
```
torch.Size([1, 21, 200, 5])
tensor([[[[0.0000, 0.0000, 0.0000, 0.0000, 0.0000],
...
```

출력 결과는 (1, 21, 200, 5) 텐서가 됩니다. (batch_num 클래스, conf의 top200, 규격화된 BBox 정보)입니다. 규격화된 BBox 정보는 (신뢰도, xmin, ymin, xmax, ymax)입니다.

출력 결과의 텐서에서 신뢰도가 임계치 이상인 BBox만을 꺼내 이를 원본 화상 위에 그려줍니다. SSD의 출력에서 추론 결과의 화상을 표시하는 부분은 책에서 설명하지 않습니다. utils 폴더의 ssd_predict_show.py 파일에 코멘트를 많이 기재했으니 세부 정보가 궁금하다면 이 파일을 참조하십시오.

ssd_predict_show.py 파일의 **SSDPredictShow** 클래스를 import하여 물체 감지 결과를 그리는 코드는 다음과 같습니다. 신뢰도 conf 0.6 이상인 BBox만 표시하도록 설정하였습니다. 실행 결과는 [그림 2-14]와 같습니다.

```
# 화상 예측
from utils.ssd_predict_show import SSDPredictShow

# 파일 경로
image_file_path = "./data/cowboy-757575_640.jpg"

# 예측 및 결과를 화상으로 그린다.
ssd = SSDPredictShow(eval_categories=voc_classes, net=net)
ssd.show(image_file_path, data_confidence_level=0.6)
```

그림 2-14 구축한 SSD로 한 물체 감지 결과

[그림 2-14]를 보면 사람과 말을 능숙하게 감지한 모습을 확인할 수 있습니다. 신뢰도는 person이 0.94, horse가 0.82입니다. 말의 바운딩 박스가 약간 작습니다. 책에서는 50에폭만 학습하여 정확도는 떨어집니다.

또한 weights 폴더[4]에서 깃허브에 공개한 학습된 SSD300 모델 ssd300_mAP_77.43_v2.pth을 make_folders_and_data_downloads.ipynb 파일로 다운로드합니다. 이 모델을 로드하여 실행한 결과가 [그림 2-15]입니다. [3]

----

3 옮긴이_ [그림 2-15]는 [그림 2-14]의 구현 코드에서 주석 처리된 부분을 해제하고 기존의 ssd300_50.pth 코드를 주석 처리하면 테스트할 수 있습니다.

그림 2-15 학습된 SSD[4]로 한 물체 감지 결과

학습된 SSD 모델을 사용하여 화상의 물체 감지를 실시하는 추론을 수행했습니다.

부록으로 2-8_SSD_inference_appendix.ipynb 파일을 준비하였습니다. 이 프로그램은 VOC2012 훈련 데이터셋과 검증 데이터셋에 학습된 SSD의 추론을 실시하고 추론 결과와 정답 어노테이션 데이터를 모두 표시하는 프로그램입니다. 학습한 SSD 모델이 정답 어노테이션 데이터와 얼마나 가까운지 확인하고 싶다면 사용해보세요.

2.8.2 정리

2장 SSD로 한 물체 감지가 끝났습니다. 다음 장에서는 화상 처리 작업의 하나인 시맨틱 분할 semantic segmentation을 알아보겠습니다.

2장 참고 문헌

[1] SSD

Liu, W., Anguelov, D., Erhan, D., Szegedy, C., Reed, S., Fu, C. Y., & Berg, A. C. (2016, October). SSD: Single Shot MultiBox Detector. In European Conference on Computer Vision (pp. 21–37). Springer, Cham.

https://link.springer.com/chapter/10.1007/978-3-319-46448-0_2/

[2] 승마 화상

(사진 권리 정보: 상업적 사용 무료, 저작자 표시가 필요하지 않습니다)

https://pixabay.com/ja/images/search/カウボーイ+馬/

[3] PASCAL VOC 2012 데이터셋

http://host.robots.ox.ac.uk/pascal/VOC/

[4] 깃허브: amdegroot/ssd.pytorch

https://github.com/amdegroot/ssd.pytorch

Copyright © 2017 Max deGroot, Ellis Brown Released under the MIT license

https://github.com/amdegroot/ssd.pytorch/blob/master/LICENSE

시맨틱 분할(PSPNet)

3.1 시맨틱 분할이란

이번 장에서는 화상 처리 중 하나인 시맨틱 분할^{semantic segmentation}을 학습하면서 딥러닝 모델인 PSPNet^{Pyramid Scene Parsing Network}을 설명합니다.[1] 먼저 시맨틱 분할의 개요와 VOC 데이터셋, PSPNet을 활용한 시맨틱 분할의 입출력에 대해 알아보겠습니다.

학습 목표는 다음과 같습니다.

1. 시맨틱 분할이 무엇인지 알아보고 무엇을 입출력하는 화상 처리인지 이해한다.
2. 색상 팔레트 형식의 화상 데이터를 이해한다.
3. **PSPNet** 시맨틱 분할의 4단계 흐름을 이해한다.

구현 파일

없음

3.1.1 시맨틱 분할 개요

한 장의 화상에 포함된 여러 물체의 영역과 이름을 픽셀 수준에서 지정하는 작업을 시맨틱 분할이라고 합니다. [그림 3-1]은 이번 장에서 학습시킨 모델로 분할한 결과입니다. 학습 시간을 짧게 설정하여 정확도는 많이 떨어집니다. 2장 물체 감지에서는 물체를 커다란 직사각형의 BBox로 묶었지만 시맨틱 분할에서는 픽셀 수준으로 '어디에서 어디까지 어떠한 클래스 물체인지' 라벨을 붙입니다.

제조업의 흠집 탐지, 의료 영상 진단의 병변病變 감지, 자율 운전의 주변 환경 파악 등에서 시맨틱 분할 기술을 사용합니다.

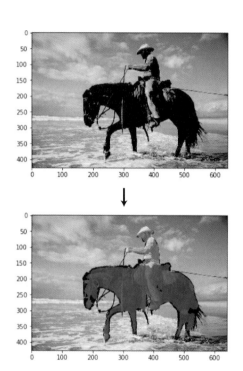

그림 3-1 시맨틱 분할 결과(이번 장에서 작성할 학습된 모델 사용)*1

3.1.2 시맨틱 분할 입출력

시맨틱 분할의 입력은 화상이고 출력은 각 픽셀이 속한 클래스의 라벨 정보입니다. 입력 화상

---

* 　편집자_ *https://www.hanbit.co.kr/src/10460*에서 컬러 그림을 확인할 수 있습니다(이후 동일).

1 　승마 사진은 2장에서 사용한 것과 동일합니다. 픽사베이에서 다운로드한 사진입니다.[2]

의 크기가 세로 300픽셀, 가로 500픽셀, 분류할 물체의 클래스 수가 21종류라고 합시다. 출력은 300×500 배열이 되고, 배열의 요소에는 물체의 클래스를 나타내는 인덱스 값 0~20 중 하나가 저장되어 있습니다. 이 출력(각 픽셀이 어떠한 물체 클래스에 속하는지의 인덱스 값)을 화상으로 만들면 [그림 3-1]의 아래와 같은 모습이 됩니다.

일반적으로 화상 데이터는 RGB 3요소(또는 투명도 A를 합한 4요소)의 배열로 표현됩니다. 그렇지만 시맨틱 분할의 출력은 요소가 하나이고 RGB 정보가 아닌 물체 클래스의 인덱스 값이 라벨 정보로 저장되어 있습니다.

화상 표현 기법은 색상 정보를 표현하는 컬러 팔레트 형식을 취합니다. 0부터 순서대로 각 숫자에 RGB를 대응시킨 컬러 팔레트를 준비하고 해당 숫자(물체 라벨)와 RGB 값을 대응시킵니다. 즉 컬러 팔레트로 한 요소의 RGB를 표현할 수 있습니다. 예를 들어보겠습니다. 물체 라벨이 0이면 배경 클래스를 나타내고 컬러 팔레트 값은 RGB=(0,0,0)=검은색을, 물체 라벨이 1이면 비행기 클래스를 나타내고 컬러 팔레트 값은 RGB=(128,0,0)=빨간색으로 한다고 해봅시다. 출력이 300×500인 배열에서 배열 값이 0인 부분은 검게 하고 1인 부분은 빨갛게 나타내게 됩니다.

3.1.3 VOC 데이터셋

이번 장에서는 PASCAL VOC2012[3] 데이터 중 시맨틱 분할용 어노테이션이 포함된 화상 데이터만 사용합니다. 훈련 데이터 1,464장, 검증 데이터 1,449장, 클래스 수는 배경을 포함해 총 21종류입니다. 물체 클래스의 내용은 2장 물체 감지와 동일합니다. Background, aeroplane, bicycle, bird, boat 등입니다. 각 화상에는 어노테이션 데이터로 컬러 팔레트 형식의 PNG 데이터가 준비되었습니다.

3.1.4 PSPNet을 활용한 물체 감지 흐름

[그림 3-2]는 PSPNet을 활용한 시맨틱 분할의 4단계 흐름입니다. PSPNet의 입출력 정보와 알고리즘의 개요를 이해해보세요.

1단계에서는 전처리로 화상 크기를 475×475픽셀로 리사이즈하고 색상 정보를 표준화합니다.

PSPNet에서는 화상 크기가 임의로 사용했지만 책에서는 475픽셀을 사용합니다. 2단계에서는 PSPNet 신경망에 전처리한 화상을 입력합니다. PSPNet 출력으로 21×475×475(클래스 수, 높이, 폭)의 배열이 출력됩니다. 출력 배열의 값은 각 픽셀이 해당 클래스일 신뢰도(≒확률)에 대응한 값입니다. 3단계에서는 PSPNet 출력 값에 픽셀별로 신뢰도가 가장 높은 클래스와 각 픽셀이 대응할 것으로 예상되는 클래스를 구합니다. 픽셀별 신뢰도가 최고로 높은 클래스 정보가 시맨틱 분할의 출력이 됩니다. 이번에는 475×475의 화상입니다. 4단계에서는 시맨틱 분할의 출력을 입력 화상의 원 크기로 리사이즈합니다.

1단계 화상을 475×475로 리사이즈

2단계 화상을 PSPNet 네트워크에 입력

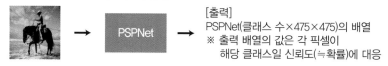

[출력]
PSPNet(클래스 수×475×475)의 배열
※ 출력 배열의 값은 각 픽셀이
해당 클래스일 신뢰도(≒확률)에 대응

3단계 PSPNet 출력이 최댓값인 클래스 추출

(클래스 수×475×475)의 배열 → (475×475)의 배열

4단계 3단계의 출력(475×475) 배열을 화상의 원 크기로 되돌린다.

그림 3-2 PSPNet을 활용한 시맨틱 분할의 4단계 흐름*

시맨틱 분할의 개요, 분할용 VOC 데이터셋, PSPNet을 활용한 시맨틱 분할 흐름을 설명했습니다. 다음 절에서는 PSPNet의 **DataLoader** 작성을 알아보겠습니다.

3.2 데이터셋과 데이터 로더 구현

VOC2012 데이터셋을 대상으로 시맨틱 분할용 DataLoader 만드는 방법을 설명하겠습니다. 깃허브: hszhao/PSPNet[4]을 참고합니다.

학습 목표는 다음과 같습니다.

1. 시맨틱 분할에 사용하는 Dataset 및 DataLoader 클래스를 만들 수 있다.

2. PSPNet의 전처리 및 데이터 확장 처리 내용을 이해한다.

구현 파일

3-2_DataLoader.ipynb

3.2.1 폴더 준비

사용할 폴더를 작성하고 파일을 다운로드합니다. 3_semantic_segmentation 폴더의 make_folders_and_data_downloads.ipynb 파일을 실행하세요. PSPNet 초깃값으로 사용할 pspnet50_ADE20K.pth 파일을 저자의 구글 드라이브에서 수동으로 다운로드하여 weights 폴더에 저장하세요(URL은 make_folders_and_data_downloads.ipynb 파일에 기재하였습니다). [그림 3-3]과 같은 폴더 구조가 만들어집니다.

VOC 홈페이지가 수정 중이라면 VOC 데이터셋이 다운로드되지 않을 수 있습니다. VOC 홈페이지가 복구되면 다시 시도하십시오.[2]

---

2 옮긴이_ 2장 실습을 마친 후라면 pytorch_advanced → 2_objectdetection→data 폴더에 VOCtrainval_11-May-2012.tar 파일이 저장되었습니다.

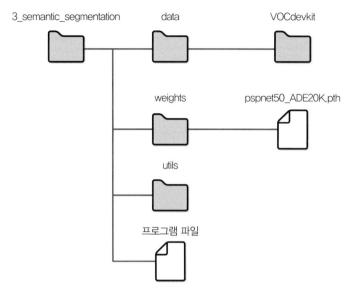

그림 3-3 3장 폴더 구성

3.2.2 화상 데이터 및 어노테이션 데이터 파일의 경로 리스트 작성

먼저 화상 데이터 및 어노테이션 데이터 파일의 경로를 저장한 리스트를 만듭니다. 리스트형 변수 작성 방법은 2장 2.2절과 동일합니다.

시맨틱 분할 대상 파일의 정보는 3_semantic_segmentation/data/VOCdevkit/VOC2012/ImageSets/Segmentation/의 train.txt와 val.txt 파일에 적혀 있습니다. 어노테이션 데이터는 3_semantic_segmentation/data/VOCdevkit/VOC2012/SegmentationClass/에 저장된 PNG 화상 파일입니다.

구현 및 테스트 코드는 다음과 같습니다.

```
def make_datapath_list(rootpath):
    """
    학습 및 검증용 화상 데이터와 어노테이션 데이터의 파일 경로 리스트 작성

    Parameters
    ----------
    rootpath : str
```

데이터 폴더 경로

```
Returns
-------
ret : train_img_list, train_anno_list, val_img_list, val_anno_list
    데이터 경로를 저장한 리스트
"""

# 화상 파일과 어노테이션 파일의 경로 템플릿 작성
imgpath_template = osp.join(rootpath, 'JPEGImages', '%s.jpg')
annopath_template = osp.join(rootpath, 'SegmentationClass', '%s.png')

# 훈련 및 검증 파일 각각의 ID(파일 이름) 취득
train_id_names = osp.join(rootpath + 'ImageSets/Segmentation/train.txt')
val_id_names = osp.join(rootpath + 'ImageSets/Segmentation/val.txt')

# 훈련 데이터의 화상 파일과 어노테이션 파일의 경로 리스트 작성
train_img_list = list()
train_anno_list = list()

for line in open(train_id_names):
    file_id = line.strip()  # 공백과 줄 바꿈 제거
    img_path = (imgpath_template % file_id)  # 화상 경로
    anno_path = (annopath_template % file_id)  # 어노테이션 경로
    train_img_list.append(img_path)
    train_anno_list.append(anno_path)

# 검증 데이터의 화상 파일과 어노테이션 파일의 경로 리스트 작성
val_img_list = list()
val_anno_list = list()

for line in open(val_id_names):
    file_id = line.strip()  # 공백과 줄 바꿈 제거
    img_path = (imgpath_template % file_id)  # 화상 경로
    anno_path = (annopath_template % file_id)  # 어노테이션 경로
    val_img_list.append(img_path)
    val_anno_list.append(anno_path)

return train_img_list, train_anno_list, val_img_list, val_anno_list



# 동작 확인: 파일 경로 리스트 취득
```

```
rootpath = "./data/VOCdevkit/VOC2012/"

train_img_list, train_anno_list, val_img_list, val_anno_list = make_datapath_list(
    rootpath=rootpath)

print(train_img_list[0])
print(train_anno_list[0])
```

[출력]
./data/VOCdevkit/VOC2012/JPEGImages/2007_000032.jpg
./data/VOCdevkit/VOC2012/SegmentationClass/2007_000032.png

3.2.3 데이터셋 작성

Dataset 클래스를 작성하기 전 화상과 어노테이션을 전처리하는 DataTransform 클래스를 만듭니다. DataTransform 클래스는 2장에서 작성한 전처리 클래스와 거의 같은 기능을 하며 코드 흐름도 동일합니다. 필요한 외부 클래스는 utils 폴더의 data_augumentation.py 파일에서 구현합니다. data_augumentation.py를 import하여 사용하는 전처리 클래스를 설명하겠습니다. 코드에 세부 코멘트를 작성하여 설명하니 참고하기 바랍니다.

먼저 화상 데이터와 어노테이션 데이터를 세트로 변환해야 합니다. Compose 클래스를 준비하고 Compose 내에서 데이터 변환을 실시합니다.

이어서 훈련 데이터의 데이터를 확장합니다. 먼저 화상 크기를 Scale 클래스로 확대 및 축소합니다. 0.5~1.5배로 변화시켰습니다. 화상이 확대되어 원본 화상보다 크기가 커졌다면 적당한 위치에서 원본 화상의 크기로 잘라냅니다. 반대로 작아졌다면 원래 화상 크기만큼 검은색으로 채웁니다. 이제 RandomRotation 클래스로 화상을 회전시킵니다. −10~10도 범위에서 회전한 후 RandomMirror 클래스에서 1/2 확률로 좌우를 반전시킵니다. Resize 클래스에 지정된 화상 크기로 변환합니다. 마지막으로 Normalize_Tensor 클래스를 활용하여 화상 데이터를 파이토치 텐서 형식으로 변환하고 색상 정보를 표준화합니다.

또한 VOC2012의 시맨틱 분할 어노테이션 데이터는 물체의 경계에 클래스가 '라벨 255: 'ambigious"라고 설정되었습니다. 책에서는 Normalize_Tensor 클래스에서 라벨 255를 라벨 0의 배경 클래스로 변환합니다. 2장 물체 감지에서 VOC 데이터셋의 어노테이션 데이터 라벨 0은 'aeroplane'이고 프로그램 내에서 인덱스 +1 했습니다. VOC의 시맨틱 분할용 어노테이션 데이터는 처음부터 라벨 0이 'background'입니다.

검증 데이터는 데이터 확장을 실시하지 않고 **Resize** 클래스에 지정된 화상 크기로 변환한 후 텐서 형식으로 **Normalize_Tensor** 클래스에서 변환 및 색상 정보 표준화만 적용합니다.

다음처럼 전처리를 실시하는 **DataTransform** 클래스를 구현합니다.

```python
# 데이터 처리 클래스와 데이터 확장 클래스 import
from utils.data_augumentation import Compose, Scale, RandomRotation, RandomMirror,
Resize, Normalize_Tensor

class DataTransform():
    """
    화상과 어노테이션의 전처리 클래스. 훈련 시와 검증 시 다르게 동작한다.
    화상 크기를 input_sizexinput_size로 한다.
    훈련 시 데이터 확장을 수행한다.

    Attributes
    ----------
    input_size : int
        리사이즈 대상의 화상 크기
    color_mean : (R, G, B)
        각 색상 채널의 평균값
    color_std : (R, G, B)
        각 색상 채널의 표준편차
    """

    def __init__(self, input_size, color_mean, color_std):
        self.data_transform = {
            'train': Compose([
                Scale(scale=[0.5, 1.5]),  # 화상 확대
                RandomRotation(angle=[-10, 10]),  # 회전
                RandomMirror(),  # 랜덤 미러
                Resize(input_size),  # 리사이즈(input_size)
                Normalize_Tensor(color_mean, color_std)  # 색상 정보의 표준화와 텐서화
            ]),
            'val': Compose([
                Resize(input_size),  # 리사이즈(input_size)
                Normalize_Tensor(color_mean, color_std)  # 색상 정보의 표준화와 텐서화
            ])
        }
```

```python
    def __call__(self, phase, img, anno_class_img):
        """
        Parameters
        ----------
        phase : 'train' or 'val'
            전처리 모드 지정
        """
        return self.data_transform[phase](img, anno_class_img)
```

Dataset 클래스인 **VOCDataset** 클래스를 작성합니다. 구현 흐름은 2장 물체 감지의 **Dataset** 구현과 동일합니다. **VOCDataset** 인스턴스 생성 시 화상 데이터 리스트, 어노테이션 데이터 리스트, 학습인지 검증인지 나타내는 **phase** 변수, 그리고 전처리 클래스의 인스턴스를 인수로 받습니다.

화상을 읽어들이는 것은 OpenCV가 아닌 PIL을 사용하여 색상 정보는 RGB 순서가 됩니다.

```python
class VOCDataset(data.Dataset):
    """
    VOC2012의 Dataset을 만드는 클래스. 파이토치의 Dataset 클래스를 상속받는다.

    Attributes
    ----------
    img_list : 리스트
        어노테이션 경로를 저장한 리스트
    anno_list : 리스트
        어노테이션 경로를 저장한 리스트
    phase : 'train' or 'test'
        학습 또는 훈련 설정
    transform : object
        전처리 클래스 인스턴스
    """

    def __init__(self, img_list, anno_list, phase, transform):
        self.img_list = img_list
        self.anno_list = anno_list
        self.phase = phase
        self.transform = transform

    def __len__(self):
        '''화상의 매수 반환'''
        return len(self.img_list)
```

```python
    def __getitem__(self, index):
        '''
        전처리한 화상의 텐서 형식 데이터와 어노테이션 취득
        '''
        img, anno_class_img = self.pull_item(index)
        return img, anno_class_img

    def pull_item(self, index):
        '''화상의 텐서 형식 데이터와 어노테이션 취득'''

        # 1. 화상 읽기
        image_file_path = self.img_list[index]
        img = Image.open(image_file_path)   # [높이][폭][색RGB]

        # 2. 어노테이션 화상 읽기
        anno_file_path = self.anno_list[index]
        anno_class_img = Image.open(anno_file_path)   # [높이][폭]

        # 3. 전처리 실시
        img, anno_class_img = self.transform(self.phase, img, anno_class_img)

        return img, anno_class_img
```

제대로 동작하는지 확인합니다. 다음 코드를 실행하여 정상적으로 데이터셋의 인스턴스가 만들어져 데이터를 꺼낼 수 있는지 확인합니다.

```python
# 동작 확인

# (RGB) 색의 평균치와 표준편차
color_mean = (0.485, 0.456, 0.406)
color_std = (0.229, 0.224, 0.225)

# 데이터셋 작성
train_dataset = VOCDataset(train_img_list, train_anno_list, phase="train",
transform=DataTransform(
    input_size=475, color_mean=color_mean, color_std=color_std))

val_dataset = VOCDataset(val_img_list, val_anno_list, phase="val",
transform=DataTransform(
    input_size=475, color_mean=color_mean, color_std=color_std))

# 데이터 추출 예
```

```
print(val_dataset.__getitem__(0)[0].shape)
print(val_dataset.__getitem__(0)[1].shape)
print(val_dataset.__getitem__(0))
```

```
[출력]
torch.Size([3, 475, 475])
torch.Size([475, 475])
(tensor([[[ 1.6667,  1.5125,  1.5639,  ...,  1.7523,  1.6667,  1.7009],
...
```

3.2.4 데이터 로더 작성

마지막으로 DataLoader를 만듭니다. DataLoader 작성 방법은 1장과 동일합니다. 2장과는 달리 어노테이션 데이터 크기가 데이터마다 변하지 않아 파이토치의 DataLoader 클래스를 그대로 사용할 수 있습니다.

훈련 및 검증 데이터 각각의 DataLoader를 작성하여 사전형 변수로 정리합니다.

```
# 데이터 로더 작성

batch_size = 8

train_dataloader = data.DataLoader(
    train_dataset, batch_size=batch_size, shuffle=True)

val_dataloader = data.DataLoader(
    val_dataset, batch_size=batch_size, shuffle=False)

# 사전 오브젝트로 정리
dataloaders_dict = {"train": train_dataloader, "val": val_dataloader}

# 동작 확인
batch_iterator = iter(dataloaders_dict["val"])  # 반복자로 변환
imges, anno_class_imges = next(batch_iterator)  # 첫 번째 요소를 꺼낸다.
print(imges.size())  # torch.Size([8, 3, 475, 475])
print(anno_class_imges.size())  # torch.Size([8, 3, 475, 475])
```

```
[출력]
torch.Size([8, 3, 475, 475])
torch.Size([8, 475, 475])
```

시맨틱 분할용 DataLoader 작성을 완료했습니다. 여기에서 구현한 클래스는 utils 폴더의 dataloader.py로 준비해 나중에 import합니다. 부록으로 3-2_DataLoader.ipynb 파일 후반에 Dataset에서 화상을 꺼내 화면에 화상 및 어노테이션 데이터를 그리는 방법을 준비했습니다.

다음 절에서는 PSPNet 네트워크 모델을 설명합니다.

3.3 PSPNet 네트워크 구성 및 구현

PSPNet 네트워크 구성을 모듈 단위로 설명하고 PSPNet 클래스를 구현해보겠습니다.

학습 목표는 다음과 같습니다.

1. **PSPNet 네트워크 구조를 모듈 단위로 이해한다.**
2. **PSPNet을 구성하는 각 모듈의 역할을 이해한다.**
3. **PSPNet 네트워크 클래스의 구현을 이해한다.**

구현 파일

3-3-6_NetworkModel.ipynb

3.3.1 PSPNet 구성 모듈

[그림 3-4]는 PSPNet 모듈 구성을 보여줍니다. PSPNet은 네 개의 모듈인 Feature, Pyramid Pooling, Decoder, AuxLoss로 구성되었습니다.

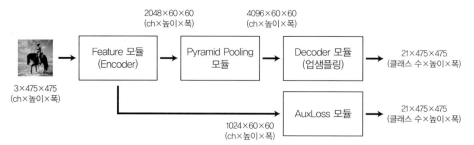

그림 3-4 PSPNet 모듈 구성

책에서는 PSPNet에 입력하는 화상 크기를 475×475픽셀로 전처리합니다. 채널 수는 RGB 세 개입니다. input 데이터 크기는 $3 \times 475 \times 475$(ch×높이×폭)입니다. 실제로는 미니 배치 처리를 실시하여 선두에 배치 크기의 차원이 추가됩니다. 예를 들어 미니 배치 크기가 16이라 면 $16 \times 3 \times 475 \times 475$(batch_num×ch×높이×폭)입니다. 책에서는 배치 크기의 차원을 생 략합니다.

PSPNet의 첫 번째 모듈은 Feature 모듈이며 Encoder 모듈로도 불립니다. 입력 화상의 특징 을 파악하는 것이 Feature 모듈의 목적입니다. Feature 모듈의 세부적인 서브 네트워크 구성 은 3.4절에서 설명합니다. Feature 모듈의 출력은 $2048 \times 60 \times 60$(ch×높이×폭)입니다. 중 요한 점은 화상의 특징을 파악한 채널을 2,048개 준비하는 것, 특징량의 화상 크기는 처음보다 작은 60×60픽셀이 된다는 점입니다.

두 번째 모듈은 Pyramid Pooling 모듈입니다. PSPNet의 독창성을 보여주는 모듈입니다. Pyramid Pooling 모듈로 해결하려는 문제는 '어떠한 픽셀의 물체 라벨을 구하려면 다양한 크 기로 해당 픽셀 주변 정보가 필요'합니다. 예를 들어 하나의 픽셀만 보면 소의 등인지 말의 등 인지 알 수 없지만 해당 픽셀 주위를 점진적으로 확대한 특징량을 확인하면 소인지 말인지 확 인할 수 있다는 것입니다. 즉 어떠한 픽셀의 물체 라벨을 구하려면 그 픽셀이나 주변의 정보뿐 아니라 더 넓은 범위의 화상 정보가 있어야 합니다.

Pyramid Pooling 모듈에서는 네 가지 크기의 특징량 맵을 준비합니다. 화상 전체를 차지하 는 특징량, 화상 절반을 차지하는 특징량, 화상의 1/3을 차지하는 특징량, 화상의 1/6을 차지 하는 특징량으로 Feature 모듈의 출력을 처리합니다. Pyramid Pooling 모듈의 세부적인 서브 네트워크 구성은 3.5절에서 설명합니다. Pyramid Pooling 모듈의 출력 데이터 크기는 $4096 \times 60 \times 60$(ch×높이×폭)입니다.

PSPNet의 세 번째 모듈은 Decoder 모듈입니다. 업샘플링 모듈이라고도 합니다. Decoder 모듈의 목적은 두 가지입니다. 첫째, Pyramid Pooling 모듈의 출력을 $21 \times 60 \times 60$(클래스 수 ×높이×폭) 텐서로 변환하는 것입니다. Decoder 모듈에서는 4,096 채널의 입력 정보로 60×60픽셀 크기의 화상 각 픽셀의 물체 라벨을 추정하는 클래스 분류를 합니다. 출력 데이터 값은 각 픽셀이 전체 21클래스에 각기 속할 확률값(신뢰도)입니다.

둘째, $21 \times 60 \times 60$(클래스 수×높이×폭)으로 변환된 텐서를 원 입력 화상 크기에 맞도록 $21 \times 475 \times 475$(클래스 수×높이×폭)로 변환하는 것입니다. 화상 크기가 줄어든 텐서를 원래 크기로 되돌립니다. Decoder 모듈의 출력은 $21 \times 475 \times 475$(클래스 수×높이×폭)입니다.

추론 시는 Decoder 모듈의 출력으로 출력에 대한 최대 확률의 물체 클래스를 찾아 각 픽셀의 라벨을 결정합니다.

원래대로라면 위 세 개의 모듈로 시맨틱 분할이 이루어지지만 PSPNet에서는 네트워크 결합 파라미터의 학습을 더 잘 수행하기 위해 AuxLoss 모듈을 준비합니다. Aux란 auxiliary의 약어로 '보조'라는 뜻입니다. AuxLoss 모듈은 손실함수 계산을 보조합니다. Feature 모듈로 중간 텐서를 빼내 입력 데이터로 합니다. 이를 Decoder 모듈처럼 각 픽셀에 대응하는 물체 라벨 추정 클래스 분류를 실행합니다. AuxLoss 모듈의 입력 데이터 크기는 $1024 \times 60 \times 60$(ch×높이×폭), 출력은 Decoder 모듈의 클래스 분류와 마찬가지로 $21 \times 475 \times 475$(클래스 수×높이×폭)입니다.

신경망의 학습 시에는 AuxLoss 모듈의 출력과 Decoder 모듈의 출력을 모두 화상의 어노테이션 데이터(정답 정보)로 대응시켜 손실 값을 계산합니다. 계산 후 손실 값에 따른 오차 역전파법을 실시하여 네트워크의 결합 파라미터를 갱신합니다.

AuxLoss 모듈은 Feature 층의 중간까지 결과로 시맨틱 분할을 실시하여 분류 정확도는 떨어집니다. 그러나 오차 역전파법 수행 시 Feature 층 중간까지의 네트워크 파라미터가 더 좋은 값이 되도록 도울 수 있습니다. Feature 층 중간까지의 네트워크 파라미터 학습을 보조하는 역할을 하여 auxiliary라는 이름이 붙었습니다. 학습 시에는 AuxLoss 모듈을 사용하지만 추론 시에는 AuxLoss 모듈의 출력은 사용하지 않고 Decoder 모듈의 출력만으로 시맨틱 분할을 합니다.

3.3.2 PSPNet 클래스 구현

네 개의 모듈로 구성된 PSPNet 클래스를 구현해보겠습니다. PSPNet 클래스는 파이토치 네트워크 모듈 클래스인 nn.Module을 상속받습니다.

생성자에서는 우선 PSPNet 형태를 규정하는 파라미터를 설정합니다. 인수로서 클래스 수만을 취하고 나머지는 하드 코딩합니다. 각 모듈의 오브젝트를 준비합니다. Feature 모듈은 다섯 개의 서브 네트워크 feature_conv, feature_res_1, feature_res_2, feature_dilated_res_1, feature_dilated_res_2로, 기타 모듈은 각각 하나의 서브 네트워크로 구성됩니다.

PSPNet 클래스의 메서드는 forward뿐입니다. 순서대로 각 모듈의 서브 네트워크를 실행합니다. 단 AuxLoss 모듈을 Feature 모듈의 네 번째 서브 네트워크 feature_dilated_res_1의 뒤에 넣어 output_aux 변수로 출력을 작성합니다. forward 메서드 끝에 메인 output과 output_aux를 반환합니다.

지금 단계에서는 아직 설명하지 않은 서브 네트워크 클래스와 파라미터 설정이 코드에 나와 이해하기 어려울 수 있습니다. 일단 PSPNet은 네 개의 모듈을 준비하고 forward 메서드에서 이를 순전파한다는 정도로 이해하면 됩니다. 다음 절부터는 각 모듈의 서브 네트워크 및 서브 네트워크를 구성하는 단위에 대해 설명하겠습니다.

```python
class PSPNet(nn.Module):
    def __init__(self, n_classes):
        super(PSPNet, self).__init__()

        # 파라미터 설정
        block_config = [3, 4, 6, 3]  # resnet50
        img_size = 475
        img_size_8 = 60  # img_size의 1/8로 설정

        # 네 개의 모듈을 구성하는 서브 네트워크 준비
        self.feature_conv = FeatureMap_convolution()
        self.feature_res_1 = ResidualBlockPSP(
            n_blocks=block_config[0], in_channels=128, mid_channels=64,
            out_channels=256, stride=1, dilation=1)
        self.feature_res_2 = ResidualBlockPSP(
            n_blocks=block_config[1], in_channels=256, mid_channels=128,
            out_channels=512, stride=2, dilation=1)
        self.feature_dilated_res_1 = ResidualBlockPSP(
            n_blocks=block_config[2], in_channels=512, mid_channels=256,
```

```
                out_channels=1024, stride=1, dilation=2)
        self.feature_dilated_res_2 = ResidualBlockPSP(
            n_blocks=block_config[3], in_channels=1024, mid_channels=512,
            out_channels=2048, stride=1, dilation=4)

        self.pyramid_pooling = PyramidPooling(in_channels=2048, pool_sizes=[
            6, 3, 2, 1], height=img_size_8, width=img_size_8)

        self.decode_feature = DecodePSPFeature(
            height=img_size, width=img_size, n_classes=n_classes)

        self.aux = AuxiliaryPSPlayers(
            in_channels=1024, height=img_size, width=img_size, n_classes=n_classes)

    def forward(self, x):
        x = self.feature_conv(x)
        x = self.feature_res_1(x)
        x = self.feature_res_2(x)
        x = self.feature_dilated_res_1(x)

        output_aux = self.aux(x)   # Feature 모듈의 중간을 Aux 모듈로

        x = self.feature_dilated_res_2(x)

        x = self.pyramid_pooling(x)
        output = self.decode_feature(x)

        return (output, output_aux)
```

네 개의 모듈로 구성된 PSPNet 네트워크를 소개하고 각 모듈의 역할과 텐서 크기의 변화를 설명한 후 **PSPNet** 클래스를 구현했습니다. 지금부터는 **PSPNet** 클래스에서 사용하는 각 모듈 및 서브 네트워크를 구현합니다. 먼저 다음 절에서는 Feature 모듈을 설명하고 구현합니다.

3.4 Feature 모듈 설명 및 구현(ResNet)

PSPNet의 **Feature** 모듈을 구성하는 서브 네트워크 구성과 각 서브 네트워크가 어떠한 유닛(층)에 구축되어 있는지 설명합니다. 마지막으로 **Feature** 모듈을 구현하겠습니다.

학습 목표는 다음과 같습니다.

1. **Feature 모듈의 서브 네트워크 구성을 이해한다.**
2. **서브 네트워크 FeatureMap_convolution을 구현할 수 있다.**
3. **Residual Block을 이해한다.**
4. **Dilated Convolution을 이해한다.**
5. **서브 네트워크 bottleNeckPSP와 bottleNeckIdentifyPSP를 구현할 수 있다.**
6. **Feature 모듈을 구현할 수 있다.**

구현 파일

3-3-6_NetworkModel.ipynb

3.4.1 Feature 모듈의 서브 네트워크 구성

[그림 3-5]는 Feature 모듈의 서브 네트워크 구성을 보여줍니다. Feature 모듈은 다섯 개의 서브 네트워크인 FeatureMap_convolution, 두 개의 ResidualBlockPSP, 두 개의 dilated(확장)판版 ResidualBlockPSP로 구성됩니다.

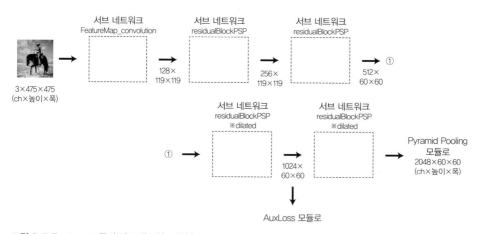

그림 3-5 Feature 모듈의 서브 네트워크 구성

네 번째 서브 네트워크인 dilated판 ResidualBlockPSP의 출력 텐서 1024×60×60(ch×높이×폭)이 AuxLoss 모듈로 출력되는 점에 주의하기 바랍니다. AuxLoss 모듈에서는 이 출력 텐서로 픽셀별 클래스를 분류하고 그 손실 값을 Feature 모듈의 전반부 네 개의 서브 네트워크를 학습하는 데 사용합니다.

3.4.2 서브 네트워크 FeatureMap_convolution

Feature 모듈을 구성하는 최초 서브 네트워크인 FeatureMap_convolution을 설명하고 구현해보겠습니다.

[그림 3-6]은 FeatureMap_convolution 유닛(층)을 나타냅니다. FeatureMap_convolution으로의 입력은 전처리된 화상이며 3×475×475(ch×높이×폭) 크기입니다. 이 텐서는 FeatureMap_convolution 출력 시 128×119×119로 바뀝니다. FeatureMap_convolution은 네 가지 요소로 구성되었습니다. 합성곱 층, 배치 정규화, 그리고 ReLU를 세트로 하는 conv2dBatchNormRelu가 세 개 존재하며 최대 풀링 층이 있습니다.

서브 네트워크 FeatureMap_convolution은 단순히 합성곱, 배치 정규화, 최대 풀링으로 화상의 특징량을 추출하는 역할을 합니다.

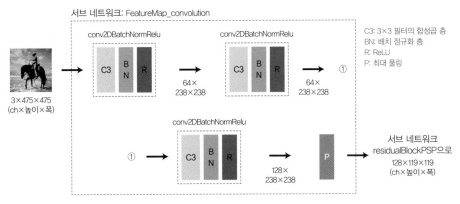

그림 3-6 FeatureMap_convolution 유닛 구조

3.4.3 FeatureMap_convolution 구현

서브 네트워크 FeatureMap_convolution을 구현하겠습니다.

먼저 합성곱 층과 배치 정규화, ReLU를 세트로 하는 conv2dBatchNormRelu 클래스를 만듭니다. 내부에서 사용하는 합성곱 층의 인수를 지정합니다. ReLU 구현 부분에서 nn.ReLU(inplace=True)의 inplace는 메모리 입출력을 보존하면서 계산할 것인지 설정하는 파라미터입니다. inplace = True로 설정하면 ReLU에 대한 입력을 메모리에 저장하지 않고 그대로 출력을 계산합니다. 메모리 효율을 위해 메모리를 절약할 수 있는 inplace = True로 설정합니다.

```python
class conv2DBatchNormRelu(nn.Module):
    def __init__(self, in_channels, out_channels, kernel_size, stride, padding,
                 dilation, bias):
        super(conv2DBatchNormRelu, self).__init__()
        self.conv = nn.Conv2d(in_channels, out_channels,
                              kernel_size, stride, padding, dilation, bias=bias)
        self.batchnorm = nn.BatchNorm2d(out_channels)
        self.relu = nn.ReLU(inplace=True)
        # inplase 설정으로 입력을 저장하지 않고 출력을 계산하여 메모리 절약

    def forward(self, x):
        x = self.conv(x)
        x = self.batchnorm(x)
        outputs = self.relu(x)

        return outputs
```

conv2dBatchNormRelu 클래스를 사용하여 FeatureMap_convolution 클래스를 만듭니다. 생성자에서 conv2dBatchNormRelu 세 개와 최대 풀링 층을 준비하여 이 네 개를 순전파하는 forward 메서드를 정의합니다. 이상 Feature 모듈의 첫 번째 서브 네트워크인 FeatureMap_convolution을 구현했습니다.

```python
class FeatureMap_convolution(nn.Module):
    def __init__(self):
        '''구성할 네트워크 준비'''
        super(FeatureMap_convolution, self).__init__()
```

```python
# 합성곱 층 1
in_channels, out_channels, kernel_size, stride, padding, dilation, bias =
3, 64, 3, 2, 1, 1, False
self.cbnr_1 = conv2DBatchNormRelu(
    in_channels, out_channels, kernel_size, stride, padding, dilation, bias)

# 합성곱 층 2
in_channels, out_channels, kernel_size, stride, padding, dilation, bias =
64, 64, 3, 1, 1, 1, False
self.cbnr_2 = conv2DBatchNormRelu(
    in_channels, out_channels, kernel_size, stride, padding, dilation, bias)

# 합성곱 층 3
in_channels, out_channels, kernel_size, stride, padding, dilation, bias =
64, 128, 3, 1, 1, 1, False
self.cbnr_3 = conv2DBatchNormRelu(
    in_channels, out_channels, kernel_size, stride, padding, dilation, bias)

# 최대 풀링 층
self.maxpool = nn.MaxPool2d(kernel_size=3, stride=2, padding=1)

def forward(self, x):
    x = self.cbnr_1(x)
    x = self.cbnr_2(x)
    x = self.cbnr_3(x)
    outputs = self.maxpool(x)
    return outputs
```

3.4.4 ResidualBlockPSP

Feature 모듈을 구성하는 두 개의 ResidualBlockPSP, 그리고 두 개의 dilated
판 ResidualBlockPSP를 설명한 후 실제로 구현해보겠습니다. 서브 네트워크
ResidualBlockPSP는 ResidualNetwork(ResNet)[5] 신경망에서 사용되는 ResidualBlock
구조를 사용합니다.

[그림 3-7]은 ResidualBlockPSP 구조입니다. ResidualBlockPSP는 bottleNeckPSP 클래
스를 지나 bottleNeckIdentifyPSP 클래스를 여러 번 반복하여 출력합니다. Feature 모듈
네 개의 ResidualBlockPSP 서브 네트워크에서 bottleNeckIdentifyPSP 클래스가 반복되

는 횟수는 각각 3, 4, 6, 3회입니다. 반복 횟수는 변할 수 있습니다. 이 책에서는 ResNet-50 모델에서 사용되는 횟수에 맞추도록 하겠습니다(반복 횟수가 다른 ResNet-101 모델도 존재합니다).

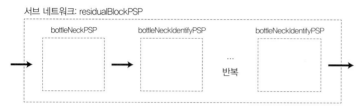

서브 네트워크: residualBlockPSP

그림 3-7 ResidualBlockPSP 구조

서브 네트워크 ResidualBlockPSP를 구현하겠습니다. 생성자에서 bottleNeckPSP 한 개와 bottleNeckIdentifyPSP 여러 개를 준비합니다. bottleNeckPSP 클래스와 bottleNeckIdentifyPSP 클래스는 나중에 구현하겠습니다.

ResidualBlockPSP 클래스는 지금까지 사용해온 nn.Module을 상속하는 것이 아니라 nn.Sequential을 상속하기 때문에 순전파 함수 forward를 구현하지 않습니다. nn.Sequential에는 생성자에서 준비한 네트워크 클래스의 순전파를 앞에서 뒤로 자동 실행하는 forward 함수가 원래부터 구현됩니다. 별도로 forward 함수를 정의하지 않아도 됩니다. 책에서는 이해하기 쉽도록 forward 함수의 구현이 명시적인 nn.Module을 상속하여 구현하지만 ResidualBlockPSP 클래스는 nn.Module로 구현하면 번거로워 nn.Sequential을 사용하겠습니다.

```
class ResidualBlockPSP(nn.Sequential):
    def __init__(self, n_blocks, in_channels, mid_channels, out_channels, stride,
dilation):
        super(ResidualBlockPSP, self).__init__()

        # bottleNeckPSP 준비
        self.add_module(
            "block1",
            bottleNeckPSP(in_channels, mid_channels,
                        out_channels, stride, dilation)
        )
```

```
# bottleNeckIdentifyPSP 반복 준비
for i in range(n_blocks - 1):
    self.add_module(
        "block" + str(i+2),
        bottleNeckIdentifyPSP(
            out_channels, mid_channels, stride, dilation)
    )
```

3.4.5 bottleNeckPSP와 bottleNeckIdentifyPSP

ResidualBlockPSP 클래스에서 사용되는 bottleNeckPSP 클래스와 bottleNeckIdentifyPSP 클래스의 구조를 설명하고 구현하겠습니다.

bottleNeckPSP와 bottleNeckIdentifyPSP 구조를 [그림 3-8]에서 보여줍니다. 두 클래스는 특징적인 네트워크 구조를 가졌으며 입력이 두 갈래로 나뉘어 처리됩니다. [그림 3-8]에서 두 갈래로 나누어진 입력 아래쪽 루트를 스킵 결합skip connection(또는 shortcut connection이나 bypass)이라고 합니다. 스킵 결합을 사용하는 서브 네트워크가 ResidualBlock입니다. bottleNeckPSP와 bottleNeckIdentifyPSP의 차이는 스킵 결합에 합성곱 층이 들어가는지 여부입니다. bottleNeckPSP는 스킵 결합에 합성곱 층을 한 번 적용하지만 bottleNeckIdentifyPSP는 합성곱 층을 적용하지 않습니다.

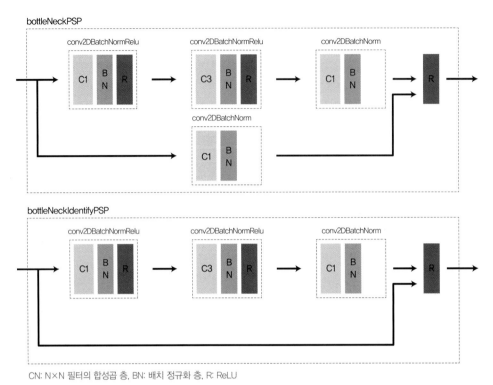

CN: N×N 필터의 합성곱 층, BN: 배치 정규화 층, R: ReLU

그림 3-8 bottleNeckPSP와 bottleNeckIdentifyPSP 구조

Residual Block에서는 스킵 결합으로 서브 네트워크 입력을 출력에 거의 그대로 결합시킵니다. 이 네트워크 구조가 갖는 의미를 설명하겠습니다.

딥러닝에서는 네트워크가 깊어지면 '열화 문제degradation'가 발생합니다. 심층 네트워크는 학습할 파라미터가 많아 깊이가 얕은 네트워크보다 훈련 데이터의 오차가 적을 것처럼 보입니다. 실제로는 심층 네트워크 쪽이 얕은 네트워크보다 훈련 오차가 커지는 경우가 있는데 이를 열화 문제라고 합니다.

열화 문제를 피하기 위해 Residual Block의 입력 x를 그대로 출력하는 스킵 결합을 먼저 준비합니다. 위쪽 경로의 출력을 $F(x)$로 나타내면 Residual Block 출력 y는 $y=x+F(x)$가 됩니다. 위쪽 경로의 각 유닛 학습 파라미터가 모두 0이라면 $F(x)$는 0이 되어 Residual Block의 출력 y는 입력과 같은 x가 됩니다. 이 경우 Block은 입력을 그대로 출력하여 Block 몇 개가 쌓여도 네트워크 최종 출력에는 영향을 미치지 않으며 심층 네트워크에서도 열화 문제를 피할 수 있습니다.

전체 네트워크에서 오차를 줄일 수 있도록 위쪽 경로의 각 유닛 파라미터를 학습시키면 심층 네트워크에서도 열화 문제를 피하고 좋은 성능을 낼 수 있을 것이란 아이디어로 스킵 결합을 가진 ResidualBlock이 고안되었습니다. Block의 출력 y를 학습시키는 것이 아니라 들어온 입력 x는 그대로 스킵 결합으로 출력시키고 $y-x$, 즉 원하던 출력과 들어온 입력과의 잔차 Residual인 $y-x=F(x)$를 배우게 하는 전략이 Residual Block입니다.

서브 네트워크 ResidualBlockPSP에서는 합성곱 층에서 dilation 파라미터를 설정합니다. Feature 모듈 안에 네 개 있는 ResidualBlockPSP 중에서 앞의 두 개는 dilation이 1로, 뒤의 두 개는 dilation이 각각 2와 4로 설정되었습니다.

일반적인 합성곱 층은 dilation이 1입니다. 합성곱 층에서 1이 아닌 값을 dilation에 사용하는 합성곱을 Dilated Convolution이라고 합니다. [그림 3-9]는 일반적인 합성곱과 dilation이 2인 Dilated Convolution의 예입니다. Dilated Convolution은 일정 간격으로 합성곱 필터를 적용합니다. 이 간격의 값이 dilation입니다. 동일한 kernel_size=3의 필터라도 dilation 값이 크면 더욱 넓은 범위의 특징과 거시적인 특징량을 추출할 수 있습니다. 파이토치에서는 Dilated Convolution의 구현에 nn.Conv2d의 인수 dilation을 2 이상으로 설정합니다.

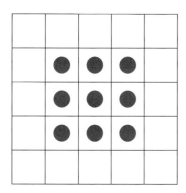 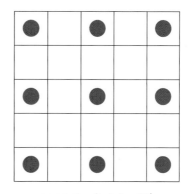

kernel_size=3, dilation=1의
일반적인 합성곱 층

kernel_size=3, dilation=2의
Dilated Convolution

그림 3-9 Dilated Convolution(합성곱 계산에 사용하는 위치를 빨간 동그라미로 표시)

bottleNeckPSP와 bottleNeckIdentifyPSP를 구현하겠습니다. 먼저 합성곱 층과 배치 정규화만 있는 conv2DBatchNorm 클래스를 구현한 후 bottleNeckPSP와 bottleNeckIdentifyPSP를 구현합니다.

```python
class conv2DBatchNorm(nn.Module):
    def __init__(self, in_channels, out_channels, kernel_size, stride, padding,
                 dilation, bias):
        super(conv2DBatchNorm, self).__init__()
        self.conv = nn.Conv2d(in_channels, out_channels,
                              kernel_size, stride, padding, dilation, bias=bias)
        self.batchnorm = nn.BatchNorm2d(out_channels)

    def forward(self, x):
        x = self.conv(x)
        outputs = self.batchnorm(x)

        return outputs


class bottleNeckPSP(nn.Module):
    def __init__(self, in_channels, mid_channels, out_channels, stride, dilation):
        super(bottleNeckPSP, self).__init__()

        self.cbr_1 = conv2DBatchNormRelu(
            in_channels, mid_channels, kernel_size=1, stride=1, padding=0,
            dilation=1, bias=False)
        self.cbr_2 = conv2DBatchNormRelu(
            mid_channels, mid_channels, kernel_size=3, stride=stride,
            padding=dilation, dilation=dilation, bias=False)
        self.cb_3 = conv2DBatchNorm(
            mid_channels, out_channels, kernel_size=1, stride=1, padding=0,
            dilation=1, bias=False)

        # 스킵 결합
        self.cb_residual = conv2DBatchNorm(
            in_channels, out_channels, kernel_size=1, stride=stride, padding=0,
            dilation=1, bias=False)

        self.relu = nn.ReLU(inplace=True)

    def forward(self, x):
        conv = self.cb_3(self.cbr_2(self.cbr_1(x)))
        residual = self.cb_residual(x)
        return self.relu(conv + residual)
```

```python
class bottleNeckIdentifyPSP(nn.Module):
    def __init__(self, in_channels, mid_channels, stride, dilation):
        super(bottleNeckIdentifyPSP, self).__init__()

        self.cbr_1 = conv2DBatchNormRelu(
            in_channels, mid_channels, kernel_size=1, stride=1, padding=0,
            dilation=1, bias=False)
        self.cbr_2 = conv2DBatchNormRelu(
            mid_channels, mid_channels, kernel_size=3, stride=1, padding=dilation,
            dilation=dilation, bias=False)
        self.cb_3 = conv2DBatchNorm(
            mid_channels, in_channels, kernel_size=1, stride=1, padding=0,
            dilation=1, bias=False)
        self.relu = nn.ReLU(inplace=True)

    def forward(self, x):
        conv = self.cb_3(self.cbr_2(self.cbr_1(x)))
        residual = x
        return self.relu(conv + residual)
```

Feature 모듈에서 사용하는 서브 네트워크 residualBlockPSP와 Feature 모듈 구현이 완료되었습니다. FeatureMap_convolution과 ResidualBlockPSP 클래스로 다섯 개의 서브 네트워크를 생성하여 Feature 모듈을 완성했습니다.

다음 절에서는 Pyramid Pooling 모듈을 설명하고 구현해보겠습니다.

3.5 Pyramid Pooling 모듈 설명 및 구현

PSPNet의 Pyramid Pooling 모듈을 구성하는 서브 네트워크 구조를 설명하겠습니다. Pyramid Pooling 모듈은 PSPNet에서 독창적인 부분입니다. Pyramid Pooling 모듈이 어떻게 다양한 크기의 특징량 맵을 추출하고 처리하는지 네트워크 구조부터 알아보겠습니다.

학습 목표는 다음과 같습니다.

1. **Pyramid Pooling 모듈의 서브 네트워크 구성을 이해한다.**

2. **Pyramid Pooling 모듈의 멀티 스케일 처리 구현 방법을 이해한다.**

3. **Pyramid Pooling 모듈을 구현할 수 있다.**

구현 파일

3–3–6_NetworkModel.ipynb

3.5.1 Pyramid Pooling 모듈의 서브 네트워크 구조

Pyramid Pooling 모듈은 PyramidPooling 클래스로 이루어진 하나의 서브 네트워크로 구성되었습니다. [그림 3-10]이 PyramidPooling 클래스의 구조입니다.

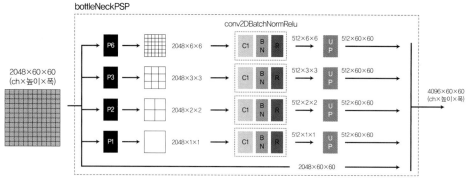

그림 3-10 Pyramid Pooling 모듈의 구조

Pyramid Pooling 모듈의 입력은 Feature 모듈에서 출력된 크기 $2048 \times 60 \times 60$ (ch×높이 ×폭)의 텐서입니다. 이 입력이 다섯 개로 분기됩니다. 가장 위의 분기는 Adaptive Average Pooling 층(출력=6)으로 보내집니다. Adaptive Average Pooling 층은 출력을 통해 화상 (높이×폭)을 지정된 크기로 변환되도록 Average Pooling을 합니다. 즉 60×60 해상도였던 입력이 특징량 스케일을 6×6 해상도로 변환할 수 있습니다. Adaptive Average Pooling 층의 출력이 1일 경우에는 60×60 크기였던 입력 화상(특징량 화상)이 1×1의 특징량입니다.

1×1의 특징량은 원래 입력 화상을 대상으로 특징량을 추출할 수 있습니다.

다섯 분기 중 네 개는 출력이 각각 6, 3, 2, 1인 Adaptive Average Pooling 층으로 보내집니다. 이렇게 출력되는 특징량 맵의 크기가 서로 다른 Average Pooling 층을 사용하면서 원래 입력 화상에 다양한 크기의 특징량 처리(멀티 스케일 처리)를 합니다. 네 개의 Average Pooling 층에서 출력되는 특징량 맵의 크기가 점점 커지는 모습이 피라미드와 비슷하여 Pyramid Pooling이라고 합니다. Pyramid Pooling 모듈을 사용하는 네트워크이기에 PSPNet^{pyramid scene parsing network}이라고 불립니다.

Average Pooling 층을 통과한 텐서는 conv2DBatchNormRelu 클래스를 지나 UpSample 층에 도달합니다. UpSample 층에서는 Average Pooling 층으로 작아진 특징량의 크기를 Pyramid Pooling 모듈의 입력 크기와 같은 $60×60$ 크기로 확대합니다. 확대하는 방법은 단순한 화상 확대 처리입니다. 확대할 때 bilinear 처리로 보완합니다.

다섯 개 분기 중 마지막 한 개는 입력을 출력으로 그대로 보내 네 개의 분기와 최종적으로 결합시킵니다. Average Pooling 층과 conv2DBatchNormRelu 클래스를 통과한 네 개의 분기는 채널 수가 각각 512개이고 $512×4+2048=4,096$이 되어 Pyramid Pooling 모듈의 출력 텐서 크기는 $4096×60×60$(ch×높이×폭)이 됩니다. 이 출력 텐서를 Decoder 모듈로 보냅니다.

Pyramid Pooling 모듈의 출력 텐서는 Pyramid Pooling으로 멀티 스케일 정보를 가집니다. 해결하고자 한 문제는 '어떠한 픽셀의 물체 라벨을 구하려면 다양한 크기로 해당 픽셀 주변 정보가 필요'한 점이었습니다. 멀티 스케일 정보를 가진 Pyramid Pooling 모듈의 출력 텐서는 각 픽셀의 클래스를 정할 때 해당 픽셀 주변에 있는 다양한 스케일의 특징량 정보를 사용할 수 있어 높은 정밀도로 시맨틱 분할을 실현할 수 있습니다.

3.5.2 PyramidPooling 클래스 구현

Pyramid Pooling 모듈을 구현해보겠습니다. Pyramid Pooling 모듈은 PyramidPooling 클래스만으로 구축됩니다. PyramidPooling 클래스의 네트워크 구성은 [그림 3-10]과 같습니다. 입력을 다섯 개로 분기시킨 후 Adaptive Average Pooling 층, conv2DBatchNormRelu 클래스, UpSample 층을 통과시켜 마지막에 하나의 텐서로 재결합합니다.

코드에서 주의할 점은 Adaptive Average Pooling 층에는 nn.AdaptiveAvgPool2d 클래스

를 사용하고 UpSample 층은 F.interpolate 연산으로 구현한다는 점입니다. 최종적으로 하나의 텐서로 결합하는 부분은 torch.cat(output, dim=1) 명령을 사용합니다. 차원 1을 기준으로 output 변수에 연결한다는 의미입니다. 차원 0은 미니 배치의 수이며 차원 1은 채널 수, 차원 2, 3은 높이와 폭입니다. 이러한 채널 수의 차원을 축으로 분기한 텐서를 결합시킵니다.

```python
class PyramidPooling(nn.Module):
    def __init__(self, in_channels, pool_sizes, height, width):
        super(PyramidPooling, self).__init__()

        # forward에서 사용하는 화상 크기
        self.height = height
        self.width = width

        # 각 합성곱 층의 출력 채널 수
        out_channels = int(in_channels / len(pool_sizes))

        # 각 합성곱 층 작성
        # 다음은 for문으로 구현하는 것이 좋지만 이해를 돕기 위해 상세하게 작성한다.
        # pool_sizes: [6, 3, 2, 1]
        self.avpool_1 = nn.AdaptiveAvgPool2d(output_size=pool_sizes[0])
        self.cbr_1 = conv2DBatchNormRelu(
            in_channels, out_channels, kernel_size=1, stride=1, padding=0,
            dilation=1, bias=False)

        self.avpool_2 = nn.AdaptiveAvgPool2d(output_size=pool_sizes[1])
        self.cbr_2 = conv2DBatchNormRelu(
            in_channels, out_channels, kernel_size=1, stride=1, padding=0,
            dilation=1, bias=False)

        self.avpool_3 = nn.AdaptiveAvgPool2d(output_size=pool_sizes[2])
        self.cbr_3 = conv2DBatchNormRelu(
            in_channels, out_channels, kernel_size=1, stride=1, padding=0,
            dilation=1, bias=False)

        self.avpool_4 = nn.AdaptiveAvgPool2d(output_size=pool_sizes[3])
        self.cbr_4 = conv2DBatchNormRelu(
            in_channels, out_channels, kernel_size=1, stride=1, padding=0,
            dilation=1, bias=False)

    def forward(self, x):

        out1 = self.cbr_1(self.avpool_1(x))
```

```
out1 = F.interpolate(out1, size=(
    self.height, self.width), mode="bilinear", align_corners=True)

out2 = self.cbr_2(self.avpool_2(x))
out2 = F.interpolate(out2, size=(
    self.height, self.width), mode="bilinear", align_corners=True)

out3 = self.cbr_3(self.avpool_3(x))
out3 = F.interpolate(out3, size=(
    self.height, self.width), mode="bilinear", align_corners=True)

out4 = self.cbr_4(self.avpool_4(x))
out4 = F.interpolate(out4, size=(
    self.height, self.width), mode="bilinear", align_corners=True)

# 최종 결합시킬 dim=1으로 채널 수 차원에서 결합
output = torch.cat([x, out1, out2, out3, out4], dim=1)

return output
```

3.6 Decoder, AuxLoss 모듈 설명 및 구현

PSPNet의 Decoder 및 AuxLoss 모듈을 구성하는 서브 네트워크 구조를 설명하고 구현합니다.

학습 목표는 다음과 같습니다.

1. **Decoder 모듈의 서브 네트워크 구성을 이해한다.**
2. **Decoder 모듈을 구현할 수 있다.**
3. **AuxLoss 모듈의 서브 네트워크 구성을 이해한다.**
4. **AuxLoss 모듈을 구현할 수 있다.**

구현 파일

3-3-6_NetworkModel.ipynb

3.6.1 Decoder 및 AuxLoss 모듈 구조

Decoder 및 AuxLoss 모듈은 Pyramid Pooling 또는 Feature 모듈에서 출력된 텐서 정보를 Decode(읽기)합니다. 텐서 정보를 읽은 후 픽셀별로 물체 라벨을 클래스 분류로 추정하고 마지막으로 화상 크기를 원래의 475×475로 업샘플링합니다.

Decoder 및 AuxLoss 모듈의 구조를 [그림 3-11]에 표현했습니다. 모두 동일한 네트워크 구성입니다. conv2DBatchNormRelu 클래스를 통과한 후 드롭아웃 층을 지나 합성곱 층을 통과하여 텐서 크기가 21×60×60(클래스 수×높이×폭)이 됩니다. 마지막으로 UpSample 층을 지나 PSPNet 입력 화상의 크기였던 475 사이즈로 확대합니다.

Decoder 및 AuxLoss 모듈에서 최종 출력되는 텐서는 21×475×475(클래스 수×높이×폭)입니다. 출력 텐서는 화상의 각 픽셀에 21종류 클래스의 확률이 대응하는 값(신뢰도)입니다. 해당 값이 가장 큰 클래스가 그 픽셀이 속하는 것으로 예측된 물체 라벨입니다.

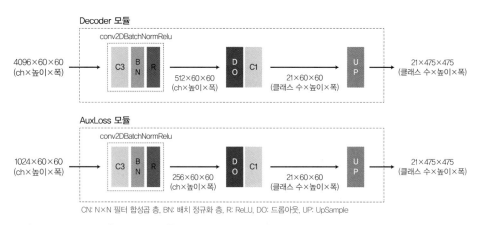

그림 3-11 Decoder 및 AuxLoss 모듈 구조

3.6.2 Decoder 및 AuxLoss 모듈 구현

Decoder 모듈은 DecodePSPFeature 클래스, AuxLoss 모듈은 AuxiliaryPSPlayers 클래스로 구현해보겠습니다. Pyramid Pooling 모듈과 마찬가지로 화상의 확대 처리인 UpSample을 F.interpolate 연산으로 실행합니다.

```python
class DecodePSPFeature(nn.Module):
    def __init__(self, height, width, n_classes):
        super(DecodePSPFeature, self).__init__()

        # forward에 사용하는 화상 크기
        self.height = height
        self.width = width

        self.cbr = conv2DBatchNormRelu(
            in_channels=4096, out_channels=512, kernel_size=3, stride=1,
            padding=1, dilation=1, bias=False)
        self.dropout = nn.Dropout2d(p=0.1)
        self.classification = nn.Conv2d(
            in_channels=512, out_channels=n_classes, kernel_size=1, stride=1, padding=0)

    def forward(self, x):
        x = self.cbr(x)
        x = self.dropout(x)
        x = self.classification(x)
        output = F.interpolate(
            x, size=(self.height, self.width), mode="bilinear", align_corners=True)

        return output




class AuxiliaryPSPlayers(nn.Module):
    def __init__(self, in_channels, height, width, n_classes):
        super(AuxiliaryPSPlayers, self).__init__()

        # forward에 사용하는 화상 크기
        self.height = height
        self.width = width

        self.cbr = conv2DBatchNormRelu(
            in_channels=in_channels, out_channels=256, kernel_size=3, stride=1,
            padding=1, dilation=1, bias=False)
        self.dropout = nn.Dropout2d(p=0.1)
        self.classification = nn.Conv2d(
            in_channels=256, out_channels=n_classes, kernel_size=1, stride=1, padding=0)

    def forward(self, x):
        x = self.cbr(x)
```

```
        x = self.dropout(x)
        x = self.classification(x)
        output = F.interpolate(
            x, size=(self.height, self.width), mode="bilinear", align_corners=True)

        return output
```

마지막 클래스 분류(`self.classification`) 시 전결합 층을 사용하지 않고 클래스 수와 동일하게 21을 출력 채널로 하는 커널 크기 1의 합성곱 층을 사용하는 것이 특징입니다. 커널 크기 1의 합성곱 층은 점별 합성곱이라는 특수한 기법입니다. 점별 합성곱은 5장 GAN을 활용한 화상 생성에서 자세히 설명합니다. 우선 PSPNet이 마지막 클래스 분류에서 전결합 층이 아닌 커널 크기 1의 합성곱 층을 사용한다는 점만 기억하면 됩니다.

PSPNet 네트워크 구조, 네트워크의 순전파 계산을 모두 구현하였습니다. 마지막으로 네트워크 모델인 **PSPNet** 클래스의 인스턴스를 작성하고 오류 없이 계산되는지 확인합니다.

```
# 모델 정의
net = PSPNet(n_classes=21)
net
```

```
[출력]
PSPNet(
  (feature_conv): FeatureMap_convolution(
    (cbnr_1): conv2DBatchNormRelu(
...
```

```
# 더미 데이터 작성
batch_size = 2
dummy_img = torch.rand(batch_size, 3, 475, 475)

# 계산
outputs = net(dummy_img)
print(outputs)
```

```
[출력]
(tensor([[[[ 2.3487e-01,  2.3899e-01,  2.4311e-01,  ...,  2.2102e-01,
            2.1546e-01,  2.0990e-01],
...
```

Decoder 및 AuxLoss 모듈을 설명하고 구현하여 PSPNet이 완성되었습니다. 지금까지 구현한 클래스는 utils 폴더의 pspnet.py 파일로 준비하여 이후에 import합니다. 다음 절에서는 PSPNet의 학습 및 검증을 실시합니다.

3.7 파인튜닝을 활용한 학습 및 검증 실시

PSPNet의 학습 및 검증을 구현하고 실행해보겠습니다. 지금까지 작성한 데이터 로더와 PSPNet을 사용합니다. 처음부터 PSPNet을 학습시키지 않고 학습된 모델을 사용하여 파인튜닝합니다.

학습 목표는 다음과 같습니다.

1. **PSPNet의 학습 및 검증을 구현할 수 있다.**
2. **시맨틱 분할의 파인튜닝을 이해한다.**
3. **스케줄러로 에폭마다 학습률을 변화시키는 기법을 구현할 수 있다.**

구현 파일

3-7_PSPNet_training.ipynb

3.7.1 데이터 준비

학습된 모델로 파인튜닝을 실행합니다. 3_semantic_segmentation 폴더의 make_folders_and_data_downloads.ipynb 파일에 나타난 저자의 구글 드라이브 URL에서 수동으로 pspnet50_ADE20K.pth를 다운로드하고 weights 폴더에 배치합니다.

학습된 모델 pspnet50_ADE20K.pth는 PSPNet에 대해 글을 쓴 자오[Hengshuang Zhao]가 깃허브 [4]에서 제공하는 카페[caffe]의 네트워크 모델을 파이토치 PSPNet 모델에서 읽을 수 있도록 변환했습니다. 카페 모델은 ADE20K[6] 데이터셋에서 학습된 것입니다. ADE20K는 MIT 컴퓨터 비전[MIT Computer Vision]팀에서 발표한 150 클래스와 약 2만 장의 사진으로 이루어진 시맨틱 분할

용 데이터셋입니다. 해당 데이터셋으로 학습한 PSPNet의 결합 파라미터를 초깃값으로 하여
VOC2012 데이터셋을 파인튜닝합니다.

3.7.2 학습 및 검증 구현

먼저 데이터 로더를 만듭니다. 미니 배치 크기는 1GPU 메모리에 담기는 여덟 개로 설정되었
습니다. 입력 화상 크기가 475×475이므로 미니 배치 사이즈를 크게 하면 한 개의 GPU 메모
리에 담기지 않습니다.

```python
from utils.dataloader import make_datapath_list, DataTransform, VOCDataset

# 파일 경로 리스트 작성
rootpath = "./data/VOCdevkit/VOC2012/"
train_img_list, train_anno_list, val_img_list, val_anno_list = make_datapath_list(
    rootpath=rootpath)

# 데이터셋 작성
# (RGB) 색의 평균값과 표준편차
color_mean = (0.485, 0.456, 0.406)
color_std = (0.229, 0.224, 0.225)

train_dataset = VOCDataset(train_img_list, train_anno_list, phase="train",
transform=DataTransform(
    input_size=475, color_mean=color_mean, color_std=color_std))

val_dataset = VOCDataset(val_img_list, val_anno_list, phase="val",
transform=DataTransform(
    input_size=475, color_mean=color_mean, color_std=color_std))

# 데이터 로더 작성
batch_size = 8

train_dataloader = data.DataLoader(
    train_dataset, batch_size=batch_size, shuffle=True)

val_dataloader = data.DataLoader(
    val_dataset, batch_size=batch_size, shuffle=False)

# 사전형 변수로 정리
dataloaders_dict = {"train": train_dataloader, "val": val_dataloader}
```

네트워크 모델을 만들기 위해 먼저 ADE20K 네트워크 모델을 준비합니다. 출력 클래스 수는 ADE20K 데이터셋에 맞춰 150입니다. 이 모델에 학습된 파라미터 pspnet50_ADE20k.pth 를 읽습니다. 최종 출력층을 Pascal VOC의 21 클래스로 하기 위하여 Decoder와 AuxLoss 모듈의 분류용 합성곱 층을 바꿉니다. 21 클래스에 대응한 PSPNet이 됩니다.

교체한 합성곱 층은 **Xavier의 초깃값**으로 초기화합니다. Xavier의 초깃값은 각 합성곱 층에서 입력 채널 수가 input_n일 때 합성곱 층의 결합 파라미터 초깃값으로 '1/sqrt(input_n)을 표준편차로 한 가우스'에 따라 난수를 사용하는 기법입니다.

2장에서는 활성화 함수 ReLU로 'He 초깃값'을 사용하였습니다. 이번에는 분류용 유닛의 마지 막 층이자 활성화 함수인 시그모이드 함수를 사용합니다. 활성화 함수가 시그모이드 함수일 경 우 Xavier 초깃값으로 초기화합니다.

```python
from utils.pspnet import PSPNet

# 파인튜닝으로 PSPNet 작성
# ADE20K 데이터셋의 학습된 모델을 사용하며 ADE20K 클래스 수는 150
net = PSPNet(n_classes=150)

# ADE20K 학습된 파라미터 읽기
state_dict = torch.load("./weights/pspnet50_ADE20K.pth")
net.load_state_dict(state_dict)

# 분류용 합성곱 층을 출력 수 21로 바꾼다.
n_classes = 21
net.decode_feature.classification = nn.Conv2d(
    in_channels=512, out_channels=n_classes, kernel_size=1, stride=1, padding=0)

net.aux.classification = nn.Conv2d(
    in_channels=256, out_channels=n_classes, kernel_size=1, stride=1, padding=0)

# 교체한 합성곱 층 초기화. 활성화 함수는 시그모이드 함수이므로 Xavier 사용
def weights_init(m):
    if isinstance(m, nn.Conv2d):
        nn.init.xavier_normal_(m.weight.data)
        if m.bias is not None:  # 바이어스 항이 있는 경우
            nn.init.constant_(m.bias, 0.0)
net.decode_feature.classification.apply(weights_init)
net.aux.classification.apply(weights_init)

print('네트워크 설정 완료: 학습된 가중치를 로드했습니다')
```

다룸 클래스 분류의 손실함수인 크로스 엔트로피 오차 함수로 손실함수를 구현합니다. 메인 손실과 AuxLoss 손실 합을 총 손실로 합니다. AuxLoss는 계수 0.4를 곱하여 가중치를 메인 손실보다 작게 합니다.

```python
# 손실함수 정의
class PSPLoss(nn.Module):
    """PSPNet 손실함수 클래스입니다"""

    def __init__(self, aux_weight=0.4):
        super(PSPLoss, self).__init__()
        self.aux_weight = aux_weight  # aux_loss의 가중치

    def forward(self, outputs, targets):
        """
        손실함수 계산

        Parameters
        ----------
        outputs : PSPNet 출력(tuple)
            (output=torch.Size([num_batch, 21, 475, 475]), output_aux=torch.
Size([num_batch, 21, 475, 475]))

        targets : [num_batch, 475, 475]
            정답 어노테이션 정보

        Returns
        -------
        loss : 텐서
            손실 값
        """

        loss = F.cross_entropy(outputs[0], targets, reduction='mean')
        loss_aux = F.cross_entropy(outputs[1], targets, reduction='mean')

        return loss+self.aux_weight*loss_aux

criterion = PSPLoss(aux_weight=0.4)
```

3.7.3 스케줄러로 에폭별 학습 비율 변경

마지막으로 파라미터 최적화 기법을 정의합니다. 파인튜닝이기 때문에 입력에 가까운 모듈의 학습률은 작게, 교체한 합성곱 층을 가진 Decoder와 AuxLoss 모듈은 크게 설정합니다.

이번에는 에폭에 따라 학습률을 변화시키는 스케줄러를 활용합니다. 코드 scheduler = optim.lr_scheduler.LambdaLR(optimizer, lr_lambda = lambda_epoch)에 정의되었습니다. lambda_epoch 함수의 내용에 따라 옵티마이저 인스턴스의 학습률을 변화시키는 명령입니다. lambda_epoch 함수는 최대 에폭 수를 30으로 하고 에폭를 거칠 때마다 학습률이 서서히 작아지도록 합니다. return하는 값을 옵티마이저 학습률에 곱합니다. 스케줄러 학습률을 변화시키려면 네트워크 학습 시 scheduler.step()을 실행해야 합니다. 이 명령은 나중에 구현하겠습니다.

스케줄러 사용 방법에는 반복마다 학습률을 변화시키는 경우와 에폭별로 변화시키는 경우가 있습니다. 이번에는 에폭별로 변화시키겠습니다.

```
# 파인튜닝이므로 학습률은 작게
optimizer = optim.SGD([
    {'params': net.feature_conv.parameters(), 'lr': 1e-3},
    {'params': net.feature_res_1.parameters(), 'lr': 1e-3},
    {'params': net.feature_res_2.parameters(), 'lr': 1e-3},
    {'params': net.feature_dilated_res_1.parameters(), 'lr': 1e-3},
    {'params': net.feature_dilated_res_2.parameters(), 'lr': 1e-3},
    {'params': net.pyramid_pooling.parameters(), 'lr': 1e-3},
    {'params': net.decode_feature.parameters(), 'lr': 1e-2},
    {'params': net.aux.parameters(), 'lr': 1e-2},
], momentum=0.9, weight_decay=0.0001)

# 스케줄러 설정
def lambda_epoch(epoch):
    max_epoch = 30
    return math.pow((1-epoch/max_epoch), 0.9)

scheduler = optim.lr_scheduler.LambdaLR(optimizer, lr_lambda=lambda_epoch)
```

학습이 준비되었습니다. 마지막으로 학습 및 검증용 함수인 train_model를 구현합니다. train_model 함수는 2장에서 구현한 학습 및 검증 함수인 train_model과 거의 같지만 두 가지 다른 점이 있습니다.

첫째, 스케줄러의 존재입니다. 스케줄러를 갱신하기 위하여 `scheduler.step()`이라는 코드가 추가되었습니다.

둘째, 멀티플 미니 배치multiple minibatch[7]를 사용한다는 점입니다. PSPNet에서는 배치 정규화를 사용합니다. 배치 정규화는 미니 배치마다 입력된 데이터를 표준화합니다. 통계적으로 타당한 표준화를 위해서는 어느 정도 큰 미니 배치 크기가 필요합니다. 이번에는 GPU 메모리 크기가 한정되어 미니 배치 크기가 여덟 개 정도로 한계가 있어 적은 데이터 수에 배치 정규화 동작이 불안정합니다.

보통 동기화된 멀티 GPU 배치 정규화synchronized multi-GPU batch normalization가 해결책으로 사용됩니다. 파이토치에는 구현되어 있지 않아 다른 회사의 라이브러리를 사용합니다. GPU를 여러 개 사용하여 큰 미니 배치 크기로 배치 정규화를 하는 방법입니다. 파이토치도 멀티 GPU에 대응하지만 파이토치의 멀티 GPU 배치 정규화는 각 GPU로 배치 정규화를 계산합니다. 정확하게 말하면 비동기화된 멀티 GPU 배치 정규화asynchronized multi-GPU batch normalization입니다. 이러한 이유로 다른 회사 라이브러리인 동기화된 멀티 GPU 배치 정규화를 사용합니다.

멀티 GPU의 AWS 인스턴스는 가격이 비싸 책에서는 싱글 GPU에서 비동기화된 멀티 GPU 배치 정규화와 비슷하게 동작하도록 멀티플 미니 배치를 활용합니다. 멀티플 미니 배치는 손실 loss의 계산과 경사를 구하는 `backward`를 여러 번 실행합니다. 각 파라미터에 복수의 미니 배치로 계산된 경사의 합계를 구하여 `optimizer.step()`을 실행한 후 파라미터를 갱신하는 기술입니다. 비동기화된 멀티 GPU 배치 정규화와 거의 유사합니다.

`batch_multiplier` = 3으로 정의하고 3회에 한 번 `optimizer.step()`을 실행하여 미니 배치 크기를 24개로 하겠습니다.

```
# 모델을 학습시키는 함수 작성

def train_model(net, dataloaders_dict, criterion, scheduler, optimizer, num_
epochs):

    # GPU를 사용할 수 있는지 확인
    device = torch.device("cuda:0" if torch.cuda.is_available() else "cpu")
    print("사용 장치: ", device)

    # 네트워크를 GPU로
    net.to(device)
```

```python
# 네트워크가 어느 정도 고정되면 고속화
torch.backends.cudnn.benchmark = True

# 화상 매수
num_train_imgs = len(dataloaders_dict["train"].dataset)
num_val_imgs = len(dataloaders_dict["val"].dataset)
batch_size = dataloaders_dict["train"].batch_size

# 반복자의 카운터 설정
iteration = 1
logs = []

# 멀티플 미니 배치
batch_multiplier = 3

# 에폭 루프
for epoch in range(num_epochs):

    # 시작 시간 저장
    t_epoch_start = time.time()
    t_iter_start = time.time()
    epoch_train_loss = 0.0  # 에폭 손실 합
    epoch_val_loss = 0.0  # 에폭 손실 합

    print('-------------')
    print('Epoch {}/{}'.format(epoch+1, num_epochs))
    print('-------------')

    # 에폭별 훈련 및 검증 루프
    for phase in ['train', 'val']:
        if phase == 'train':
            net.train()  # 모델을 훈련 모드로
            scheduler.step()  # 최적화 스케줄러 갱신
            optimizer.zero_grad()
            print(' (train) ')

        else:
            if((epoch+1) % 5 == 0):
                net.eval()   # 모델을 검증 모드로
                print('-------------')
                print(' (val) ')
            else:
                # 검증은 다섯 번 중 한 번만 수행
                continue
```

```
# 데이터 로더에서 미니 배치씩 꺼내 루프
count = 0  # 멀티플 미니 배치
for imges, anno_class_imges in dataloaders_dict[phase]:
    # 미니 배치 크기가 1이면 배치 정규화에서 오류가 발생하여 피한다.
    if imges.size()[0] == 1:
        continue

    # GPU를 사용할 수 있으면 GPU에 데이터를 보낸다.
    imges = imges.to(device)
    anno_class_imges = anno_class_imges.to(device)

    # 멀티플 미니 배치로 파라미터 갱신
    if (phase == 'train') and (count == 0):
        optimizer.step()
        optimizer.zero_grad()
        count = batch_multiplier

    # 순전파 계산
    with torch.set_grad_enabled(phase == 'train'):
        outputs = net(imges)
        loss = criterion(
            outputs, anno_class_imges.long()) / batch_multiplier

        # 훈련 시에는 역전파
        if phase == 'train':
            loss.backward()  # 경사 계산
            count -= 1  # 멀티플 미니 배치

            if (iteration % 10 == 0):  # 10iter에 한 번 손실 표시
                t_iter_finish = time.time()
                duration = t_iter_finish - t_iter_start
                print('반복 {} || Loss: {:.4f} || 10iter: {:.4f} sec.'.format(
                    iteration, loss.item()/batch_size*batch_multiplier, duration))
                t_iter_start = time.time()

            epoch_train_loss += loss.item() * batch_multiplier
            iteration += 1

        # 검증 시
        else:
            epoch_val_loss += loss.item() * batch_multiplier

# 에폭의 phase별 손실과 정답률
t_epoch_finish = time.time()
```

```
    print('-------------')
    print('epoch {} || Epoch_TRAIN_Loss:{:.4f} ||Epoch_VAL_Loss:{:.4f}'.format(
        epoch+1, epoch_train_loss/num_train_imgs, epoch_val_loss/num_val_imgs))
    print('timer: {:.4f} sec.'.format(t_epoch_finish - t_epoch_start))
    t_epoch_start = time.time()

    # 로그 저장
    log_epoch = {'epoch': epoch+1, 'train_loss': epoch_train_loss /
                num_train_imgs, 'val_loss': epoch_val_loss/num_val_imgs}
    logs.append(log_epoch)
    df = pd.DataFrame(logs)
    df.to_csv("log_output.csv")

# 마지막 네트워크 저장
torch.save(net.state_dict(), 'weights/pspnet50_' +
        str(epoch+1) + '.pth')
```

마지막으로 학습 및 검증을 수행합니다. 약 12시간이 소요됩니다(그림 3-12).

```
# 학습 및 검증 실행
num_epochs = 30
train_model(net, dataloaders_dict, criterion, scheduler, optimizer, num_epochs=num_epochs)
```

```
In [ ]:  # 학습 및 검증 실행
         num_epochs = 30
         train_model(net, dataloaders_dict, criterion, scheduler, optimizer, num_epochs=num_epochs)

         사용 장치: cuda:0
         -------------
         Epoch 1/30
         -------------
         (train)
         반복 10 || Loss: 0.3835 || 10iter: 83.2019 sec.
         반복 20 || Loss: 0.2189 || 10iter: 50.9118 sec.
         반복 30 || Loss: 0.1510 || 10iter: 50.8032 sec.
         반복 40 || Loss: 0.1658 || 10iter: 50.7695 sec.
         반복 50 || Loss: 0.0886 || 10iter: 50.6645 sec.
         반복 60 || Loss: 0.0728 || 10iter: 50.6198 sec.
         반복 70 || Loss: 0.1165 || 10iter: 50.9016 sec.
         반복 80 || Loss: 0.1351 || 10iter: 50.4392 sec.
         반복 90 || Loss: 0.2174 || 10iter: 50.6154 sec.
```

그림 3-12 학습 및 검증 실행

[그림 3-13]에 30에폭 학습 시 학습 및 검증 데이터에 대한 손실 추이를 나타냈습니다. 이상 VOC2012 데이터를 사용한 PSPNet 학습이 완료되었습니다.

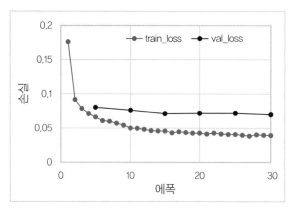

그림 3-13 학습 데이터와 검증 데이터의 손실 추이

ADE20K에서 VOC2012까지 굉장히 유사한 데이터셋 간의 파인튜닝이었기 때문에 싱글 GPU의 멀티플 미니 배치를 사용하여 동작시켰습니다. 처음 학습시킬 때나 ADE20K에서 흑백 의료 영상 등 성질이 크게 다른 데이터셋에 파인튜닝한다면 동기화된 멀티 GPU 배치 정규화를 사용하는 것이 좋습니다.

다음 절에서는 시맨틱 분할 추론을 구현합니다.

3.8 시맨틱 분할 추론

학습시킨 PSPNet으로 추론하는 부분을 구현하겠습니다. 학습 목표는 다음과 같습니다.

1. 시맨틱 분할의 추론을 구현할 수 있다.

> **구현 파일**
> 3-8_PSPNet_inference.ipynb

3.8.1 준비

앞서 학습시킨 가중치 파라미터 pspnet50_30.pth와 weights 폴더를 준비하십시오. 저자가 작성한 학습된 모델도 있습니다(make_folders_and_data_downloads.ipynb 파일의 마지막 셀에 기재).

3.8.2 추론

파일 경로 리스트를 만듭니다. VOC 데이터셋 화상이 아니라 승마 화상에 대해 추론하며 어노테이션 화상을 한 장 사용합니다.

어노테이션 화상을 사용하는 두 가지 이유가 있습니다. 첫째, 어노테이션 화상이 없으면 전처리 클래스의 함수가 제대로 작동하지 않게 됩니다. 실제로는 추론에 사용하지 않지만 더미 데이터로서 함수에 전달합니다. 둘째, 어노테이션 화상에서 색상 팔레트 정보를 추출하지 않으면 물체 라벨에 해당하는 색상 정보가 존재하지 않게 됩니다. VOC2012 어노테이션 데이터 화상을 사용하기 위한 어노테이션 데이터 파일의 경로를 얻기 위하여 다음과 같이 파일 경로 리스트를 작성합니다.

```python
from utils.dataloader import make_datapath_list, DataTransform

# 파일 경로 리스트 작성
rootpath = "./data/VOCdevkit/VOC2012/"
train_img_list, train_anno_list, val_img_list, val_anno_list = make_datapath_list(
    rootpath=rootpath)

# 이후 어노테이션 화상만 사용
```

PSPNet을 준비합니다.

```python
from utils.pspnet import PSPNet

net = PSPNet(n_classes=21)

# 학습된 파라미터 읽기
state_dict = torch.load("./weights/pspnet50_30.pth",
                        map_location={'cuda:0': 'cpu'})
```

```
net.load_state_dict(state_dict)

print('네트워크 설정 완료: 학습된 가중치를 로드했습니다')
```

이제 추론을 실행합니다. 원본 화상, PSPNet으로 추론한 어노테이션 화상, 그리고 추론 결과를 원래 화상에 오버랩한 화상까지 총 세 종류를 화면에 그립니다.

```
# 1. 원본 화상 표시
image_file_path = "./data/cowboy-757575_640.jpg"
img = Image.open(image_file_path)    # [높이][폭][색RGB]
img_width, img_height = img.size
plt.imshow(img)
plt.show()


# 2. 전처리 클래스 작성
color_mean = (0.485, 0.456, 0.406)
color_std = (0.229, 0.224, 0.225)
transform = DataTransform(
    input_size=475, color_mean=color_mean, color_std=color_std)


# 3. 전처리
# 적당한 어노테이션 화상을 준비하여 색상 팔레트 정보 추출
anno_file_path = val_anno_list[0]
anno_class_img = Image.open(anno_file_path)    # [높이][폭]
p_palette = anno_class_img.getpalette()
phase = "val"
img, anno_class_img = transform(phase, img, anno_class_img)


# 4. PSPNet으로 추론
net.eval()
x = img.unsqueeze(0)  # 미니 배치화: torch.Size([1, 3, 475, 475])
outputs = net(x)
y = outputs[0]  # AuxLoss 측은 무시, y의 크기는 torch.Size([1, 21, 475, 475])


# 5. PSPNet 출력으로 최대 클래스를 구하여 색상 팔레트 형식으로 화상 크기를 원래대
로 되돌린다.
y = y[0].detach().numpy()  # y : torch.Size([1, 21, 475, 475])
y = np.argmax(y, axis=0)
anno_class_img = Image.fromarray(np.uint8(y), mode="P")
anno_class_img = anno_class_img.resize((img_width, img_height), Image.NEAREST)
anno_class_img.putpalette(p_palette)
plt.imshow(anno_class_img)
```

```
plt.show()

# 6. 화상을 투과시켜 겹친다.
trans_img = Image.new('RGBA', anno_class_img.size, (0, 0, 0, 0))
anno_class_img = anno_class_img.convert('RGBA')  # 색상 팔레트 형식을 RGBA로 변환

for x in range(img_width):
    for y in range(img_height):
        # 추론 결과 화상의 픽셀 데이터를 취득
        pixel = anno_class_img.getpixel((x, y))
        r, g, b, a = pixel

        # (0, 0, 0)의 배경이라면 그대로 투과시킨다.
        if pixel[0] == 0 and pixel[1] == 0 and pixel[2] == 0:
            continue
        else:
            # 그 외 색상은 준비된 화상에 픽셀 기록
            trans_img.putpixel((x, y), (r, g, b, 150))
            # 투과율을 150으로 지정

img = Image.open(image_file_path)    # [높이][폭][색RGB]
result = Image.alpha_composite(img.convert('RGBA'), trans_img)
plt.imshow(result)
plt.show()
```

[그림 3-14]에 추론의 실행 결과를 나타냈습니다. 추론 결과를 보면 person과 horse 라벨이
붙었고 사람과 말이라고 추론했습니다. 자세히 보면 사람 다리가 말의 일부로 인식되는 등 완
벽하지는 않지만 대체적으로 화상을 픽셀 수준으로 인식합니다.

데이터

추론 결과

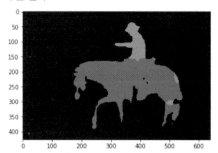

색상과 물체의 대응 정보

B-ground	Aero plane	Bicycle	Bird	Boat	Bottle	Bus
Car	Cat	Chair	Cow	Dining-Table	Dog	Horse
Motorbike	Person	Potted-Plant	Sheep	Sofa	Train	TV/Monitor

추론 결과 오버랩

그림 3-14 구축한 PSPNet을 활용한 시맨틱 분할 결과(색상과 물체의 대응 정보는 참고 문헌[8]을 참조)*

시맨틱 분할의 정확성을 높이려면 학습 에폭 수를 늘려야 합니다. 이번에는 간단히 학습이 완료되도록 에폭 수를 30으로 짧게 설정하였습니다(약 7,000회 반복). PSPNet 논문에서는 VOC 데이터셋은 학습을 30,000회 반복 실행합니다.

부록으로 3-8_PSPNet_inference_appendix.ipynb 파일을 준비하였습니다. VOC2012 검증 데이터셋을 학습한 PSPNet 추론을 실행하고 추론 결과와 정답인 어노테이션 데이터를 모두 표시하는 파일입니다. 학습시킨 PSPNet 모델이 올바른 어노테이션 데이터와 얼마나 일치하는지 등을 확인하고 싶다면 참고하기 바랍니다.

3.8.3 정리

시맨틱 분할을 설명하며 PSPNet 알고리즘, 네트워크 구조, 순전파 함수, 손실함수에 대해 알아보고 구현하였습니다. 다음 장에서는 자세 추정을 알아보겠습니다.

3장 참고 문헌

[1] PSPNet

Zhao, H., Shi, J., Qi, x., Wang, x. & Jia, J.(2017). Pyramid Scene Parsing Network. In Proceedings of the IEEE Conference on Computer Vision and Pattern Recognition(pp. 2881-2890).

http://openaccess.thecvf.com/content_cvpr_2017/html/Zhao_Pyramid_Scene_Parsing_CVPR_2017_paper.html

[2] 승마 화상

(사진 권리 정보: 상업적 사용 무료, 저작자 표시가 필요하지 않습니다.)

https://pixabay.com/ja/images/search/カウボーイ+馬/

[3] PASCAL VOC 2012 데이터셋

http://host.robots.ox.ac.uk/pascal/VOC/

[4] 깃허브: hszhao/PSPNet

https://github.com/hszhao/PSPNet

All contributions by the University of California: Copyright © 2014, 2015, The Regents of the University of California(Regents) All rights reserved.

https://github.com/hszhao/PSPNet/blob/master/LICENSE/

[5] Residual Network(ResNet)

He, K., Zhang, x., Ren, S., & Sun, J.(2016). Deep Residual Learning for Image Recognition. In Proceedings of the IEEE Conference on Computer Vision and Pattern Recognition(pp. 770-778).

http://openaccess.thecvf.com/content_cvpr_2016/html/He_Deep_Residual_Learning_CVPR_2016_paper.html

[6] ADE20K 데이터셋

ZHOU, Bolei, et al. Scene Parsing through ADE20K Dataset. In Proceedings of the IEEE Conference on Computer Vision and Pattern Recognition. IEEE, 2017. p. 4.

http://groups.csail.mit.edu/vision/datasets/ADE20K/

[7] Increasing Mini-batch Size without Increasing Memory

https://medium.com/@davidlmorton/increasing-mini-batch-size-without-increasing-memory-6794e10db672/

[8] VOC2012 색상 맵

깃허브: DrSleep/tensorflow-deeplab-resnet

https://github.com/DrSleep/tensorflow-deeplab-resnet

Copyright © 2016 Vladimir Nekrasov

Released under the MIT license

https://github.com/DrSleep/tensorflow-deeplab-resnet/blob/master/LICENSE/

자세 추정(OpenPose)

4.1 자세 추정 및 오픈포즈 개요

이번 장에서는 화상 처리의 자세 추정을 살펴보면서 딥러닝 모델인 오픈포즈^{OpenPose}[1][2]를 설명하겠습니다.

이 절에서는 자세 추정 개요를 소개하고 MSCOCO$^{the\ microsoft\ common\ objects\ in\ context}$ 데이터셋[3]을 설명하며 오픈포즈를 활용한 자세 추정 흐름을 3단계로 하여 살펴봅니다. 오픈포즈 네트워크 학습은 흐름만 확인하겠습니다. 구현은 깃허브: tensorboy/pytorch_Realtime_Multi-Person_Pose_Estimation[4]을 참고합니다.

학습 목표는 다음과 같습니다.

1. 자세 추정은 무엇을 입출력하는 기법인지 이해한다.
2. MSCOCO Keypoints 데이터를 이해한다.
3. PAFs$^{Part\ Affinity\ Fields}$ 개념을 이해한다.
4. 오픈포즈를 활용한 자세 추정의 3단계 흐름을 이해한다.

구현 파일

없음

4.1.1 자세 추정 개요

자세 추정pose estimation은 화상에 포함된 여러 인물을 탐지하여 인체 각 부위의 위치를 식별하고 부위를 연결하는 선(링크)을 구하는 기술입니다. 화상의 인물에 막대 인간stick figure을 덮어씁니다. [그림 4-1]은 자세 추정을 실행한 결과입니다.[5]

그림 4-1 자세 추정 결과[*1]

[그림 4-2] 왼쪽 그림은 인체 18개 부위를 구한 결과입니다. 18개 부위는 다음과 같이 대응합니다.

> 0: 코, 1: 목, 2: 오른쪽 어깨, 3: 오른쪽 팔꿈치, 4: 오른쪽 손목, 5: 왼쪽 어깨, 6: 왼쪽 팔꿈치, 7: 왼쪽 손목,
> 8: 오른쪽 엉덩이, 9: 오른쪽 무릎, 10: 오른쪽 발목, 11: 왼쪽 엉덩이, 12: 왼쪽 무릎, 13: 왼쪽 발목,
> 14: 오른쪽 눈, 15: 왼쪽 눈, 16: 오른쪽 귀, 17: 왼쪽 귀

[그림 4-2] 오른쪽 그림은 18개 부위를 연결하는 19개의 링크를 구한 결과입니다. 링크는 총 19개를 감지하지만 [그림 4-1]과 [그림 4-2]에 표시된 링크는 일부분만 나타냅니다.

---

1 야구 화상은 픽사베이에서 다운로드했습니다.

자세 추정을 활용하여 인체 각 부위와 링크를 구하면 해당 인물의 동작을 추정하거나 자세를 세밀하게 분석할 수 있습니다.

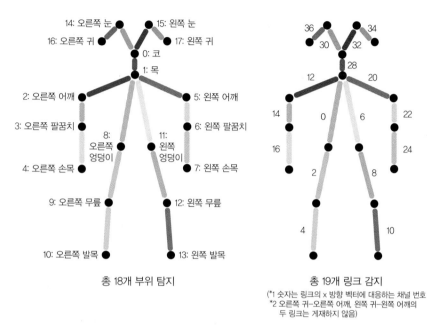

그림 4-2 자세 추정으로 감지하는 부위 및 부위 간 링크

4.1.2 MSCOCO 데이터셋 및 자세 추정의 어노테이션 데이터

이번 장에서는 MSCOCO[3] 데이터셋을 사용합니다. MSCOCO는 자세 추정 전용 데이터셋은 아닙니다. 화상 데이터를 사용하는 딥러닝을 위한 일반적인 데이터셋입니다. 화상 데이터와 함께 영상 분류, 물체 감지, 시맨틱 분할, 자세 추정 정답인 어노테이션 데이터가 있습니다. MSCOCO는 해당 화상이 무엇을 나타내는지 설명하는 캡션 어노테이션 데이터도 있어 화상에 캡션 데이터를 생성하는 딥러닝 데이터셋으로도 활용합니다.

MSCOCO 중 인물이 찍혔고 인체의 부위와 링크의 어노테이션이 부여된 데이터를 사용하겠습니다. MSCOCO 자세 추정용 데이터는 COCO Keypoint Detection Task(COCO 키포인트 인식 작업)에 사용됩니다.

이번에 사용할 어노테이션 데이터를 [그림 4-3]에 나타낸 야구 화상의 어노테이션을 예로 들 겠습니다.

그림 4-3 어노테이션 설명에 사용하는 화상[5]

어노테이션 데이터는 [그림 4-4]와 같은 JSON 형식입니다. 화상의 주요 인물 정보(joint_self)와 그 외 인물 정보(joint_others)로 나누어 저장되었습니다. MSCOCO 데이터셋은 동일한 화상의 주요 인물이 다른 어노테이션인 경우가 있습니다.

```
['dataset': 'COCO_val',
 'isValidation': 1.0,
 'img_paths': 'val2014/COCO_val2014_000000000488.jpg',
 'img_width': 640.0,
 'img_height': 406.0,
 'objpos': [233.075, 275.815],
 'image_id': 488.0,
 'bbox': [180.76, 210.3, 104.63, 131.03],
 'segment_area': 4851.846,
 'num_keypoints': 15.0,
 'joint_self': [[266.0, 231.0, 1.0],
 [0.0, 0.0, 2.0],
 [264.0, 229.0, 1.0],
 [0.0, 0.0, 2.0],
 [256.0, 231.0, 1.0],
 [261.0, 239.0, 1.0],
 [238.0, 239.0, 1.0],
 [267.0, 259.0, 1.0],
 [222.0, 262.0, 1.0],
 [272.0, 267.0, 1.0],
 [243.0, 256.0, 1.0],
 [244.0, 278.0, 1.0],
 [229.0, 279.0, 1.0],
 [269.0, 297.0, 1.0],
 [219.0, 310.0, 1.0],
 [267.0, 328.0, 1.0],
 [192.0, 329.0, 1.0]],
 'scale_provided': 0.356,
 'joint_others': [[[0.0, 0.0, 2.0],
 [0.0, 0.0, 2.0],
 [0.0, 0.0, 2.0],
```

그림 4-4 어노테이션 예[2]

----

2 MSCOCO 데이터셋 화상은 플리커(*https://www.flickr.com/*) 사진입니다. [그림 4-4] 어노테이션 데이터에 대응하는 화상을 실을 수 없습니다(MSCOCO의 플리커 원본 화상의 URL 미공개). [그림 4-3]의 야구 화상은 [그림 4-4] 어노테이션 데이터의 원본 화상 COCO_val2014_000000000488.jpg와 비슷한 구도의 사진입니다. 책에서는 [그림 4-3]을 기반으로 설명합니다.

어노테이션 데이터의 'dataset' 키는 훈련 데이터인지 검증 데이터인지에 따라 'COCO' 또는 'COCO_val'이 포함되었습니다. 'isValidation' 키는 훈련 데이터라면 0.0, 검증 데이터라면 1.0이 저장되었습니다. 'img_paths' 키는 화상 데이터의 링크가 저장되었습니다. 'num_keypoints' 키는 사진의 주요 인물 인체 부위가 어노테이션 몇 개로 되었는지 저장되었으며 최대 17입니다.

[그림 4-2]에서는 검출하는 신체 부위가 18개였지만 MSCOCO에서 어노테이션된 것은 17개이며, 목의 위치에 대응하는 어노테이션은 없습니다(목 위치를 결정하는 방법은 4.2절에서 설명합니다).

'joint_self' 키는 목 이외 17개 부위의 x, y 좌표와 해당 부위의 시인성 정보가 포함되었습니다. 시인성 정보는 값이 0일 경우 어노테이션 좌표 정보는 있지만 신체 부위가 화상에 나타나 있지 않다는 것을 나타냅니다. 값이 1일 경우 어노테이션이 있으며 신체 부위도 화상에 보입니다. 값이 2일 경우에는 화상에 나타나 있지 않고 어노테이션도 없습니다.

'scale_provided' 키는 주요 인물을 둘러싼 바운딩 박스의 높이가 368픽셀의 몇 배인지 나타냅니다. 'joint_others' 키는 화상 내 다른 인물의 부위 정보가 저장되었습니다. 주로 이러한 어노테이션 정보를 자세 추정 훈련 데이터로 사용합니다.

4.1.3 오픈포즈를 활용한 자세 추정 흐름

마지막으로 오픈포즈를 활용한 자세 추정의 3단계 흐름을 설명합니다. 오픈포즈는 카네기 멜런 대학교Carnegie Mellon University의 저 차오Zhe Cao 등이 2017년에 발표한 논문 「Realtime Multi-Person 2D Pose Estimation using Part Affinity Fields」[2]를 구현한 것입니다. 2018년 12월에는 최신 버전이 아카이브(https://arXiv.org/)에 발표되었습니다.[1] 2017년 초기 버전에서 변경된 점이 몇 가지 있지만 자세 추정 알고리즘의 본질은 동일합니다. 2017년 초기 버전을 해설하고 구현하겠습니다.

자세 추정의 본질적인 내용은 3장에서 실시한 시맨틱 분할과 거의 비슷합니다. 시맨틱 분할은 화상에 대해 픽셀 수준으로 물체의 라벨을 추정하였습니다. 자세 추정에서도 물체 라벨로 왼쪽 팔꿈치와 왼쪽 손목 등의 클래스를 준비합니다. 시맨틱 분할을 수행하면 왼쪽 팔꿈치 주변의 픽셀은 왼쪽 팔꿈치로 판정하고 왼쪽 손목 주변의 픽셀은 왼쪽 손목으로 판정할 수 있습니다.

다만 3장의 시맨틱 분할은 픽셀별 클래스 분류 문제였지만 오픈포즈를 활용한 자세 추정은 픽셀별 회귀 문제입니다. 회귀할 대상은 각 픽셀이 18개 신체 부위와 기타를 합해 총 19개의 물체일 확률입니다. 예를 들어 화상의 각 픽셀에 대해 왼쪽 팔꿈치 부위의 확률을 회귀 문제로 구합니다. 왼쪽 팔꿈치 클래스일 확률이 가장 높은 픽셀을 왼쪽 팔꿈치의 좌표로 하면 화상에서 인체의 왼쪽 팔꿈치 부위를 감지할 수 있습니다.

자세 추정의 문제는 화상에 여러 사람이 찍혀 있을 때 신체 부위끼리 어떻게 연결시키느냐입니다. 예를 들어 두 명의 인물이 찍혀 있다면 왼쪽 팔꿈치와 왼쪽 손목은 두 개씩 검출됩니다. 이를 어느 쌍으로 연결지어 링크를 만들지의 문제(링크 쌍 문제)가 발생합니다. 하향식 접근 방식single-person estimation과 상향식 접근 방식multi-person estimation으로 접근할 수 있습니다.

전자의 하향식 접근 방식은 2장에서 해설한 물체 감지로 인물을 검출하여 한 사람의 화상만 잘라 자세 추정을 하는 전략입니다. 물체 감지로 화상을 잘라내면 인물은 한 명만 추출되어 어느 쌍으로 연결할 것인지 문제를 방지할 수 있습니다. 다만 인물이 많으면 처리 시간이 증가하여 자세 추정의 정확도가 물체 검출의 정밀도에 영향을 받게 됩니다.

오픈포즈는 상향식 접근을 합니다. 링크 쌍 문제를 해결하기 위하여 '부위 간의 연결성'을 나타내는 지표로 PAFs 개념을 사용합니다. PAFs의 개념은 [그림 4-5]로 설명합니다.

원래 화상

왼쪽 팔꿈치

왼쪽 손목

왼쪽 팔꿈치와 왼쪽 손목 PAFs

그림 4-5 PAFs란

원본 화상인 왼쪽 상단의 타자와 포수의 자세 추정을 수행합니다. [그림 4-5]는 추론 결과를 나타내며 어노테이션 데이터는 아닙니다.

[그림 4-5]에서 픽셀별로 회귀하고 왼쪽 팔꿈치와 왼쪽 손목 픽셀일 확률을 구한 결과가 오른쪽 상단과 왼쪽 하단입니다. 화상의 붉은 점이 왼쪽 팔꿈치와 왼쪽 손목의 좌표 픽셀입니다. 오픈포즈는 한 번의 추론으로 화상에 비친 모든 사람의 왼쪽 팔꿈치와 왼쪽 손목을 추정합니다. 다만 [그림 4-5]에서 먼 곳의 벤치에 있는 사람은 너무 작아서 왼쪽 팔꿈치와 왼쪽 손목이 감지되지 않습니다.

오른쪽 상단과 왼쪽 하단의 화상은 왼쪽 팔꿈치와 왼쪽 손목이 두 개씩 감지되어 어떻게 연결할지 구해야 합니다. '왼쪽 팔꿈치와 왼쪽 손목 사이의 픽셀' 클래스를 준비하고 회귀로 해당 클래스일 확률을 픽셀마다 구합니다. '왼쪽 팔꿈치와 왼쪽 손목 사이의 픽셀' 클래스가 바로 왼쪽 팔꿈치와 왼쪽 손목의 PAFs입니다. 오른쪽 하단이 왼쪽 팔꿈치와 왼쪽 손목의 PAFs입니다. 왼쪽 팔꿈치와 왼쪽 손목을 잇는 픽셀이 붉어졌습니다. PAFs인 '왼쪽 팔꿈치와 왼쪽 손목 사이의 픽셀' 정보와 왼쪽 팔꿈치, 왼쪽 손목의 위치 정보를 사용하면 어느 쌍으로 왼쪽 팔꿈치와 왼쪽 손목을 연결할지 알 수 있습니다.

지금까지의 조작을 왼쪽 팔꿈치와 왼쪽 손목뿐 아니라 모든 부위와 모든 링크에서 실시하면 다수가 찍혀 있어도 상향식 접근으로 자세 추정을 할 수 있습니다.

[그림 4-6]이 오픈포즈를 활용한 자세 추정의 흐름 3단계입니다.

1단계에는 전처리로서 화상 크기를 368×368픽셀로 변경하고 색상 정보 표준화를 실행합니다.

2단계에는 오픈포즈의 신경망에 전처리한 화상을 입력합니다. 출력으로 19×368×368(클래스 수×높이×폭) 배열과 38×368×368 배열이 출력됩니다. 신체 부위 클래스와 PAFs 클래스에 대응하는 배열입니다. 배열의 채널 수는 신체 부위는 18개+기타 총 19 채널, PAFs는 19개 링크 x, y 방향의 벡터 좌표를 나타내며 38 채널이 됩니다. 배열에 저장되는 값은 각 픽셀이 각 클래스일 신뢰도(≒확률)에 대응한 값입니다.

3단계에는 신체 부위의 출력 결과에서 각 부위별 좌표를 정하고 PAFs 정보와 함께 링크를 구합니다. 마지막으로 화상 크기를 원래 크기로 되돌립니다.

1단계 화상을 368×368로 리사이즈

2단계 화상을 오픈포즈 네트워크에 입력

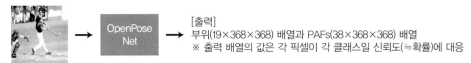

3단계 부위와 PAFs에서 링크를 결정하고 원래 화상의 크기로 되돌리기

그림 4-6 오픈포즈를 활용한 자세 추정의 3단계 흐름*

이번 절에서는 자세 추정 개요, MSCOCO 데이터셋 및 어노테이션 정보, 오픈포즈를 활용한 자세 추정의 흐름을 설명하였습니다. 다음 절에서는 오픈포즈의 데이터셋과 데이터 로더 작성을 알아보겠습니다.

4.2 데이터셋과 데이터 로더 구현

자세 추정의 오픈포즈용 데이터 로더를 만들기 위하여 MSCOCO 데이터셋을 실행합니다.

학습 목표는 다음과 같습니다.

1. **마스크 데이터를 이해한다.**
2. **오픈포즈에서 사용하는 Dataset 및 DataLoader 클래스를 구현할 수 있다.**
3. **오픈포즈의 전처리 및 데이터 확장 처리를 이해한다.**

4.2.1 마스크 데이터란

데이터 로더 구현에 앞서 오픈포즈 학습에서 사용하는 마스크 데이터를 알아보겠습니다.

화상에 사람이 있지만 자세 정보 어노테이션 데이터가 훈련 및 검증 데이터에 없는 경우가 있습니다. 사람이 작게 나왔거나 단순히 어노테이션 데이터가 없는 등 이유는 여러 가지입니다. 사람이 화상에 찍혀 있지만 어노테이션 데이터가 없는 불완전한 어노테이션 상태는 자세 추정 학습에 좋지 않은 영향을 줍니다. 악영향을 피하기 위하여 훈련 및 검증용 화상 데이터에서 화상에 존재하나 자세 어노테이션 데이터가 없는 인물 정보는 검게 칠하는 마스크를 적용합니다. 이를 마스크 데이터라고 합니다.

오픈포즈 학습 처리는 손실함수를 계산할 때 신체 부위로 검출된 좌표 위치에 마스크된 픽셀의 결과를 손실 계산에서 무시합니다.

4.2.2 폴더 준비

폴더를 만들어 파일을 다운로드합니다. 4_pose_estimation 폴더에 있는 make_folders_and_data_downloads.ipynb 파일의 각 셀을 하나씩 실행하십시오.

처음부터 오픈포즈 훈련 데이터로 완벽하게 훈련하지 않겠습니다. 두 가지 이유가 있습니다. 첫째, 훈련 데이터가 방대하고 용량이 큽니다. 둘째, 일부러 자세 추정을 전이학습이나 파인튜닝을 할 기회가 적으며 기본적으로 학습된 모델을 사용하면 충분합니다. 이 책에서는 어떻게 오픈포즈 네트워크 모델을 학습시킬 것인지 작은 검증 데이터의 데이터셋으로 그 흐름만 확인합니다.

make_folders_and_data_downloads.ipynb 파일의 각 셀을 실행하면 MSCOCO의 2014년 공모전 검증 데이터인 2014 Val images만 다운로드됩니다. 6GB이며 다운로드 및 압축 해제에 시간이 필요합니다(AWS 환경에서 10분 정도).

MSCOCO 어노테이션 데이터 및 마스크 데이터를 참고 문헌[4]에서 수동으로 다운로드합니다. make_folders_and_data_downloads.ipynb 파일의 셀에 기재된 대로 data 폴더에 어노테이션 데이터인 COCO.json, 마스크 데이터의 압축 파일인 mask.tar.gz를 배치하세요.

마지막으로 make_folders_and_data_downloads.ipynb의 마지막 셀을 실행하여 mask.tar.gz의 압축을 풉니다.

[그림 4-7]과 같은 폴더 구조가 생성됩니다.

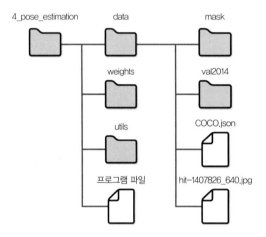

그림 4-7 4장 폴더 구성

4.2.3 화상 데이터, 어노테이션 데이터, 마스크 데이터의 파일 경로 리스트 작성

화상 데이터, 어노테이션 데이터, 그리고 마스크 데이터의 파일 경로가 저장된 리스트를 만듭니다. 지금까지 수행한 파일 경로 리스트 작성과 동일합니다. data/val2014/ 폴더에는 자세 추정에 사용하지 않는 화상 데이터도 있습니다. 모든 화상을 사용하지 않고 COCO.json 파일에 기재된 화상 데이터만 사용합니다.

파일 경로 리스트를 작성하고 제대로 동작되는지 확인해보겠습니다. 대량의 JSON 데이터를 읽어 실행에 10초 정도 시간이 걸립니다.

```python
def make_datapath_list(rootpath):
    """
    학습 및 검증의 화상 데이터와 어노테이션 데이터, 마스크 데이터의 파일 경로 리스트 작성
    """

    # 어노테이션의 JSON 파일 읽기
    json_path = osp.join(rootpath, 'COCO.json')
    with open(json_path) as data_file:
        data_this = json.load(data_file)
        data_json = data_this['root']

    # index 저장
    num_samples = len(data_json)
    train_indexes = []
    val_indexes = []
    for count in range(num_samples):
        if data_json[count]['isValidation'] != 0.:
            val_indexes.append(count)
        else:
            train_indexes.append(count)

    # 화상 파일 경로 저장
    train_img_list = list()
    val_img_list = list()

    for idx in train_indexes:
        img_path = os.path.join(rootpath, data_json[idx]['img_paths'])
        train_img_list.append(img_path)

    for idx in val_indexes:
        img_path = os.path.join(rootpath, data_json[idx]['img_paths'])
        val_img_list.append(img_path)

    # 마스크 데이터 경로 저장
    train_mask_list = []
    val_mask_list = []

    for idx in train_indexes:
        img_idx = data_json[idx]['img_paths'][-16:-4]
        anno_path = "./data/mask/train2014/mask_COCO_train2014_" + img_idx+'.jpg'
        train_mask_list.append(anno_path)

    for idx in val_indexes:
        img_idx = data_json[idx]['img_paths'][-16:-4]
```

```
    anno_path = "./data/mask/val2014/mask_COCO_val2014_" + img_idx+'.jpg'
    val_mask_list.append(anno_path)

# 어노테이션 데이터 저장
train_meta_list = list()
val_meta_list = list()

for idx in train_indexes:
    train_meta_list.append(data_json[idx])

for idx in val_indexes:
    val_meta_list.append(data_json[idx])

return train_img_list, train_mask_list, val_img_list, val_mask_list, train_
meta_list, val_meta_list
```

```
# 동작 확인(실행은 10초 정도 걸린다)
train_img_list, train_mask_list, val_img_list, val_mask_list, train_meta_list,
val_meta_list = make_datapath_list(
    rootpath="./data/")
```

```
val_meta_list[24]
```

```
[출력]
{'dataset': 'COCO_val',
 'isValidation': 1.0,
 'img_paths': 'val2014/COCO_val2014_000000000488.jpg',
 'img_width': 640.0,
...
```

4.2.4 마스크 데이터 동작 확인

마스크 데이터가 어떻게 동작하는지 확인합니다. 다음의 코드를 실행하면 야구 화상과 마스크
데이터가 표시됩니다. 멀리 비친 인물이 마스크됩니다.

```
index = 24

# 화상
img = cv2.imread(val_img_list[index])
img = cv2.cvtColor(img, cv2.COLOR_BGR2RGB)
```

```
plt.imshow(img)
plt.show()

# 마스크
mask_miss = cv2.imread(val_mask_list[index])
mask_miss = cv2.cvtColor(mask_miss, cv2.COLOR_BGR2RGB)
plt.imshow(mask_miss)
plt.show()

# 합성
blend_img = cv2.addWeighted(img, 0.4, mask_miss, 0.6, 0)
plt.imshow(blend_img)
plt.show()
```

[출력]
생략

4.2.5 화상 전처리 작성

Dataset 클래스를 작성하기 전 화상과 어노테이션을 전처리하는 DataTransform 클래스를 만듭니다. DataTransform 클래스는 3장에서 작성한 전처리 클래스와 거의 같은 기능이며 코드 흐름도 동일합니다. 필요한 외부 클래스를 utils 폴더의 data_augumentation.py 파일에서 구현하였습니다. data_augumentation.py 파일의 코드 설명은 생략합니다. 코드에서 설명하니 참고하기 바랍니다. 여기서는 전처리에서 무엇을 실시하는지 설명하겠습니다.

먼저 화상 데이터와 어노테이션 데이터 및 마스크 데이터를 세트로 변환해야 합니다. Compose 클래스를 준비하고 데이터 변환을 실시합니다.

훈련 데이터는 get_anno 클래스로 JSON 형식의 어노테이션 데이터를 파이썬의 사전형 변수로 변환합니다. add_neck 클래스에서 목의 어노테이션 데이터 좌표 위치를 만들고 더 나아가 신체 부위의 어노테이션 순서를 [그림 4-2]처럼 MSCOCO를 활용해 오픈포즈에서 사용하는 어노테이션 순서로 변환합니다.

목 위치 정보는 MSCOCO 어노테이션 데이터의 오른쪽 어깨와 왼쪽 어깨의 중간을 계산하여 정해집니다. 추론 시 화상에서 목은 찍혀 있지만 오른쪽 어깨가 찍혀 있지 않은 사람도 목의 위치를 추론하여 목보다 아래인 엉덩이나 다리의 위치 등을 쉽게 추론하고 자세 추정의 정확도를 높이기 위하여 목의 어노테이션을 새롭게 추가합니다.

데이터 확장을 실시합니다. 먼저 화상 크기를 `aug_scale` 클래스로 확대 및 축소합니다. 이번에는 0.5~1.1배로 확대하였습니다. `aug_rotate` 클래스에서 −40~40도까지 범위 내에서 무작위로 화상을 회전시킵니다. 이어서 `aug_croppad` 클래스로 화상을 잘라냅니다. 화상을 자를 때는 어노테이션 데이터의 키 이름 `'joint_self'`로 지정된 주요 인물을 중심으로 가로세로 크기를 364픽셀로 추출합니다. `aug_flip` 클래스에서 50% 확률로 좌우를 반전시킵니다.

마지막으로 `remove_illegal_joint` 클래스에서 잘라낸 화상 내 신체 부위가 없어진 어노테이션 데이터 정보를 수정합니다. 지금까지의 데이터 확장 과정에서 중심 인물의 신체 일부 또는 키 이름 `'joint_others'`에서 어노테이션된 인물이 잘라낸 화상에 포함되지 않을 수 있습니다. 그 부위가 잘라낸 화상에서 벗어났다면 어노테이션 데이터 좌표 정보의 '시인성'을 '화상에 찍혀 있지 않고 어노테이션도 없음'으로 변경합니다(어노테이션 데이터의 시인성은 4.1절에서 설명하였습니다).

전처리 마지막에 `Normalize_Tensor` 클래스로 색상 정보를 표준화하고 넘파이의 `Array`형 변수를 파이토치 텐서로 변환합니다. 이번 절에서는 화상 전처리 결과를 확인하기 쉽도록 색상 정보 표준화를 생략한 `no_Normalize_Tensor` 클래스를 실행하였습니다. 검증 데이터도 전처리하지만 이 책에서는 오픈포즈의 학습을 간단히 살펴보고 검증 데이터를 사용하는 단계는 생략합니다.

화상 전처리 구현 및 동작 확인은 다음과 같이 실행합니다.

```python
# 데이터 처리 클래스와 데이터 확장 클래스 import
from utils.data_augumentation import Compose, get_anno, add_neck, aug_scale, aug_rotate,
aug_croppad, aug_flip, remove_illegal_joint, Normalize_Tensor, no_Normalize_Tensor
class DataTransform():
    """
    화상과 마스크, 어노테이션 전처리 클래스
    학습 시 추론 시 서로 다르게 동작
    학습 시에는 데이터 확장 수행
    """

    def __init__(self):

        self.data_transform = {
            'train': Compose([
                get_anno(),  # JSON에서 어노테이션을 사전에 저장
                add_neck(),  # 어노테이션 데이터의 순서 변경 및 목의 어노테이션 데이터 추가
```

```
                aug_scale(),  # 확대 축소
                aug_rotate(),  # 회전
                aug_croppad(),  # 자르기
                aug_flip(),  # 좌우 반전
                remove_illegal_joint(),  # 화상에서 밀려나온 어노테이션 제거
                # Normalize_Tensor()  # 색상 정보의 표준화 및 텐서화
                no_Normalize_Tensor()  # 여기서는 색상 정보의 표준화 생략
            ]),
            'val': Compose([
                # 검증 생략
            ])
        }

    def __call__(self, phase, meta_data, img, mask_miss):
        """
        Parameters
        ----------
        phase : 'train' or 'val'
            전처리 모드 지정
        """
        meta_data, img, mask_miss = self.data_transform[phase](
            meta_data, img, mask_miss)

        return meta_data, img, mask_miss

# 동작 확인
# 화상 읽기
index = 24
img = cv2.imread(val_img_list[index])
mask_miss = cv2.imread(val_mask_list[index])
meat_data = val_meta_list[index]

# 화상 전처리
transform = DataTransform()
meta_data, img, mask_miss = transform("train", meat_data, img, mask_miss)

# 화상 표시
img = img.numpy().transpose((1, 2, 0))
plt.imshow(img)
plt.show()

# 마스크 표시
mask_miss = mask_miss.numpy().transpose((1, 2, 0))
plt.imshow(mask_miss)
```

```
plt.show()

# 합성 RGB 정보 갖추기
img = Image.fromarray(np.uint8(img*255))
img = np.asarray(img.convert('RGB'))
mask_miss = Image.fromarray(np.uint8((mask_miss)))
mask_miss = np.asarray(mask_miss.convert('RGB'))
blend_img = cv2.addWeighted(img, 0.4, mask_miss, 0.6, 0)
plt.imshow(blend_img)
plt.show()
```

[출력]
생략

4.2.6 훈련 데이터의 정답 정보로 사용할 어노테이션 데이터 작성

훈련 데이터의 정답 정보로 사용할 어노테이션 데이터를 작성합니다. 지금까지 MSCOCO 어노테이션 데이터를 기반으로 이야기를 진행하였지만 오픈포즈의 학습 및 검증에 사용되는 어노테이션 데이터를 좀 더 알아보겠습니다.

먼저 신체 부위 정보의 어노테이션을 설명합니다. MSCOCO의 어노테이션 데이터는 신체 부위 정보가 특정 픽셀의 좌표로 표시되었습니다. 해당 픽셀에서 1픽셀이라도 어긋나면 결과가 틀립니다. 그러나 부위 정보의 어노테이션 좌표는 어노테이션할 사람[annotator]에 따라 다소 달라집니다. 동일한 화상을 여러 사람이 어노테이션하였다고 가정하겠습니다. 왼쪽 팔꿈치 위치를 모든 사람이 같은 픽셀을 지정하여 1픽셀도 어긋나지 않을 수는 없습니다. MSCOCO 어노테이션 정보에서 작은 차이는 허용해야 합니다.

MSCOCO 어노테이션 정보의 픽셀 좌표를 중심으로 한 가우스 분포로 부위 정보의 어노테이션 데이터를 오픈포즈용으로 다시 만들어 중심 픽셀의 주변도 해당 부위일 확률을 높입니다. 이 부위 정보의 어노테이션이 히트맵[heatmaps]입니다.

신체 부위와 링크 정보인 PAFs의 어노테이션 정보를 작성합니다. PAFs는 오픈포즈의 독창적인 개념이기에 해당 어노테이션 정보는 MSCOCO에 없습니다. 기본적으로 부위 사이의 직선상에 있는 픽셀은 1, 그 외 픽셀은 0으로 한 직사각형 모양입니다. 정확하게는 픽셀이 완전히 일직선이 아닌 어렴풋한 직사각형 모양입니다.

히트맵과 PAFs를 생성하는 구현 코드는 외부 클래스로 utils 폴더의 dataloader.py 내 **get_ground_truth** 함수로 구현합니다. 이 함수는 참고 문헌[4]에서 사용하는 것과 거의 같습니다. 이 책에서 다루는 히트맵 및 PAFs를 만드는 방법은 개념 설명 정도로 그칩니다. 더 자세한 정보가 궁금하다면 논문[1][2]과 책에서 다룬 구현 코드 data_augumentation.py 및 data_loader.py를 참고하기를 바랍니다.

get_ground_truth 함수를 실행하여 생성되는 **heatmaps**와 PAFs는 화상 크기 368을 1/8한 46×46픽셀 크기입니다. 다음 절에서 소개할 오픈포즈 네트워크의 **Feature** 모듈에서 화상 크기가 1/8인 46×46픽셀이 되기 때문입니다.

지금까지의 내용을 다음과 같이 구현한 후 동작을 확인해보겠습니다.

```python
from utils.dataloader import get_ground_truth

# 화상 읽기
index = 24
img = cv2.imread(val_img_list[index])
mask_miss = cv2.imread(val_mask_list[index])
meat_data = val_meta_list[index]

# 화상 전처리
meta_data, img, mask_miss = transform("train", meat_data, img, mask_miss)

img = img.numpy().transpose((1, 2, 0))
mask_miss = mask_miss.numpy().transpose((1, 2, 0))

# 오픈포즈의 어노테이션 데이터 생성
heat_mask, heatmaps, paf_mask, pafs = get_ground_truth(meta_data, mask_miss)

# 왼쪽 팔꿈치의 히트맵 확인

# 원래 화상
img = Image.fromarray(np.uint8(img*255))
img = np.asarray(img.convert('RGB'))

# 왼쪽 팔꿈치
heat_map = heatmaps[:, :, 6]  # 6은 왼쪽 팔꿈치
heat_map = Image.fromarray(np.uint8(cm.jet(heat_map)*255))
heat_map = np.asarray(heat_map.convert('RGB'))
heat_map = cv2.resize(
```

```
    heat_map, (img.shape[1], img.shape[0]), interpolation=cv2.INTER_CUBIC)
# 주의: 히트맵은 화상 크기가 1/8으로 되어 있어 확대한다.

# 합성하여 표시
blend_img = cv2.addWeighted(img, 0.5, heat_map, 0.5, 0)
plt.imshow(blend_img)
plt.show()
```

[출력]
생략

```
# 왼쪽 손목
heat_map = heatmaps[:, :, 7]  # 7은 왼쪽 손목
heat_map = Image.fromarray(np.uint8(cm.jet(heat_map)*255))
heat_map = np.asarray(heat_map.convert('RGB'))
heat_map = cv2.resize(
    heat_map, (img.shape[1], img.shape[0]), interpolation=cv2.INTER_CUBIC)

# 합성하여 표시
blend_img = cv2.addWeighted(img, 0.5, heat_map, 0.5, 0)
plt.imshow(blend_img)
plt.show()
```

[출력]
생략

```
# 왼쪽 팔꿈치와 왼쪽 손목에 PAF 확인
paf = pafs[:, :, 24]  # 24는 왼쪽 팔꿈치와 왼쪽 손목을 잇는 x 벡터의 PAF
paf = Image.fromarray(np.uint8((paf)*255))
paf = np.asarray(paf.convert('RGB'))
paf = cv2.resize(
    paf, (img.shape[1], img.shape[0]), interpolation=cv2.INTER_CUBIC)

# 합성하여 표시
blend_img = cv2.addWeighted(img, 0.3, paf, 0.7, 0)
plt.imshow(blend_img)
plt.show()
```

[출력]
생략

```
# PAF만 표시
paf = pafs[:, :, 24]  # 24는 왼쪽 팔꿈치와 왼쪽 손목을 잇는 x 벡터의 PAF
paf = Image.fromarray(np.uint8((paf)*255))
paf = np.asarray(paf.convert('RGB'))
paf = cv2.resize(
    paf, (img.shape[1], img.shape[0]), interpolation=cv2.INTER_CUBIC)
plt.imshow(paf)
```

[출력]
생략

4.2.7 데이터셋 작성

COCOkeypointsDataset 클래스로 Dataset 클래스를 작성합니다. Dataset 구현은 이전 장과 동일한 흐름입니다.

COCOkeypointsDataset 인스턴스 생성 시 인수로 화상 데이터 리스트, 어노테이션 데이터 리스트, 마스크 데이터 리스트, 학습인지 검증인지 나타내는 phase 변수, 그리고 전처리 클래스의 인스턴스 DataTransform()을 받습니다.

이번 마스크 데이터는 RGB로 (255, 255, 255) 또는 (0, 0, 0)으로 표현되었습니다. 마스크 부분은 (0, 0, 0)입니다. RGB의 3차원 정보를 1차원으로 낮추어 마스크하고 무시하고 싶은 부분은 0, 그렇지 않은 부분은 1로 변환합니다. 마스크 데이터는 채널이 마지막 차원에 마스크 데이터가 있으니 채널을 선두로 바꿉니다.

데이터셋 구현 및 동작 확인 코드는 다음과 같습니다. 책에서는 간단히 구현하여 알아보기 때문에 훈련 데이터는 다운로드하지 않아 훈련용 데이터셋에도 검증용 파일 리스트인 val_img_list 등을 인수로 할당합니다.

```
from utils.dataloader import get_ground_truth

class COCOkeypointsDataset(data.Dataset):
    """
    MSCOCO Cocokeypoints의 데이터셋을 작성하는 클래스. 파이토치 데이터셋 클래스 상속

    Attributes
    ----------
```

```
img_list : 리스트
    화상 경로를 저장한 리스트
anno_list : 리스트
    어노테이션 경로를 저장한 리스트
phase : 'train' or 'test'
    학습 또는 훈련 설정
transform : object
    전처리 클래스의 인스턴스
"""

def __init__(self, img_list, mask_list, meta_list, phase, transform):
    self.img_list = img_list
    self.mask_list = mask_list
    self.meta_list = meta_list
    self.phase = phase
    self.transform = transform

def __len__(self):
    '''화상 매수 반환'''
    return len(self.img_list)

def __getitem__(self, index):
    img, heatmaps, heat_mask, pafs, paf_mask = self.pull_item(index)
    return img, heatmaps, heat_mask, pafs, paf_mask

def pull_item(self, index):
    '''화상의 텐서 형식 데이터, 어노테이션, 마스크 취득'''

    # 1. 화상 읽기
    image_file_path = self.img_list[index]
    img = cv2.imread(image_file_path)  # [높이][폭][색BGR]

    # 2. 마스크와 어노테이션 읽기
    mask_miss = cv2.imread(self.mask_list[index])
    meat_data = self.meta_list[index]

    # 3. 화상 전처리
    meta_data, img, mask_miss = self.transform(
        self.phase, meat_data, img, mask_miss)

    # 4. 정답 어노테이션 데이터 취득
    mask_miss_numpy = mask_miss.numpy().transpose((1, 2, 0))
    heat_mask, heatmaps, paf_mask, pafs = get_ground_truth(
        meta_data, mask_miss_numpy)
```

```
    # 5. 마스크 데이터는 RGB가 (1,1,1) 또는 (0,0,0)이므로 차원을 낮춘다.
    # 마스크된 위치는 값이 0, 그렇지 않으면 1
    heat_mask = heat_mask[:, :, :, 0]
    paf_mask = paf_mask[:, :, :, 0]

    # 6. 채널이 맨 끝에 있어 순서 변경
    # 예: paf_mask: torch.Size([46, 46, 38])
    # → torch.Size([38, 46, 46])
    paf_mask = paf_mask.permute(2, 0, 1)
    heat_mask = heat_mask.permute(2, 0, 1)
    pafs = pafs.permute(2, 0, 1)
    heatmaps = heatmaps.permute(2, 0, 1)

    return img, heatmaps, heat_mask, pafs, paf_mask

# 동작 확인
train_dataset = COCOkeypointsDataset(
    val_img_list, val_mask_list, val_meta_list, phase="train",
transform=DataTransform())
val_dataset = COCOkeypointsDataset(
    val_img_list, val_mask_list, val_meta_list, phase="val",
transform=DataTransform())

# 데이터 꺼내기 예시
item = train_dataset.__getitem__(0)
print(item[0].shape)  # img
print(item[1].shape)  # heatmaps,
print(item[2].shape)  # heat_mask
print(item[3].shape)  # pafs
print(item[4].shape)  # paf_mask
```

```
[출력]
torch.Size([3, 368, 368])
torch.Size([19, 46, 46])
torch.Size([19, 46, 46])
torch.Size([38, 46, 46])
torch.Size([38, 46, 46])
```

4.2.8 데이터 로더 작성

마지막으로 **DataLoader**를 만듭니다. **DataLoader** 작성 또한 지금까지와 동일합니다. 훈련 데이터와 검증 데이터 각각의 **DataLoader**를 작성하여 사전형 변수로 정리합니다.

```python
# 데이터 로더 작성
batch_size = 8

train_dataloader = data.DataLoader(
    train_dataset, batch_size=batch_size, shuffle=True)

val_dataloader = data.DataLoader(
    val_dataset, batch_size=batch_size, shuffle=False)

# 사전형 변수에 정리
dataloaders_dict = {"train": train_dataloader, "val": val_dataloader}

# 동작 확인
batch_iterator = iter(dataloaders_dict["train"])  # 반복으로 변환
item = next(batch_iterator)  # 첫 번째 요소를 꺼낸다.
print(item[0].shape)  # img
print(item[1].shape)  # heatmaps,
print(item[2].shape)  # heat_mask
print(item[3].shape)  # pafs
print(item[4].shape)  # paf_mask
```

[출력]
```
torch.Size([8, 3, 368, 368])
torch.Size([8, 19, 46, 46])
torch.Size([8, 19, 46, 46])
torch.Size([8, 38, 46, 46])
torch.Size([8, 38, 46, 46])
```

오픈포즈를 활용한 자세 추정 데이터셋 및 데이터 로더를 구현하였습니다. 구현한 클래스는 utils 폴더의 dataloader.py에 준비하여 나중에 import합니다. 다음 절에서는 오픈포즈 네트워크 모델을 설명하고 구현하겠습니다.

4.3 오픈포즈 네트워크 구성 및 구현

오픈포즈의 네트워크 구성을 설명합니다. 먼저 네트워크를 모듈 단위로 설명한 후 각 모듈의 목적과 역할을 알아봅니다. 마지막으로 오픈포즈 네트워크 클래스를 구현합니다.

학습 목표는 다음과 같습니다.

1. 오픈포즈의 네트워크 구조를 모듈 단위로 이해한다.

2. 오픈포즈의 네트워크 클래스를 구현할 수 있다.

구현 파일

4-3-4_NetworkModel.ipynb

4.3.1 오픈포즈를 구성하는 모듈

[그림 4-8]은 오픈포즈를 구성하는 모듈을 표현하였습니다. 오픈포즈는 일곱 개의 모듈로 구성되었습니다. 화상의 특징량을 추출하는 Feature 모듈과 히트맵과 PAFs를 출력하는 Stage 모듈입니다. Stage 모듈은 스테이지 1~6의 총 여섯 개를 준비합니다.

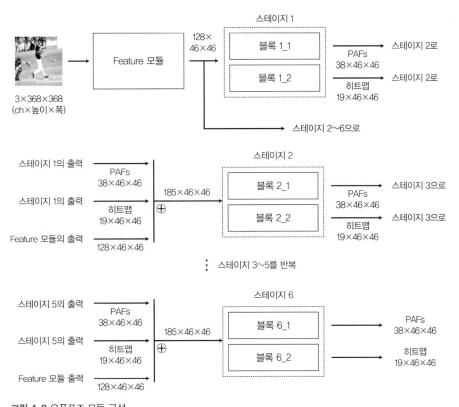

그림 4-8 오픈포즈 모듈 구성

전처리된 화상 데이터는 먼저 Feature 모듈에 입력되어 128채널의 특징량으로 변환됩니다. Feature 모듈의 구체적인 네트워크 구성은 다음 절에서 설명하겠습니다. Feature 모듈에 VGG-19를 사용하여 출력되는 화상 크기는 1/8이 됩니다. Feature 모듈 출력은 $128 \times 46 \times 46$(ch×높이×폭)입니다(선두의 미니 배치 차원은 생략).

이후 Feature 모듈 출력은 스테이지 1 및 스테이지 2~6로 보내집니다. 스테이지 1은 Feature 모듈 출력을 두 개의 서브 네트워크에 입력합니다. 두 개의 서브 네트워크는 블록 1_1과 블록 1_2로 명명합니다. 여기서 블록 1_1은 PAFs를 출력하는 서브 네트워크이고 블록 1_2는 히트맵을 출력하는 서브 네트워크입니다. 블록 1_1의 출력 텐서 크기는 $38 \times 46 \times 46$, 블록 1_2의 출력 텐서 크기는 $19 \times 46 \times 46$입니다.

간단하게 자세 추정을 수행하고 싶다면 블록 1_1의 출력 PAFs와 블록 1_2의 출력 히트맵을 사용하여 추정하면 되지만 정밀도가 떨어집니다. 스테이지 1에서 구한 PAFs 및 히트맵, Feature 모듈 출력을 사용하여 더 정밀한 PAFs 및 히트맵을 구합니다. 스테이지 1의 PAFs 및 히트맵, Feature 모듈의 출력 텐서를 모두 채널 방향으로 결합시켜 $185 \times 46 \times 46$ 텐서로 출력합니다. 185는 38+19+128로 계산한 채널 수입니다.

스테이지 1의 출력 텐서($185 \times 46 \times 46$)를 스테이지 2의 블록 2_1과 블록 2_2에 입력합니다. 블록 2_1과 블록 2_2는 Feature 모듈의 출력뿐만 아니라 스테이지 1에서 구한 PAFs 및 히트맵도 입력으로 사용하여 PAFs($38 \times 46 \times 46$)와 히트맵($19 \times 46 \times 46$)을 출력합니다. 스테이지 2로 출력된 PAFs와 히트맵을 사용하면 스테이지 1보다 높은 정밀도의 자세 추정 결과를 얻을 수 있습니다.

스테이지 6까지 반복합니다. 스테이지 6 입력은 스테이지 5에서 구한 PAFs($38 \times 46 \times 46$), 히트맵($19 \times 46 \times 46$)이며 Feature 모듈의 출력($128 \times 46 \times 46$)입니다. 이를 결합시켜 $185 \times 46 \times 46$의 텐서로 하고 스테이지 6에 입력합니다. 스테이지 6의 서브 블록 6_1은 PAFs($38 \times 46 \times 46$)를, 블록 6_2는 히트맵($19 \times 46 \times 46$)을 출력합니다. 오픈포즈는 스테이지 6에서 출력한 PAFs 및 히트맵을 사용하여 최종 자세를 추정합니다.

이상이 Feature 모듈과 스테이지 1~6 총 일곱 개의 모듈로 이루어진 오픈포즈 구성입니다.

4.3.2 OpenPoseNet 구현

지금까지 설명한 대로 오픈포즈 네트워크 클래스를 구현합니다. Feature 및 Stage 모듈 클래스는 다음 절에서 구현하겠습니다.

생성자에서 각 모듈을 생성하여 순전파 함수 forward를 정의합니다. forward 함수는 각 스테이지 입력을 Feature 모듈 출력과 Stage 출력을 정리한 텐서로 합니다. 오픈포즈 네트워크를 학습시킬 때 각 스테이지의 PAFs 및 히트맵에 대한 지도 데이터 PAFs 및 히트맵의 손실 값을 계산합니다. 각 스테이지의 PAFs 및 히트맵 출력을 리스트형 변수 saved_for_loss에 정리합니다. 최종적으로 forward 함수의 출력은 스테이지 6의 PAFs와 heatmap, 그리고 saved_for_loss가 됩니다.

```python
class OpenPoseNet(nn.Module):
    def __init__(self):
        super(OpenPoseNet, self).__init__()

        # Feature 모듈
        self.model0 = OpenPose_Feature()

        # Stage 모듈
        # PAFs 측
        self.model1_1 = make_OpenPose_block('block1_1')
        self.model2_1 = make_OpenPose_block('block2_1')
        self.model3_1 = make_OpenPose_block('block3_1')
        self.model4_1 = make_OpenPose_block('block4_1')
        self.model5_1 = make_OpenPose_block('block5_1')
        self.model6_1 = make_OpenPose_block('block6_1')

        # confidence heatmap 측
        self.model1_2 = make_OpenPose_block('block1_2')
        self.model2_2 = make_OpenPose_block('block2_2')
        self.model3_2 = make_OpenPose_block('block3_2')
        self.model4_2 = make_OpenPose_block('block4_2')
        self.model5_2 = make_OpenPose_block('block5_2')
        self.model6_2 = make_OpenPose_block('block6_2')

    def forward(self, x):
        """순전파 정의"""

        # Feature 모듈
        out1 = self.model0(x)
```

```python
# 스테이지 1
out1_1 = self.model1_1(out1)  # PAFs 측
out1_2 = self.model1_2(out1)  # confidence heatmap 측

# 스테이지 2
out2 = torch.cat([out1_1, out1_2, out1], 1)  # 1차원 채널 결합
out2_1 = self.model2_1(out2)
out2_2 = self.model2_2(out2)

# 스테이지 3
out3 = torch.cat([out2_1, out2_2, out1], 1)
out3_1 = self.model3_1(out3)
out3_2 = self.model3_2(out3)

# 스테이지 4
out4 = torch.cat([out3_1, out3_2, out1], 1)
out4_1 = self.model4_1(out4)
out4_2 = self.model4_2(out4)

# 스테이지 5
out5 = torch.cat([out4_1, out4_2, out1], 1)
out5_1 = self.model5_1(out5)
out5_2 = self.model5_2(out5)

# 스테이지 6
out6 = torch.cat([out5_1, out5_2, out1], 1)
out6_1 = self.model6_1(out6)
out6_2 = self.model6_2(out6)

# 손실 계산을 위하여 각 스테이지 결과 저장
saved_for_loss = []
saved_for_loss.append(out1_1)  # PAFs 측
saved_for_loss.append(out1_2)  # confidence heatmap 측
saved_for_loss.append(out2_1)
saved_for_loss.append(out2_2)
saved_for_loss.append(out3_1)
saved_for_loss.append(out3_2)
saved_for_loss.append(out4_1)
saved_for_loss.append(out4_2)
saved_for_loss.append(out5_1)
saved_for_loss.append(out5_2)
saved_for_loss.append(out6_1)
saved_for_loss.append(out6_2)
```

```
# 최종적인 PAFs의 out6_1과 confidence heatmap의 out6_2,
# 손실 계산용으로 각 단계에서 PAFs와 히트맵을 저장한 saved_for_loss 출력
# out6_1 : torch.Size([minibatch, 38, 46, 46])
# out6_2 : torch.Size([minibatch, 19, 46, 46])
# saved_for_loss:[out1_1, out_1_2, ···, out6_2]

return (out6_1, out6_2), saved_for_loss
```

오픈포즈 네트워크 구성을 설명하고 모델을 구현하였습니다. 다음 절에서는 네트워크의 Feature 모듈과 Stage 모듈의 세부 사항을 설명하고 구현합니다.

4.4 Feature 및 Stage 모듈 설명 및 구현

오픈포즈의 Feature 모듈을 구성하는 서브 네트워크의 구조와 Stage 모듈을 구성하는 블록 block의 서브 네트워크 구조를 설명하고 구현합니다.

학습 목표는 다음과 같습니다.

1. **Feature 모듈의 서브 네트워크 구조를 이해한다.**
2. **Feature 모듈을 구현할 수 있다.**
3. **Stage 모듈의 블록을 구성하는 서브 네트워크를 이해한다.**
4. **Stage 모듈을 구현할 수 있다.**

구현 파일

4-3-4_NetworkModel.ipynb

4.4.1 Feature 모듈의 구성 및 구현

오픈포즈의 Feature 모듈로 VGG-19를 활용합니다. 1, 2장에서 사용한 VGG-16과 거의 동일한 구성입니다. Feature 모듈의 서브 네트워크 구성은 [그림 4-9]에 나타냈습니다.

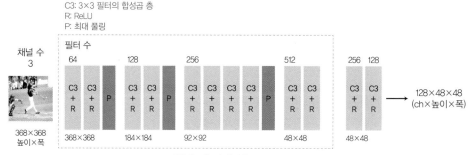

C3: 3×3 필터의 합성곱 층
R: ReLU
P: 최대 풀링

채널 수 3

필터 수

64   128   256   512   256   128

368×368
높이×폭

368×368   184×184   92×92   48×48   48×48

128×48×48
(ch×높이×폭)

VGG-19의 합성곱 층 열 개 사용

그림 4-9 Feature 모듈 구성

Feature 모듈은 VGG-19의 열 번째 합성곱 층까지 구성을 그대로 사용합니다. ReLU와 최대 풀링 층을 합하면 0번째부터 22번째까지 대응합니다. 이후 두 개의 합성곱 층+ReLU를 거쳐 Feature 모듈을 출력합니다. 출력되는 화상 크기는 입력의 1/8인 368의 1/8이 되며 46픽셀입니다. 출력 텐서의 크기는 128×46×46(ch×높이×폭)입니다.

다음과 같이 구현합니다.

```python
class OpenPose_Feature(nn.Module):
    def __init__(self):
        super(OpenPose_Feature, self).__init__()

        # VGG-19 최초 열 개의 합성곱을 사용
        # 처음 실행할 때는 학습된 파라미터를 다운로드하여 실행에 시간이 걸린다.
        vgg19 = torchvision.models.vgg19(pretrained=True)
        model = {}
        model['block0'] = vgg19.features[0:23]  # VGG-19 최초 열 개의 합성곱 층까지

        # 나머지는 새로운 합성곱 층을 두 개 준비
        model['block0'].add_module("23", torch.nn.Conv2d(
            512, 256, kernel_size=3, stride=1, padding=1))
        model['block0'].add_module("24", torch.nn.ReLU(inplace=True))
        model['block0'].add_module("25", torch.nn.Conv2d(
            256, 128, kernel_size=3, stride=1, padding=1))
        model['block0'].add_module("26", torch.nn.ReLU(inplace=True))

        self.model = model['block0']

    def forward(self, x):
```

```
outputs = self.model(x)
return outputs
```

4.4.2 각 Stage 모듈의 블록 구성 및 구현

스테이지 1~6의 PAFs 및 히트맵을 출력하는 서브 네트워크 블록의 구성 및 구현을 설명하겠습니다. 각 스테이지의 블록 구성은 [그림 4-10]과 같습니다.

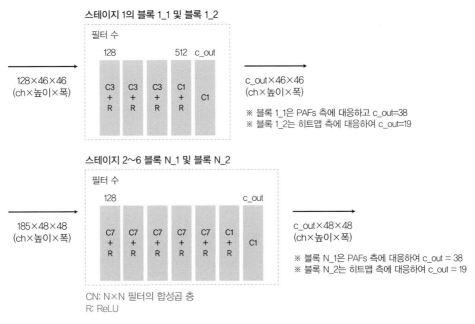

그림 4-10 각 스테이지의 블록 구성

스테이지 1은 Feature 모듈에서 출력 텐서 128×46×46을 받습니다. 스테이지 2~6은 Feature 모듈의 출력에 더하여 앞 스테이지의 PAFs 및 히트맵도 받아 입력되는 텐서 크기가 185×46×46입니다. 각 스테이지의 블록은 모두 합성곱 층과 ReLU만으로 구성되었습니다. 각 스테이지의 블록 1은 PAFs를, 2는 히트맵을 출력합니다. 블록 1과 블록 2는 마지막 출력 채널 수가 38과 19로 다를 뿐 그 외 구성은 같습니다. 스테이지 1과 스테이지 2~6의 합성곱 층 수나 종류는 다릅니다.

구현을 위하여 nn.Sequential() 클래스로 작성된 네트워크 모델을 만들어내는 make_

OpenPose_block 함수를 준비합니다. make_OpenPose_block 함수는 다음 네 가지를 실행합니다.

첫째, 서브 네트워크를 구성하는 유닛 설정인 구성configuration을 설정합니다. 사전형 변수로 합성곱 층을 리스트로 설정합니다. 이번에는 전체 스테이지 및 블록 구성을 준비하여 주어진 인수의 block_name 설정을 사용하겠습니다. 둘째, 구성 내용에 맞도록 합성곱 층과 ReLU를 생성하고 리스트 변수 layers에 저장합니다. 셋째, 리스트 변수 layers의 유닛 정보를 사용하여 nn.Sequential() 클래스의 네트워크 모델 net을 만듭니다. 넷째, 변수 net의 합성곱 층 가중치를 초기화합니다. 이렇게 블록이 생성됩니다.

구체적으로 다음과 같이 구현합니다.

```python
def make_OpenPose_block(block_name):
    """
    구성 변수에서 오픈포즈 Stage 모듈의 블록 작성
    nn.Module이 아닌 nn.Sequential로 한다.
    """

    # 1. 구성의 사전형 변수 blocks를 작성하여 네트워크를 생성시킨다.
    # 먼저 모든 패턴의 사전을 준비하여 block_name 인수만 생성한다.
    blocks = {}
    # 스테이지 1
    blocks['block1_1'] = [{'conv5_1_CPM_L1': [128, 128, 3, 1, 1]},
                          {'conv5_2_CPM_L1': [128, 128, 3, 1, 1]},
                          {'conv5_3_CPM_L1': [128, 128, 3, 1, 1]},
                          {'conv5_4_CPM_L1': [128, 512, 1, 1, 0]},
                          {'conv5_5_CPM_L1': [512, 38, 1, 1, 0]}]

    blocks['block1_2'] = [{'conv5_1_CPM_L2': [128, 128, 3, 1, 1]},
                          {'conv5_2_CPM_L2': [128, 128, 3, 1, 1]},
                          {'conv5_3_CPM_L2': [128, 128, 3, 1, 1]},
                          {'conv5_4_CPM_L2': [128, 512, 1, 1, 0]},
                          {'conv5_5_CPM_L2': [512, 19, 1, 1, 0]}]

    # 스테이지 2~6
    for i in range(2, 7):
        blocks['block%d_1' % i] = [
            {'Mconv1_stage%d_L1' % i: [185, 128, 7, 1, 3]},
            {'Mconv2_stage%d_L1' % i: [128, 128, 7, 1, 3]},
            {'Mconv3_stage%d_L1' % i: [128, 128, 7, 1, 3]},
```

```
            {'Mconv4_stage%d_L1' % i: [128, 128, 7, 1, 3]},
            {'Mconv5_stage%d_L1' % i: [128, 128, 7, 1, 3]},
            {'Mconv6_stage%d_L1' % i: [128, 128, 1, 1, 0]},
            {'Mconv7_stage%d_L1' % i: [128, 38, 1, 1, 0]}
        ]

        blocks['block%d_2' % i] = [
            {'Mconv1_stage%d_L2' % i: [185, 128, 7, 1, 3]},
            {'Mconv2_stage%d_L2' % i: [128, 128, 7, 1, 3]},
            {'Mconv3_stage%d_L2' % i: [128, 128, 7, 1, 3]},
            {'Mconv4_stage%d_L2' % i: [128, 128, 7, 1, 3]},
            {'Mconv5_stage%d_L2' % i: [128, 128, 7, 1, 3]},
            {'Mconv6_stage%d_L2' % i: [128, 128, 1, 1, 0]},
            {'Mconv7_stage%d_L2' % i: [128, 19, 1, 1, 0]}
        ]

    # block_name 인수의 구성 사전을 꺼낸다.
    cfg_dict = blocks[block_name]

    # 구성 내용을 리스트 변수 layers에 저장
    layers = []

    # 0번째부터 마지막 층까지 작성
    for i in range(len(cfg_dict)):
        for k, v in cfg_dict[i].items():
            if 'pool' in k:
                layers += [nn.MaxPool2d(kernel_size=v[0], stride=v[1],
                                        padding=v[2])]
            else:
                conv2d = nn.Conv2d(in_channels=v[0], out_channels=v[1],
                                   kernel_size=v[2], stride=v[3],
                                   padding=v[4])
                layers += [conv2d, nn.ReLU(inplace=True)]

    # 3. layers를 Sequential로 한다.
    # 단 마지막에 ReLU는 필요 없어 직전까지 사용한다.
    net = nn.Sequential(*layers[:-1])

    # 4. 초기화 함수를 설정하여 합성곱 층을 초기화
    def _initialize_weights_norm(self):
        for m in self.modules():
            if isinstance(m, nn.Conv2d):
                init.normal_(m.weight, std=0.01)
                if m.bias is not None:
```

```
            init.constant_(m.bias, 0.0)

    net.apply(_initialize_weights_norm)

    return net
```

4.4.3 동작 확인

마지막으로 동작을 확인합니다.

```
# 모델 정의
net = OpenPoseNet()
net.train()

# 더미 데이터 작성
batch_size = 2
dummy_img = torch.rand(batch_size, 3, 368, 368)

# 계산
outputs = net(dummy_img)
print(outputs)
```
```
[출력]
((tensor([[[[ 5.7086e-05, 4.7046e-05, 7.5011e-05, ..., 8.2016e-05,
          6.2884e-05, 5.6380e-05]
...
```

이번 절까지 구현한 클래스는 utils 폴더의 openpose_net.py 파일로 준비해두고 추후 import하여 사용합니다.

이상 오픈포즈 네트워크 모델에서 사용하는 Feature 및 Stage 모듈의 설명 및 구현을 끝이 났습니다. 오픈포즈 네트워크가 구현되었습니다. 다음 절에서는 텐서보드X^{tensorboardX} 사용 방법을 설명합니다.

4.5 텐서보드X를 사용한 네트워크의 시각화 기법

파이토치의 데이터나 네트워크 모델을 시각화하는 서드파티 패키지인 텐서보드X 사용 방법을 설명합니다. 이번 절에서는 구현한 OpenPoseNet 클래스에서 입력 텐서가 어떻게 처리되는지 확인하겠습니다.

학습 목표는 다음과 같습니다.

1. 텐서보드X가 동작하는 환경을 구축할 수 있다.
2. **OpenPoseNet** 클래스를 대상으로 하는 텐서보드X로 네트워크(**graph**)를 시각화하는 파일을 출력할 수 있다.
3. 텐서보드X의 **graph** 파일을 브라우저에서 렌더링하고 텐서 크기 등을 확인할 수 있다.

구현 파일

4–5_TensorBoardX.ipynb

4.5.1 텐서보드X

텐서보드X는 딥러닝의 대표 패키지 텐서플로의 시각화 라이브러리인 텐서보드를 파이토치에서 사용할 수 있도록 한 서드파티 패키지입니다.

기본적으로 텐서보드X는 파이토치 모델을 각종 라이브러리와의 호환성을 위하여 준비된 신경망의 공통 포맷인 오닉스^{open neural network exchange}(ONNX) 형식으로 변환한 후 텐서보드에 넣습니다. 파이토치 함수에 따라 정확하게 동작하지 않을 수 있지만 모델에서 텐서 크기가 어떻게 변화하는지 간단히 파악하는 데 매우 유용합니다.

텐서플로 패키지와 텐서보드X를 설치해야 텐서보드X를 사용할 수 있습니다. 다음을 참고하여 설치하세요.

```
pip install tensorflow
pip install tensorboardx
```

4.5.2 graph 파일 만들기

시각화하려는 네트워크 모델 파일인 graph를 만듭니다. 지금까지 작성한 오픈포즈 네트워크 모델의 인스턴스를 생성합니다.

```
from utils.openpose_net import OpenPoseNet
# 모델 준비
net = OpenPoseNet()
net.train()
```

graph 파일을 저장하는 Writer 클래스를 준비합니다. SummaryWriter를 import하여 writer 인스턴스를 생성합니다.

다음과 같이 구현합니다. tbX 폴더에 graph 파일이 저장됩니다. tbX 폴더가 없다면 자동으로 생성됩니다. 폴더명은 다른 것으로도 가능합니다. 이어서 모델 net에 입력할 더미 입력 데이터로 dummy_img 텐서를 만듭니다. 더미 입력 데이터가 작성되면 writer.add_graph() 명령으로 net과 dummy_img를 writer에 저장합니다. 마지막으로 writer를 close합니다.

```
# 1. 텐서보드X의 저장 클래스 호출
from tensorboardX import SummaryWriter

# 2. tbX 폴더에 저장할 writer 준비
# tbX 폴더가 없으면 자동으로 생성
writer = SummaryWriter("./tbX/")

# 3. 네트워크에 넣을 더미 데이터 작성
batch_size = 2
dummy_img = torch.rand(batch_size, 3, 368, 368)

# 4. 오픈포즈의 인스턴스 net에 더미 데이터인 dummy_img를 전달할 때 graph를 writer에 저장
writer.add_graph(net, (dummy_img, ))
writer.close()

# 5. 명령 프롬프트를 열고 tbX가 있는 4_pose_estimation 폴더까지 이동
# 다음 명령을 실행

# tensorboard --logdir="./tbX/"

# 이후 http://localhost:6006에 접근
```

코드를 실행하면 tbX 폴더에 events.out.tfevents.1551087976.LAPTOP-KCN9OD43과 같은 이름의 파일이 생성됩니다.

터미널에서 tbX 폴더가 있는 폴더(디렉터리)까지 이동한 후 다음 코드를 실행합니다.

```
tensorboard --logdir="./tbX/"
```

[그림 4-11]과 같은 화면이 나타납니다. 브라우저에서 $http://localhost:6006$으로 접속합니다.

그림 4-11 텐서보드 실행

[그림 4-12]와 같은 화면이 나타납니다(AWS 환경에서 실행하는 경우 포트 6006의 전송을 설정해야 합니다).

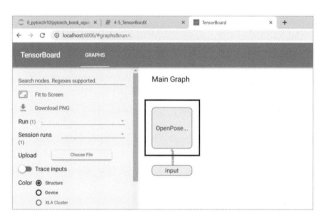

그림 4-12 텐서보드의 graph 모습 1

[그림 4-12]에서 'OpenPose…' 블록을 더블 클릭하면 [그림 4-13]처럼 모델이 전개됩니다.

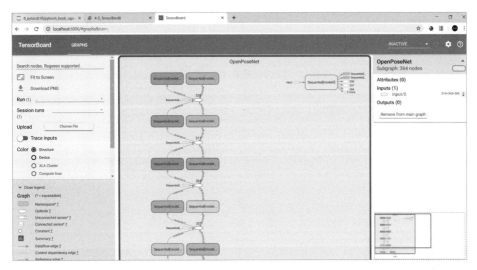

그림 4-13 텐서보드의 graph 모습 2

[그림 4-13]의 오른쪽에 Feature 모듈이 있습니다. 클릭하여 확대하면 [그림 4-14]처럼 Feature 모듈 각 유닛의 입출력 텐서 크기 등을 확인할 수 있습니다.

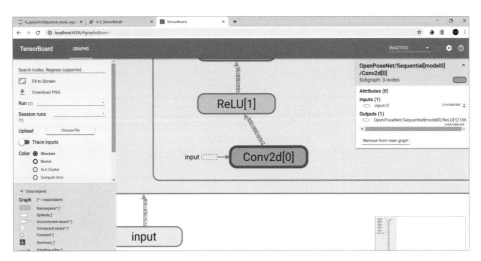

그림 4-14 텐서보드의 graph 모습 3

브라우저 작업을 끝내고 싶다면 터미널에서 CTRL+C를 입력합니다.

이번 절에서는 텐서보드X를 활용하여 파이토치 네트워크 모델을 시각화하는 방법을 설명하였습니다. 서드파티 프로그램이기에 완벽하게 동작하지는 않습니다. 예를 들어 3장의 PSPNet에서 사용한 `nn.AdaptiveAvgPool2d()` 등은 그리지 못하고 오류가 발생합니다. 물론 `nn.AvgPool2d()`를 대신 사용하여 구현을 변경하는 것으로 텐서보드X의 오류를 피할 수 있습니다. 때때로 파이토치에서 오닉스로 변환할 때 오류가 발생할 수 있지만 텐서보드X를 사용하면 네트워크 모델의 텐서 크기 확인 등이 유용합니다.

다음 절에서는 오픈포즈 네트워크의 학습을 실시합니다.

4.6 오픈포즈 학습

오픈포즈 학습을 구현하고 실행해보겠습니다. 오픈포즈 훈련 데이터는 워낙 커 학습하는 데 많은 시간이 필요합니다. 간단한 학습만 실행하고 손실이 저하하는지만 확인하겠습니다. 4.2절과 4.3절에서 만든 데이터 로더와 OpenPoseNet을 사용합니다.

학습 목표는 다음과 같습니다.

1. 오픈포즈 학습을 구현할 수 있다.

구현 파일
4-6_OpenPose_training.ipynb

4.6.1 학습 시 주의점

오픈포즈 학습의 구현에서 주의할 점은 손실함수의 정의입니다. 손실함수의 정의는 이 절의 해당 부분에서 설명합니다. 서두에도 언급했듯이 거대한 훈련 데이터는 사용하지 않습니다. 훈련용 데이터셋에는 검증 데이터를 사용합니다.

4.6.2 데이터 로더 및 네트워크 작성

데이터셋과 데이터 로더를 만듭니다.

다음과 같이 구현합니다. 구현할 때 val_img_list, val_mask_list, val_meta_list를 사용하여 train_dataset을 작성합니다. 검증용 데이터 로더를 작성하지 않아 훈련 및 검증용 데이터 로더를 묶은 사전형 변수 dataloaders_dict의 val은 None으로 설정합니다. 미니 배치 크기는 GPU 메모리에 담기는 최대 범위에 가까운 32로 설정합니다.

```python
from utils.dataloader import make_datapath_list, DataTransform, COCOkeypointsDataset

# MSCOCO 파일 경로 리스트 작성
train_img_list, train_mask_list, val_img_list, val_mask_list, train_meta_list,
val_meta_list = make_datapath_list(
    rootpath="./data/")

# 데이터셋 작성
# 데이터 양이 많아 책에서는 train을 val_list에서 작성하는 점에 주의
train_dataset = COCOkeypointsDataset(
    val_img_list, val_mask_list, val_meta_list, phase="train", transform=DataTransform())

# 간단한 학습을 진행하므로 검증 데이터를 작성하지 않는다.
# val_dataset = CocokeypointsDataset(val_img_list, val_mask_list, val_meta_list,
phase="val", transform=DataTransform())

# 데이터 로더 작성
batch_size = 32

train_dataloader = data.DataLoader(
    train_dataset, batch_size=batch_size, shuffle=True)

# val_dataloader = data.DataLoader(
#    val_dataset, batch_size=batch_size, shuffle=False)

# 사전형 변수로 정리
# dataloaders_dict = {"train": train_dataloader, "val": val_dataloader}
dataloaders_dict = {"train": train_dataloader, "val": None}
```

OpenPose_Net 클래스의 인스턴스를 생성합니다.

```python
from utils.openpose_net import OpenPoseNet
net = OpenPoseNet()
```

4.6.3 손실함수 정의

오픈포즈 손실함수는 히트맵과 PAFs에 대해 정답 어노테이션 데이터과의 회귀 오차가 됩니다. 즉 각 히트맵과 PAF에서 각 픽셀 값이 지도 데이터 값과 얼마나 가까운 값이 되는지 픽셀별 값을 회귀합니다.

3장 시맨틱 분할에서는 픽셀마다 해당 클래스를 추정하는 분류 작업이었습니다. 그러나 오픈포즈는 픽셀별로, 예를 들어 왼쪽 팔꿈치 정도의 히트맵 값을 구하므로 클래스 분류가 아닌 회귀가 됩니다. 시맨틱 분할과는 손실함수가 다릅니다.

오픈포즈의 손실함수는 회귀 문제에서 일반적으로 사용하는 평균 제곱 오차 함수로 하고 구현 시에는 **F.mse_loss()**를 사용합니다. 오픈포즈에서는 여섯 개의 스테이지를 준비하여 각 스테이지에서 히트맵과 PAFs를 출력하였습니다. 각 스테이지의 출력별로 지도 데이터 오차도 계산합니다. 네트워크 모델 전체의 오차는 단순하게 각 스테이지의 히트맵과 PAFs의 모든 오차를 더합니다.

주의할 점은 인물이 있지만 자세 어노테이션이 없는 부분은 손실을 계산하지 않는다는 점입니다. 그래서 지도 데이터의 어노테이션(히트맵 및 PAFs), 각 스테이지에서 추정한 내용(히트맵과 PAFs) 모두 마스크(무시할 부분 값이 0, 그렇지 않은 부분 값은 1)를 곱합니다.

이상의 내용을 바탕으로 손실함수는 다음과 같이 구현합니다.

```python
# 손실함수 설정
class OpenPoseLoss(nn.Module):
    """오픈포즈의 손실함수 클래스"""

    def __init__(self):
        super(OpenPoseLoss, self).__init__()

    def forward(self, saved_for_loss, heatmap_target, heat_mask, paf_target, paf_mask):
        """
        손실함수 계산
        Parameters
        ----------
        saved_for_loss : OpenPoseNet 출력(리스트)

        heatmap_target : [num_batch, 19, 46, 46]
            정답 부위의 어노테이션 정보
```

```
heatmap_mask : [num_batch, 19, 46, 46]
    히트맵 화상의 마스크

paf_target : [num_batch, 38, 46, 46]
    정답 PAF의 어노테이션 정보

paf_mask : [num_batch, 38, 46, 46]
    PAF 화상의 마스크

Returns
-------
loss : 텐서
    손실 값
"""

total_loss = 0
# 스테이지마다 계산
for j in range(6):

    # PAFs 및 히트맵에서 마스크된 부분(paf_mask=0 등)은 무시
    # PAFs
    pred1 = saved_for_loss[2 * j] * paf_mask
    gt1 = paf_target.float() * paf_mask

    # 히트맵
    pred2 = saved_for_loss[2 * j + 1] * heat_mask
    gt2 = heatmap_target.float()*heat_mask

    total_loss += F.mse_loss(pred1, gt1, reduction='mean') + \
        F.mse_loss(pred2, gt2, reduction='mean')

    return total_loss

criterion = OpenPoseLoss()
```

4.6.4 학습 실시

오픈포즈의 최적화 기법은 에폭별로 서서히 학습률을 줄이는 변화를 설정하는 것입니다. 책은 어떻게 하는지 확인하는 데 그치므로 간단하게 설정하겠습니다.

```
optimizer = optim.SGD(net.parameters(), lr=1e-2,
                      momentum=0.9,
                      weight_decay=0.0001)
```

이어서 학습하는 데 필요한 함수를 정의합니다. 기본적으로 이전 장과 같지만 이번에는 검증 단계를 생략하겠습니다. 변경된 사항으로는 if imges.size()[0] == 1:에서 미니 배치의 크기가 1이 되지 않았는지 체크합니다. 파이토치는 훈련 시 배치 정규화를 할 때 미니 배치의 크기가 1이면 오류가 발생합니다(배치 정규화는 미니 배치 데이터의 표준편차를 계산하여 샘플 수가 1이면 계산할 수 없습니다).

```
# 모델을 학습시키는 함수 작성
def train_model(net, dataloaders_dict, criterion, optimizer, num_epochs):

    # GPU를 사용할 수 있는지 확인
    device = torch.device("cuda:0" if torch.cuda.is_available() else "cpu")
    print("사용 장치: ", device)

    # 네트워크를 GPU로
    net.to(device)

    # 네트워크가 어느 정도 고정되면 고속화시킨다.
    torch.backends.cudnn.benchmark = True

    # 화상 매수
    num_train_imgs = len(dataloaders_dict["train"].dataset)
    batch_size = dataloaders_dict["train"].batch_size

    # 반복 카운터 설정
    iteration = 1

    # 에폭 루프
    for epoch in range(num_epochs):

        # 개시 시간 저장
        t_epoch_start = time.time()
        t_iter_start = time.time()
        epoch_train_loss = 0.0  # 에폭 손실 합
        epoch_val_loss = 0.0  # 에폭 손실 합

        print('-------------')
```

```python
    print('Epoch {}/{}'.format(epoch+1, num_epochs))
    print('-------------')

    # 에폭별 훈련 및 검증 루프
    for phase in ['train', 'val']:
        if phase == 'train':
            net.train()  # 모델을 훈련 모드로
            optimizer.zero_grad()
            print(' (train) ')

        # 이번에는 검증 생략
        else:
            continue
            # net.eval()   # 모델을 검증 모드로
            # print('-------------')
            # print(' (val) ')

        # 데이터 로더에서 미니 배치씩 꺼내는 루프
        for imges, heatmap_target, heat_mask, paf_target, paf_mask in
            dataloaders_dict[phase]:
            # 미니 배치 크기가 1이면 배치 정규화에서 오류가 발생하므로 피한다.
            if imges.size()[0] == 1:
                continue

            # GPU를 사용할 수 있으면 GPU로 데이터를 보낸다.
            imges = imges.to(device)
            heatmap_target = heatmap_target.to(device)
            heat_mask = heat_mask.to(device)
            paf_target = paf_target.to(device)
            paf_mask = paf_mask.to(device)

            # 옵티마이저 초기화
            optimizer.zero_grad()

            # 순전파 계산
            with torch.set_grad_enabled(phase == 'train'):
                # (out6_1, out6_2)는 사용하지 않으므로 _ 로 대체
                _, saved_for_loss = net(imges)

                loss = criterion(saved_for_loss, heatmap_target,
                                 heat_mask, paf_target, paf_mask)
                del saved_for_loss
                # 훈련 시에는 역전파
                if phase == 'train':
```

```python
            loss.backward()
            optimizer.step()

            if (iteration % 10 == 0):  # 10iter에 한 번 손실 표시
                t_iter_finish = time.time()
                duration = t_iter_finish - t_iter_start
                print('반복 {} || Loss: {:.4f} || 10iter: {:.4f}
                    sec.'.format(
                    iteration, loss.item()/batch_size, duration))
                t_iter_start = time.time()

            epoch_train_loss += loss.item()
            iteration += 1

        # 검증 시
        # else:
            #epoch_val_loss += loss.item()

    # 에폭의 phase별 손실과 정답률
    t_epoch_finish = time.time()
    print('-------------')
    print('epoch {} || Epoch_TRAIN_Loss:{:.4f} ||Epoch_VAL_Loss:{:.4f}'.format(
        epoch+1, epoch_train_loss/num_train_imgs, 0))
    print('timer:  {:.4f} sec.'.format(t_epoch_finish - t_epoch_start))
    t_epoch_start = time.time()

# 마지막 네트워크 저장
torch.save(net.state_dict(), 'weights/openpose_net_' +
        str(epoch+1) + '.pth')
```

마지막으로 학습을 실행합니다. 2폭[poch] 실행하여 손실이 감소하는 것을 확인합니다. 1폭에 약 25분 정도 소요됩니다(AWS p2.xlarge의 경우). [그림 4-15]가 실행 화면입니다. 1에폭 손실 평균이 화상 1장당 약 0.0043, 2에폭이 약 0.0015로 손실이 줄어드는 것을 확인할 수 있습니다.

```python
# 학습 및 검증을 실행한다
num_epochs = 2
train_model(net, dataloaders_dict, criterion, optimizer, num_epochs=num_epochs)
```

```
In [8]: # 학습 및 검증을 실행한다
        num_epochs = 2
        train_model(net, dataloaders_dict, criterion, optimizer, num_epochs=num_epochs)

        사용 장치:  cuda:0
        ---------------
        Epoch 1/2
        ---------------
         (train)
        반복 10 || Loss: 0.0094 || 10iter: 113.7127 sec.
        반복 20 || Loss: 0.0082 || 10iter: 90.4145 sec.
        반복 30 || Loss: 0.0069 || 10iter: 88.4890 sec.
        반복 40 || Loss: 0.0058 || 10iter: 90.9961 sec.
        반복 50 || Loss: 0.0050 || 10iter: 90.8274 sec.
        반복 60 || Loss: 0.0042 || 10iter: 89.7553 sec.
        반복 70 || Loss: 0.0038 || 10iter: 91.1155 sec.
        반복 80 || Loss: 0.0031 || 10iter: 91.3307 sec.
        반복 90 || Loss: 0.0027 || 10iter: 91.7214 sec.
        반복 100 || Loss: 0.0026 || 10iter: 92.2645 sec.
        반복 110 || Loss: 0.0023 || 10iter: 91.7421 sec.
        반복 120 || Loss: 0.0020 || 10iter: 90.7930 sec.
        반복 130 || Loss: 0.0020 || 10iter: 91.3045 sec.
        반복 140 || Loss: 0.0019 || 10iter: 91.6105 sec.
        반복 150 || Loss: 0.0016 || 10iter: 90.2619 sec.
        ---------------
        epoch 1 || Epoch_TRAIN_Loss:0.0043 ||Epoch_VAL_Loss:0.0000
        timer:  1462.0789 sec.
```

그림 4-15 오픈포즈 학습 모습

이상 오픈포즈 학습에 대한 설명이 끝났습니다. 다음 절에서는 오픈포즈의 학습된 네트워크를
사용하여 추론하는 방법을 설명하고 구현합니다.

4.7 오픈포즈 추론

오픈포즈의 학습된 모델을 읽어 화상 속 인물의 자세를 추론하는 부분을 구현합니다. 단 히트맵
과 PAFs에서 신체 부위 사이의 노드를 추정하는 부분은 개념만 설명하며 구현은 생략합니다.

학습 목표는 다음과 같습니다.

1. **오픈포즈의 학습된 모델을 읽을 수 있다.**
2. **오픈포즈 추론을 구현할 수 있다.**

구현 파일

4-7_OpenPose_inference.ipynb

4.7.1 준비

make_folders_and_data_downloads.ipynb 파일에 기재한 대로 참고 문헌[4]에 공개된 파이토치로 오픈포즈를 학습시킨 모델 pose_model_scratch.pth를 다운로드하여 weights 폴더에 준비합니다.

이어서 학습된 네트워크 매개 변수를 모델에 로드합니다. 이 책의 오픈포즈 네트워크와 참고 문헌[4]의 오픈포즈 네트워크에서는 각 서브 네트워크의 이름이 달라 가중치를 로드할 때 약간의 수고가 필요합니다. 네트워크 구성은 동일하여 학습된 가중치 net_weights부터 순서대로 가중치를 꺼내 새로운 변수 weights_load에 한 번 저장하고 이를 네트워크 net에 적용시킵니다.

```python
from utils.openpose_net import OpenPoseNet

# 학습된 모델과 이번 장의 모델은 네트워크 계층의 이름이 달라 대응시켜 로드한다.
# 모델 정의
net = OpenPoseNet()

# 학습된 파라미터를 읽는다.
net_weights = torch.load(
    './weights/pose_model_scratch.pth', map_location={'cuda:0': 'cpu'})
keys = list(net_weights.keys())

weights_load = {}

# 로드한 내용을 책에서 구축한 모델의 파라미터명 net.state_dict().keys()로 복사
for i in range(len(keys)):
    weights_load[list(net.state_dict().keys())[i]
                ] = net_weights[list(keys)[i]]

# 복사한 내용을 모델에 할당
state = net.state_dict()
state.update(weights_load)
net.load_state_dict(state)

print('네트워크 설정 완료: 학습된 가중치를 로드했습니다')
```

make_folders_and_data_downloads.ipynb 파일에서 언급한 바와 같이 픽사베이에서 다운로드한 야구 화상을 읽어온 후 전처리를 실행합니다. 화상은 [그림 4-16]입니다.

```python
# 야구 화상을 읽어 전처리 실행
test_image = './data/hit-1407826_640.jpg'
oriImg = cv2.imread(test_image)  # B,G,R 순서

# BGR을 RGB로 표시
oriImg = cv2.cvtColor(oriImg, cv2.COLOR_BGR2RGB)
plt.imshow(oriImg)
plt.show()

# 화상 리사이즈
size = (368, 368)
img = cv2.resize(oriImg, size, interpolation=cv2.INTER_CUBIC)

# 화상 전처리
img = img.astype(np.float32) / 255.

# 색상 정보 표준화
color_mean = [0.485, 0.456, 0.406]
color_std = [0.229, 0.224, 0.225]

preprocessed_img = img.copy()[:, :, ::-1]  # BGR→RGB

for i in range(3):
    preprocessed_img[:, :, i] = preprocessed_img[:, :, i] - color_mean[i]
    preprocessed_img[:, :, i] = preprocessed_img[:, :, i] / color_std[i]

# (높이, 폭, 색) → (색, 높이, 폭)
img = preprocessed_img.transpose((2, 0, 1)).astype(np.float32)

# 화상을 텐서로
img = torch.from_numpy(img)

# 미니 배치화: torch.Size([1, 3, 368, 368])
x = img.unsqueeze(0)
```

그림 4-16 오픈포즈로 자세 추정할 테스트 화상

오픈포즈 네트워크에 전처리한 화상을 입력하고 히트맵과 PAFs를 구합니다. 출력 결과의 히 트맵과 PAFs 텐서를 넘파이로 변환하여 각 화상 크기를 원본 화상과 똑같이 확대합니다.

```
# 오픈포즈로 히트맵과 PAFs을 구한다.
net.eval()
predicted_outputs, _ = net(x)

# 화상을 텐서에서 넘파이로 변환하여 크기 반환
pafs = predicted_outputs[0][0].detach().numpy().transpose(1, 2, 0)
heatmaps = predicted_outputs[1][0].detach().numpy().transpose(1, 2, 0)

pafs = cv2.resize(pafs, size, interpolation=cv2.INTER_CUBIC)
heatmaps = cv2.resize(heatmaps, size, interpolation=cv2.INTER_CUBIC)

pafs = cv2.resize(
    pafs, (oriImg.shape[1], oriImg.shape[0]), interpolation=cv2.INTER_CUBIC)
heatmaps = cv2.resize(
    heatmaps, (oriImg.shape[1], oriImg.shape[0]), interpolation=cv2.INTER_CUBIC)
```

왼쪽 팔꿈치와 왼쪽 손목의 히트맵, 그리고 왼쪽 팔꿈치와 왼쪽 손목을 잇는 PAF를 시각화합 니다.

```
# 왼쪽 팔꿈치와 왼쪽 손목의 히트맵, 그리고 왼쪽 팔꿈치와 왼쪽 손목을 잇는 PAF의 x
벡터를 시각화한다.
# 왼쪽 팔꿈치
heat_map = heatmaps[:, :, 6]  # 6은 왼쪽 팔꿈치
```

```python
heat_map = Image.fromarray(np.uint8(cm.jet(heat_map)*255))
heat_map = np.asarray(heat_map.convert('RGB'))

# 합성하여 표시
blend_img = cv2.addWeighted(oriImg, 0.5, heat_map, 0.5, 0)
plt.imshow(blend_img)
plt.show()

# 왼쪽 손목
heat_map = heatmaps[:, :, 7]  # 7은 왼쪽 손목
heat_map = Image.fromarray(np.uint8(cm.jet(heat_map)*255))
heat_map = np.asarray(heat_map.convert('RGB'))

# 합성하여 표시
blend_img = cv2.addWeighted(oriImg, 0.5, heat_map, 0.5, 0)
plt.imshow(blend_img)
plt.show()


# 왼쪽 팔꿈치와 왼쪽 손목을 잇는 PAF의 x 벡터
paf = pafs[:, :, 24]
paf = Image.fromarray(np.uint8(cm.jet(paf)*255))
paf = np.asarray(paf.convert('RGB'))

# 합성하여 표시
blend_img = cv2.addWeighted(oriImg, 0.5, paf, 0.5, 0)
plt.imshow(blend_img)
plt.show()
```

왼쪽 팔꿈치 히트맵

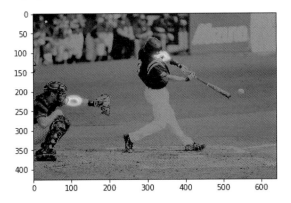

왼쪽 손목 히트맵

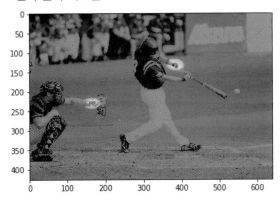

왼쪽 팔꿈치와 왼쪽 손목을 잇는 PAF

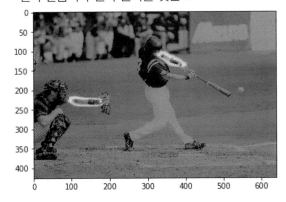

그림 4-17 테스트 화상의 히트맵과 PAF

[그림 4-17]을 보면 왼쪽 팔꿈치 및 왼쪽 손목의 위치, 그리고 왼쪽 팔꿈치와 왼쪽 손목을 연결하는 PAF가 정확하게 추정하였습니다.

마지막으로 히트맵과 PAFs에서 인물의 각 부위를 연결하는 링크를 구하기 위하여 decode_pose 함수를 준비합니다. decode_pose 함수의 인수에 원본 화상 히트맵과 PAFs를 입력하면 추정한 자세를 덮어쓴 화상이 출력됩니다. 링크를 추정하는 decode_pose 함수를 구현하는 코드 설명은 하지 않겠습니다. 참고 문헌[4]의 decode_pose 함수를 약간 변형하여 사용하며 어떠한 역할을 하는지 설명합니다.

히트맵에서는 신체 부위의 위치가 흐릿하게 표현되었습니다. 그중 최댓값의 픽셀을 구하여 왼쪽 팔꿈치와 왼쪽 손목의 위치를 식별합니다. 주위보다 최대이고 일정한 임계치보다 큰 값을 가진 픽셀을 신체 부위의 픽셀로 결정합니다.

이제 추출된 각 부위 간의 결합 가능성을 계산합니다. 이번에는 신체 부위가 18개입니다. 18×17/2=153 조합이 있습니다. 이는 인물 한 명의 경우이며 사진 속 인원이 많으면 그만큼 부위 수가 증가하여 링크 가능성도 증가합니다. 오픈포즈는 PAFs의 19개 링크만 주목하여 부위 간 결합도 19쌍만 생각합니다.

왼쪽 팔꿈치와 왼쪽 손목의 쌍을 구하는 경우 [그림 4-18]에서는 왼쪽 팔꿈치와 왼쪽 손목이 각각 두 개 검출됐습니다. 편의상 왼쪽 팔꿈치 1, 왼쪽 팔꿈치 2, 왼쪽 손목 1, 왼쪽 손목 2라고 부릅니다. 각 왼쪽 팔꿈치가 어떠한 왼쪽 손목과 연결되었는지를 왼쪽 팔꿈치 좌표와 각 왼쪽 손목 좌표 사이의 PAF 값을 사용하여 계산합니다.

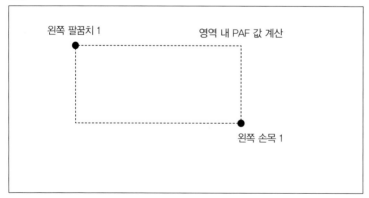

그림 4-18 왼쪽 팔꿈치 1과 왼쪽 손목 1의 연결 가능성을 PAF로 계산하는 이미지

왼쪽 팔꿈치 1과 왼쪽 손목 1의 연결성을 계산할 때 [그림 4-18]처럼 왼쪽 팔꿈치 1과 왼쪽 손목 1을 비스듬히 연결하는 직사각형이 그려집니다. 왼쪽 팔꿈치 1과 왼쪽 손목 1을 직선상으로 연결한 사이에 있는 픽셀의 PAF 합을 구합니다. 왼쪽 팔꿈치 1과 왼쪽 손목 1을 연결하는 직선에서 벗어난 위치의 PAF는 벗어난 방향(기울기)을 고려하여 PAF의 값을 작게 한 후 PAF 합에 추가합니다. 이렇게 왼쪽 팔꿈치 1과 왼쪽 손목 1을 잇는 영역 내 PAF 값 총합을 계산하면 왼쪽 팔꿈치 1과 왼쪽 손목 1의 연결 가능성을 알 수 있습니다.

이와 동일한 방법으로 왼쪽 팔꿈치 1과 왼쪽 손목 2의 PAF 총합을 계산하여 왼쪽 손목 1과 비교한 후 총합이 큰 쪽과 최종적으로 링크가 연결됩니다.

왼쪽 팔꿈치 및 왼쪽 손목뿐 아니라 PAFs에서 구한 19가지 링크에 대해 각 부위가 연결될 가능성을 계산합니다.

이번에는 왼쪽 팔꿈치와 왼쪽 손목만 연결했지만 왼쪽 어깨 1, 왼쪽 어깨 2 등도 고려하여 왼쪽 어깨, 왼쪽 팔꿈치, 왼쪽 손목 등 검출된 모든 부위의 조합으로 PAF가 최대가 되도록 한 사람의 링크를 정하는 것이 바람직합니다. 모든 조합을 고려한 전신의 연결 가능성 총합을 정확히 계산하는 것은 비용이 높습니다. 오픈포즈는 전신이 아닌 링크가 연결되는 각 부위 간 PAF 정보만 고려하여 링크를 결정합니다.

각 부위를 조합하면 목이 두 개 존재할 수도 있습니다. 이번 구성에서 총 18개 부위의 인체 파트만 연결할 것이라면 17개 링크를 계산하면 되지만 정확도를 높이기 위하여 여유 있게 19개 링크를 계산합니다. 계산 비용을 낮추기 위하여 두 부위 사이의 PAF만으로 링크를 결정합니다. 그 결과 하나의 연결 링크를 따라가면 목이 두 개 존재하는 경우 등이 있습니다. 같은 부위가 여러 번 링크된 경우에는 두 명 이상의 사람의 부위가 섞였다고 판단하고 적절히 링크를 분할합니다.

이러한 조작(히트맵에서 부위 특정, PAFs를 이용하여 부위 사이의 연결 가능성 계산, 19종류의 연결 확정, 여러 사람의 부위가 섞인 상태의 경우는 분할)으로 히트맵과 PAFs으로 자세를 추정할 수 있습니다. 자세 표시에는 19개 링크가 아닌 최소한의 17종류 링크만 나타냅니다.

지금까지 내용을 utils 폴더 내 decode_pose.py 파일의 **decode_pose** 함수에서 실행합니다.

```python
from utils.decode_pose import decode_pose
_, result_img, _, _ = decode_pose(oriImg, heatmaps, pafs)
```

마지막으로 decode_pose 함수에서 출력된 result_img를 그립니다.

```
# 결과를 화면에 그리기
plt.imshow(oriImg)
plt.show()

plt.imshow(result_img)
plt.show()
```

그림 4-19 테스트 화상의 오픈포즈 자세 추정 결과*

[그림 4-19]를 보면 테스트 화상의 추정 결과, 자세가 잘 추정된 것 같지만 포수의 다리가 잘 추정되지 않은 점 등 미흡한 점이 있습니다.

이번 절에서 실시한 오픈포즈 추론은 간이 버전입니다. 실제 오픈포즈는 추론의 정확성을 높이기 위하여 추론 대상의 테스트 화상에 데이터 확장을 실시합니다. 좌우 반전 화상이나 화상을 분할하여 확대 및 축소한 화상을 작성하는 등 데이터 확장을 실시한 모든 테스트 화상을 대상으로 자세 추정을 실행하고 결과를 통합하여 최종 추론 결과의 자세를 구합니다.

4.7.2 정리

오픈포즈의 초기 버전 논문 「Realtime Multi-Person 2D Pose Estimation Using Part Affinity Fields」[2]를 설명하고 구현하였습니다. 집필 당시 최신 버전인 「OpenPose: Realtime Multi-Person 2D Pose Estimation Using Part Affinity Fields」[1]도 본질적으로는 동일하지만 세 가지가 바뀌었습니다.

최신 버전에서는 네트워크 형태와 사용하는 합성곱 층의 커널 크기가 정밀도와 처리 속도를 높이기 위하여 변하였습니다. 히트맵보다 PAFs 쪽이 자세 추정에서 중요하여 PAFs의 정확한 추정에 중점을 둔 네트워크로 변하고 있습니다. 둘째, 신체 부위가 추가되었습니다. 구체적으로 발끝이라는 새로운 어노테이션을 준비하여 학습합니다. 셋째, 더욱 풍부한 PAFs가 추가되었습니다. 세 가지 변화로 사람이 겹쳐도 더욱 정확하게 각 사람의 자세를 추정할 수 있습니다. 이처럼 최신 버전은 이 책의 구현과 다른 점이 있지만 오픈포즈 자세 추정 알고리즘의 본질적 내용은 이 책에서 설명한 것과 같습니다.

이번 장에서는 자세 추정의 딥러닝 모델로 오픈포즈를 설명하고 구현하였습니다. 다음 장에서는 GAN 기술을 활용하여 화상을 생성해보겠습니다.

4장 참고 문헌

[1] OpenPose

Cao, Z., Hidalgo, G., Simon, T., Wei, S. E. & Sheikh, Y.(2018). OpenPose: Realtime Multi-Person 2D Pose Estimation using Part Affinity Fields. arXiv preprint arXiv:1812.08008.

https://arxiv.org/abs/1812.08008/

[2] OpenPose

Cao, Z., Simon, T., Wei, SE & Sheikh, Y.(2017) Realtime Multi-Person 2D Pose Estimation Using Part Affinity Fields. In Proceedings of the IEEE Conference on Computer Vision and Pattern Recognition(pp. 7291- 7299).

http://openaccess.thecvf.com/content_cvpr_2017/html/Cao_Realtime_Multi-Person_2D_CVPR_2017_paper.html

[3] MSCOCO 데이터셋

Lin, TY, Maire, M., Belongie, S., Hays, J., Perona, P., Ramanan, D. ... & Zitnick, CL(2014, September) Microsoft COCO: Common Objects in Context. In European Conference on Computer Vision(pp. 740-755). Springer, Cham.

https://link.springer.com/chapter/10.1007/978-3-319-10602-1_48

http://cocodataset.org/#home

[4] 깃허브: tensorboy/pytorch_Realtime_Multi-Person_Pose_Estimation

https://github.com/tensorboy/pytorch_Realtime_Multi-Person_Pose_Estimation

Released under the MIT license

[5] 야구 화상

(사진 권리 정보: 상업적 사용 무료, 저작자 표시가 필요하지 않습니다)

https://pixabay.com/ja/photos/ヒット-キャッチャー--野球-1407826/

GAN을 활용한 화상 생성 (DCGAN, Self-Attention GAN)

5.1 GAN을 활용한 화상 생성 메커니즘과 DCGAN 구현

이번 장에서는 생성 기술인 GAN[generative adversarial network]을 중심으로 DCGAN[deep convolution generative adversarial network][1] 및 Self-Attention GAN[2] 딥러닝 모델을 설명하고 구현합니다.

먼저 이번 절에서는 GAN을 활용한 화상 생성 메커니즘을 간략하게 알아본 후 구현 방법을 설명하겠습니다. GAN은 두 종류의 신경망을 준비합니다. 화상을 생성하는 신경망 생성기[generator](이하 G)와 G에서 생성된 가짜 화상인지 훈련 데이터로 준비한 화상인지 분류하는 신경망 식별기[discriminator](이하 D)입니다. G는 D를 속이기 위하여 훈련 데이터에 가까운 화상을 생성하도록 학습하고 D는 G에 속지 않고 진위를 가려내도록 학습합니다. 이를 통해 최종적으로 G가 현실에 존재할 만한 화상을 생성하는 기술이 GAN입니다.

학습 목표는 다음과 같습니다.

1. G가 화상을 생성하기 위하여 어떠한 신경망 구조를 가졌는지 이해한다.
2. D가 화상을 식별하기 위하여 어떠한 신경망 구조를 가졌는지 이해한다.
3. GAN의 일반적인 손실함수 형태와 신경망의 학습 흐름을 이해한다.
4. DCGAN 네트워크를 구현할 수 있다.

구현 파일

5-1-2_DCGAN.ipynb

5.1.1 폴더 준비

이번 장에서는 필기체 숫자의 화상을 GAN으로 생성합니다. 먼저 폴더를 만들고 파일을 다운로드합니다. **scikit-learn** 패키지를 사용합니다. AWS의 AMI 환경에서 scikit-learn 버전이 0.20보다 낮다면 다음 명령을 실행하여 업그레이드하기를 바랍니다.

```
pip install -U scikit-learn
```

코드를 다운로드하여 5_gan_generation 폴더 내 make_folders_and_data_downloads. ipynb 파일의 각 셀을 하나씩 실행하십시오.

필기체 숫자 화상의 지도 데이터로 MNIST 화상 데이터를 다운로드합니다. MNIST 데이터는 화상 파일이 아닙니다. make_folders_and_data_downloads.ipynb 파일에서 화상 파일로 다시 저장합니다. 0에서 9까지의 숫자 화상을 GAN으로 생성하고 싶지만 시간을 단축하기 위하여 7과 8 숫자 화상만 사용합니다. MNIST 데이터셋에서 7과 8 화상을 각각 200장씩 마련합니다. 화상 크기는 28픽셀에서 64픽셀로 확대하여 준비합니다.

폴더 구조는 [그림 5-1]과 같이 생성됩니다.

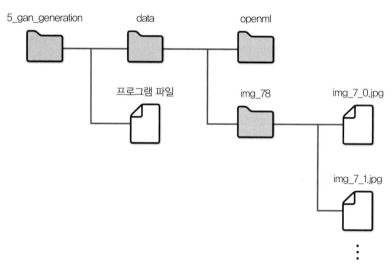

그림 5-1 5장 폴더 구성

5.1.2 Generator 메커니즘

이번 장에서 생성할 화상은 필기체 숫자 7과 8의 화상입니다. 지도 데이터는 MNIST의 화상 데이터를 사용합니다. 즉 MNIST 필기체 숫자와 같은 화상을 생성하는 것이 목적입니다.

GAN의 G가 무엇을 하는지 정리해보겠습니다. 생성할 화상은 64×64픽셀 크기, 색상 채널은 흑백 1채널로 0~255단계의 256단계 값으로 합니다. 화상은 $64 \times 64 = 4{,}096$픽셀을 갖으며 각 256단계이므로 256의 4,096승 화상 패턴이 존재하게 됩니다. 256의 4,096승 패턴의 화상 중 사람이 봤을 때 필기체 숫자로 보이는 패턴이 몇 조, 몇 억 패턴이 존재합니다. 사람이 봤을 때 숫자로 보이는 패턴을 생성하는 것이 G의 역할입니다.

다만 G가 매번 같은 화상을 생성하거나 지도 데이터와 똑같은 화상을 생성하면 의미가 없습니다. 다양한 패턴의 화상을 생성하기 위하여 G 신경망의 입력 데이터는 다양한 패턴을 생성할 난수를 입력합니다. 난수 값에 따라 G가 숫자 화상을 출력합니다.

G에 필기체 숫자의 화상을 출력하기 위해서는 지도 데이터가 필요합니다. 사람이 봤을 때 숫자로 보이는 화상을 지도 데이터로 G에 제공합니다. G는 '지도 데이터로 준 화상과 다른 패턴이지만 사람이 봤을 때 필기체 숫자 화상으로 보이는 것'을 출력합니다. 즉 256의 4,096승 패턴의 화상 중 사람이 봤을 때 필기체 숫자인 일부 지도 데이터의 화상을 단서로 사람이 봤을 때 필기체 숫자로 보이는 패턴의 규칙을 G가 기억하게 됩니다. G는 규칙(학습한 신경망의 결합 파라미터)과 입력 난수에서 화상을 생성합니다.

G를 구현할 때 입력 난수로 화상을 생성합니다. 데이터의 차원이 확대되고 각 차원의 요소 수도 증가해야 합니다. 열쇠가 되는 것이 `nn.ConvTranspose2d()` 층(유닛)입니다. transposed convolution 또는 Deconvolution으로 '전치 합성곱'입니다. `ConvTranspose 2d`는 신경망의 합성곱 층과 반대인 조작을 합니다.

[그림 5-2]는 2차원 데이터의 일반적인 합성곱과 전치 합성곱의 조작을 나타냈습니다. 일반 합성곱은 인접 셀을 커널로 정리하여 계산합니다. 화상 내 물체의 작은 어긋남 등을 습득한 국소 특징량을 구할 수 있어 합성곱 계산 결과로 특징량의 크기는 기본적으로 작아집니다.

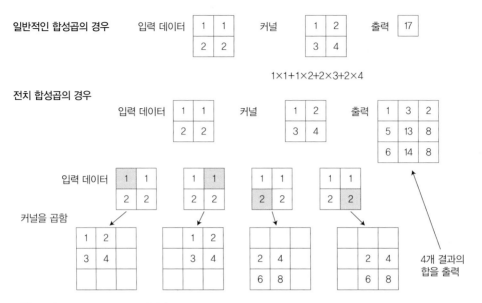

그림 5-2 ConvTranspose2d 이미지

그에 비해 전치 합성곱 `ConvTranspose2d`는 커널을 입력 데이터 1셀마다 계산합니다. 하나의 셀마다 커널을 곱하여 전체 셀의 곱셈 결과를 마지막으로 더합니다. 예를 들어 2×2의 데이터는 2×2 커널을 주면 3×3 데이터가 됩니다.

일반적인 합성곱은 입력 데이터의 여러 셀을 커널과 대응시킵니다(기본적으로 커널 크기만큼의 셀을 계산에 사용합니다). 전치 합성곱에서는 입력 데이터 하나의 셀을 커널에 걸쳐 계산합니다. 커널에 대응하는 입력 데이터 셀의 수가 합성곱과 전치 합성곱의 큰 차이입니다.

[그림 5-2]를 보면 2×2의 입력 데이터가 전치 합성곱에 따라 3×3으로 커졌습니다. GAN의 G에 대해 입력 난수를 준비하고 전치 합성곱을 반복하면 특징량 맵의 요소 수가 커져 원하는 픽셀 크기의 화상을 얻을 수 있습니다(이번 장에서는 64×64로 합니다). 전치 합성곱의 커널 값을 제대로 학습하면 생성된 화상을 사람이 보면 숫자로 여길 것입니다.

3장 시맨틱 분할이나 4장 자세 추정에서는 합성곱 조작을 반복하여 작아진 화상 크기를 크게 할 때 업샘플링으로 `F.interpolate`를 사용하였습니다. 이는 커널이라는 개념 없이 단지 화상 크기를 늘려 셀 사이를 함수 보완만 하는 확대 기법입니다. `F.interpolate`도 전치 합성곱처럼 특징량을 확대하지만 커널이 존재하는 만큼 전치 합성곱 쪽이 더욱 복잡한 확대 처리를 할 수 있습니다.

5.1.3 Generator 구현

전치 합성곱 ConvTranspose2d를 사용한 G를 구현해보겠습니다. 이번 절에서는 **DCGAN[1]** 이라고 불리는 GAN을 구현합니다. G는 ConvTranspose2d, 배치 정규화, ReLU를 1세트로 한 레이어layer를 4회 반복하여 특징량 크기를 서서히 늘립니다.

각 레이어에서 최초 레이어만큼 채널 수를 많이 잡은 전치 합성곱으로 조금씩 채널 수를 줄입니다. 네 개의 레이어를 통과한 뒤 마지막으로 ConvTranspose2d의 출력 채널 수를 1 (흑백 화상의 채널 수 1에 해당)로 합니다. 활성화 함수는 ReLU가 아닌 Tanh로 하여 −1부터 1까지 출력하는 출력 레이어를 만듭니다. 변수 z는 입력 난수를 나타냅니다.

입력하는 난수의 차원은 z_dim=20인데 20에 특별한 의미는 없습니다. 생성 화상이 원하는 다양성을 갖는 차원 수가 확보되면 됩니다. 이번에는 적당히 20으로 합니다.

```python
class Generator(nn.Module):

    def __init__(self, z_dim=20, image_size=64):
        super(Generator, self).__init__()

        self.layer1 = nn.Sequential(
            nn.ConvTranspose2d(z_dim, image_size * 8,
                                kernel_size=4, stride=1),
            nn.BatchNorm2d(image_size * 8),
            nn.ReLU(inplace=True))

        self.layer2 = nn.Sequential(
            nn.ConvTranspose2d(image_size * 8, image_size * 4,
                                kernel_size=4, stride=2, padding=1),
            nn.BatchNorm2d(image_size * 4),
            nn.ReLU(inplace=True))

        self.layer3 = nn.Sequential(
            nn.ConvTranspose2d(image_size * 4, image_size * 2,
                                kernel_size=4, stride=2, padding=1),
            nn.BatchNorm2d(image_size * 2),
            nn.ReLU(inplace=True))

        self.layer4 = nn.Sequential(
            nn.ConvTranspose2d(image_size * 2, image_size,
                                kernel_size=4, stride=2, padding=1),
            nn.BatchNorm2d(image_size),
```

```
                nn.ReLU(inplace=True))

        self.last = nn.Sequential(
            nn.ConvTranspose2d(image_size, 1, kernel_size=4,
                               stride=2, padding=1),
            nn.Tanh())
        # 주의: 흑백 화상이므로 출력 채널은 하나뿐이다.

    def forward(self, z):
        out = self.layer1(z)
        out = self.layer2(out)
        out = self.layer3(out)
        out = self.layer4(out)
        out = self.last(out)

        return out
```

구현한 G로 화상을 생성해보겠습니다. 다음 코드를 실행하면 초기 상태에서는 [그림 5-3]의 모래바람 화상이 생성됩니다. 사람이 봤을 때 숫자로 보이는 화상을 생성하도록 G의 전치 합성곱 커널의 가중치 파라미터와 유닛 사이의 결합 파라미터를 학습시키면 G에서 원하는 필기체 숫자 화상을 생성할 수 있습니다.

```
# 동작 확인
import matplotlib.pyplot as plt
%matplotlib inline

G = Generator(z_dim=20, image_size=64)

# 난수 입력
input_z = torch.randn(1, 20)

# 텐서 크기 (1, 20, 1, 1)으로 변형
input_z = input_z.view(input_z.size(0), input_z.size(1), 1, 1)

# 가짜 화상 출력
fake_images = G(input_z)

img_transformed = fake_images[0][0].detach().numpy()
plt.imshow(img_transformed, 'gray')
plt.show()
```

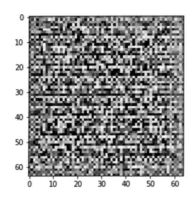

그림 5-3 Generator를 활용한 화상 생성 예(학습하기 전)

5.1.4 Discriminator 메커니즘

이제 G에 대한 손실함수를 정의하고 학습시키면 완성입니다. 손실함수를 어떻게 정의해야 사람이 봤을 때 숫자로 보이는 화상을 생성할 수 있는지 아직 알 수 없습니다. G가 생성한 화상을 사람이 볼 때 얼마나 숫자 화상에 가까운지에 대한 정보를 손실로 해야 합니다.

사람이 직접 보고 매번 라벨(0 :숫자 화상으로 보이지 않음, 1: 숫자 화상으로 보임)을 붙이면 좋을 것 같지만 두 가지 이유에서 좋지 않은 방법입니다.

첫째, 딥러닝을 학습할 때는 많은 시도를 해야 합니다. 사람이 직접 체크하기에는 화상 매수가 너무 방대합니다.

둘째, G가 생성하는 화상은 초기에 [그림 5-3]처럼 숫자로 보이지 않습니다. 생성하는 화상을 사람이 체크하면 전부 숫자로 보이지 않는다(라벨 0)고 판단할 수밖에 없습니다. G는 화상 하나가 숫자로 보이면 잘 생성했다고 여기지만 전부 숫자가 아닌 것 같으면 어떻게 학습하여 자신의 파라미터를 바꾸어야 할지 모르는 상태가 됩니다. G를 학습시키는 초기 단계에서 완벽히 판단하고 식별할 수 있는 사람이 직접 라벨을 붙이면 학습이 진행되지 않습니다.

GAN은 사람 대신 G의 화상을 체크하여 숫자 화상으로 보이는지 판정하는 D 신경망을 준비합니다. 단순한 화상 분류 딥러닝이며 '0: 숫자 화상으로 보이지 않음', '1: 숫자 화상으로 보임'이라고 판정합니다. 숫자 화상으로 보이는지 판단할 수 있도록 지도 데이터를 준비해야 합니다. 지도 데이터는 사람이 봤을 때 숫자로 보이는 화상(이번에는 MNIST 화상)입니다. D는 입력된 화상이 G의 생성 화상(라벨 0)과 지도 데이터(라벨 1) 중 어느 쪽인지 분류합니다.

초기 단계의 D는 학습하지 않은 신경망입니다. 사람이 판단하는 경우와는 달리 안이한 판정, 즉 G의 생성 화상을 지도 데이터로 잘못 분류할 수 있습니다. G는 G가 생성한 화상이 실제 필기체 숫자 화상에 가까운 것 같다는 D의 판단으로 비슷한 분위기의 화상을 더 생성하도록 파라미터를 학습하는 상태가 됩니다.

미숙한 생기성 G와 미숙한 식별기 D가 서로 속고 속이며 학습을 진행하면서 최종적으로 G가 실제와 같은 화상을 생성할 수 있게 됩니다. 서로 속이며 학습하여 GAN이라고 부릅니다.

5.1.5 Discriminator 구현

D를 구현해보겠습니다. 네트워크는 G와 마찬가지로 네 개의 레이어와 라스트^{last}의 총 다섯 개 레이어로 구성합니다.

다음과 같이 구현합니다. 각 레이어에 합성곱 층 Conv2d를 부여합니다. Conv2d의 채널 수는 초반 레이어는 적고 뒤의 레이어일수록 많아지도록 합니다. 라스트의 레이어에서 출력을 1 채널로 합니다. 출력의 1 채널은 입력 화상이 G에서 생성된 화상인지 지도 데이터인지 판정한 값에 대응합니다.

주의할 점은 보통의 화상 분류는 합성곱 층 뒤의 활성화 함수에 ReLU를 사용하였지만 GAN에서는 LeakyReLU를 사용하는 점입니다. 입력된 값이 음수일 경우 ReLU는 출력이 0이지만 활성화 함수 LeakyReLU는 입력 값×계수 값을 출력합니다. 추후에 이루어지는 구현에서는 0.1을 계수로 사용합니다. 입력이 −2일 경우 ReLU는 출력이 0이지만 LeakyReLU는 출력이 −0.2입니다. ReLU 대신 LeakyReLU를 사용하는 이유는 5.2절 GAN의 손실함수와 학습에서 설명합니다.

```
class Discriminator(nn.Module):

    def __init__(self, z_dim=20, image_size=64):
        super(Discriminator, self).__init__()

        self.layer1 = nn.Sequential(
```

```python
        nn.Conv2d(1, image_size, kernel_size=4,
                stride=2, padding=1),
        nn.LeakyReLU(0.1, inplace=True))
    # 주의: 흑백 화상이므로 입력 채널은 하나뿐이다.

    self.layer2 = nn.Sequential(
        nn.Conv2d(image_size, image_size*2, kernel_size=4,
                stride=2, padding=1),
        nn.LeakyReLU(0.1, inplace=True))

    self.layer3 = nn.Sequential(
        nn.Conv2d(image_size*2, image_size*4, kernel_size=4,
                stride=2, padding=1),
        nn.LeakyReLU(0.1, inplace=True))

    self.layer4 = nn.Sequential(
        nn.Conv2d(image_size*4, image_size*8, kernel_size=4,
                stride=2, padding=1),
        nn.LeakyReLU(0.1, inplace=True))

    self.last = nn.Conv2d(image_size*8, 1, kernel_size=4, stride=1)

def forward(self, x):
    out = self.layer1(x)
    out = self.layer2(out)
    out = self.layer3(out)
    out = self.layer4(out)
    out = self.last(out)

    return out
```

D의 동작을 확인합니다. G에서 가짜 화상을 생성한 후 D에 입력하여 판단합니다. D는 클래스 분류(G에서 생성된 가짜 화상이면 라벨 0, 지도 데이터라면 라벨 1)를 출력하기 위하여 출력 결과에 시그모이드 함수를 곱하여 출력을 0에서 1로 변환합니다. 약 0.5의 출력이 나옵니다. 아직 D는 학습을 하지 않았으므로 0인지 1인지 판단이 서지 않아 중간인 0.5라는 값이 출력되는 것입니다.

```python
# 동작 확인
D = Discriminator(z_dim=20, image_size=64)

# 가짜 화상 생성
```

```
input_z = torch.randn(1, 20)
input_z = input_z.view(input_z.size(0), input_z.size(1), 1, 1)
fake_images = G(input_z)

# 가짜 화상을 D에 입력
d_out = D(fake_images)

# 출력 d_out에 시그모이드를 곱하여 0에서 1로 변환
print(nn.Sigmoid()(d_out))
```

```
[출력]
tensor([[[[0.4999]]]], grad_fn=<SigmoidBackward>)
```

이번 절에서는 GAN의 개요, DCGAN의 Generator와 Discriminator의 구현을 설명하였습니다. 다음 절에서는 DCGAN 손실함수와 학습 기법을 설명하고 실제로 DCGAN으로 필기체 숫자를 생성해보겠습니다.

5.2 DCGAN의 손실함수, 학습, 생성

DCGAN의 손실함수를 설명하고 실제로 G와 D의 학습을 실행하여 필기체 숫자 화상을 생성하겠습니다.

학습 목표는 다음과 같습니다.

1. **GAN의 손실함수 형태를 이해한다.**
2. **DCGAN을 구현하고 필기체 숫자 화상을 생성할 수 있다.**

구현 파일

5-1-2_DCGAN.ipynb

5.2.1 GAN의 손실함수

GAN의 생성기 G와 식별기 D의 손실함수를 정의하겠습니다.

식별기 D는 단순한 화상 분류이기에 손실함수도 간단합니다. 지금부터는 일반적인 클래스 분류의 수학 이야기입니다. G가 생성하는 화상과 지도 데이터의 화상 클래스 분류이기 때문에 일반적인 클래스 분류와 달리 젠슨–섀넌 발산[Jensen–Shannon divergence] 이야기이지만 간략하게 설명하겠습니다.

입력되는 화상 데이터가 x일 때 D의 출력은 $y = D(x)$입니다. 다만 출력 y는 이전 절에서 구현한 D의 출력에 시그모이드 함수를 곱하여 0에서 1로 값이 변환됩니다.

올바른 라벨 l은 G가 생성한 가짜 데이터를 라벨 0, 지도 데이터를 라벨 1로 합니다. D의 출력이 정답인지 여부는 $y^l (1-y)^{1-l}$로 표시됩니다. $y^l (1-y)^{1-l}$은 정답 라벨 l과 예측 출력 y 값이 같으면 1, 다르면(잘못된 예측의 경우) 0이 됩니다. 실제로 y는 0~1 사이의 값을 취하고 0과 1은 되지 않아 $y^l (1-y)^{1-l}$도 0~1의 값이 됩니다.

이 판정이 미니 배치 데이터 수 M개분입니다. 동시 확률은 다음과 같습니다.

$$\prod_{i=1}^{M} y_i^{l_i} \left(1 - y_i\right)^{1-l_i}$$

대수를 취하면 다음과 같습니다.

$$\sum_{i=1}^{M} \left[l_i \log y_i + \left(1 - l_i\right) \log \left(1 - y_i\right) \right]$$

D는 데이터 i의 올바른 라벨 l_i를 예측하는 y_i를 출력할 수 있도록 네트워크를 학습하려고 합니다. 즉 이 식(대수 우도)이 최대가 되도록 네트워크를 학습하고자 합니다. 최대화는 구현할 때 생각하기 어렵습니다. 최소화되도록 마이너스를 곱하면 다음과 같이 됩니다.

$$-\sum_{i=1}^{M} \left[l_i \log y_i + \left(1 - l_i\right) \log \left(1 - y_i\right) \right]$$

이것이 D 신경망의 손실함수입니다.

D의 손실함수는 `torch.nn.BCEWithLogitsLoss()`로 간단히 사용할 수 있습니다. BCE[binary cross entropy]는 이진 분류[binary classification]의 오차 함수입니다. `WithLogits`는 로지스틱 함수를 곱하

는 것을 의미합니다. 즉 BCEWithLogitsLoss는 앞의 식이 됩니다. 라벨 l_i가 1인 것은 지도 데이터의 판정이고 0인 것은 생성 데이터의 판정입니다. 나누어 기술하겠습니다.

D의 손실함수는 다음과 같이 구현할 수 있습니다. 변수 x가 정의되지 않아 오류가 발생합니다. D 손실함수의 수식 표현을 코드로 이해하기 위해 다음 코드를 살펴보겠습니다.

```python
# D 오차 함수의 이미지 구현
# maximize log(D(x)) + log(1 - D(G(z)))

# ※ x가 정의되지 않아 오류 발생
#---------------

# 정답 라벨 작성
mini_batch_size = 2
label_real = torch.full((mini_batch_size,), 1)

# 가짜 라벨 작성
label_fake = torch.full((mini_batch_size,), 0)

# 오차 함수 정의
criterion = nn.BCEWithLogitsLoss(reduction='mean')

# 진짜 화상 판정
d_out_real = D(x)

# 가짜 화상을 생성하여 판정
input_z = torch.randn(mini_batch_size, 20)
input_z = input_z.view(input_z.size(0), input_z.size(1), 1, 1)
fake_images = G(input_z)
d_out_fake = D(fake_images)

# 오차 계산
d_loss_real = criterion(d_out_real.view(-1), label_real)
d_loss_fake = criterion(d_out_fake.view(-1), label_fake)
d_loss = d_loss_real + d_loss_fake
```

계속하여 G의 손실함수를 설명하겠습니다. G는 D를 속이려고 합니다. G에서 생성된 화상에 대해 D의 판정이 실패하면 좋습니다.

D는 G의 화상을 정확하게 판정하기 위하여

$$-\sum_{i=1}^{M}\left[l_i \log y_i + \left(1-l_i\right)\log\left(1-y_i\right)\right]$$

를 최소화하려고 합니다. G는 반대로 앞의 식을 최대화하면 됩니다. 손실함수는 다음과 같습니다.

$$\sum_{i=1}^{M}\left[l_i \log y_i + \left(1-l_i\right)\log\left(1-y_i\right)\right]$$

라벨 l_i의 가짜 화상은 0입니다. 따라서 앞의 식 1항은 사라지고 $(1-l_i)=1$, $y=D(x)$, 그리고 G는 입력 z_i에서 화상을 생성하므로 G의 미니 배치 손실함수는 다음과 같이 됩니다.

$$\sum_{i=1}^{M}\log\left(1-D\left(G\left(z_i\right)\right)\right)$$

이 식으로 계산되는 손실 값을 가능한 한 작게 하면 G는 D를 속이는 화상을 생성할 수 있습니다.

앞의 식으로는 G의 학습을 진행하기 어렵습니다. GAN은 사람 대신 미숙한 D를 준비하여 화상을 판정합니다. 초기의 G가 생성하는 화상은 지도 데이터와 차이가 커 미성숙한 D도 어느 정도 판정할 수 있게 됩니다. 이렇게 되면 위 식의 log 내용은 $1-D\left(G\left(z_i\right)\right)=1-0=1$이 되고 log1은 0이니 G의 손실이 거의 0이 됩니다. 손실 대부분이 0이면 G의 학습은 진행되지 않습니다.

DCGAN은 $D\left(G\left(z_i\right)\right)$이 1로 판정하면 좋다고 판단하여 G의 손실함수를 다음과 같이 합니다.

$$-\sum_{i=1}^{M}\log D\left(G\left(z_i\right)\right)$$

G가 D를 잘 속이면 log 내용의 $D\left(G\left(z_i\right)\right)$는 1이 되고 손실함수 값은 0이 됩니다. D에 간파되면 log 내용은 0~1의 값이 되고 log0~log1은 음의 큰 값이 되기 때문에 선두의 마이너스를 고려하면 D에 간파된 경우 양의 큰 손실 값이 됩니다. 원래 식에서는 D에 간파되어도 손실

값은 0이 되고 학습이 진행되지 않지만 다시 쓴 식은 D에 간파되면 큰 손실 값이 되어 학습이 진행됩니다.

이상의 내용을 구현한 G의 손실함수 이미지는 다음과 같습니다. D의 경우와 마찬가지로 BCEWithLogitsLoss를 사용합니다.

G의 손실함수인 다음을

$$-\sum_{i=1}^{M} \log D\big(G(z_i)\big)$$

코드로 구현하기 위하여 criterion(d_out_fake.view(-1), label_real)로 기술합니다.

```
# G의 오차 함수 이미지 구현
# maximize log(D(G(z)))

# ※ x가 정의되지 않아 오류 발생
# --------------

# 가짜 화상을 생성하여 판정
input_z = torch.randn(mini_batch_size, 20)
input_z = input_z.view(input_z.size(0), input_z.size(1), 1, 1)
fake_images = G(input_z)
d_out_fake = D(fake_images)

# 오차 계산
g_loss = criterion(d_out_fake.view(-1), label_real)
```

D와 G의 손실함수를 정의하여 구현해보았습니다. 실제 학습 시에는 각각의 손실 값을 오차 역전파하면 D와 G의 네트워크 파라미터가 변화하여 학습이 진행됩니다.

D 신경망의 활성화 함수로 LeakyReLU를 사용하였습니다. G의 손실함수는 다음과 같았습니다.

$$-\sum_{i=1}^{M} \log D\big(G(z_i)\big)$$

G의 손실을 계산할 때 D의 판정이 포함되어 있습니다. 즉 G의 네트워크를 갱신할 때 손실 값

에 대해 오차 역전파가 먼저 D를 지나 G에 도달하고 G의 출력 쪽에서 입력 쪽 층으로 전달됩니다. 만약 D의 활성화 함수로 ReLU를 사용하면 ReLU에 대한 입력이 음수인 경우 출력이 0이므로 오차 역전파도 중단됩니다. ReLU에서 0으로 된 경로의 오차는 ReLU 층보다 상위층에 전달되지 않고 D에서 G로 손실의 오차 역전파가 전달되지 않습니다. 이러한 사태를 방지하면서 손실 오차 역전파의 기울기 계산을 D에서 멈추지 않고 G까지 전달하기 위하여 D에서는 LekyReLU를 사용합니다. LeakyReLU는 입력이 음이라도 출력이 0이 아니어서 오차 역전파는 중단되지 않습니다. LeakyReLU를 활용하면 D의 오차가 G까지 도달하여 G의 네트워크가 학습하기 쉬워집니다.

아래층의 오차를 위까지 전달해주기에 향후 모든 딥러닝에 ReLU 대신 LeakyReLU를 쓰면 좋을 것이라고 생각할 수 있습니다. 그러나 일반적인 딥러닝에서는 LeakyReLU를 많이 사용하지 않습니다. LeakyReLU로 오차를 상위층까지 전달하는 것은 좋지만 그 결과 ReLU는 어떻게든 하위층에서 오차를 지우듯이 학습된 내용을 상위층까지 전달합니다. 오차의 책임을 상위층까지 떠넘기는 것이 되어 성능적으로 바람직하지 않습니다. GAN은 G의 학습 시 D를 통해야 합니다. 어쩔 수 없이 D의 활성화 함수로 LeakyReLU를 사용하는 것입니다.

5.2.2 데이터 로더 작성

DCGAN 학습을 구현해보겠습니다. 우선 지도 데이터가 되는 필기체 숫자의 화상을 저장한 데이터 로더를 만듭니다. 작성 방법은 이전 장과 동일합니다. 단 학습과 검증 등에 데이터셋을 나누지 않고 작성합니다.

데이터 로더를 구현하는 코드는 다음과 같습니다.

```
def make_datapath_list():
    """학습 및 검증 화상 데이터와 어노테이션 데이터의 파일 경로 리스트 작성"""

    train_img_list = list()  # 화상 파일 경로 저장

    for img_idx in range(200):
        img_path = "./data/img_78/img_7_" + str(img_idx)+'.jpg'
        train_img_list.append(img_path)

        img_path = "./data/img_78/img_8_" + str(img_idx)+'.jpg'
```

```python
        train_img_list.append(img_path)

    return train_img_list


class ImageTransform():
    """화상의 전처리 클래스"""

    def __init__(self, mean, std):
        self.data_transform = transforms.Compose([
            transforms.ToTensor(),
            transforms.Normalize(mean, std)
        ])

    def __call__(self, img):
        return self.data_transform(img)
class GAN_Img_Dataset(data.Dataset):
    """화상의 데이터셋 클래스. 파이토치의 데이터셋 클래스를 상속"""

    def __init__(self, file_list, transform):
        self.file_list = file_list
        self.transform = transform

    def __len__(self):
        '''화상 매수 반환'''
        return len(self.file_list)

    def __getitem__(self, index):
        '''전처리한 화상의 텐서 형식 데이터 취득'''

        img_path = self.file_list[index]
        img = Image.open(img_path)  # [높이][폭]흑백

        # 화상 전처리
        img_transformed = self.transform(img)

        return img_transformed


# 데이터 로더 작성과 동작 확인

# 파일 리스트 작성
train_img_list=make_datapath_list()
# 데이터셋 작성
```

```
mean = (0.5,)
std = (0.5,)
train_dataset = GAN_Img_Dataset(
    file_list=train_img_list, transform=ImageTransform(mean, std))

# 데이터 로더 작성
batch_size = 64

train_dataloader = torch.utils.data.DataLoader(
    train_dataset, batch_size=batch_size, shuffle=True)

# 동작 확인
batch_iterator = iter(train_dataloader)  # 반복자로 변환
imges = next(batch_iterator)  # 첫 번째 요소를 꺼낸다.
print(imges.size())  # torch.Size([64, 1, 64, 64])
```

```
[출력]
torch.Size([64, 1, 64, 64])
```

출력의 1은 채널 수를 나타냅니다. 이번에는 RGB가 아닌 흑백의 그레이스케일grayscale이므로 색상 채널은 1입니다. 선두의 64는 미니 배치의 크기이며 2, 3번째의 64는 화상의 높이와 폭을 나타냅니다.

지도 데이터인 데이터 로더를 통해 **train_dataloader** 변수가 준비되었습니다.

5.2.3 DCGAN 학습

네트워크 초기화를 실행하고 학습 부분을 구현하여 학습을 진행합니다.

우선 네트워크를 초기화합니다. 전치 합성곱과 합성곱 층의 가중치는 평균 0, 표준편차 0.02의 정규 분포로, 배치 정규화의 가중치는 평균 1, 표준편차 0.02의 정규 분포를 따르도록 초기화합니다. 각각 바이어스 항은 처음에는 0으로 합니다.

평균, 표준편차의 값으로 정규화를 실시하는 것에 이론적 도출이 있는 것은 아닙니다. DCGAN에서는 실제로 사용해보니 잘 수행되었기에 자주 사용하는 초기화 기법입니다.

```
# 네트워크 초기화
def weights_init(m):
    classname = m.__class__.__name__
```

```
    if classname.find('Conv') != -1:
        # Conv2dとConvTranspose2d 초기화
        nn.init.normal_(m.weight.data, 0.0, 0.02)
        nn.init.constant_(m.bias.data, 0)
    elif classname.find('BatchNorm') != -1:
        # BatchNorm2d 초기화
        nn.init.normal_(m.weight.data, 1.0, 0.02)
        nn.init.constant_(m.bias.data, 0)

# 초기화 실시
G.apply(weights_init)
D.apply(weights_init)

print("네트워크 초기화 완료")
```

학습 함수를 구현하겠습니다. 학습 함수에 대한 설명은 코드와 같습니다. 이 절의 전반 부분에서 설명한 손실함수 계산을 사용합니다.

```
# 모델을 학습시키는 함수 작성
def train_model(G, D, dataloader, num_epochs):

    # GPU를 사용할 수 있는지 확인
    device = torch.device("cuda:0" if torch.cuda.is_available() else "cpu")
    print("사용 장치: ", device)

    # 최적화 기법 설정
    g_lr, d_lr = 0.0001, 0.0004
    beta1, beta2 = 0.0, 0.9
    g_optimizer = torch.optim.Adam(G.parameters(), g_lr, [beta1, beta2])
    d_optimizer = torch.optim.Adam(D.parameters(), d_lr, [beta1, beta2])

    # 오차 함수 정의
    criterion = nn.BCEWithLogitsLoss(reduction='mean')

    # 파라미터를 하드코딩
    z_dim = 20
    mini_batch_size = 64

    # 네트워크를 GPU로
    G.to(device)
    D.to(device)
    G.train()  # 모델을 훈련 모드로
```

```python
D.train()  # 모델을 훈련 모드로

# 네트워크가 어느 정도 고정되면 고속화시킨다.
torch.backends.cudnn.benchmark = True

# 화상 매수
num_train_imgs = len(dataloader.dataset)
batch_size = dataloader.batch_size

# 반복 카운터 설정
iteration = 1
logs = []

# 에폭 루프
for epoch in range(num_epochs):
    # 개시 시간 저장
    t_epoch_start = time.time()
    epoch_g_loss = 0.0  # 에폭의 손실 합
    epoch_d_loss = 0.0  # 에폭의 손실 합

    print('-------------')
    print('Epoch {}/{}'.format(epoch, num_epochs))
    print('-------------')
    print(' (train) ')

    # 데이터 로더에서 미니 배치씩 꺼내는 루프
    for imges in dataloader:

        # --------------------
        # 1. Discriminator 학습
        # --------------------
        # 미니 배치 크기가 1이면 배치 정규화에서 오류가 발생하므로 피한다.
        if imges.size()[0] == 1:
            continue

        # GPU를 사용할 수 있다면 GPU로 데이터를 보낸다.
        imges = imges.to(device)

        # 정답 라벨과 가짜 라벨 작성
        # 에폭의 마지막 반복은 미니 배치 수가 줄어든다.
        mini_batch_size = imges.size()[0]
        label_real = torch.full((mini_batch_size,), 1).to(device)
        label_fake = torch.full((mini_batch_size,), 0).to(device)
        # 진짜 화상 판정
```

```python
d_out_real = D(imges)

# 가짜 화상을 생성하여 판정
input_z = torch.randn(mini_batch_size, z_dim).to(device)
input_z = input_z.view(input_z.size(0), input_z.size(1), 1, 1)
fake_images = G(input_z)
d_out_fake = D(fake_images)

# 오차 계산
d_loss_real = criterion(d_out_real.view(-1), label_real)
d_loss_fake = criterion(d_out_fake.view(-1), label_fake)
d_loss = d_loss_real + d_loss_fake

# 역전파
g_optimizer.zero_grad()
d_optimizer.zero_grad()

d_loss.backward()
d_optimizer.step()

# -------------------
# 2. Generator 학습
# -------------------
# 가짜 화상을 생성하여 판정
input_z = torch.randn(mini_batch_size, z_dim).to(device)
input_z = input_z.view(input_z.size(0), input_z.size(1), 1, 1)
fake_images = G(input_z)
d_out_fake = D(fake_images)

# 오차 계산
g_loss = criterion(d_out_fake.view(-1), label_real)

# 역전파
g_optimizer.zero_grad()
d_optimizer.zero_grad()
g_loss.backward()
g_optimizer.step()

# -------------------
# 3. 기록
# -------------------
epoch_d_loss += d_loss.item()
epoch_g_loss += g_loss.item()
iteration += 1
```

```
# 에폭의 phase별 손실과 정답률
t_epoch_finish = time.time()
print('-------------')
print('epoch {} || Epoch_D_Loss:{:.4f} ||Epoch_G_Loss:{:.4f}'.format(
    epoch, epoch_d_loss/batch_size, epoch_g_loss/batch_size))
print('timer:  {:.4f} sec.'.format(t_epoch_finish - t_epoch_start))
t_epoch_start = time.time()


return G, D
```

마지막으로 학습을 실시합니다. 이번에는 200에폭으로 합니다. GPU 환경에서 6분 정도 걸립니다.

```
# 학습 및 검증 실행
# 6분 정도 걸린다.
num_epochs = 200
G_update, D_update = train_model(
    G, D, dataloader=train_dataloader, num_epochs=num_epochs)
```

학습 결과를 다음 구현으로 시각화하면 [그림 5-4]의 결과가 나옵니다.

```
# 생성 화상과 훈련 데이터 시각화
# 이 셀은 괜찮은 느낌의 화상이 생성될 때까지 몇 번 재실행한다.

device = torch.device("cuda:0" if torch.cuda.is_available() else "cpu")

# 입력 난수 생성
batch_size = 8
z_dim = 20
fixed_z = torch.randn(batch_size, z_dim)
fixed_z = fixed_z.view(fixed_z.size(0), fixed_z.size(1), 1, 1)

# 화상 생성
G_update.eval()
fake_images = G_update(fixed_z.to(device))

# 훈련 데이터
batch_iterator = iter(train_dataloader)  # 반복자로 변환
imges = next(batch_iterator)  # 첫 번째 요소를 꺼낸다.
# 출력
```

```
fig = plt.figure(figsize=(15, 6))
for i in range(0, 5):
    # 상단에 훈련 데이터 표시
    plt.subplot(2, 5, i+1)
    plt.imshow(imges[i][0].cpu().detach().numpy(), 'gray')

    # 하단에 생성 데이터를 표시
    plt.subplot(2, 5, 5+i+1)
    plt.imshow(fake_images[i][0].cpu().detach().numpy(), 'gray')
```

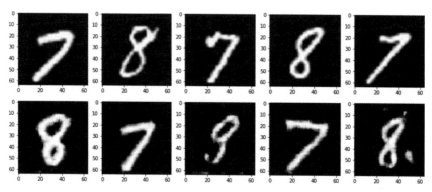

그림 5-4 DCGAN을 활용한 화상 생성의 예(상단은 지도 데이터, 하단은 생성 데이터)

[그림 5-4]의 상단이 훈련 데이터, 하단이 DCGAN으로 생성된 화상입니다. DCGAN으로 필기체 숫자의 화상으로 보이는 것이 생성되었습니다.

시간을 단축하기 위하여 숫자의 지도 화상 7, 8을 각각 200개만 준비하였습니다. 학습의 에폭 수를 더 늘리면 생성기 G는 숫자 7의 화상만 생성합니다. 숫자 7이 8에 비해 단순하며 식별기 D를 속이는 화상 생성이 쉬워 생성기 G가 7만 생성하는 것입니다. 이처럼 지도 데이터의 일부만 생성하는 현상을 모드 붕괴mode collapse라고 합니다.

이번 절에서는 DCGAN의 손실함수와 학습 기법을 설명하며 DCGAN으로 필기체 숫자를 생성하였습니다. 다음 절부터는 DCGAN을 발전시킨 Self-Attention GAN을 설명하고 구현합니다.

5.3 Self-Attention GAN의 개요

Self-Attention GAN(이하 SAGAN)의 개요를 DCGAN의 차이에 주목하며 설명하겠습니다. SAGAN은 GAN의 제창자인 이안 굿펠로우Ian Goodfellow 등이 2018년에 제창한 GAN입니다.[2] 집필 시점에 최고의 GAN 중 하나인 BiGAN[3]도 이 SAGAN을 기반으로 구축되었습니다.

SAGAN, 점별 합성곱pointwise convolution, 스펙트럴 정규화Spectral Normalization라는 세 개의 딥러닝 기술을 설명합니다. 쉽지 않은 내용이기에 한 번 읽어서는 완전히 이해하기 어렵습니다. 여러 번 읽고 다음 절에서 구현해본 후 다시 이 절을 읽어보기 바랍니다.

학습 목표는 다음과 같습니다.

1. **Self-Attention을 이해한다.**
2. **1×1 합성곱(점별 합성곱)의 의미를 이해한다.**
3. **스펙트럴 정규화를 이해한다.**

구현 파일
없음

5.3.1 기존 GAN의 문제점

[그림 5-2]의 전치 합성곱 ConvTranspose2d 화상을 [그림 5-5]로 다시 보겠습니다. GAN의 G는 이 전치 합성곱을 반복하여 특징량 맵이 커지지만 '전치 합성곱에서는 어떻게 해도 국소적인 정보의 확대밖에 되지 않는다'는 문제가 있습니다.

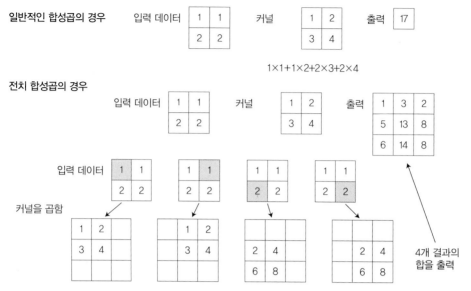

그림 5-5 ConvTranspose2d. 이미지는 **[그림 5-2]**와 동일하다.

예를 들어 [그림 5-5]의 좌측 하단 부분(입력 데이터의 좌측 상단, 값이 1인 셀)에 주목합니다. 새로 생성되는 사각형은 좌측 상단이 1, 2, 3, 4입니다. 이 값은 입력 데이터의 좌측 상단의 값 1에 커널을 곱한 것입니다. 새롭게 생성된 특징량 맵의 좌측 상단은 ConvTranspose2d에 대한 입력 데이터의 좌측 상단을 강하게 반영한 것입니다. 즉 새롭게 만들어지는 특징량 맵은 ConvTranspose2d의 국소적인 정보가 국소적으로 확대된 것입니다.

이처럼 전치 합성곱 ConvTranspose2d 반복은 국소적인 정보 확대의 연속입니다. 더 좋은 화상 생성을 실현하기 위해서라도 확대할 때 가능하면 화상 전체의 포괄적인 정보를 고려할 수 있는 구조를 만들어야 합니다.

5.3.2 Self-Attention 도입

GAN의 생성기 G는 전치 합성곱 ConvTranspose2d의 반복으로 화상을 확대하여 생성합니다. 국소 정보도 확대되어 확대 시 전역적인 정보가 포함되지 않는 문제를 Self-Attention 기술로 해결합니다. Self-Attention 개념은 어렵습니다. 이 절을 반복하여 읽기를 바랍니다. 이번 장뿐만 아니라 7, 8장 자연어 처리의 딥러닝에서도 사용하는 매우 중요한 기술입니다.

이번 장에서 구현한 G는 네 개 레이어와 라스트의 총 다섯 개 레이어로 생성 화상을 서서히 확대하였습니다. 중간 레이어 사이의 출력을 x로 합니다. 텐서 크기는 채널 수×높이×폭입니다. 이를 C×H×W로 기술합니다. x가 다음 레이어에 입력되어 확대되지만 그때 x를 입력하지 않고 포괄적인 정보를 생각하여 x를 조정한

$$y = x + \gamma o$$

를 입력하는 방법을 고려합니다. 여기서 y는 x에 대해 포괄적인 정보를 생각하여 조정한 특징량입니다. y가 다음 레이어의 입력이 됩니다. γ[1]는 적당한 계수이며 o는 x를 포괄적인 정보로 조정하는 값입니다. 변수 o를 Self-Attention Map이라고 합니다. Self-Attention Map인 o의 작성 방법으로 전결합 층을 사용하는 것이 있습니다. 하지만 전결합 층은 계산 비용이 많이 필요하고 크기 C×H×W의 x 각 요소의 선형 합만 작성되어 표현력도 부족합니다. 요소별 곱이 필요합니다.

일단 입력 변수 x를 행렬 연산하기 쉽도록 [그림 5-6]처럼 크기 C×H×W부터 C×N의 C행 N열로 변형합니다. N은 W×H입니다.

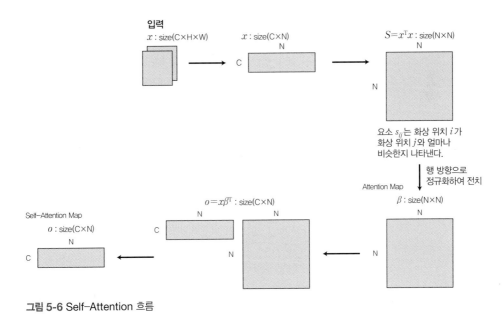

그림 5-6 Self-Attention 흐름

------

1 옮긴이_ 감마 기호입니다.

변형한 x끼리의 곱셈인

$$S = x^{\mathrm{T}} x$$

를 만듭니다. S는 N×C의 행렬 x^{T}와 C×N 행렬 x의 곱셈이므로 N×N 크기가 됩니다. 행렬 S의 요소 s_{ij}는 화상 위치 i가 화상 위치 j와 얼마나 비슷한지 나타냅니다. 화상 위치는 0에서 N−1까지로 나타납니다. 하지만 해당 위치 정보의 각 채널과 다른 위치 정보의 같은 채널 값을 곱하여 채널마다 구한 곱셈의 합도 계산합니다. 따라서 동일한 위치끼리 채널별로 값이 비슷하면 S_{ij}는 큰 값이 됩니다. S_{ij}는 화상 위치의 특징량과 화상 위치의 특징량의 닮은 정도를 나타냅니다.

계속해서 S를 규격화합니다. 행 방향으로 소프트맥스 함수를 계산하여 각 화상 위치가 화상 위치 j와 비슷한 정도의 총합을 1로 한 뒤 전치합니다. 이렇게 규격화 한 행렬을 β로 합니다. 다음과 같습니다(전치 조작에 의해 β측에서는 i와 j가 바뀌어 있습니다).

$$\beta_{j,i} = \frac{\exp\left(s_{ij}\right)}{\sum_{i=1}^{N} \exp\left(s_{ij}\right)}$$

행렬 β의 요소 β_{ji}는 위치 j의 특징량이 위치 i의 특징량과 얼마나 비슷한지 나타냅니다. 위치 j를 생성할 때 위치 i를 어느 정도 고려해야 하는지 나타낸 것입니다. 앞선 규격화로 위치 i가 고려되는 양은 합계 1입니다. 이렇게 만든 β가 Attention Map입니다.

마지막으로 C×N의 행렬과 Attention Map을 곱하면 현재 x에 대응하고 x를 포괄적인 정보로 조정하는 양인 Self-Attention Map의 o가 계산됩니다.

$$o = x\beta^{\mathrm{T}}$$

여기에서

$$o_{c=i,n=j} = \sum_{k=1}^{N} x_{c=i,k} * \beta_{k,n=j}^{\mathrm{T}} = \sum_{k=1}^{N} x_{c=i,k} * \beta_{n=j,k}$$

이므로 $x\beta^{T}$라는 식이 도출됩니다.

여기까지의 내용을 코드로 작성하면 다음과 같습니다. 설명은 어렵지만 코드는 짧습니다. 코드의 torch.bmm은 미니 배치마다 요소를 행렬곱하는 명령입니다.

```python
# 최초의 크기 변형 B, C, W, H→B, C, N으로
X = X.view(X.shape[0], X.shape[1], X.shape[2]*X.shape[3]) # 크기: B, C, N

# 곱셈
X_T = x.permute(0, 2, 1) # B, N, C 전치
S = torch.bmm(X_T, X) # bmm은 배치별 행렬곱

# 규격화
m = nn.Softmax(dim=-2) # i행 방향의 합을 1로 하는 소프트맥스 함수
attention_map_T = m(S) # 전치된 Attention Map
attention_map = attention_map_T.permute(0, 2, 1) # 전치를 취한다.


# Self-Attention 맵을 계산
o = torch.bmm(X, attention_map.permute(0, 2, 1)) # Attention Map은 전치하여 곱한다.
```

Self-Attention을 어떤 흐름으로 처리하고 구현하는지 설명하였습니다. Self-Attention에서 왜 이러한 작업을 하는지 이해하기 어려우니 Self-Attention에 대해 더 알아보겠습니다.

Self-Attention 기술은 전치 합성곱에서 국소 정보만 고려하는 문제가 있어 등장하였습니다. 이는 전치 합성곱뿐 아니라 일반적인 합성곱에도 마찬가지입니다. 국소적인 정보만 취하는 이유는 커널 크기를 작게 규정하기 때문입니다. 커널 크기가 작아 작은 범위만 볼 수 있어 국소적인 정보만 얻을 수 있습니다.

거대한 커널, 예를 들어 입력 크기와 동일한 크기의 커널을 준비하면 좋을 것이라고 생각할 수 있지만 계산 비용이 너무 높아져 학습이 잘되지 않습니다. 계산 비용을 억제하기 위해서도 제한을 두고 포괄적인 정보를 고려하는 구조가 필요합니다.

이러한 입력 데이터의 위치 정보 전체에 대한 커널과 같은 기능을 가지면서도 제한을 주고 계산 비용을 절감하는 수단이 바로 Self-Attention입니다. Self-Attention은 계산 비용을 억제하기 위하여 '입력 데이터의 어떠한 셀의 특징량을 계산할 때 주목할 셀은 자신과 비슷한 값의 셀로 한다'는 제한을 둡니다. 이는 커널 크기 N의 일반적인 합성곱이나 전치 합성곱의 경우에

서 '입력 데이터의 어떠한 셀의 특징량을 계산할 때 주목할 셀은 주변 N×N 범위의 셀로 한다'
는 표현에 대응합니다.

즉 합성곱이나 전치 합성곱에서는 주목할 셀을 특징량을 계산할 대상 셀의 커널 크기 범위 주
변 셀로 합니다. 이에 비해 Self-Attention에서는 특징량을 계산할 대상 셀과 특징량이 비슷
한 셀이 주목할 셀입니다. 즉 커널 크기 최대의 합성곱 층이지만 해당 커널 값을 학습시키는 것
이 아닌 자신과 비슷한 특징량 값을 커널 값으로 하여 매회 데이터마다 계산합니다.

하지만 Self-Attention의 계산 비용을 억제하기 위한 '입력 데이터의 어떠한 셀의 특징량을 계
산할 때 주목할 주위 셀은 자신과 값이 비슷한 셀로 한다'는 제한이 있어 입력 데이터 x에 대해
그대로 Self-Attention을 하면 성능이 좋아지기 어렵습니다. Self-Attention 제한이 있어도
포괄적 정보를 고려한 특징량을 입력 데이터 x로 계산할 수 있도록 입력 데이터 x를 한 번 특
징량 변환한 후 Self-Attention에 전달합니다.

5.3.3 1×1 합성곱(점별 합성곱)

Self-Attention을 수행할 때 레이어의 출력 x를 그대로 Self-Attention 계산에 사용하지 않
고 일단 특징량 변환하여 Self-Attention에 전달합니다.

특징량 변환 방법으로 커널 크기가 1x1인 합성곱 층에서 x를 크기 C×H×W에서 크기 C′×
H×W로 변환하여 Self-Attention으로 사용합니다. 1x1의 합성곱 층이 점별 합성곱입니다
(3장 시맨틱 분할에서도 점별 합성곱이 나왔습니다).

커널 크기 1의 합성곱 처리란 커널 크기가 1이므로 합성곱 층에서 출력되는 결과는 입력하는 x
의 각 채널을 더한다는 것을 의미합니다. [그림 5-7]이 점별 합성곱의 이미지입니다. 만약 1x1
의 합성곱 층 출력 채널이 하나뿐이라면 입력 x를 채널마다 선형합을 취한 것이 됩니다. 출력
채널이 복수라면 다른 계수로 채널별 선형합을 취한 것을 출력 채널만큼 준비하게 됩니다.

출력 채널 수 1의 경우 점별 합성곱

출력 채널 수 C′의 경우 점별 합성곱

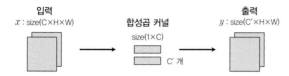

그림 5-7 점별 합성곱 화상

즉 점별 합성곱은 입력 데이터의 각 채널별 선형 합을 만드는 것으로 1×1의 합성곱 층의 출력 채널 수를 변화시켜 원래 입력 x의 채널 수를 C에서 C′로 변화시킵니다. 기본적으로 출력 채널 수 C′는 입력 채널 수 C보다 작은 값입니다.

이처럼 원래 입력 x의 특징량별 선형 합을 계산하는 작업, 즉 입력의 차원 압축을 합니다. 주성분 분석principal component analysis과 같은 이미지입니다. 신경망의 오차 역전파에 원래 입력 x의 채널 수 C에서 C′로 압축할 때 x의 정보가 누락되기 어려운 선형 합의 계수(점별 합성곱의 커널 가중치)를 학습해줍니다.

Self-Attention 실시 전 단계에서 점별 합성곱을 사용하는 이유는 두 가지 있습니다. 첫째, 앞서 설명했듯이 Self-Attention의 '입력 데이터의 어떠한 셀의 특징량을 계산할 때 주목할 주위 셀은 자신과 값이 비슷한 셀로 한다'는 제한에도 잘 작동하는 특징량으로 x의 입력을 변환하고 싶기 때문입니다. 둘째, Self-Attention에서는 $N \times C$의 행렬 x^{T}와 $C \times N$ 행렬 x의 곱셈을 하므로 C를 작게 하여 계산 비용을 줄이기 위해서입니다.

Self-Attention과는 관계 없지만 점별 합성곱은 입력 데이터의 차원 압축을 실시하여 계산 비용을 낮추는 특성을 살려 에지 단말기 등 대용량 메모리나 계산 능력을 갖추지 못한 계산기로 딥러닝을 실시하는 모바일넷MobileNets[4] 모델에서도 사용됩니다.

1×1의 합성곱층을 활용한 점별 합성곱과 Self-Attention을 구현하면 다음과 같습니다. `query`, `key`, `value`라는 개념이 나오며 주로 자연어 처리의 Attention 기술인 소스 타깃

Attention^{source target attention}에서 나옵니다. Self-Attention과는 개념이 조금 다르지만 Self-Attention에서도 query, key, value라는 변수명을 사용하여 구현하는 경우가 많습니다. 이번 장에서는 원래 입력 x의 전치에 대응하는 것을 query로, 원래 입력 x에 대응하는 것을 key로, 그리고 Attention 맵과 곱하는 대상을 value로 변수명을 붙였다는 정도로 이해하면 됩니다.

```python
# 1×1 합성곱 층을 활용한 점별 합성곱 준비
query_conv = nn.Conv2d(
    in_channels=X.shape[1], out_channels=X.shape[1]//8, kernel_size=1)
key_conv = nn.Conv2d(
    in_channels=X.shape[1], out_channels=X.shape[1]//8, kernel_size=1)
value_conv = nn.Conv2d(
    in_channels=X.shape[1], out_channels=X.shape[1], kernel_size=1)

# 합성곱한 뒤 크기를 변형시킨다. B, C', W, H → B, C', N으로
proj_query = query_conv(X).view(
    X.shape[0], -1, X.shape[2]*X.shape[3]) # 크기: B, C', N
proj_query = proj_query.permute(0, 2, 1) # 전치 조작
proj_key = key_conv(X).view(
    X.shape[0], -1, X.shape[2]*X.shape[3]) # 크기: B, C', N

# 곱셈
S = torch.bmm(proj_query, proj_key) # bmm은 배치별 행렬곱

# 규격화
m = nn.Softmax(dim=-2) # i행 방향의 합을 1로 하는 소프트맥스 함수
attention_map_T = m(S) # 전치된 Attention Map
attention_map = attention_map_T.permute(0, 2, 1) # 전치를 취한다.

# Self-Attention Map 계산
proj_value = value_conv(X).view(
    X.shape[0], -1, X.shape[2]*X.shape[3]) # 크기: B, C, N
# Attention 맵을 전치하여 곱한다.
o = torch.bmm(proj_value, attention_map.permute(
    0, 2, 1))
```

5.3.4 스펙트럴 정규화

SAGAN에서는 스펙트럴 정규화[5]라는 개념으로 합성곱 층의 가중치를 규격화합니다. 파이토치로 구현하면 torch.nn.utils.spectral_norm()입니다.

정규화라고 하면 배치 정규화가 떠오르지만 배치 정규화는 딥러닝 모델 속 데이터에 대한 규격화 작업이었습니다. 스펙트럴 정규화는 데이터가 아니라 합성곱 층 등의 네트워크 가중치 파라미터를 표준화하는 작업입니다.

GAN이 잘 작동하려면 식별기 D가 립시츠 연속성^{lipschitz continuity}을 가져야 합니다. 립시츠 연속성이란 '식별기 D의 입력 화상이 아주 조금 변하면 식별기 D의 출력은 거의 변하지 않는다'는 뜻입니다. 반대로 립시츠 연속성이 확보되지 않은 식별기는 식별기 D의 입력 화상이 아주 조금만 변해도 식별기 D의 출력은 크게 변합니다. 이는 G와 D가 제대로 학습하지 못한다는 느낌입니다.

D의 네트워크가 립시츠 연속성을 보유하려면 스펙트럴 정규화에서 가중치를 정규화하는 작업을 실행하는 것입니다. 스펙트럴 정규화을 이해하려면 선형대수의 고윳값이 갖는 의미를 제대로 이해해야 합니다. 책에서는 이미지로 설명합니다.

어떠한 층에 입력되는 텐서 데이터가 있고 그 층에서 출력되는 텐서가 있습니다. 입력과 출력을 생각할 때 입력 텐서의 특정 성분(텐서 형식이며 고유 벡터에 대응합니다)이 출력 시 원래보다 커질 경우 해당 특정 성분은 해당 층의 처리에서 확대됩니다.

입력 화상 A, B가 존재하고 화상 A와 B는 거의 같고 아주 조금만 다르다고 합시다. 약간 다른 부분에 앞서 설명한 커지는 텐서 성분을 포함한다면 입력 화상의 작은 변화가 확대됩니다. 입력 화상의 작은 변화가 확대되는 상태에서 이것이 반복되면 식별기 D의 출력 앞에서는 입력 화상 A와 B의 작은 차이가 큰 차이가 되고 최종 식별 결과도 크게 달라집니다. 즉 식별기 D의 입력 화상이 아주 조금만 변해도 식별기 D의 출력은 크게 변합니다.

이를 방지하기 위하여 층에 대한 입력 텐서의 성분이 무엇이든 출력 텐서에서는 확대될 수 없도록 다양한 성분이 확대되는 값 중 최댓값을 사용하여(최대 고유치에 대응합니다) 층의 가중치 파라미터를 나누어 규격화합니다.

스펙트럴 정규화로 GAN의 학습이 잘 되도록 층의 가중치를 정규화한다는 정도로 이해하면 됩니다. 자세히 알고 싶다면 참고 문헌[5][6]을 참조하십시오.

SAGAN은 D뿐만 아니라 생성기 G의 합성곱 층에도 스펙트럴 정규화를 사용합니다.

스펙트럴 정규화 구현은 간단합니다. 예를 들어 전치 합성곱 층에 적용할 경우에는 다음과 같습니다.

```
nn.utils.spectral_norm(nn.ConvTranspose2d(z_dim, image_size * 8, kernel_size=4, stride=1))
```

SAGAN의 핵심 딥러닝 기술인 Self-Attention, 1×1 합성곱 층(점별 합성곱), 스펙트럴 정규화를 설명하였습니다. 다음 절에서는 이들을 사용하여 SAGAN을 구현한 후 숫자 화상 생성을 학습시킵니다.

5.4 Self-Attention GAN의 학습, 생성

SAGAN을 구현하여 필기체 숫자 화상을 생성할 수 있도록 학습시킵니다. 5.2절과 동일한 지도 데이터를 사용하여 숫자 7과 8의 화상을 생성합니다. 깃허브: heykeetae/Self-Attention-GAN[7]을 참고합니다.

학습 목표는 다음과 같습니다.

1. SAGAN을 구현할 수 있다.

구현 파일
5-4_SAGAN.ipynb

5.4.1 Self-Attention 모듈 구현

Self-Attention을 계산하는 모듈을 구현합니다. 모듈에 대한 입력이 x, Self-Attention Map이 o일 때 출력은 다음과 같습니다.

$$y = x + \gamma o$$

γ는 적당한 계수이며 초깃값 0부터 학습시킵니다. 구현 시 파이토치에서 학습할 수 있는 변수를 작성하는 명령 nn.Parameter()를 사용하여 변수를 만듭니다.

다음과 같이 구현할 수 있습니다. 출력 시에는 Attention Map도 함께 출력합니다. Attention

Map은 이후 계산에 직접 사용되지 않지만 나중에 어떻게 Self-Attention되었는지 Attention 강도를 시각화하기 위하여 사용합니다.

```python
class Self_Attention(nn.Module):
    """Self-Attention 레이어"""

    def __init__(self, in_dim):
        super(Self_Attention, self).__init__()

        # 1x1의 합성곱 층을 활용한 점별 합성곱 준비
        self.query_conv = nn.Conv2d(
            in_channels=in_dim, out_channels=in_dim//8, kernel_size=1)
        self.key_conv = nn.Conv2d(
            in_channels=in_dim, out_channels=in_dim//8, kernel_size=1)
        self.value_conv = nn.Conv2d(
            in_channels=in_dim, out_channels=in_dim, kernel_size=1)

        # Attention Map을 작성할 때 규격화 소프트맥스
        self.softmax = nn.Softmax(dim=-2)

        # 원래 입력 x와 Self-Attention Map인 o를 더할 때 계수
        # output = x +gamma*o
        # 처음에는 gamma=0으로 학습시킨다.
        self.gamma = nn.Parameter(torch.zeros(1))

    def forward(self, x):

        # 입력 변수
        X = x

        # 합성곱한 뒤 크기를 변형시킨다. B, C', W, H→B, C', N으로
        proj_query = self.query_conv(X).view(
            X.shape[0], -1, X.shape[2]*X.shape[3])  # 크기: B, C', N
        proj_query = proj_query.permute(0, 2, 1)  # 전치 조작
        proj_key = self.key_conv(X).view(
            X.shape[0], -1, X.shape[2]*X.shape[3])  # 크기: B, C', N

        # 곱셈
        S = torch.bmm(proj_query, proj_key)  # bmm은 배치별 행렬곱

        # 규격화
        attention_map_T = self.softmax(S)  # i행 방향의 합을 1로 하는 소프트맥스 함수
        attention_map = attention_map_T.permute(0, 2, 1)  # 전치한다.
```

```
# Self-Attention Map 계산
proj_value = self.value_conv(X).view(
    X.shape[0], -1, X.shape[2]*X.shape[3])  # 크기: B, C, N
o = torch.bmm(proj_value, attention_map.permute(
    0, 2, 1))  # Attention Map을 전치하여 곱한다.

# Self-Attention Map의 텐서 크기를 X로 준비하여 출력으로 한다.
o = o.view(X.shape[0], X.shape[1], X.shape[2], X.shape[3])
out = x+self.gamma*o

return out, attention_map
```

5.4.2 생성기 Generator 구현

생성기 G를 구현합니다. 기본적으로 DCGAN으로 남았지만 두 가지 변경된 점이 있습니다.

첫째, 전치 합성곱 층에 스펙트럴 정규화를 추가한다는 점입니다. 다만 마지막 레이어인 라스트의 전치 합성곱 층에는 추가하지 않습니다. 둘째, 레이어 3과 레이어 4의 사이, 그리고 레이어 4와 라스트 사이 두 군데에 Self-Attention 모듈을 추가한다는 점입니다.

두 가지 변화를 감안한 구현은 다음과 같습니다. 출력할 때의 시각화를 위한 Attention Map도 출력합니다.

```
class Generator(nn.Module):

    def __init__(self, z_dim=20, image_size=64):
        super(Generator, self).__init__()

        self.layer1 = nn.Sequential(
            # 스펙트럴 정규화 추가
            nn.utils.spectral_norm(nn.ConvTranspose2d(z_dim, image_size * 8,
                                                    kernel_size=4, stride=1)),
            nn.BatchNorm2d(image_size * 8),
            nn.ReLU(inplace=True))

        self.layer2 = nn.Sequential(
            # 스펙트럴 정규화 추가
            nn.utils.spectral_norm(nn.ConvTranspose2d(image_size * 8, image_size * 4,
                                                    kernel_size=4, stride=2, padding=1)),
```

```python
        nn.BatchNorm2d(image_size * 4),
        nn.ReLU(inplace=True))

    self.layer3 = nn.Sequential(
        # 스펙트럴 정규화 추가
        nn.utils.spectral_norm(nn.ConvTranspose2d(image_size * 4, image_size * 2,
                                                  kernel_size=4, stride=2,
                                                  padding=1)),
        nn.BatchNorm2d(image_size * 2),
        nn.ReLU(inplace=True))

    # Self-Attention 층 추가
    self.self_attntion1 = Self_Attention(in_dim=image_size * 2)

    self.layer4 = nn.Sequential(
        # 스펙트럴 정규화 추가
        nn.utils.spectral_norm(nn.ConvTranspose2d(image_size * 2, image_size,
                                                  kernel_size=4, stride=2,
                                                  padding=1)),
        nn.BatchNorm2d(image_size),
        nn.ReLU(inplace=True))

    # Self-Attention 층 추가
    self.self_attntion2 = Self_Attention(in_dim=image_size)

    self.last = nn.Sequential(
        nn.ConvTranspose2d(image_size, 1, kernel_size=4,
                           stride=2, padding=1),
        nn.Tanh())
    # 주의: 흑백 화상이므로 출력 채널은 하나뿐이다.

def forward(self, z):
    out = self.layer1(z)
    out = self.layer2(out)
    out = self.layer3(out)
    out, attention_map1 = self.self_attntion1(out)
    out = self.layer4(out)
    out, attention_map2 = self.self_attntion2(out)
    out = self.last(out)

    return out, attention_map1, attention_map2
```

5.4.3 식별기 Discriminator 구현

식별기 D를 구현합니다. 기본은 DCGAN이며 생성기 G와 마찬가지로 두 가지 변경된 점이 있습니다.

첫째, 합성곱 층에 스펙트럴 정규화를 추가한다는 것입니다. 다만 마지막 레이어인 라스트의 합성곱 층에는 추가하지 않습니다. 둘째, 레이어 3과 레이어 4의 사이, 그리고 레이어 4와 라스트 사이의 두 군데에 Self-Attention 모듈을 추가한다는 점입니다. 생성기 G와 동일한 변경 절차입니다.

변화를 감안한 구현은 다음과 같습니다. 출력할 때 시각화를 위한 Attention 맵도 출력시킵니다.

```python
class Discriminator(nn.Module):

    def __init__(self, z_dim=20, image_size=64):
        super(Discriminator, self).__init__()

        self.layer1 = nn.Sequential(
            # 스펙트럴 정규화 추가
            nn.utils.spectral_norm(nn.Conv2d(1, image_size, kernel_size=4,
                                             stride=2, padding=1)),
            nn.LeakyReLU(0.1, inplace=True))
        # 주의: 흑백 화상이므로 출력 채널은 하나뿐이다.

        self.layer2 = nn.Sequential(
            # 스펙트럴 정규화 추가
            nn.utils.spectral_norm(nn.Conv2d(image_size, image_size*2, kernel_size=4,
                                             stride=2, padding=1)),
            nn.LeakyReLU(0.1, inplace=True))

        self.layer3 = nn.Sequential(
            # 스펙트럴 정규화 추가
            nn.utils.spectral_norm(nn.Conv2d(image_size*2, image_size*4, kernel_size=4,
                                             stride=2, padding=1)),
            nn.LeakyReLU(0.1, inplace=True))

        # Self-Attention 층 추가
        self.self_attntion1 = Self_Attention(in_dim=image_size*4)

        self.layer4 = nn.Sequential(
            # 스펙트럴 정규화 추가
            nn.utils.spectral_norm(nn.Conv2d(image_size*4, image_size*8, kernel_size=4,
```

```
                                          stride=2, padding=1)),
         nn.LeakyReLU(0.1, inplace=True))

    # Self-Attention 층 추가
    self.self_attntion2 = Self_Attention(in_dim=image_size*8)

    self.last = nn.Conv2d(image_size*8, 1, kernel_size=4, stride=1)

def forward(self, x):
    out = self.layer1(x)
    out = self.layer2(out)
    out = self.layer3(out)
    out, attention_map1 = self.self_attntion1(out)
    out = self.layer4(out)
    out, attention_map2 = self.self_attntion2(out)
    out = self.last(out)

    return out, attention_map1, attention_map2
```

5.4.4 데이터 로더 작성

지도 데이터의 데이터 로더인 `train_dataLoader` 변수를 만듭니다. `train_dataloader` 변수는 5.2절과 똑같이 숫자 7과 8의 화상의 데이터 로더입니다. 5.2절과 같아 데이터 로더 작성 코드는 생략합니다.

5.4.5 네트워크 초기화와 학습 실시

학습 함수를 정의하겠습니다. 기본적으로 5.2절의 DCGAN과 동일하지만 하나 다른 부분이 있습니다. 그것은 손실함수의 정의입니다.

SAGAN에서는 손실함수를 '적대적 손실의 힌지 버전hinge version of the adversarial loss'으로 불리는 것으로 변경합니다. DCGAN에서는 식별기 D의 손실함수는 D의 출력을 $y = D(x)$로 하면 다음과 같습니다.

$$-\sum_{i=1}^{M}\Big[l_i \log y_i + \big(1 - l_i\big) \log\big(1 - y_i\big) \Big]$$

구현 코드는 다음과 같습니다.

```
criterion = nn.BCEWithLogitsLoss(reduction='mean')
d_loss_real = criterion(d_out_real.view(-1), label_real)
d_loss_fake = criterion(d_out_fake.view(-1), label_fake)
```

SAGAN의 적대적 손실의 힌지 버전에서는 D의 손실함수가 다음과 같습니다.

$$-\frac{1}{M}\sum_{i=1}^{M}\Big[l_i * \min\big(0, -1 + y_i\big) + \big(1 - l_i\big) * \min\big(0, -1 - y_i\big) \Big]$$

구현하면 다음과 같습니다.

```
d_loss_real = torch.nn.ReLU()(1.0 - d_out_real).mean()
d_loss_fake = torch.nn.ReLU()(1.0 + d_out_fake).mean()
```

이 구현에서 ReLU는 네트워크의 활성화 함수가 아닙니다. 단순히 숫자 0과 ReLU에 대한 입력을 비교하여 손실함수의 $min(0, -1 + y_i)$ 같은 min 함수를 실현하는 역할을 합니다(손실함수 선두에 있는 마이너스를 고려하므로 실제로는 max 함수를 ReLU로 표현).

생성기 G의 경우 DCGAN에서는 G의 손실함수가 다음과 같습니다.

$$\sum_{i=1}^{M}\log\big(1 - D\big(G\big(z_i\big)\big)\big)$$

학습하기 쉽도록 다음과 같이 사용합니다.

$$-\sum_{i=1}^{M}\log D\big(G\big(z_i\big)\big)$$

구현 코드는 다음과 같습니다.

```
criterion = nn.BCEWithLogitsLoss(reduction='mean')
g_loss = criterion(d_out_fake.view(-1), label_real)
```

SAGAN의 적대적 손실의 힌지 버전에서 G의 손실함수는 다음과 같이 됩니다.

$$-\frac{1}{M}\sum_{i=1}^{M}D\big(G(z_i)\big)$$

다음과 같이 구현됩니다.

```
g_loss = - d_out_fake.mean()
```

이러한 힌지 버전의 손실함수를 사용하는 이유로 논문의 저자들은 일반 GAN의 손실함수보다 경험적으로 잘 학습할 수 있기 때문이라고 밝혔습니다. GAN의 손실함수는 힌지 버전 이외에도 많이 제안하였습니다. 힌지 버전을 포함한 다양한 GAN의 손실함수는 경험을 통해 잘 수행된다는 이유로 많이 사용합니다.

손실함수의 변화를 감안하여 SAGAN의 학습 함수를 구현하면 다음과 같습니다.

```
# 모델을 학습시키는 함수 작성
def train_model(G, D, dataloader, num_epochs):

    # GPU 사용할 수 있는지  확인
    device = torch.device("cuda:0" if torch.cuda.is_available() else "cpu")
    print("사용 장치: ", device)

    # 최적화 기법 설정
    g_lr, d_lr = 0.0001, 0.0004
    beta1, beta2 = 0.0, 0.9
    g_optimizer = torch.optim.Adam(G.parameters(), g_lr, [beta1, beta2])
    d_optimizer = torch.optim.Adam(D.parameters(), d_lr, [beta1, beta2])

    # 오차 함수 정의 → 적대적 손실의 힌지 버전으로 변경
    # criterion = nn.BCEWithLogitsLoss(reduction='mean')
```

```python
# 파라미터를 하드코딩
z_dim = 20
mini_batch_size = 64

# 네트워크를 GPU로
G.to(device)
D.to(device)

G.train()  # 모델을 훈련 모드로
D.train()  # 모델을 훈련 모드로

# 네트워크가 어느 정도 고정되면 고속화시킨다.
torch.backends.cudnn.benchmark = True

# 화상 매수
num_train_imgs = len(dataloader.dataset)
batch_size = dataloader.batch_size

# 반복 카운터 설정
iteration = 1
logs = []

# 에폭 루프
for epoch in range(num_epochs):

    # 개시 시간 저장
    t_epoch_start = time.time()
    epoch_g_loss = 0.0  # 에폭의 손실 합
    epoch_d_loss = 0.0  # 에폭의 손실 합

    print('-------------')
    print('Epoch {}/{}'.format(epoch, num_epochs))
    print('-------------')
    print(' (train) ')

    # 데이터 로더에서 미니 배치씩 꺼내는 루프
    for imges in dataloader:

        # --------------------
        # 1. Discriminator 학습
        # --------------------
        # 미니 배치 크기가 1이면 배치 정규화에서 오류가 발생하므로 피한다.
        if imges.size()[0] == 1:
            continue
```

```python
# GPU를 사용할 수 있으면 GPU로 데이터를 보낸다.
imges = imges.to(device)

# 정답 라벨과 가짜 라벨 작성
# 에폭의 마지막 반복은 미니 배치 수가 줄어든다.
mini_batch_size = imges.size()[0]
#label_real = torch.full((mini_batch_size,), 1).to(device)
#label_fake = torch.full((mini_batch_size,), 0).to(device)

# 진짜 화상 판정
d_out_real, _, _ = D(imges)

# 가짜 화상을 생성하여 판정
input_z = torch.randn(mini_batch_size, z_dim).to(device)
input_z = input_z.view(input_z.size(0), input_z.size(1), 1, 1)
fake_images, _, _ = G(input_z)
d_out_fake, _, _ = D(fake_images)

# 오차 계산 → 적대적 손실의 힌지 버전으로 변경
# d_loss_real = criterion(d_out_real.view(-1), label_real)
# d_loss_fake = criterion(d_out_fake.view(-1), label_fake)

d_loss_real = torch.nn.ReLU()(1.0 - d_out_real).mean()
# 오차 d_out_real이 1 이상에서 오차 0이 된다. d_out_real>1에서
# 1.0 - d_out_real이 음수이면 ReLU로 0으로 한다.

d_loss_fake = torch.nn.ReLU()(1.0 + d_out_fake).mean()
# 오차 d_out_fake가 -1 이하이면 오차 0이 된다. d_out_fake<-1에서
# 1.0 + d_out_real이 음수이면 ReLU로 0으로 한다.

d_loss = d_loss_real + d_loss_fake

# 역전파
g_optimizer.zero_grad()
d_optimizer.zero_grad()

d_loss.backward()
d_optimizer.step()

# --------------------
# 2. Generator 학습
# --------------------
# 가짜 화상을 생성하여 판정
input_z = torch.randn(mini_batch_size, z_dim).to(device)
```

```
        input_z = input_z.view(input_z.size(0), input_z.size(1), 1, 1)
        fake_images, _, _ = G(input_z)
        d_out_fake, _, _ = D(fake_images)

        # 오차 계산 → 적대적 손실의 힌지 버전으로 변경
        #g_loss = criterion(d_out_fake.view(-1), label_real)
        g_loss = - d_out_fake.mean()

        # 역전파
        g_optimizer.zero_grad()
        d_optimizer.zero_grad()
        g_loss.backward()
        g_optimizer.step()

        # --------------------
        # 3. 기록
        # --------------------
        epoch_d_loss += d_loss.item()
        epoch_g_loss += g_loss.item()
        iteration += 1

    # 에폭의 phase별 손실과 정답률
    t_epoch_finish = time.time()
    print('-------------')
    print('epoch {} || Epoch_D_Loss:{:.4f} ||Epoch_G_Loss:{:.4f}'.format(
        epoch, epoch_d_loss/batch_size, epoch_g_loss/batch_size))
    print('timer:  {:.4f} sec.'.format(t_epoch_finish - t_epoch_start))
    t_epoch_start = time.time()

# print("총 반복 횟수: ", iteration)

return G, D
```

마지막으로 네트워크의 가중치를 초기화하여 학습을 수행합니다. 학습은 300에폭 진행합니다. GPU 머신에서 15분 정도 시간이 소요됩니다.

```
# 네트워크 초기화
def weights_init(m):
    classname = m.__class__.__name__
    if classname.find('Conv') != -1:
        # Conv2d와 ConvTranspose2d 초기화
        nn.init.normal_(m.weight.data, 0.0, 0.02)
```

```
            nn.init.constant_(m.bias.data, 0)
        elif classname.find('BatchNorm') != -1:
            # BatchNorm2d 초기화
            nn.init.normal_(m.weight.data, 1.0, 0.02)
            nn.init.constant_(m.bias.data, 0)


# 초기화 실시
G.apply(weights_init)
D.apply(weights_init)

print("네트워크 초기화 완료")



# 학습 및 검증 실행
# 15분 정도 걸린다.
num_epochs = 300
G_update, D_update = train_model(
    G, D, dataloader=train_dataloader, num_epochs=num_epochs)
```

학습 결과를 시각화합니다. [그림 5-8]은 상단이 훈련 데이터, 하단이 SAGAN으로 생성한 화상입니다. SAGAN을 활용한 필기체 숫자의 화상으로 보이는 것이 생성되었습니다.

```
# 생성 화상과 훈련 데이터 시각화
# 이 셀은 괜찮은 느낌의 화상이 생성될 때까지 몇 번 재실행한다.
device = torch.device("cuda:0" if torch.cuda.is_available() else "cpu")

# 입력 난수 생성
batch_size = 8
z_dim = 20
fixed_z = torch.randn(batch_size, z_dim)
fixed_z = fixed_z.view(fixed_z.size(0), fixed_z.size(1), 1, 1)

# 화상 생성
G_update.eval()
fake_images, am1, am2 = G_update(fixed_z.to(device))

# 훈련 데이터
batch_iterator = iter(train_dataloader)  # 반복자로 변환
imges = next(batch_iterator)  # 첫 번째 요소를 꺼낸다.

# 출력
fig = plt.figure(figsize=(15, 6))
```

```
for i in range(0, 5):
    # 상단에 훈련 데이터 표시
    plt.subplot(2, 5, i+1)
    plt.imshow(imges[i][0].cpu().detach().numpy(), 'gray')

    # 하단에 생성 데이터 표시
    plt.subplot(2, 5, 5+i+1)
    plt.imshow(fake_images[i][0].cpu().detach().numpy(), 'gray')
```

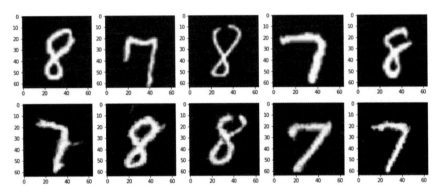

그림 5-8 SAGAN을 활용한 화상 생성의 예(상단은 지도 데이터, 하단은 생성 데이터)

생성 화상의 Attention Map을 시각화합니다.

```
# Attention Map을 출력
fig = plt.figure(figsize=(15, 6))
for i in range(0, 5):

    # 상단에 생성한 화상 데이터 표시
    plt.subplot(2, 5, i+1)
    plt.imshow(fake_images[i][0].cpu().detach().numpy(), 'gray')

    # 하단에 Attention Map 1 화상 중앙의 픽셀 데이터 표시
    plt.subplot(2, 5, 5+i+1)
    am = am1[i].view(16, 16, 16, 16)
    am = am[7][7]  # 중앙에 주목
    plt.imshow(am.cpu().detach().numpy(), 'Reds')
```

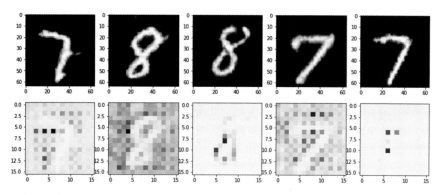

그림 5-9 SAGAN의 생성기에서 화상 캔버스 중앙 픽셀의 Attention Map 예
(상단은 생성 데이터, 하단은 Attention Map)

[그림 5-9]의 Attention Map은 화상 캔버스의 가로세로 중앙에 있는 한가운데의 픽셀을 생성할 때 어떠한 위치 픽셀의 특징량에 Attention해서 고려했는지 보여줍니다.

예를 들어 왼쪽 끝의 화상 7을 생성할 때 Attention Map을 보면 중앙에서 왼쪽과 왼쪽 하단 방향의 픽셀을 특히 체크(주의^{attention})하여 이들 위치의 특징량을 참조합니다. 왼쪽에서 두 번째 화상 8을 생성할 때 8의 윤곽인 바깥 전부에 강하게 주의합니다. 왼쪽에서 세 번째 화상 8을 생성할 때 8의 윤곽 아래에 강하게 주의하여 이들 위치의 특징량을 참조한 후 중앙 셀의 특징량이 계산됩니다.

5.4.6 정리

이번 장에서는 DCGAN 및 Self-Attention GAN을 활용한 화상 생성을 설명하고 구현하였습니다. Self-Attention, 점별 합성곱, 스펙트럴 정규화 같이 어려운 개념이 나왔습니다. 여러 번 다시 읽어 이해하기 바랍니다. 특히 Self-Attention은 7, 8장의 자연 언어 처리에서도 사용하는 중요한 기술입니다.

다음 장에서는 GAN을 활용한 이상 탐지를 실행해보겠습니다.

5장 참고 문헌

[1] DCGAN

Radford, A., Metz, L., & Chintala, S. (2015). Unsupervised Representation Learning with Deep Convolutional Generative Adversarial Networks. arXiv preprint arXiv: 1511.06434.

https://arxiv.org/abs/1511.06434

[2] Self-Attention GAN

Zhang, H., Goodfellow, I., Metaxas, D., & Odena, A. (2018). Self-Attention Generative Adversarial Networks. arXiv preprint arXiv: 1805.08318.

https://arxiv.org/abs/1805.08318

[3] BiGAN

Brock, A., Donahue, J., & Simonyan, K. (2018). Large Scale GAN Training for High Fidelity Natural Image Synthesis. arXiv preprint arXiv: 1809.11096.

https://arxiv.org/abs/1809.11096

[4] 모바일넷

Howard, A. G., Zhu, M., Chen, B., Kalenichenko, D., Wang, W., Weyand, T., ... & Adam, II. (2017). MobileNets: Efficient Convolutional Neural Networks for Mobile Vision Applications. arXiv preprint arXiv: 1704.04861.

https://arxiv.org/abs/1704.04861

[5] 스펙트럴 정규화

Miyato, T., Kataoka, T., Koyama, M., & Yoshida, Y. (2018). Spectral Normalization for Generative Adversarial Networks. arXiv preprint arXiv: 1802.05957.

https://arxiv.org/abs/1802.05957

[6] 스펙트럴 정규화 Explained

https://christiancosgrove.com/blog/2018/01/04/spectral-normalization-explained.html

[7] 깃허브: heykeetae/Self−Attention−GAN

https://github.com/heykeetae/Self-Attention-GAN

GAN을 활용한 이상 화상 탐지 (AnoGAN, Efficient GAN)

6.1 GAN을 활용한 이상 화상 탐지 메커니즘

GAN을 활용한 이상 화상異常画像의 탐지 및 검출의 메커니즘을 설명하겠습니다. 6.1절과 6.2절에서는 이상 화상 탐지에 AnoGAN^{anomaly detection with GAN}[1]을 사용합니다.

이 절의 학습 목표는 다음과 같습니다.

1. **GAN을 활용한 이상 화상 검출 기술이 요구되는 배경을 이해한다.**
2. **AnoGAN 알고리즘을 이해한다.**

구현 파일

없음

6.1.1 폴더 준비

5장 GAN을 활용한 화상 생성과 마찬가지로 필기체 숫자 화상을 사용하겠습니다. 이번 장에서 사용할 폴더를 만들어 파일을 다운로드합니다. 코드를 다운로드하여 6_gan_anomaly_detection 폴더 내 make_folders_and_data_downloads.ipynb 파일의 각 셀을 하나씩 실

행하세요.[1]

필기체 숫자 화상의 지도 데이터로 MNIST 화상 데이터를 다운로드합니다. 5장과 마찬가지로 시간 단축을 위하여 7, 8의 화상을 각각 200장씩 사용합니다. 이상 화상 탐지를 위한 테스트 화상은 정상 화상인 7, 8과 이상 화상인 2의 화상을 다섯 장씩 test 폴더에 준비합니다.

[그림 6-1]과 같은 폴더 구조가 생성됩니다. 5장과 마찬가지로 화상 크기를 28픽셀에서 64픽셀로 확대한 데이터와 원래의 28픽셀 데이터를 준비합니다. 64픽셀 화상은 6.2절에서, 28픽셀 화상은 6.4절에서 사용합니다.

---

1 옮긴이_ make_folders_and_data_downloads.ipynb 파일의 다음 셀에서 오류가 발생한다면 'anaconda prompt'를 관리자 권한으로 실행합니다.

```
plt.imshow(X[0].reshape(28, 28), cmap='gray')
```

다음 명령을 수행하세요. 사이킷런 라이브러리를 0.22.1로 지정하여 설치합니다.

```
pip install scikit-learn==0.22.1
```

설치 후 윈도우는 다음과 같이 버전을 확인합니다.

```
pip list | findstr "scikit-learn"
```

리눅스는 다음과 같이 버전을 확인합니다.

```
pip list | grep scikit-learn
```

scikit-learn 0.22.1이 나오면 정상적으로 설치된 것입니다. 이후 주피터 노트북을 재시작하여 해당 셀을 다시 실행해보세요.

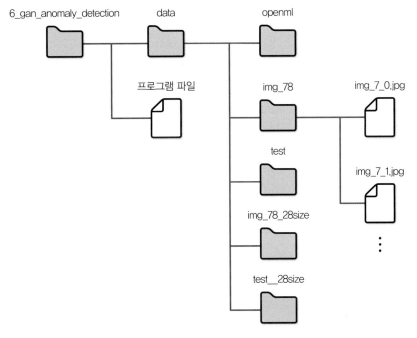

그림 6-1 6장 폴더 구성

6.1.2 GAN을 활용한 이상 화상 검출의 필요성

먼저 GAN을 활용한 이상 화상 검출이 왜 필요한지 알아보겠습니다. 이상 화상 검출은 의료 현장에서 질환 및 건강 상태를 판별하거나 제조업에서 이상이 있는 부품을 검출할 경우 등에 사용합니다. 딥러닝을 활용하면 대상 화상에 대한 규칙 기반rule based 처리로는 질병이나 이상 제품을 제대로 판정하지 못하고 숙련자(전문의와 숙련공)가 눈으로 직접 판단해야 했던 업무를 보조하거나 대체할 수 있습니다.

다만 딥러닝으로 이상 탐지를 구현할 때 문제가 있습니다. 이상 화상이 정상 화상보다 매우 적어 정상 화상의 몇 퍼센트 이하 매수만 준비할 수 있는 경우가 있습니다. 특히 질환이나 결함 화상은 많이 준비하기 어렵습니다. 정상 화상과 마찬가지로 이상 화상이 많다면 '정상', '이상'으로 화상을 분류할 수 있지만 이상 화상 데이터가 충분하지 않다면 화상 분류가 어렵습니다. 이에 정상 화상으로만 딥러닝을 실시하여 이상 화상을 검출하는 알고리즘을 구축해야 하는 과제가 생깁니다. 이 문제를 해결하는 것이 이번 장에서 구현할 AnoGAN 기술입니다.

6.1.3 AnoGAN 개요

앞서 정상 화상만 딥러닝을 실시하여 이상 화상을 검출하는 알고리즘을 구축해야 하는 과제가 생긴다고 하였습니다. 이때 떠올릴 수 있는 것은 '정답 화상을 생성한 GAN 모델을 구축하고 판정할 테스트 화상을 해당 식별기에 투입하여 테스트 화상이 지도 데이터(정상 화상)인지 가짜 화상인지를 판정한다'는 전략입니다. 식별기 D로 판정하는 전략은 어느 정도 작동하지만 이상 탐지에는 불충분합니다(AnoGAN 논문[1] Fig.4(a)의 녹색 선 P_D가 AnoGAN보다 정밀도가 나쁜 것을 보면 알 수 있습니다). 식별기 D뿐만 아니라 생성기 G도 활용하여 이상 탐지를 수행하는 것이 이번 장에서 다룰 AnoGAN 등의 GAN을 활용한 이상 탐지 기법입니다.

[그림 6-2]는 생성기 G의 힘도 활용한 이상 탐지의 모습입니다.

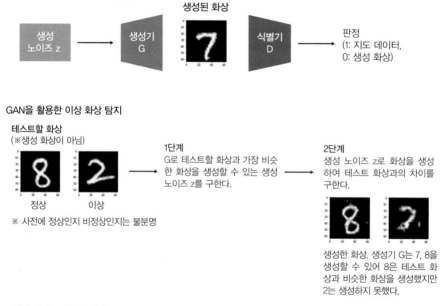

그림 6-2 AnoGAN 개요

[그림 6-2]의 상단은은 일반적인 GAN 흐름입니다. 생성 노이즈 z를 생성기 G에 입력하여 화상을 생성한 후 생성한 화상이 지도 데이터인지 생성 데이터인지 식별기 D로 판정합니다. AnoGAN에서는 우선 일반적인 GAN 모델을 학습시킵니다.

이어서 학습시킨 G와 D로 이상 탐지를 실시합니다. 이상 여부를 테스트하고 싶은 화상을 준비합니다. [그림 6-2]의 하단처럼 숫자 8과 2의 화상을 준비하였습니다. 실제로 존재하는 화상으로 이상 여부를 판정할 실제로 존재하는 화상입니다.

먼저 1단계로 테스트할 화상과 가장 비슷한 화상을 생성할 수 있는 생성 노이즈 z를 구합니다. 생성 노이즈 z를 구하는 구체적인 방법은 다음 절에서 설명합니다.

가능한 한 가장 비슷한 화상을 생성할 수 있는 z를 구했다면 2단계로 생성 노이즈 z를 생성기 G에 입력하여 화상을 생성합니다. 이때 GAN의 학습에 사용된 지도 데이터와 테스트 데이터가 매우 비슷한, 즉 정상 화상이라면 생성된 화상은 테스트 데이터와 비슷한 화상이 됩니다.

8의 테스트 화상에서 8은 GAN이 학습한 데이터로 테스트 데이터의 화상과 비슷한 화상이 생성되었습니다. 생성기 G는 2를 생성할 수 없어 테스트 화상과 비슷한 화상을 생성하는 생성 노이즈 z를 준비하였습니다. 이에 생성된 화상과 테스트 화상은 큰 차이가 생깁니다. 2의 오른쪽 하단의 가로로 긋는 부분이 생성되지 않아 '8의 테스트 화상과 생성 화상 차이'와 '2의 테스트 화상과 생성 화상 차이'를 비교하면 2 쪽의 차이가 큽니다.

이처럼 AnoGAN은 생성기 G가 정상 화상만 생성할 수 있다는 특성을 활용하여 이상 탐지를 실시합니다.

'왜 식별기 D는 사용하지 않는가?', '1단계의 생성 노이즈 z는 어떻게 구하는가?' 등의 궁금증이 생길 수 있습니다. 식별기 D는 1단계의 생성 노이즈를 구할 때 사용합니다. 다음 절에서 직접 AnoGAN을 구현하면서 어떻게 1단계를 실현하는지 설명하겠습니다.

GAN을 활용한 이상 탐지의 중요성과 AnoGAN의 개요를 설명하였습니다. 다음 절에서는 AnoGAN을 구현합니다.

6.2 AnoGAN 구현 및 이상 탐지 실시

이번 절에서는 AnoGAN을 구현하고 알고리즘을 설명합니다.

이 절의 학습 목표는 다음과 같습니다.

1. **AnoGAN으로 테스트 화상과 가장 비슷한 화상을 생성하는 노이즈 z를 구하는 방법을 이해한다.**

2. **AnoGAN을 구현하고 필기체 숫자 화상으로 이상 탐지를 생성할 수 있다.**

구현 파일

6-2_AnoGAN.ipynb

6.2.1 DCGAN 학습

5.1절과 5.2절에서 구현한 DCGAN을 활용하여 이상 탐지 AnoGAN을 구현해보겠습니다. AnoGAN을 구현하는 경우 DCGAN 이외에도 임의의 GAN을 사용할 수 있습니다.

먼저 일반적인 DCGAN을 지도 데이터에서 학습시킵니다. 기본적으로 5.1절과 같습니다. 생성기 G의 모델, 식별기 D의 모델, 숫자 7, 8의 지도 데이터의 데이터 로더를 준비한 후 5.2절과 같은 학습을 실행합니다.

한 가지 다른 점이 있습니다. 식별기 D 모델의 출력을 변경한다는 점입니다. D의 출력(0: 생성 데이터, 1: 지도 데이터) 결과뿐만 아니라 하나 앞의 특징량도 출력합니다. 이 특징량은 1단계에서 생성 노이즈 z를 구할 때 사용합니다.

생성기 G(5.1절과 동일), 식별기 D(5.1절과 동일, 출력만 변경)를 구현하면 다음과 같습니다.

```python
class Generator(nn.Module):

    def __init__(self, z_dim=20, image_size=64):
        super(Generator, self).__init__()

        self.layer1 = nn.Sequential(
            nn.ConvTranspose2d(z_dim, image_size * 8,
                                kernel_size=4, stride=1),
            nn.BatchNorm2d(image_size * 8),
            nn.ReLU(inplace=True))

        self.layer2 = nn.Sequential(
            nn.ConvTranspose2d(image_size * 8, image_size * 4,
```

```python
                          kernel_size=4, stride=2, padding=1),
            nn.BatchNorm2d(image_size * 4),
            nn.ReLU(inplace=True))

        self.layer3 = nn.Sequential(
            nn.ConvTranspose2d(image_size * 4, image_size * 2,
                          kernel_size=4, stride=2, padding=1),
            nn.BatchNorm2d(image_size * 2),
            nn.ReLU(inplace=True))

        self.layer4 = nn.Sequential(
            nn.ConvTranspose2d(image_size * 2, image_size,
                          kernel_size=4, stride=2, padding=1),
            nn.BatchNorm2d(image_size),
            nn.ReLU(inplace=True))

        self.last = nn.Sequential(
            nn.ConvTranspose2d(image_size, 1, kernel_size=4,
                          stride=2, padding=1),
            nn.Tanh())
        # 주의: 흑백 화상이므로 출력 채널은 하나뿐이다.

    def forward(self, z):
        out = self.layer1(z)
        out = self.layer2(out)
        out = self.layer3(out)
        out = self.layer4(out)
        out = self.last(out)

        return out


class Discriminator(nn.Module):

    def __init__(self, z_dim=20, image_size=64):
        super(Discriminator, self).__init__()

        self.layer1 = nn.Sequential(
            nn.Conv2d(1, image_size, kernel_size=4,
                    stride=2, padding=1),
            nn.LeakyReLU(0.1, inplace=True))
        # 주의: 흑백 화상이므로 입력 채널은 하나뿐이다.

        self.layer2 = nn.Sequential(
```

```
        nn.Conv2d(image_size, image_size*2, kernel_size=4,
                stride=2, padding=1),
        nn.LeakyReLU(0.1, inplace=True))

    self.layer3 = nn.Sequential(
        nn.Conv2d(image_size*2, image_size*4, kernel_size=4,
                stride=2, padding=1),
        nn.LeakyReLU(0.1, inplace=True))

    self.layer4 = nn.Sequential(
        nn.Conv2d(image_size*4, image_size*8, kernel_size=4,
                stride=2, padding=1),
        nn.LeakyReLU(0.1, inplace=True))

    self.last = nn.Conv2d(image_size*8, 1, kernel_size=4, stride=1)

def forward(self, x):
    out = self.layer1(x)
    out = self.layer2(out)
    out = self.layer3(out)
    out = self.layer4(out)

    feature = out  # 마지막에 채널을 하나로 집약
    feature = feature.view(feature.size()[0], -1)  # 2차원으로 변환

    out = self.last(out)

    return out, feature
```

6.2.2 AnoGAN의 생성 난수 z를 구하는 법법

DCGAN의 모델이 준비되면 AnoGAN을 구현합니다. 앞서 설명한 테스트 화상과 가장 비슷한 생성 화상을 만드는 노이즈 z를 구하는 알고리즘은 매우 간단합니다.

처음에는 적당한 노이즈 z를 난수로 구하여 노이즈 z로 화상을 생성합니다. 생성된 화상과 테스트 화상의 채널별 픽셀 수준의 차이를 계산한 후 픽셀 차이의 절댓값 합을 구하여 손실 값을 계산합니다.

채널별 픽셀 수준의 차이를 줄이려면 z의 각 차원에서 값을 크게 할지 혹은 작게 할지, 즉 손실

값에 대한 z의 미분 값을 구합니다. 미분 값에 따라 z를 갱신하면 갱신된 z는 이전보다 테스트 화상과 더 비슷한 화상을 생성할 수 있습니다. 이 단계를 반복하여 테스트 화상과 유사한 화상을 만들 수 있는 입력 노이즈 z가 구해집니다.

이 알고리즘을 구현하려면 테스트 화상과 생성 화상의 픽셀 수준 차이인 손실에 대한 z의 미분을 구해야만 합니다. 파이토치 프레임워크로 쉽게 구현할 수 있습니다.

일반적으로 딥러닝에서는 층과 층 사이의 결합 파라미터나 합성곱 층이면 커널 값을 학습시키지만 임의의 변수의 미분을 구하는 것도 가능합니다. 이 성질을 활용한 구현은 다음과 같습니다.

```
# 이상 탐지할 화상을 생성하기 위한 초기 난수
z = torch.randn(5, 20).to(device)
z = z.view(z.size(0), z.size(1), 1, 1)

# 변수 z를 미분할 수 있도록 requires_grad를 True로 설정
z.requires_grad = True

# 변수 z를 갱신할 수 있도록 z의 최적화 함수를 구한다.
z_optimizer = torch.optim.Adam([z], lr=1e-3)
```

위 구현 예에서 생성 노이즈 z의 요소 5는 미니 배치 수를, 20은 z의 차원을 나타냅니다. 일반적인 GAN과 마찬가지로 난수 z를 생성한 후 z의 미분을 구할 수 있도록 `requires_grad`를 `True`로 설정하고 z를 갱신하는 최적화 함수를 설정합니다. 이후 z를 생성기 G에 입력하여 화상을 생성하고 테스트 화상과의 픽셀 수준 차이를 손실 loss로 구하여 `loss.backward()`를 실행합니다. loss를 낮추는 방향인 z의 미분 값을 구한 후 해당 방향으로 z를 갱신하기 위하여 `z_optimizer.step()`을 실행합니다. 이 순서를 반복하면 최적의 z를 구할 수 있습니다.

6.2.3 AnoGAN의 손실함수

AnoGAN의 손실함수를 알아보겠습니다. 생성된 화상 및 테스트 화상의 채널별로 각 픽셀의 차이를 찾아 그 절댓값의 픽셀 합을 손실로 설정할 수 있습니다. 이 손실을 AnoGAN에서는 residual loss라고 합니다. residual loss만으로는 학습을 진행할 수 없습니다. 식별기 D도 사용하지 않아 효과적이지 않습니다.

생성된 화상 및 테스트 화상의 차이를 나타내는 새로운 지표를 추가하여 더욱 효율적으로 양자의 차이를 손실로 통합한 후 z의 학습을 진행합니다. AnoGAN은 테스트 화상과 생성된 화상을 식별기 D에 입력하여 진위 여부를 판정하는 마지막 전결합 층의 하나 앞의 특징량을 활용합니다. 식별기 D에서 테스트 화상과 생성 화상의 특징량에 대한 픽셀 수준은 어떠한지 그 차이를 계산합니다. 식별기 D에 입력했을 때의 특징량 차이를 AnoGAN에서는 discrimination loss라고 합니다.

이렇게 구해진 테스트 화상과 생성 화상의 차이, 즉 residual loss와 discrimination loss의 합을 다음과 같이 계산합니다.

$$\text{loss} = (1 - \lambda) \times \text{residual loss} + \lambda \times \text{discrimination loss}$$

λ^2는 residual loss와 discrimination loss의 균형을 조절하는 변수로 AnoGAN 논문[1]에서는 0.1을 사용합니다.

AnoGAN 손실함수를 구현하면 다음과 같습니다.

```python
def Anomaly_score(x, fake_img, D, Lambda=0.1):

    # 테스트 화상 x와 생성 화상 fake_img의 픽셀 수준 차이의 절댓값을 계산하여
    # 미니 배치마다 합을 구한다.
    residual_loss = torch.abs(x-fake_img)
    residual_loss = residual_loss.view(residual_loss.size()[0], -1)
    residual_loss = torch.sum(residual_loss, dim=1)

    # 테스트 화상 x와 생성 화상 fake_img를 식별기 D에 입력하여 특징량 맵을 꺼낸다.
    _, x_feature = D(x)
    _, G_feature = D(fake_img)

    # 테스트 화상 x와 생성 화상 fake_img의 특징량 차이의 절댓값을 계산하여
    # 미니 배치마다 합을 구한다.
    discrimination_loss = torch.abs(x_feature-G_feature)
    discrimination_loss = discrimination_loss.view(
        discrimination_loss.size()[0], -1)
    discrimination_loss = torch.sum(discrimination_loss, dim=1)
```

-----

2 옮긴이_ λ는 람다 기호입니다.

```python
    # 미니 배치마다 두 종류의 손실을 더한다.
    loss_each = (1-Lambda)*residual_loss + Lambda*discrimination_loss

    # 모든 미니 배치의 손실을 구한다.
    total_loss = torch.sum(loss_each)

    return total_loss, loss_each, residual_loss
```

나머지는 이 손실함수를 사용하여 z를 학습합니다.

6.2.4 AnoGAN 학습 구현과 이상 탐지 실시

마지막으로 AnoGAN 학습을 구현하고 이상 탐지를 실행합니다. 지금까지의 설명을 구현으로 적용합니다. 이번에는 숫자 7, 8 이외에 이상 화상으로 2의 화상을 추가한 test 폴더 화상을 데이터 로더로 합니다.

테스트용 데이터 로더는 다음과 같이 구현합니다.

```python
# 테스트용 데이터 로더 작성

def make_test_datapath_list():
    """학습 및 검증 화상 데이터와 어노테이션 데이터의 파일 경로 리스트 작성"""

    train_img_list = list()  # 화상 파일 경로 저장

    for img_idx in range(5):
        img_path = "./data/test/img_7_" + str(img_idx)+'.jpg'
        train_img_list.append(img_path)

        img_path = "./data/test/img_8_" + str(img_idx)+'.jpg'
        train_img_list.append(img_path)

        img_path = "./data/test/img_2_" + str(img_idx)+'.jpg'
        train_img_list.append(img_path)

    return train_img_list

# 파일 리스트 작성
test_img_list = make_test_datapath_list()
```

```python
# 데이터셋 작성
mean = (0.5,)
std = (0.5,)
test_dataset = GAN_Img_Dataset(
    file_list=test_img_list, transform=ImageTransform(mean, std))

# 데이터 로더 작성
batch_size = 5

test_dataloader = torch.utils.data.DataLoader(
    test_dataset, batch_size=batch_size, shuffle=False)
```

[그림 6-3]이 테스트 화상입니다.

```python
# 테스트 데이터 확인
batch_iterator = iter(test_dataloader)  # 반복자로 변환
imges = next(batch_iterator)

# 첫 번째 미니 배치를 꺼낸다.
fig = plt.figure(figsize=(15, 6))
for i in range(0, 5):
    plt.subplot(2, 5, i+1)
    plt.imshow(imges[i][0].cpu().detach().numpy(), 'gray')
```

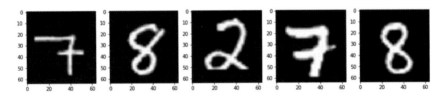

그림 6-3 이상 탐지를 실행할 테스트 화상

테스트 화상과 가장 비슷한 화상을 생성하는 노이즈 z를 구하기 위하여 학습을 실행합니다.

```python
# 이상 탐지할 화상
x = imges[0:5]
x = x.to(device)

# 이상 탐지할 화상을 생성하기 위한 초기 난수
z = torch.randn(5, 20).to(device)
```

```
z = z.view(z.size(0), z.size(1), 1, 1)

# 변수 z를 미분할 수 있도록 requires_grad를 True로 설정
z.requires_grad = True

# 변수 z를 갱신할 수 있도록 z의 최적화 함수를 구한다.
z_optimizer = torch.optim.Adam([z], lr=1e-3)

# z를 구한다.
for epoch in range(5000+1):
    fake_img = G_update(z)
    loss, _, _ = Anomaly_score(x, fake_img, D_update, Lambda=0.1)

    z_optimizer.zero_grad()
    loss.backward()
    z_optimizer.step()

    if epoch % 1000 == 0:
        print('epoch {} ¦¦ loss_total:{:.0f} '.format(epoch, loss.item()))
```

```
[출력]
epoch 0 ¦¦ loss_total:6299
epoch 1000 ¦¦ loss_total:3815
epoch 2000 ¦¦ loss_total:2809
...
```

마지막으로 노이즈 z를 생성기 G에 입력하여 화상을 생성합니다. 손실을 구한 후 원래 테스트 화상과의 차이를 시각화한 것이 [그림 6-4]입니다.

```
# 화상 생성
G_update.eval()
fake_img = G_update(z)

# 손실을 구한다.
loss, loss_each, residual_loss_each = Anomaly_score(
    x, fake_img, D_update, Lambda=0.1)

# 손실 계산. 총 손실
loss_each = loss_each.cpu().detach().numpy()
print("total loss : ", np.round(loss_each, 0))

# 화상의 시각화
fig = plt.figure(figsize=(15, 6))
```

```
for i in range(0, 5)
    # 상단에 테스트 데이터 표시
    plt.subplot(2, 5, i+1)
    plt.imshow(imges[i][0].cpu().detach().numpy(), 'gray')

    # 하단에 생성 데이터 표시
    plt.subplot(2, 5, 5+i+1)
    plt.imshow(fake_img[i][0].cpu().detach().numpy(), 'gray')
```

[출력]
total loss : [456. 279. 716. 405. 359.]

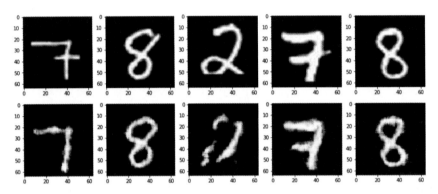

그림 6-4 AnoGAN을 활용한 화상 생성(상단: 테스트 화상, 하단: 생성한 화상)

이상 탐지 결과를 보면 숫자 7, 8(즉 정상)의 total loss가 최대 약 450인데 비하여 숫자 2 의 화상(즉 이상치)은 700을 넘습니다. [그림 6-4]에서 생성한 화상을 보면 테스트 화상과 비 슷한 화상을 생성할 수 있도록 입력 노이즈 z를 학습시켰지만 이상 화상인 숫자 2는 테스트 화 상을 제대로 재현하지 못하였습니다. 실무에서는 총 손실에 대해 어느 정도의 임곗값을 설정하 여 임곗값 이상의 손실은 사람이 육안으로 정상인지 판단합니다.

이번 절에서는 AnoGAN의 1단계인 입력 노이즈 z를 구하는 방법과 AnoGAN의 손실함수를 설명하고 이상 탐지를 구현하여 실행했습니다. 이번 AnoGAN에서는 적절한 생성 노이즈 z를 도출할 때 많은 에폭으로 z를 갱신하고 학습해야 해 이상 탐지에 오랜 시간이 걸렸습니다. 최 근에는 생성 노이즈 z를 테스트 화상으로 구하는 별도의 딥러닝 모델을 구축하는 전략을 제안 합니다. 대표적인 예가 Efficient GAN[2]입니다. 다음 절에서는 Efficient GAN을 설명하고 구현합니다.

6.3 Efficient GAN의 개요

AnoGan은 테스트 화상과 가장 비슷한 화상을 생성하는 초기 난수 z를 도출할 때 테스트 화상과 생성 화상의 오차를 역전파하여 z를 갱신하고 학습합니다. 이상 탐지에 많은 시간이 걸리는 문제를 해결하기 위하여 제안된 Efficient GAN을 알아보겠습니다.

이 절의 학습 목표는 다음과 같습니다.

1. **테스트 화상으로 생성 노이즈를 구하는 인코더 E를 GAN과 동시에 만드는 것이 중요하다는 점을 이해한다.**
2. **Efficient GAN 알고리즘을 이해한다.**

구현 파일
없음

6.3.1 Efficient GAN

Efficient GAN으로는 생성 노이즈 z를 테스트 화상으로 구하는 딥러닝 모델(인코더 E)을 구축하겠습니다.

단순히 GAN을 구축하고 생성기 G에 입력한 난수 z로 생성되는 화상의 쌍을 대량으로 준비하고 생성 화상을 입력으로 하여 그 기반이 되는 난수 z를 회귀하는 딥러닝 모델을 구축하면 된다고 생각할 수 있습니다. 좋은 방법이 아닙니다.[3] GAN을 독립적으로 작성한 후 생성기 G의 역함수가 되는 동작 G^{-1}의 역할을 하는 모델, 즉 인코더 $E=G^{-1}$이 되는 딥러닝 모델을 나중에 만드는 방법은 계획한 대로 잘되지 않습니다. GAN의 화상 데이터 x로 생성 노이즈 z를 구하는 경우 GAN의 생성기 G, 식별기 D와 함께 인코더 E를 작성하는 것이 중요합니다.

6.3.2 나중에 인코더 E를 만드는 것이 좋지 않은 이유

인코더 E를 나중에 만드는 방법이 좋지 않은 이유를 설명하겠습니다. 매우 어려운 내용이니 필요하지 않다면 다음 절로 넘어가도 괜찮습니다. 이론적으로 증명된 것은 아니지만 참고 문헌[3]에서 실험적으로 언급되었습니다.

[그림 6-5]를 보겠습니다. 참고 문헌[3]의 'Figure 8: Comparison with GAN on a toy dataset'의 그림과 같습니다. 원 논문의 그림은 작아서 보기 어려우니 해설 페이지[4]에 게재된 그림을 참고해주세요.

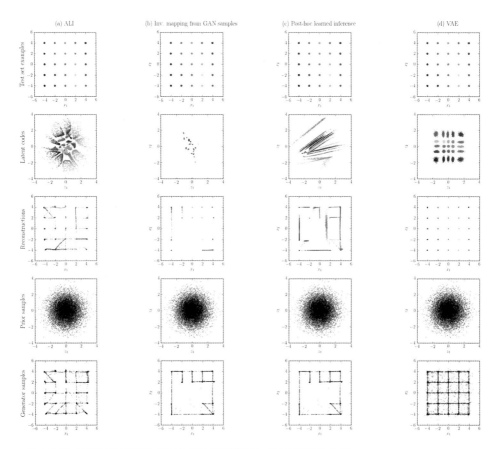

그림 6-5 인코더 E의 작성 방법에 따른 차이(웹 페이지[4]에서 그림을 인용하여 게재)*

[그림 6-5]의 가로 4열의 의미를 설명하겠습니다. 첫 번째 열은 GAN과 함께 인코더 E, 즉 화상에서 z를 구하는 모델을 학습시킨 결과이고, 두 번째 열은 나중에 인코더 E를 오토 인코더autoencoder 모델에 학습시킨 결과입니다. 세 번째 열은 넘어갑니다. 네 번째 열은 인코더 E를 VAEvariational autoencoder 모델로 학습시킨 결과입니다. 첫 번째 열의 GAN과 함께 E를 작성하는 것이 두 번째, 네 번째 열보다 좋다는 것을 보여줍니다.

이번에는 세로로 봅니다. 1행은 생성 화상 x에 대응하는 데이터입니다. 그림에서 x는 화상이 아닌 2차원 데이터입니다. GAN에서 2차원 데이터를 생성합니다. 1행의 그림은 전 열의 공통 그림이며, x의 중심이 25개의 클러스터로 나누어져 있는 혼합 가우스 데이터입니다. x를 각 열에서 각 기법으로 학습한 인코더 E를 통해 z로 변환한 결과가 2행입니다. GAN에서 입력 노이즈 z는 평균 0, 표준편차 1의 분포를 가정합니다. [그림 6-5]의 2행도 4행처럼 둥근 모양이 될 것을 요구하면서 1열은 대체로 그대로 둥근 형태입니다. 2, 4열은 그렇지 않습니다.

1행 데이터 x의 클러스터 25개는 2행의 재구성한 입력 노이즈 z에서도 깨끗하게 분리되었으며 틈이 없는 것이 바람직합니다. 틈이 있는데 z를 사용하면 원래의 1열에는 없었던 데이터가 생성됩니다. 1열의 GAN과 함께 E를 학습하면 25개의 클러스터가 깨끗하게 분리되었으며 틈이 작습니다. 2열 2행은 4행의 둥근 모양과 비교하면 틈이 많으며 25개의 클러스터도 애매하고 일부는 겹쳤습니다. 4열의 VAE를 이용하는 것은 z가 깨끗하게 분리되었지만 틈이 많습니다.

마지막 5행이 4행과 같은 평균 0, 표준편차 1의 z에서 x를 재구성한 경우입니다. 여기서 주의할 점은 4열의 VAE 생성기 G는 GAN과 관계없는 오토 인코더 모델입니다. 1행의 데이터가 있고 이를 입력 노이즈(VAE의 2차원 잠재 변수)로 변환하는 인코더Encoder와 복원의 디코더Decoder를 학습하고 4행의 노이즈를 디코더로 재구성한 결과가 5행입니다.

1, 2, 4열에서 5행의 재구성 결과와 1행의 원래 데이터 x를 비교합니다. 2열(나중에 인코더 E를 만드는 방법)의 경우 5행은 1행과 상당히 다릅니다. 원래 x에 있던 클러스터가 사라졌습니다. 4열(GAN 대신 오토 인코더로서 데이터 x에 VAE를 적용)의 경우 5행은 클러스터 사이를 잇는(원래의 1행에는 없었던), 즉 가로세로를 잇는 점이 다수 생성되었습니다. 2행 z의 틈에서 생긴 데이터입니다. 마지막으로 1열(인코더 E를 GAN과 동시에 학습하는 방법)의 경우 5행의 데이터가 1행의 데이터와 비슷하며 클러스터가 25개 있습니다. 이 클러스터를 잇는 점(원래 존재하지 않았던 데이터)도 별로 생성되지 않았습니다.

1, 2열의 결과를 보면 GAN 데이터 x에서 원래의 입력 노이즈 z를 구하는 경우 나중에 인코더 E를 만들지 않고 G, D와 함께 인코더 E를 만드는 것이 중요하다는 사실을 알 수 있습니다. 오토 인코더(4열)도 좋은 방법은 아닙니다.

이론적이 아닌 실험적인 귀결입니다. GAN의 입력 노이즈 z는 평균 0, 표준편차 1의 분포를 가정하여 데이터 x에서 z를 구하는 동작 G^{-1}의 역할을 하는 인코더 E의 회귀 결과도 평균 0, 표준편차 1의 분포가 됩니다.

[그림 6-5]의 2열 데이터, 즉 나중에 E를 만드는 전략이 왜 잘 진행되지 않는지 설명하겠습니다. GAN의 생성기 G가 원래 데이터 x의 분포를 완벽하게 재현할 수 있는 이상적인 상태까지 학습하는 것은 기본적으로 어렵습니다. '나중에 E를 만드는 전략'은 완벽하지 않은 생성기 G를 사용하여 인코더 E를 작성하게 되며 원래 지도 데이터 x는 전혀 사용되지 않습니다. 인코더 E는 원래 데이터 x의 분포와 다른 분포를 생성하는 생성기 G로 G의 역조작 G^{-1}을 만들게 되고 $G(E(x))$가 만드는 데이터의 분포는 x와 달라집니다. 생성기 G가 완벽하지 않아 인코더 E를 만들 때는 GAN의 학습 시 활용하는 지도 데이터도 함께 활용하는 것이 중요합니다.

6.3.3 인코더 E를 GAN과 동시에 만드는 방법

GAN의 생성기 G, 식별기 D와 함께 인코더를 작성하는 것이 중요하며, 인코더 E를 만들 때 지도 데이터 x가 관여해야 합니다. GAN과 함께 인코더 E의 모델을 학습하는 방법을 설명하겠습니다.

우선 일반적인 GAN이 목표로 했던 식을 다시 살펴보겠습니다. 화상 데이터(지도 데이터 또는 생성 데이터)를 식별기 D로 판정한 결과가 y일 때 식별기 D의 목적은 다음의 판별식 값을 최대화하는 것이었습니다.

$$\sum_{i=1}^{M}\left[l_i \log y_i + \left(1-l_i\right)\log\left(1-y_i\right)\right] = \sum_{i=1}^{M}\left[l_i \log D(x) + \left(1-l_i\right)\log(1-D(G(z)))\right]$$

즉 지도 데이터의 화상 x와 생성 화상 $G(z)$가 구별되는 상태입니다. 생성기는 판별식이 잘 작동하지 않도록 하고 식별기를 속이는 것이 목적이었습니다.

여기에 인코더를 지도 데이터 x의 화상과 관여시키기 위하여 BiGAN[Bidirectional Generative Adversarial Networks][5] 구조를 활용합니다. BiGAN은 식별기 D에 화상 x와 입력 노이즈 z를 쌍으로 하여 (x, z)를 입력합니다. 식별기는 '지도 데이터 화상과 지도 데이터 화상에 대해 인코더로 구한 입력 노이즈의 쌍'인지 '생성기 G에서 생성한 화상과 생성 시 사용한 입력 노이즈의 쌍'인지 구분합니다. 즉 식별기에 입력되는 것은 $(x, E(x))$인지 $(G(z), z)$인지 구분합니다. 이렇게 인코더 E를 지도 데이터 x에 적용하도록 합니다. Efficient GAN은 BiGAN의 구조를 [그림 6-6]과 같이 그대로 이상 탐지에 사용합니다.

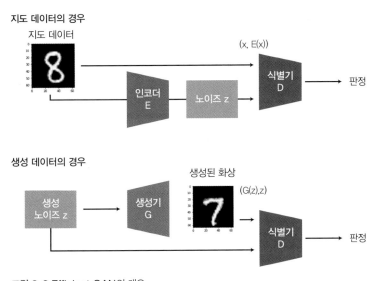

그림 6-6 Efficient GAN의 개요

식별기 D, 생성기 G, 인코더 E가 어떤 손실을 최소화하여 Efficient GAN의 세 가지 모델을 학습할 수 있는지 알아보겠습니다.

식별기의 손실함수는 기존의 GAN과 같습니다.

$$-\sum_{i=1}^{M} \log D\left(x_i, E\left(x_i\right)\right) - \sum_{j=1}^{M} \log\left(1 - D\left(G\left(z_j\right), z_j\right)\right)$$

$(x, E(x))$와 $(G(z), z)$를 구별되도록 학습시키기 위하여 위 식을 최소화합니다. 생성기 G도 기존의 GAN처럼 식별기를 속이듯 학습하므로 위 식을 크게 만들기 위하여

$$\sum_{j=1}^{M} \log\left(1 - D\left(G\left(z_j\right), z_j\right)\right)$$

를 최소화합니다. 단 이대로는 손실이 제로가 되기 쉬워 5장 GAN의 생성기처럼

$$-\sum_{j=1}^{M} \log D\left(G\left(z_j\right), z_j\right)$$

를 최소화하도록 치환하여 구현합니다.

마지막으로 인코더 E의 손실함수입니다. $(x, E(x))$와 $(G(z), z)$에 대하여 인코더는 $E(x)$가 z가 되도록, 즉 화상 x를 인코더에 입력하여 구한 값 $E(x)$와 화상 x가 생성되는 생성 난수 z와 동일하게 만듭니다.

생성기 G는 x와 $G(z)$가 같아지도록, 즉 인코더는 식별기 D에 대하여 $(x, E(x))$와 $(G(z), z)$가 구별되지 않으면 $E(x)$가 z로 되도록 학습하였습니다. 식별기 D에서 $(x, E(x))$와 $(G(z), z)$를 제대로 판정할 수 없게 되어 인코더가 관여하는 $(x, E(x))$가 잘못 생성된 $(G(z), z)$라고 판정하면 됩니다. 인코더 E는 식별기 D가 최소화하려는 식을 최대화하므로

$$\sum_{i=1}^{M} \log D\left(x_i, E\left(x_i\right)\right) + \sum_{j=1}^{M} \log\left(1 - D\left(G\left(z_j\right), z_j\right)\right)$$

를 최소화하도록 학습을 진행합니다. 식에서 두 항목은 E가 관여하지 않아 다음과 같이 인코더 E의 손실함수가 됩니다.

$$\sum_{i=1}^{M} \log D\left(x_i, E\left(x_i\right)\right)$$

이 표현은 5장 생성기 G의 손실함수와 같습니다. 인코더 E가 학습 초기에는 식별기 D가 $(x_i,$ $E(x_i))$와 $(G(z), z)$를 착각하지 않고 간파할 가능성이 높으며 $\log D(x_i, E(x_i)) = \log 1 = 0$ 이 되어 손실이 0이 되기 쉽고 학습이 잘 진행되지 않습니다.

뺄셈을 준비하여

$$\sum_{i=1}^{M} \log\Big(1 - D\big(x_i, E(x_i)\big)\Big)$$

를 최대화하는 것이 인코더 E의 학습을 진행하는 방법이라고 가정한 후 마이너스를 곱하여 인코더 E의 손실함수를

$$-\sum_{i=1}^{M} \log\Big(1 - D\big(x_i, E(x_i)\big)\Big)$$

로 구현합니다.

또한 식별기 E와의 관계만으로 인코더 E가 학습할 수 있다면 일반적인 GAN을 학습시킨 후 위 식에 따라 인코더 E를 학습시키면 인코더 E는 지도 데이터 x가 관여해도 된다고 생각할 수 있습니다. 일반적인 GAN 학습 후에는 식별기 D의 학습이 진행되어 식별기 D를 속이지 못하고 인코더 E의 손실 값이 너무 커져서 학습이 안정되지 않습니다. 따라서 식별기 D, 생성기 G, 인코더 E는 미숙한 상태에서부터 모두 동시에 학습시켜야 합니다.

이상의 설명을 코드로 구현하면 다음과 같습니다.

```
# 오차함수 정의
# BCEWithLogitsLoss는 입력에 시그모이드(logit)를 곱한 뒤
# 이진 크로스 엔트로피 계산
criterion = nn.BCEWithLogitsLoss(reduction='mean')

# 데이터 로더에서 미니 배치씩 꺼내는 루프
for imges in dataloader:

    # 미니 배치 크기 1 또는 0의 라벨 역할인 텐서 작성
    # 정답 라벨과 가짜 라벨 작성
    # 에폭의 마지막 반복은 미니 배치 수가 줄어든다.
```

```python
label_real = torch.full((mini_batch_size,), 1)
label_fake = torch.full((mini_batch_size,), 0)

# --------------------
# 1. Discriminator 학습
# --------------------
# 진짜 화상 판정
z_out_real = E(imges)
d_out_real, _ = D(imges, z_out_real)

# 가짜 화상을 생성하여 판정
input_z = torch.randn(mini_batch_size, z_dim).to(device)
fake_images = G(input_z)
d_out_fake, _ = D(fake_images, input_z)

# 오차 계산
d_loss_real = criterion(d_out_real.view(-1), label_real)
d_loss_fake = criterion(d_out_fake.view(-1), label_fake)
d_loss = d_loss_real + d_loss_fake

# 역전파
d_optimizer.zero_grad()
d_loss.backward()
d_optimizer.step()

# --------------------
# 2. Generator 학습
# --------------------
# 가짜 화상을 생성하여 판정
input_z = torch.randn(mini_batch_size, z_dim).to(device)
fake_images = G(input_z)
d_out_fake, _ = D(fake_images, input_z)

# 오차 계산
g_loss = criterion(d_out_fake.view(-1), label_real)

# 역전파
g_optimizer.zero_grad()
g_loss.backward()
g_optimizer.step()

# --------------------
# 3. 인코더 학습
# --------------------
```

```
# 진짜 화상 z 추정
z_out_real = E(imges)
d_out_real, _ = D(imges, z_out_real)

# 오차 계산
e_loss = criterion(d_out_real.view(-1), label_fake)

# 역전파
e_optimizer.zero_grad()
e_loss.backward()
e_optimizer.step()
```

이상 화상에서 생성기 G의 생성 노이즈 z를 추정하는 인코더의 구축 방법 중 일반적인 GAN 학습 후에 개별적으로 만드는 것은 잘 동작하지 않음을 설명했습니다. 식별기 D, 생성기 G 인코더 E를 동시에 학습시키기 위하여 BiGAN 모델을 이용한 Efficient GAN 알고리즘을 설명했습니다. 다음 절에서는 Efficient GAN을 구현하겠습니다.

6.4 Efficient GAN 구현 및 이상 탐지 실시

Efficient GAN을 구현하고 6.2절과 마찬가지로 숫자 7, 8을 지도 데이터로 하여 숫자 2의 이상 화상을 검출하겠습니다.

이 절의 학습 목표는 다음과 같습니다.

1. Efficient GAN을 구현하고 필기체 숫자 이미지에서 이상 탐지를 생성할 수 있다.

구현 파일

6-4_EfficientGAN.ipynb

6.4.1 Generator 및 Discriminator 구현

6.2절 AnoGAN처럼 7, 8의 각 필기체 숫자 화상 200장을 지도 데이터로 하여 GAN을 구축합니다. GAN은 Efficient GAN 논문[2]의 MNIST 실험과 같은 네트워크 구성으로 하였습니다. 입력 화상의 크기를 64×64 크기로 확대하지 않고 MNIST의 28픽셀로 유지하며 img_78_28size 폴더에 저장된 28×28 화상 데이터를 사용합니다. 식별기 D와 생성기 G의 네트워크 형태도 5장이나 6.2절과는 다릅니다.

먼저 생성기 G를 구현합니다. 구현은 다음과 같습니다.

```python
class Generator(nn.Module):

    def __init__(self, z_dim=20):
        super(Generator, self).__init__()

        self.layer1 = nn.Sequential(
            nn.Linear(z_dim, 1024),
            nn.BatchNorm1d(1024),
            nn.ReLU(inplace=True))

        self.layer2 = nn.Sequential(
            nn.Linear(1024, 7*7*128),
            nn.BatchNorm1d(7*7*128),
            nn.ReLU(inplace=True))

        self.layer3 = nn.Sequential(
            nn.ConvTranspose2d(in_channels=128, out_channels=64,
                               kernel_size=4, stride=2, padding=1),
            nn.BatchNorm2d(64),
            nn.ReLU(inplace=True))

        self.last = nn.Sequential(
            nn.ConvTranspose2d(in_channels=64, out_channels=1,
                               kernel_size=4, stride=2, padding=1),
            nn.Tanh())
        # 주의: 흑백 화상이므로 출력 채널은 하나뿐이다.

    def forward(self, z):
        out = self.layer1(z)
        out = self.layer2(out)

        # 전치 합성곱 층에 넣으므로 텐서 형태로 변형
```

```
            out = out.view(z.shape[0], 128, 7, 7)
            out = self.layer3(out)
            out = self.last(out)

            return out
```

동작을 확인합니다. 흑백의 모래 폭풍 같은 화상이 출력됩니다.

```
# 동작 확인
import matplotlib.pyplot as plt
%matplotlib inline

G = Generator(z_dim=20)
G.train()

# 입력 난수
# 배치 정규화가 있어 미니 배치 수는 2 이상
input_z = torch.randn(2, 20)

# 가짜 화상 출력
fake_images = G(input_z)  # torch.Size([2, 1, 28, 28])
img_transformed = fake_images[0][0].detach().numpy()
plt.imshow(img_transformed, 'gray')
plt.show()
```

계속하여 식별기 D를 구현합니다. 식별기 D의 순전파 함수 forward는 지금까지 구현한 GAN 과 다른 점이 있습니다. 이번에는 BiGAN 모델이기 때문에 화상 데이터 x뿐 아니라 입력 노이즈 z도 입력합니다. 두 입력은 합성곱 층 및 전결합 층에서 별도로 처리된 뒤 torch.cat()을 사용하여 텐서를 결합하고 결합한 텐서를 전결합 층에서 처리합니다. AnoGAN과 마찬가지로 이상도 계산에 마지막 식별 결과를 출력하는 전결합 층 한 단계 앞 층의 특징량을 사용하므로 별도로 출력하도록 설정합니다.

다음과 같이 구현합니다.

```
class Discriminator(nn.Module):

    def __init__(self, z_dim=20):
        super(Discriminator, self).__init__()
```

```python
        # 화상 측 입력 처리
        self.x_layer1 = nn.Sequential(
            nn.Conv2d(1, 64, kernel_size=4,
                        stride=2, padding=1),
            nn.LeakyReLU(0.1, inplace=True))
        # 주의: 흑백 화상이므로 입력 채널은 하나뿐이다.

        self.x_layer2 = nn.Sequential(
            nn.Conv2d(64, 64, kernel_size=4,
                        stride=2, padding=1),
            nn.BatchNorm2d(64),
            nn.LeakyReLU(0.1, inplace=True))

        # 난수 측 입력 처리
        self.z_layer1 = nn.Linear(z_dim, 512)

        # 최후 판정
        self.last1 = nn.Sequential(
            nn.Linear(3648, 1024),
            nn.LeakyReLU(0.1, inplace=True))

        self.last2 = nn.Linear(1024, 1)

    def forward(self, x, z):

        # 화상 측 입력 처리
        x_out = self.x_layer1(x)
        x_out = self.x_layer2(x_out)

        # 난수 측 입력 처리
        z = z.view(z.shape[0], -1)
        z_out = self.z_layer1(z)

        # x_out과 z_out을 결합하여 전결합 층에서 판정
        x_out = x_out.view(-1, 64 * 7 * 7)
        out = torch.cat([x_out, z_out], dim=1)
        out = self.last1(out)

        feature = out   # 마지막에 채널을 하나로 집약
        feature = feature.view(feature.size()[0], -1)   # 2차원으로 변환

        out = self.last2(out)

        return out, feature
```

동작을 확인합니다.

```python
# 동작 확인
D = Discriminator(z_dim=20)
# 가짜 화상 생성
input_z = torch.randn(2, 20)
fake_images = G(input_z)

# 가짜 화상을 D에 입력
d_out, _ = D(fake_images, input_z)

# 출력 d_out에 시그모이드를 곱하여 0에서 1로 변환
print(nn.Sigmoid()(d_out))
```

```
[출력]
tensor([[0.4976],
        [0.4939]], grad_fn=<SigmoidBackward>)
```

6.4.2 인코더 구현

Efficient GAN의 특징인 인코더를 구현합니다. 네트워크로서는 특별히 어렵지 않습니다. 합성곱 층과 LeakyReLU를 사용한 식별기 D와 비슷한 형태입니다. 다만 출력 차원은 1차원이 아니라 입력 노이즈 z의 차원 수입니다. 이번 절은 20차원으로 설정합니다.

```python
class Encoder(nn.Module):

    def __init__(self, z_dim=20):
        super(Encoder, self).__init__()

        self.layer1 = nn.Sequential(
            nn.Conv2d(1, 32, kernel_size=3,
                    stride=1),
            nn.LeakyReLU(0.1, inplace=True))
        # 주의: 흑백 화상이므로 입력 채널은 하나뿐이다.

        self.layer2 = nn.Sequential(
            nn.Conv2d(32, 64, kernel_size=3,
                    stride=2, padding=1),
            nn.BatchNorm2d(64),
```

```
        nn.LeakyReLU(0.1, inplace=True))

    self.layer3 = nn.Sequential(
        nn.Conv2d(64, 128, kernel_size=3,
                  stride=2, padding=1),
        nn.BatchNorm2d(128),
        nn.LeakyReLU(0.1, inplace=True))

    # 여기까지 화상 크기는 7×7이 된다.
    self.last = nn.Linear(128 * 7 * 7, z_dim)

def forward(self, x):
    out = self.layer1(x)
    out = self.layer2(out)
    out = self.layer3(out)

    # FC에 넣기 위해 텐서 모양으로 변형
    out = out.view(-1, 128 * 7 * 7)
    out = self.last(out)

    return out
```

동작을 확인합니다.

```
# 동작 확인
E = Encoder(z_dim=20)

# 입력할 화상 데이터
x = fake_images  # fake_images는 위에서 G로 작성한 것

# 화상에서 z를 인코드
z = E(x)

print(z.shape)
print(z)
```

```
[출력]
torch.Size([2, 20])
tensor([[-0.2117, -0.3586,  0.1473, -0.1527, -0.0279, -0.2314, -0.0856, -0.2432,
...
```

6.4.3 데이터 로더 구현

지도 데이터의 데이터 로더를 구현합니다. 데이터 로더는 6.2절과 같은 형태가 됩니다. 단 28 픽셀의 화상을 사용하여 데이터가 존재하는 폴더 경로가 다릅니다. 구현 코드는 생략합니다. 깃허브에 있는 구현을 참조하십시오.

6.4.4 Efficient GAN 학습

지도 데이터를 저장한 데이터 로더를 활용하여 식별기 D, 생성기 G, 인코더 E를 학습시킵니다. 학습 함수 train_model 구현은 다음과 같습니다.

앞 절에서 설명했듯이 식별기 D를 학습시킨 후 생성기 G와 인코더 E를 학습시킵니다. 인코더 E의 학습이 추가된 것 외에는 일반적인 GAN 학습과 동일합니다. 이번에는 식별기 D의 학습률을 G, E보다 낮게 설정하였습니다. 식별기 D는 화상과 노이즈의 쌍으로 진위를 식별합니다. 화상만 있는 경우보다 진위를 식별하기 쉬운 상태가 되었습니다. 이번처럼 적은 화상 데이터 수에서는 식별기 D의 학습률을 다른 두 개보다 낮춰야 안정적으로 학습할 수 있습니다.

```python
# 모델을 학습시키는 함수 작성
def train_model(G, D, E, dataloader, num_epochs):

    # GPU를 사용할 수 있는지 확인
    device = torch.device("cuda:0" if torch.cuda.is_available() else "cpu")
    print("사용 장치: ", device)

    # 최적화 기법 설정
    lr_ge = 0.0001
    lr_d = 0.0001/4
    beta1, beta2 = 0.5, 0.999
    g_optimizer = torch.optim.Adam(G.parameters(), lr_ge, [beta1, beta2])
    e_optimizer = torch.optim.Adam(E.parameters(), lr_ge, [beta1, beta2])
    d_optimizer = torch.optim.Adam(D.parameters(), lr_d, [beta1, beta2])

    # 오차 함수 정의
    # BCEWithLogitsLoss는 입력에 시그모이드(logit)를 곱한 뒤
    # 이진 크로스 엔트로피 계산
    criterion = nn.BCEWithLogitsLoss(reduction='mean')

    # 파라미터를 하드코딩
```

```python
z_dim = 20
mini_batch_size = 64

# 네트워크를 GPU로
G.to(device)
E.to(device)
D.to(device)

G.train()  # 모델을 훈련 모드로
E.train()  # 모델을 훈련 모드로
D.train()  # 모델을 훈련 모드로

# 네트워크가 어느 정도 고정되면 고속화시킨다.
torch.backends.cudnn.benchmark = True

# 화상 매수
num_train_imgs = len(dataloader.dataset)
batch_size = dataloader.batch_size

# 반복 카운터 설정
iteration = 1
logs = []

# 에폭 루프
for epoch in range(num_epochs):

    # 개시 시간 저장
    t_epoch_start = time.time()
    epoch_g_loss = 0.0  # 에폭 손실 합
    epoch_e_loss = 0.0  # 에폭 손실 합
    epoch_d_loss = 0.0  # 에폭 손실 합

    print('-------------')
    print('Epoch {}/{}'.format(epoch, num_epochs))
    print('-------------')
    print(' (train) ')

    # 데이터 로더에서 미니 배치씩 꺼내는 루프
    for imges in dataloader:

        # 미니 배치 크기가 1이면, 배치 규화에서 오류가 발생하여 피한다.
        if imges.size()[0] == 1:
            continue
```

```python
# 미니 배치 크기의 1 또는 0의 라벨 역할의 텐서 작성
# 정답 라벨과 가짜 라벨 작성
# 에폭의 마지막 반복은 미니 배치 수가 줄어든다.
mini_batch_size = imges.size()[0]
label_real = torch.full((mini_batch_size,), 1).to(device)
label_fake = torch.full((mini_batch_size,), 0).to(device)

# GPU를 사용할 수 있으면 GPU로 데이터를 보낸다.
imges = imges.to(device)

# --------------------
# 1. Discriminator 학습
# --------------------
# 진짜 화상 판정
z_out_real = E(imges)
d_out_real, _ = D(imges, z_out_real)

# 가짜 화상을 생성하여 판정
input_z = torch.randn(mini_batch_size, z_dim).to(device)
fake_images = G(input_z)
d_out_fake, _ = D(fake_images, input_z)

# 오차 계산
d_loss_real = criterion(d_out_real.view(-1), label_real)
d_loss_fake = criterion(d_out_fake.view(-1), label_fake)
d_loss = d_loss_real + d_loss_fake

# 역전파
d_optimizer.zero_grad()
d_loss.backward()
d_optimizer.step()

# --------------------
# 2. Generator 학습
# --------------------
# 가짜 화상을 생성하여 판정
input_z = torch.randn(mini_batch_size, z_dim).to(device)
fake_images = G(input_z)
d_out_fake, _ = D(fake_images, input_z)

# 오차 계산
g_loss = criterion(d_out_fake.view(-1), label_real)

# 역전파
```

```
        g_optimizer.zero_grad()
        g_loss.backward()
        g_optimizer.step()

        # --------------------
        # 3. 인코더 학습
        # --------------------
        # 진짜 화상 z 추정
        z_out_real = E(imges)
        d_out_real, _ = D(imges, z_out_real)

        # 오차 계산
        e_loss = criterion(d_out_real.view(-1), label_fake)

        # 역전파
        e_optimizer.zero_grad()
        e_loss.backward()
        e_optimizer.step()

        # --------------------
        # 4. 기록
        # --------------------
        epoch_d_loss += d_loss.item()
        epoch_g_loss += g_loss.item()
        epoch_e_loss += e_loss.item()
        iteration += 1

    # 에폭의 phase별 손실과 정답률
    t_epoch_finish = time.time()
    print('-------------')
    print('epoch {} ¦¦ Epoch_D_Loss:{:.4f} ¦¦Epoch_G_Loss:{:.4f} ¦¦Epoch_E_
        Loss:{:.4f}'.format(
        epoch, epoch_d_loss/batch_size, epoch_g_loss/batch_size, epoch_e_loss/
        batch_size))
    print('timer:  {:.4f} sec.'.format(t_epoch_finish - t_epoch_start))
    t_epoch_start = time.time()

print("총 반복 횟수: ", iteration)

return G, D, E
```

학습을 실행하기 전 네트워크의 가중치를 초기화합니다.

```
# 네트워크 초기화
def weights_init(m):
    classname = m.__class__.__name__
    if classname.find('Conv') != -1:
        # conv2d와 ConvTranspose2d 초기화
        nn.init.normal_(m.weight.data, 0.0, 0.02)
        nn.init.constant_(m.bias.data, 0)
    elif classname.find('BatchNorm') != -1:
        # BatchNorm2d 초기화
        nn.init.normal_(m.weight.data, 0.0, 0.02)
        nn.init.constant_(m.bias.data, 0)
    elif classname.find('Linear') != -1:
        # 전결합 층 Linear 초기화
        m.bias.data.fill_(0)

# 초기화 실시
G.apply(weights_init)
E.apply(weights_init)
D.apply(weights_init)

print("네트워크 초기화 완료")
```

마지막으로 학습을 실행합니다. AWS의 p2.xlarge에서 15분 정도 걸립니다.

```
# 학습 및 검증 실행
# 15분 정도 걸린다.
num_epochs = 1500
G_update, D_update, E_update = train_model(
    G, D, E, dataloader=train_dataloader, num_epochs=num_epochs)
```

학습 후에는 GAN으로서의 성능을 확인하기 위하여 지도 데이터와 생성 데이터를 표시합니다. 출력 결과는 [그림 6-7]과 같습니다. 숫자 7, 8의 화상이 생성되었습니다.

```
# 생성 화상과 훈련 화상 시각화
device = torch.device("cuda:0" if torch.cuda.is_available() else "cpu")

# 입력 난수 생성
batch_size = 8
z_dim = 20
fixed_z = torch.randn(batch_size, z_dim)
```

```
G_update.eval()
fake_images = G_update(fixed_z.to(device))

# 훈련 데이터
batch_iterator = iter(train_dataloader)  # 반복자로 변환
imges = next(batch_iterator)  # 첫 번째 요소를 꺼낸다.

# 출력
fig = plt.figure(figsize=(15, 6))
for i in range(0, 5):
    # 상단에 훈련 데이터 표시
    plt.subplot(2, 5, i+1)
    plt.imshow(imges[i][0].cpu().detach().numpy(), 'gray')

    # 하단에 생성 데이터 표시
    plt.subplot(2, 5, 5+i+1)
    plt.imshow(fake_images[i][0].cpu().detach().numpy(), 'gray')
```

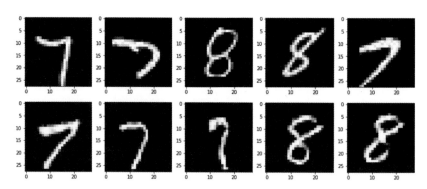

그림 6-7 Efficient GAN의 생성 화상(상단: 지도 데이터, 하단: 생성 데이터)

6.4.5 Efficient GAN을 활용한 이상 탐지

마지막으로 테스트 화상에 대한 이상 탐지를 실행하겠습니다. 테스트 화상용의 데이터 로더를 만듭니다. 기본적으로 6.2절의 AnoGAN의 테스트 화상용 데이터 로더 만들기와 같습니다. 다만 화상 파일은 test_28size 폴더의 28×28 화상을 사용합니다. 지금까지의 설명과 동일하여 테스트 데이터의 데이터 로더 구현 방법은 생략합니다.

이어서 이상도를 계산하는 `Anomaly_score` 함수를 구현합니다. 기본적으로 6.2절 AnoGAN 과 동일하나 이번에는 BiGAN의 형태로 식별기 D를 사용하여 입력이 조금 다릅니다. `Anomaly_score` 함수에 대한 입력 테스트 화상 x와 인코더를 통해서 구한 입력 노이즈 z 에 생성기에서 재구성한 `fake_img`를 더하여 사용한 입력 노이즈 z도 부여합니다. 그 외에는 AnoGAN의 `Anomaly_score` 함수와 같습니다.

```python
def Anomaly_score(x, fake_img, z_out_real, D, Lambda=0.1):

    # 테스트 화상 x와 생성 화상 fake_img의 픽셀 수준 차이의 절댓값을 계산하여
    # 미니 배치마다 합을 구한다.
    residual_loss = torch.abs(x-fake_img)
    residual_loss = residual_loss.view(residual_loss.size()[0], -1)
    residual_loss = torch.sum(residual_loss, dim=1)

    # 테스트 화상 x와 생성 화상 fake_img를 식별기 D에 입력하여 특징량 맵을 꺼낸다.
    _, x_feature = D(x, z_out_real)
    _, G_feature = D(fake_img, z_out_real)

    # 테스트 화상 x와 생성 화상 fake_img의 특징량 차이의 절댓값을 계산하여
    # 미니 배치마다 합을 구한다.
    discrimination_loss = torch.abs(x_feature-G_feature)
    discrimination_loss = discrimination_loss.view(
        discrimination_loss.size()[0], -1)
    discrimination_loss = torch.sum(discrimination_loss, dim=1)

    # 미니 배치마다 두 종류의 손실을 더한다.
    loss_each = (1-Lambda)*residual_loss + Lambda*discrimination_loss

    # 모든 미니 배치의 손실을 구한다.
    total_loss = torch.sum(loss_each)

    return total_loss, loss_each, residual_loss
```

마지막으로 이상 탐지를 실행합니다. AnoGAN과 달리 테스트 화상과 가장 비슷한 화상을 생성하는 입력 노이즈 z는 `z_out_real = E_update(imges.to(device))`로 구할 수 있습니다. AnoGAN은 갱신 학습을 반복하여 z를 구했지만 이번에는 테스트 화상을 인코더 E에 입력하면 생성 노이즈 z가 출력되어 매우 빠릅니다.

```python
# 이상 탐지할 화상
x = imges[0:5]
x = x.to(device)

# 지도 데이터의 화상을 인코드하여 z로 한 후 G에서 생성
E_update.eval()
G_update.eval()
z_out_real = E_update(imges.to(device))
imges_reconstract = G_update(z_out_real)

# 손실을 구한다.
loss, loss_each, residual_loss_each = Anomaly_score(
    x, imges_reconstract, z_out_real, D_update, Lambda=0.1)

# 손실 계산. 총 손실
loss_each = loss_each.cpu().detach().numpy()
print("total loss : ", np.round(loss_each, 0))

# 화상의 시각화
fig = plt.figure(figsize=(15, 6))
for i in range(0, 5):
    # 상단에 훈련 데이터 표시
    plt.subplot(2, 5, i+1)
    plt.imshow(imges[i][0].cpu().detach().numpy(), 'gray')

    # 하단에 생성 데이터 표시
    plt.subplot(2, 5, 5+i+1)
    plt.imshow(imges_reconstract[i][0].cpu().detach().numpy(), 'gray')
```

[출력]
```
total loss : [171. 205. 285. 190. 161.]
```

[그림 6-8]은 테스트 화상과 Efficient GAN으로 재구성한 화상입니다. 숫자 7, 8의 화상은 어느 정도 비슷한 화상을 재구성할 수 있었지만 지도 데이터에 없는 이상 화상인 숫자 2는 2를 재구성하지 못하여 7이 생성되었습니다.

이상도를 계산하면 정상 화상이 171, 205, 190, 161입니다. 약 200 이하에 대한 이상 화상은 285와 280 이상입니다. 실무 시 이상도 한계를 어떻게 설정할 것인지는 희망 성능(거짓 양성 false positive, 거짓 음성false negative의 밸런스)에 달려 있습니다.

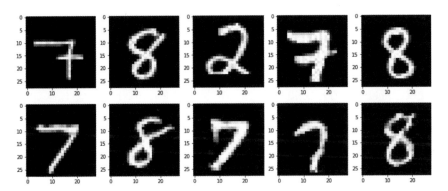

그림 6-8 Efficient GAN을 활용한 이상 탐지(상단: 테스트 화상, 하단: 재구성한 화상)

6.4.6 정리

이번 장에서는 AnoGAN 및 Efficient GAN을 활용한 화상의 이상 탐지를 설명하고 구현하였습니다. 다음 장에서는 자연어 처리를 알아보겠습니다.

6장 참고 문헌

[1] AnoGAN

Schlegl, T., Seeböck, P., Waldstein, S. M., Schmidt-Erfurth, U., & Langs, G. (2017, June). Unsupervised Anomaly Detection with Generative Adversarial Networks to Guide Marker Discovery. In International Conference on Information Processing in Medical Imaging (pp. 146-157). Springer, Cham.

https://link.springer.com/chapter/10.1007/978-3-319-59050-9_12

[2] Efficient GAN

Zenati, H., Foo, C. S., Lecouat, B., Manek, G., & Chandrasekhar, V. R. (2018). Efficient GAN-Based Anomaly Detection. arXiv preprint arXiv:1802.06222.

https://arxiv.org/abs/1802.06222

[3] Adversarially learned inference

Dumoulin, V., Belghazi, I., Poole, B., Mastropietro, O., Lamb, A., Arjovsky, M., & Courville, A. (2016). Adversarially Learned Inference. arXiv preprint arXiv:1606.00704.

https://arxiv.org/abs/1606.00704

[4] Adversarially learned inference 홈페이지

https://ishmaelbelghazi.github.io/ALI/

[5] BiGAN

Donahue, J., Krähenbühl, P., & Darrell, T. (2016). Adversarial Feature Learning. arXiv preprint arXiv:1605.09782.

https://arxiv.org/abs/1605.09782

자연어 처리에 의한 감정 분석 (Transformer)

7.1 형태소 분석 구현(Janome, MeCab+NEologd)

7장과 8장에서는 텍스트 데이터를 취급하는 자연어 처리^{Natural language processing}를 살펴봅니다. 딥러닝 모델인 Transformer[1]를 활용하여 텍스트 데이터의 내용이 긍정인지 부정인지 클래스를 분류하는 감정 분석에 들어갑니다.

이번 절에서는 머신러닝의 자연어 처리 흐름과 문장을 단어로 분할하는 방법을 설명하고 구현합니다. 이 장의 파일은 우분투^{ubuntu}에서의 동작이 전제입니다. 윈도우처럼 문자 코드가 다른 환경에서는 동작에 주의해야 합니다. AWS 인스턴스에 200GB 정도의 SSD를 장착하여 사용하고 있다면 이 책을 순서대로 진행했을 경우 SSD가 가득 찰 수 있습니다. 새로운 인스턴스를 만들 것을 추천합니다.

이 절의 학습 목표는 다음과 같습니다.

1. 머신러닝의 자연어 처리 흐름을 이해한다.
2. Janome(자노메) 및 MeCab+NEologd를 활용한 형태소 분석을 구현할 수 있다.

구현 파일

7-1_Tokenizer.ipynb

7.1.1 폴더 준비

폴더를 만들어 파일을 다운로드합니다. 코드를 다운로드하여 7_nlp_sentiment_transformer 폴더 내 make_folders_and_data_downloads.ipynb 파일의 각 셀을 하나씩 실행하세요. data 폴더에 저자가 준비한 text_train.tsv 등은 tsv^tab-separated values 형식의 파일입니다. tsv 형식은 탭으로 구분된 파일입니다. 쉼표로 구분된 csv^comma-separated values 파일과 비슷하지만 텍스트 데이터의 경우 쉼표는 문장 속에서 사용되어 탭으로 구분된 tsv 형식을 사용합니다.

make_folders_and_data_downloads.ipynb 파일을 실행하면 [그림 7-1]과 같은 폴더 구조가 생성됩니다.

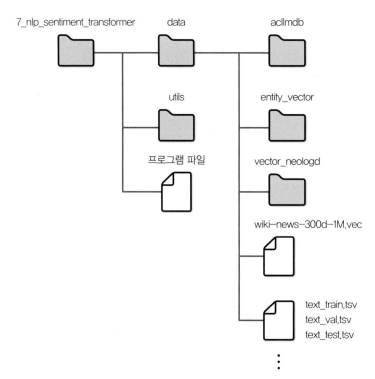

그림 7-1 7장의 폴더 구성

7.1.2 머신러닝의 자연어 처리 흐름

머신러닝의 자연어 처리 흐름을 설명하겠습니다. 상세한 정보는 자연어 처리에 특화된 서적[2] [3][4]을 참고하기를 바랍니다. [그림 7-2]는 머신러닝의 자연어 처리 흐름을 나타냅니다. 먼저 문서 데이터를 모읍니다. 수집한 문서 데이터를 **코퍼스**corpus라고 합니다. 문서 데이터에서 글이 아닌 노이즈를 청소합니다. 예를 들어 웹에서 수집한 문서 데이터라면 불필요한 HTML 태그가 붙어 있으며 메일 데이터라면 헤더header가 붙어 있습니다. 이를 제거합니다.

데이터 청소	HTML 태그나 메일 헤더 등 글이 아닌 노이즈 제거
정규화	반각/전각 통일, 대소문자 통일, 표기 오류 수정, 의미 없는 숫자 대체 등
단어 분할 (형태소 분석)	문장을 단어별로 구분
기본형 변환 (표제어화)	'달리고' → '달리다'처럼 단어를 기본형(원형)으로 변환. 기본형으로 변환하지 않는 경우도 있다.
스톱 워드 제거	출현 수가 많은 단어나 조사 등 특별한 의미가 없는 단어 제거. 제거하지 않는 경우도 있다.
단어의 수치화	단어를 기계 학습으로 다룰 수 있도록 수치로 변경. 단순히 ID를 매기거나 벡터로 표현할 수 있다.

그림 7-2 머신러닝의 자연어 처리 흐름

전처리로 정규화를 실행합니다. 정규화 처리 내용은 다양하지만 문장의 반각/전각을 통일하거나 영어의 대소문자를 통일하거나 표기 오류(예: 猫와 ネコ와 ねこ)[1]를 통일합니다. 날짜와 시간을 나타내는 부분 등에서 숫자가 특별히 의미가 없다면 숫자를 모두 0으로 대체할 수 있습니다.

이제 문장을 단어로 분할합니다. 머신러닝에서는 문장을 단어마다 분할합니다. 기본적으로 영어는 공백으로 단어가 분할되었지만 일본어는 공백이 없어 문장에서 단어를 구분하는 것이 어렵습니다. 일본어로 '今日5km走った。(오늘 5km 달렸다.)'는 문장이 있으면 '今日/5/km/走っ/た/。(오늘/5/km/달렸/다/.)'로 분할합니다. 단어 분할은 형태소 분석 또는 띄어쓰기라고 합니다.

---

1 옮긴이_ 모두 고양이를 의미합니다.

문장을 단어로 분할한 후 필요하다면 단어를 기본형으로 변환합니다. '달리고'를 '달리다'로 변환하는 것입니다. 경우에 따라서 스톱 워드stop word를 제거합니다. 스톱 워드란 출현 빈도가 많은 단어나 조사, 조동사 등 문장에서 그다지 의미가 없는 품사 및 단어입니다. 이를 제거합니다. 미리 제거할 단어를 지정하거나 작업에 따라 스톱 워드를 제거하지 않을 수도 있습니다.

마지막으로 단어를 기호화합니다. 예를 들어 '달리다'라는 단어 표현 그대로는 딥러닝을 비롯해 머신러닝에서 다룰 수 없습니다. 텍스트 형식의 데이터를 어떠한 수치로 치환해야 합니다. 단순히 ID를 매기거나 단어를 벡터로 표현합니다. 단어의 벡터 표현은 7.3절에서 설명하겠습니다.

이처럼 문장을 머신러닝 딥러닝에서 다룰 수 있는 수치 데이터로 변환하면 원하는 작업을 학습하고 추론할 수 있습니다.

7.1.3 Janome를 활용한 단어 분할

Janome 패키지로 일본어 문장의 단어 분할을 실행해보겠습니다. 우분투 콘솔에서 source activate pytorch_p36을 실행합니다. pytorch_p36 가상 환경에서 pip install janome를 실행하여 Janome를 설치하십시오.

다음을 실행합니다. 실행 결과와 같이 문장이 단어로 분리되고 품사 정보 등이 표시됩니다.

```
from janome.tokenizer import Tokenizer

j_t = Tokenizer()

text = '機械学習が好きです 。'

for token in j_t.tokenize(text):
    print(token)
```
```
[출력]
機械    名詞,一般,*,*,*,*,機械,キカイ,キカイ
学習    名詞,サ変接続,*,*,*,*,学習,ガクシュウ,ガクシュー
が      助詞,格助詞,一般,*,*,*,が,ガ,ガ
好き    名詞,形容動詞語幹,*,*,*,*,好き,スキ,スキ
です    助動詞,*,*,*,特殊・デス,基本形,です,デス,デス
。      記号,句点,*,*,*,*,。,。,。
```

Janome 처리를 머신러닝 구현 시 사용하기 쉽도록 함수화한 `tokenizer_janome`를 구현합니다. Janome에서 단어 분할만 필요하고 단어의 품사 정보 등이 필요 없다면 `j_t.tokenize` 인수에 `wakati = True`를 부여합니다. 구현 및 실행 결과는 다음과 같습니다.

```python
# 단어 분할 함수를 정의
def tokenizer_janome(text):
    return [tok for tok in j_t.tokenize(text, wakati=True)]

text = '機械学習が好きです 。'
print(tokenizer_janome(text))
```
```
[출력]
['機械', '学習', 'が', '好き', 'です', ' 。']
```

`tokenizer_janome` 함수를 사용하면 문장을 단어로 분할한 리스트를 얻을 수 있습니다. 이상이 Janome를 활용한 단어 분할, 형태소 분석의 구현입니다.

7.1.4 MeCab+NEologd에 의한 단어 분할

단어 분할(형태소 분석) 라이브러리인 **MeCab**을 사용합니다. MeCab은 신조어 사전으로 불리는 **NEologd**와 함께 사용되는 경우가 많습니다. 신조어에도 대응할 수 있는 것이 MeCab의 특징입니다.

우분투 콘솔(터미널)에서 다음과 같이 MeCab 및 NEologd를 설치합니다.

1. MeCab 설치

```
sudo apt install mecab
sudo apt install libmecab-dev
sudo apt install mecab-ipadic-utf8
```


2. NEologd 설치

```
git clone https://github.com/neologd/mecab-ipadic-neologd.git
cd mecab-ipadic-neologd
sudo bin/install-mecab-ipadic-neologd
```

설치 도중에 멈추고 다음을 묻습니다.

```
Do you want to install mecab-ipadic-NEologd? Type yes or no.
```

yes를 입력합니다.

3. 파이썬에서 MeCab을 사용할 수 있도록 설정

```
conda install -c anaconda swig
pip install mecab-python3
cd ..
jupyter notebook --port 9999
```

설치가 완료되면 주피터 노트북을 시작합니다. Janome와 마찬가지로 형태소 분석을 실행합니다.

```
import MeCab

m_t = MeCab.Tagger('-Ochasen')

text = '機械学習が好きです。'

print(m_t.parse(text))
```

```
[출력]
機械    キカイ    機械      名詞-一般
学習    ガクシュウ          学習      名詞-サ変接続
が      ガ        が        助詞-格助詞-一般
好き    スキ      好き      名詞-形容動詞語幹
です    デス      です      助動詞   特殊・デス        基本形
。      。        。        記号-句点
EOS
```

Janome를 사용한 앞선 결과처럼 '기계학습機械学習'이라는 한 단어가 '기계機械'와 '학습学習'으로 분할되었습니다. 신조어 사전인 NEologd로 단어를 분할합니다. 다음과 같이 구현합니다.

```
import MeCab

m_t = MeCab.Tagger('-Ochasen -d /usr/lib/mecab/dic/mecab-ipadic-neologd')

text = '機械学習が好きです。'

print(m_t.parse(text))
```

```
[출력]
機械学習    キカイガクシュウ        機械学習 名詞-固有名詞--般
が         ガ          が          助詞-格助詞--般
好き       スキ        好き        名詞-形容動詞語幹
です       デス        です        助動詞   特殊・デス          基本形
。         。          。          記号-句点
EOS
```

NEologd를 사용하여 신조어인 '기계학습機械学習'을 한 단어로 인식해 분할했습니다. '기계학습'
이 신조어인지에 대해 의문이 들 수 있지만 일반인에게는 생소한 학술 용어입니다. MeCab과
NEologd를 사용하면 이러한 말을 하나의 단어로 잘 파악해주는 장점이 있습니다.

마지막으로 MeCab과 NEologd로 문장을 단어 리스트로 분할하는 tokenizer_mecab 함수
를 구현합니다.

```
# 단어 분할 함수를 정의
m_t = MeCab.Tagger('-Owakati -d /usr/lib/mecab/dic/mecab-ipadic-neologd')

def tokenizer_mecab(text):
    text = m_t.parse(text)  # 공백으로 단어 구별
    ret = text.strip().split()  # 공백으로 구별한 리스트 변환
    return ret

text = '機械学習が好きです。'
print(tokenizer_mecab(text))
```

```
[출력]
['機械学習', 'が', '好き', 'です', '。']
```

머신러닝의 자연어 처리 흐름의 개요와 Janome 및 MeCab, NEologd를 활용한 단어 분할 방
법을 설명하였습니다. 다음 절에서는 torchtext를 활용한 파이토치 자연어 처리의 데이터셋
과 데이터 로더 구현 방법을 설명합니다.

7.2 torchtext를 활용한 데이터셋, 데이터 로더 구현

파이토치의 자연어 처리 패키지인 torchtext로 데이터셋 및 데이터 로더를 구현하는 방법을 알아보겠습니다.

이 절의 학습 목표는 다음과 같습니다.

1. torchtext를 이용하여 데이터셋 및 데이터 로더를 구현할 수 있다.

구현 파일

7-2_torchtext.ipynb

7.2.1 torchtext 설치

이번 절부터 파이토치의 텍스트 데이터 처리 패키지인 torchtext를 사용합니다. `pip install torchtext`를 실행하여 설치하십시오.

7.2.2 사용하는 데이터

data 폴더에 저자가 준비한 모의 데이터인 text_train.tsv, text_val.tsv, text_test.tsv를 사용합니다. 책에서는 실제로 머신러닝을 실시하지는 않아 세 개의 파일 내용이 모두 같습니다. 각 파일의 1, 2행에는 다음과 같이 써 있습니다.

```
王と王子と女王と姫と男性と女性がいました 。        0
機械学習が好きです 。    1
```

데이터 각 행의 앞이 문장입니다. 탭 뒤의 숫자는 클래스를 나타내는 라벨입니다. 지금은 문장 데이터의 라벨(0, 1)에 의미가 없지만 0을 부정 클래스, 1을 긍정 클래스로 라벨을 붙일 수 있습니다. tsv 형식의 텍스트 데이터는 탭으로 구분하여 문장과 라벨을 한 줄로 적습니다. 즉 각 행은 하나의 데이터를 나타냅니다.

이번 절에서는 문서 데이터를 파이토치의 딥러닝에서 사용하는 데이터셋 및 데이터 로더로 변환하는 방법을 구현과 함께 설명하겠습니다.

7.2.3 전처리 및 단어 분할 함수 구현

문장의 전처리와 단어 분할을 결합시킨 함수를 작성합니다. 먼저 Janome를 사용한 단어 분할 함수를 정의합니다.

```python
# 단어 분할에는 Janome를 사용
from janome.tokenizer import Tokenizer

j_t = Tokenizer()

def tokenizer_janome(text):
    return [tok for tok in j_t.tokenize(text, wakati=True)]
```

그 후 전처리 함수를 정의합니다.

```python
# 전처리로서 정규화 함수 정의
import re

def preprocessing_text(text):
    # 반각 및 전각 통일
    # 이번에는 무시

    # 영어의 소문자화
    # 이번에는 무시
    # output = output.lower()

    # 줄 바꿈, 반각 스페이스, 전각 스페이스 삭제
    text = re.sub('\r', '', text)
    text = re.sub('\n', '', text)
    text = re.sub('　', '', text)
    text = re.sub(' ', '', text)

    # 숫자를 일률적으로 0으로 설정
    text = re.sub(r'[0-9 0-9]', '0', text)  # 숫자

    # 기호와 숫자 제거
```

```
    # 이번에는 무시. 반각 기호, 숫자, 영문자
    # 이번에는 무시. 전각 기호

    # 특정 문자를 정규 표현으로 치환
    # 이번에는 무시

    return text
```

마지막으로 전처리 후에 단어를 분할하는 `tokenizer_with_preprocessing` 함수를 구현합니다.

```
# 전처리 및 Janome의 단어 분할을 수행하는 함수 정의
def tokenizer_with_preprocessing(text):
    text = preprocessing_text(text)  # 전처리 정규화
    ret = tokenizer_janome(text)  # Janome 단어 분할

    return ret

# 동작 확인
text = "昨日は とても暑く，気温が36度もあった 。"
print(tokenizer_with_preprocessing(text))
```
```
[출력]
['昨日', 'は', 'とても', '暑く', '，', '気温', 'が', '00', '度', 'も', 'あっ', 'た', '。']
```

출력 결과를 보면 원래 문장의 '昨日は (어제는)' 다음의 공백이 제거되고 '36度(36도)'를 '00度(00도)'로 변환하여 단어가 분할되었습니다.

문장의 전처리 및 단어 분할 함수 구현이 완료되었습니다.

7.2.4 문장 데이터 읽기

지금부터 torchtext를 사용하여 문장 데이터를 읽습니다. 먼저 문장의 각 행을 읽어들인 내용에 어떠한 처리를 실시할지 정의합니다.

tsv 형식의 문서 데이터는 각 행의 전반부가 텍스트 데이터이며 탭 이후가 라벨 데이터입니다. 전반부의 데이터에 전처리 및 단어 분할 처리를 실시합니다. 읽어들인 내용에 수행할 작업을 `torchtext.data.Field`를 활용하여 인수로 정의합니다.

다음과 같이 구현합니다. 앞서 구현한 전처리와 단어 분할 함수인 `tokenizer_with_preprocessing`을 `tokenize` 인수에 지정합니다. 그 외 인수의 의미는 다음과 같습니다.

- `sequential`: 데이터의 길이가 가변인가? 문장은 길이가 다양하므로 True, 라벨은 False
- `tokenize`: 문장을 읽을 때 전처리 및 단어 분할 함수 정의
- `use_vocab`: 단어를 vocabulary(단어집: 이후 설명)에 추가할지 여부
- `lower`: 알파벳이 존재할 때 소문자로 변환할지 여부
- `include_length`: 문장의 단어 수 데이터를 포함할지 여부
- `batch_first`: 미니 배치 차원을 선두에 제공할지 여부
- `fix_length`: 전체 문장을 지정한 길이가 되도록 padding

`fix_length` 인수를 간단히 알아보겠습니다. 텍스트 데이터는 화상 데이터와 달리 데이터별 크기, 즉 단어 수가 일정하지 않습니다. 긴 텍스트도 있고 짧은 텍스트도 있습니다. 다음 구현에서는 텍스트의 길이를 25개 단어로 통일시킵니다. 25개 단어보다 짧으면 부족한 부분을 padding을 의미하는 `<pad>`라는 단어로 가득 채웁니다. 25개 단어보다 긴 경우에는 자릅니다.

```python
import torchtext

# tsv나 csv 데이터를 읽을 때 읽어들인 내용에 수행할 처리를 정의
# 문장과 라벨을 모두 준비

max_length = 25
TEXT = torchtext.data.Field(sequential=True, tokenize=tokenizer_with_preprocessing,
                            use_vocab=True, lower=True, include_lengths=True,
                            batch_first=True, fix_length=max_length)
LABEL = torchtext.data.Field(sequential=False, use_vocab=False)
```

문장 데이터를 읽어들일 때의 처리를 정의하고 데이터를 읽어들입니다.

```python
# data.TabularDataset 상세 정보
# https://torchtext.readthedocs.io/en/latest/examples.html?highlight=data.
TabularDataset.splits

# data 폴더에서 각 tsv 파일을 읽어들여 데이터셋으로 한다.
# 1행이 TEXT와 LABEL로 구분되었음을 fields에서 지시한다.
```

```
train_ds, val_ds, test_ds = torchtext.data.TabularDataset.splits(
    path='./data/', train='text_train.tsv',
    validation='text_val.tsv', test='text_test.tsv', format='tsv',
    fields=[('Text', TEXT), ('Label', LABEL)])

# 동작 확인
print('훈련 데이터 수', len(train_ds))
print('첫 번째 훈련 데이터', vars(train_ds[0]))
print('두 번째 훈련 데이터', vars(train_ds[1]))
```

```
[출력]
훈련 데이터 수 4
첫 번째 훈련 데이터 {'Text': ['王', 'と', '王子', 'と', '女王', 'と', '姫', 'と',
'男性', 'と', '女性', 'が', 'い', 'まし', 'た', '。'], 'Label': '0'}
두 번째 훈련 데이터 {'Text': ['機械', '学習', 'が', '好き', 'です', '。'],
'Label': '1'}
```

TabularDataset은 파일의 한 행이 하나의 **data**를 나타내는 테이블 형식의 텍스트 데이터를 파이토치의 데이터셋으로 변환하는 클래스입니다. train_ds 등은 자연어 처리를 위한 데이터 셋입니다.

출력 결과를 보면 문장 데이터 전반부가 텍스트로, 후반부는 라벨로 처리되었습니다. 텍스트 데이터의 길이를 통일하기 위하여 삽입된 <pad>는 표시되지 않습니다.

지금까지 **torchtext**를 활용하여 문서 데이터로 데이터셋을 만들어보았습니다.[2]

7.2.5 단어의 수치화

화상 처리는 데이터셋이 완성되면 간단히 데이터 로더를 만들 수 있었습니다. 자연어 처리는 단어라는 텍스트 형식의 데이터를 머신러닝이 다룰 수 있는 수치 형식으로 변환해야 합니다. 단어를 수치화하려면 ID를 매기는 방법과 벡터로 표현하는 방법이 있습니다. 이번 절에서는 ID 매기는 방법을 설명하겠습니다. 7.3절에서는 단어의 벡터 표현을 설명합니다.

단어의 수치화에는 머신러닝 및 딥러닝에서 다루는 단어의 vocabulary를 준비해야 합니다. vocabulary는 단어의 집합을 뜻합니다. 어떤 언어이든 단어 수는 매우 많습니다. 모든 단어에

---

2 torchtext는 텍스트 데이터의 전처리 방법입니다. torchtext.data.Field의 preprocessing 인수에 전처리용 함수를 정의할 수 있습니다. 이 책에서는 전처리와 단어 분할을 하나의 함수로 묶어서 tokenize 인수를 함수에 부여하는 형식을 사용하였습니다.

ID를 매기지 않고 처리할 대상을 vocabulary로 설정한 후 준비한 단어에 ID를 매깁니다. 다음과 같이 구현합니다.

```
# vocabulary 작성
# 훈련 데이터 train의 단어에서 min_freq 이상의 빈도인 단어를 사용하여 vocabulary
구축
TEXT.build_vocab(train_ds, min_freq=1)

# 훈련 데이터의 단어와 빈도를 출력(빈도 min_freq보다 큰 것이 출력)
TEXT.vocab.freqs  # 출력하기
```

```
[출력]
Counter({'王': 1,
         'と': 5,
         '王子': 1,
         '女王': 1,
...
```

필드를 읽을 때 처리를 정의한 torchtext.data.Field의 인스턴스인 텍스트 함수 build_vocab을 실행합니다. 인수에는 vocabulary 생성에 사용하는 데이터셋과 단어의 출현 빈도가 몇 번 이상인 단어를 단어로 등록할지 설정하는 min_freq를 부여합니다. TEXT.build_vocab(train_ds, min_freq=1)을 실행하면 텍스트의 멤버 변수에 vocabulary인 vocab이 생성됩니다. TEXT.vocab.freqs를 실행하면 텍스트가 갖는 vocabulary의 단어와 각 단어가 데이터셋에 출현한 횟수가 표시됩니다.

계속하여 생성한 vocabulary의 단어 ID를 확인합니다. 다음 코드를 실행하면 단어에 어떠한 ID가 할당되었는지 확인할 수 있습니다. stoi 명령은 String to ID의 약칭입니다.

```
# vocabulary의 단어를 id로 변환한 결과 출력
# 빈도가 min_freq보다 작은 경우에는 알 수 없음<unk>이 된다.

TEXT.vocab.stoi  # 출력. string to identifiers 문자열을 id로
```

```
[출력]
defaultdict(<function torchtext.vocab._default_unk_index()>,
            {'<unk>': 0,
             '<pad>': 1,
```

```
          'と': 2,
          '。': 3,
          'な': 4,
          'の': 5,
          '文章': 6,
          ', ': 7,
...
```

출력된 결과를 보면 각 단어에 어떠한 ID가 매겨졌는지 알 수 있습니다. 단어 'と(~와)'는 ID가 2이고, 단어 '文章(문장)'은 ID가 6입니다. 0번째 ID인 <unk>는 unknown이라는 의미입니다. vocabulary에 없는 단어가 테스트 데이터 등에 나타나면 해당 단어(미지어)에 <unk>를 사용합니다. 첫 번째 ID인 <pad>는 padding이라는 의미로 앞서 설명했듯이 문장의 길이를 통일하기 위하여 문장의 뒤를 채우는 단어입니다. 이렇게 단어의 수치를 ID로 나타낼 수 있습니다.

7.2.6 데이터 로더 작성

마지막으로 torchtext.data.Iterator를 활용하여 데이터 로더를 만듭니다. 데이터 로더로 하고 싶은 데이터셋을 인수로 주고 미니 배치의 크기를 지정합니다. 다음과 같이 구현합니다.

데이터 로더 작성 시 훈련용 데이터 로더인지 여부를 train 인수에 지정합니다. 검증 및 테스트용 데이터 로더에는 sort 인수에 False를 설정하고 data 순서를 변경하지 않게(sort 하지 않음) 지정합니다. train = False만으로도 작동하지만 오류가 나니 sort = False를 명시적으로 지정합니다.

```
# 데이터 로더 작성(torchtext의 맥락에서는 단순히 iterater로 부른다)
train_dl = torchtext.data.Iterator(train_ds, batch_size=2, train=True)

val_dl = torchtext.data.Iterator(
    val_ds, batch_size=2, train=False, sort=False)

test_dl = torchtext.data.Iterator(
    test_ds, batch_size=2, train=False, sort=False)

# 동작 확인. 검증 데이터의 데이터셋으로 확인
```

```
batch = next(iter(val_dl))
print(batch.Text)
print(batch.Label)
```

```
[출력]
(tensor([[46,  2, 47,  2, 40,  2, 42,  2, 48,  2, 39,  8, 19, 29, 23,  3,  1,  1,
           1,  1,  1,  1,  1,  1,  1],
         [45, 43,  8, 41, 25,  3,  1,  1,  1,  1,  1,  1,  1,  1,  1,  1,  1,  1,
           1,  1,  1,  1,  1,  1,  1]]), tensor([16,  6]))
tensor([0, 1])
```

데이터 로더 출력 결과를 보면 단어가 ID로 대체되었고 머신러닝 및 딥러닝에서 다룰 수 있는 형태로 되었습니다. 또한 문장이 25개 단어보다 짧은 만큼 ID=1인 <pad>가 들어가서 길이가 25로 통일되었습니다. 출력의 tensor([16, 6])은 해당 문장의 단어 수입니다. 미니 배치 문장의 수는 두 개이며, 첫 번째 텍스트의 단어 수는 16개, 두 번째 텍스트의 단어 수는 6개라는 의미입니다. 그 후에 표시된 tensor([0, 1])은 각 문장의 라벨입니다. 첫 번째 텍스트 데이터의 라벨은 0이고, 두 번째 텍스트 데이터의 라벨은 1입니다.

이번 절에서는 torchtext를 활용한 데이터셋, 데이터 로더 작성 방법을 설명하였습니다. 다음 절에서는 벡터 표현으로 단어를 나타내는 방법을 구현해보겠습니다.

7.3 단어의 벡터 표현 방식(word2vec, fasttext)

이번 절에서는 word2vec 및 fasttext를 활용하여 단어를 벡터 표현(분산 표현)으로 수치화하는 방법을 설명합니다. 한 번 읽어서는 완전히 이해하기 어려우니 여러 번 읽기를 바랍니다. 필요하다면 다른 도서나 인터넷 정보 등도 함께 보세요.

이 절의 학습 목표는 다음과 같습니다.

1. **word2vec으로 단어의 벡터 표현을 학습하는 방식을 이해한다.**
2. **fasttext로 단어의 벡터 표현을 학습하는 방식을 이해한다.**

구현 파일

없음

7.3.1 word2vec을 활용한 단어의 벡터 표현 방법

단어의 벡터 표현에 대해 설명하겠습니다. 앞서 사용했던 단어에 ID를 매기는 방법은 두 가지 문제점이 있습니다. 첫째, ID 표현으로는 단어를 나타내는 표현(one-hot 표현)이 너무 길어진다는 점이고 둘째, 단어 간 관계성을 고려할 수 없다는 점입니다.

첫 번째 문제인 단어를 나타내는 표현이 길어지는 점을 생각해봅시다. vocabulary가 다섯 개로, ID=3인 단어의 ID를 one-hot 표현으로 나타내면 (0,0,0,1,0)입니다. vocabulary가 1만 단어라면 한 단어를 one-hot 표현으로 표현하는 데 1만 개의 길이가 필요하게 되어 비효율적입니다.

두 번째 문제인 단어 사이의 관계를 고려하지 못하는 점을 생각해봅시다. ID로 단어를 나타내면 '王(왕)'과 '王子(왕자)'라는 단어는 '王(왕)'과 '機械(기계)'보다 관계성이 강합니다. 단어가 가진 이러한 정보가 ID 표현으로는 반영되지 않는 문제가 있습니다.

ID 표현의 두 문제를 해결할 수 있는 것이 단어의 벡터 표현입니다. 단어를 수백 차원의 특징량 벡터로 표현합니다. 단어를 나타내는 특징량 차원이 4라면 (0.2, 0.5, 0.8, 0.2)와 같은 벡터로 단어가 표현됩니다. 벡터 표현을 활용하면 vocabulary가 1만 단어라도 4차원 벡터로 나타낼 수 있습니다.

단어 벡터의 각 특징량 차원이 적절히 구성된다면 단어 간 관계도 고려할 수 있게 됩니다. 특징량 차원의 0번째가 '성별과 일치', 첫 번째가 '어른/아이스러움', 두 번째가 '왕족스러움', 세 번째가 '그 외의 특징'으로 학습했다면 다음과 같이 벡터로 표현됩니다.

- 王(왕)=(0.9, 0.9, 0.8, 0.0)
- 王子(왕자)=(0.9, 0.1, 0.8, 0.0)
- 女王(여왕)=(0.1, 0.9, 0.8, 0.0)
- 姬(공주)=(0.1, 0.1, 0.8, 0.0)
- 男性(남성)=(1.0, 0.0, 0.0, 0.0)
- 女性(여성)=(0.1, 0.0, 0.0, 0.0)

벡터로 표현되면 단어의 관계성을 연산으로 나타낼 수 있습니다. '姬(공주)−女性(여성)+男性(남성)'을 계산하면 직감적으로 그 관계성은 '王子(왕자)'입니다. 벡터로 계산하면 (0.1, 0.1, 0.8, 0.0)−(0.1, 0.0, 0.0, 0.0)+(1.0, 0.0, 0.0,0.0)=(1.0, 0.1, 0.8, 0.0)이 됩니다. 계산 결과의 (1.0, 0.1, 0.8, 0.0) 벡터는 '王子'를 나타내는 벡터 (0.9, 0.1, 0.8, 0.0)과 거의 일치합니다.

각 단어가 적절한 특징량 차원의 벡터로 표시되면 단어 사이의 관계를 적절히 표현할 수 있습니다.

7.3.2 word2vec을 활용한 단어의 벡터 표현 방법: CBOW

단어의 벡터 표현의 대표 알고리즘인 word2vec을 설명하겠습니다. 이제 특징량의 차원, 각 단어의 특징량 값을 어떻게 구할지가 중요합니다.

word2vec을 비롯한 딥러닝 모델로 단어의 벡터 표현을 구할 때는 '단어의 벡터 표현은 해당 단어 주위에서 자주 이용되는 단어를 사용하여 결정하자'는 방침이 있습니다. '王子'라는 단어가 있는 문장을 생각해봅시다. '王子はまだ幼く…(왕자는 아직 어리고…)' 또는 '王子は勇ましく狩りに出かけ…(왕자는 용감하게 사냥을 나가고…)' 또는 '貴族のたしなみを学ぶ王子は…(귀족의 몸가짐을 배우는 왕자는…)' 등 '王子'라는 단어와 관계가 깊은 단어가 나타납니다. 이 주변 단어를 사용하여 '王子'라는 단어의 특징량을 결정하는 방법입니다.

CBOW^{countinuous bag-of-words}와 스킵그램^{skip-gram}이라는 두 가지 방법이 있습니다. 먼저 CBOW나 스킵그램에서 대량의 문장을 수집합니다. 수집한 문장에 '貴族のたしなみを学ぶ王子は勇ましく狩りに出かけました。(귀족의 몸가짐을 배우는 왕자는 용감하게 사냥을 나갔습니다.)'라는 텍스트가 있다고 합시다. 텍스트의 단어를 분리하면 '貴族, の, たしなみ, を, 学ぶ, 王子, は, 勇ましく, 狩り, に, 出かけ, まし, た, 。(귀족, 의, 몸가짐, 을, 배우는, 왕자, 는, 용감하게, 사냥, 을, 나갔, 습니, 다, .)'입니다. '王子'의 벡터 표현을 알아보겠습니다.

CBOW는 [그림 7-3]처럼 '王子(왕자)'라는 단어의 앞뒤 단어를 이용하여 중앙에 들어갈 단어를 추정하는 작업을 수행합니다. 주위의 몇 단어를 사용할지는 윈도우 폭으로 지정합니다. 윈도우 폭이 1이면 '王子(왕자)' 앞뒤의 한 단어씩 꺼내 '学ぶ(배우는)→?→は(는)'의 '?'에 해당하는 단어를 맞추게 됩니다. 주변 한 단어로는 너무 어려워 기본적으로 다섯 단어 정도를 사용합니다. 다섯 단어의 경우 '貴族(귀족)→の(의)→たしなみ(몸가짐)→を(을)→学ぶ(배우는)→?→は(는)→勇ましく(용감하게)→狩り(사냥)→に(을)→出かけ(나갔)'의 '?'에 해당하는 단어를 추정합니다.

(원래 문장) **貴族 の たしなみ を 学ぶ 王子 は 勇ましく 狩り に 出かけ まし た**
　　　　　　귀족 의 몸가짐 을 배우는 왕자 는 용감하게 사냥 을 　나갔 습니 다

(윈도우 폭 1의 경우)　　　　　　**学ぶ　?　は**
　　　　　　　　　　　　배우는　　　는

　　　　　　　　　　　　→ ? 에 들어갈 단어를 맞춰주세요.

(윈도우 폭 5의 경우)

　　　　貴族 の たしなみ を 学ぶ　?　は 勇ましく 狩り に 出かけ
　　　귀족 의 몸가짐 을 배우는　?　는 용감하게 사냥 을 　나갔

　　　　　　　　　　　　→ ? 에 들어갈 단어를 맞춰주세요.

그림 7-3 CBOW의 이미지

지금까지 CBOW가 단어의 주변 단어로 단어를 맞추는 작업이라고 설명하였습니다. CBOW로 단어의 벡터 표현을 획득할 수 있는 이유와 단어 맞추기 작업의 어떠한 부분으로 벡터 표현을 구할 수 있는지 알아보겠습니다.

CBOW는 단순한 전결합 층으로 이루어진 딥러닝의 클래스를 분류하는 틀로 만든 것이 미콜로프Mikolov 등이 개발한 word2vec[5]입니다. word2vec의 딥러닝 모델 내 전결합 층의 가중치 W가 단어의 분산 표현입니다.

[그림 7-4]가 CBOW의 딥러닝 모델을 그림으로 나타낸 것입니다. vocabulary가 1만 단어라면 입력층은 1만 개의 뉴런입니다. 각 뉴런은 각 단어에 대응하여 입력이 one-hot 표현으로 주어집니다. 입력은 맞추고 싶은 단어인 '王子(왕자)' 주변의 단어를 1, 그 외의 단어는 0으로 합니다. 즉 윈도우 폭이 5이면 주변 열 개 단어에 해당하는 단어의 입력은 1이며 다른 입력은 0입니다.

단어를 300차원의 특징량에 의한 단어 벡터로 표현해보겠습니다. 전결합 층의 출력층을 300개로 합니다. one-hot 표현으로 전결합 층에 윈도우 폭에 대응한 주변 단어를 1, 그 외를 0으로 입력하면 출력 뉴런 300개에 어떠한 값이 계산됩니다. 즉 1만 뉴런 주변의 단어가 300개의 중간층 뉴런으로 표시된 것입니다. 이 전결합 층의 가중치를 W_in으로 하며 W_in의 크기는 10,000×300이 됩니다.

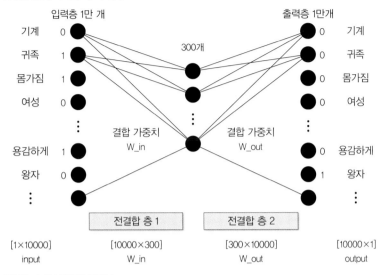

vocabulary가 1만 개의 경우

입력층 1만 개   출력층 1만개
기계   0   0   기계
귀족   1   300개   0   귀족
몸가짐   1   0   몸가짐
여성   0   0   여성

         결합 가중치   결합 가중치
          W_in   W_out
용감하게 1   0   용감하게
왕자   0   1   왕자

            전결합 층 1   전결합 층 2

[1×10000]   [10000×300]   [300×10000]   [10000×1]
  input   W_in   W_out   output

그림 7-4 CBOW의 딥러닝

계속하여 300차원으로 압축된 특징량에 또 하나의 전결합 층을 연결하여 vocabulary 수인 10,000개의 뉴런에 출력시킵니다. 두 번째 전결합 층은 입력 채널 수가 300, 출력 채널 수가 10,000이 되어, 가중치를 W_out 변수로 표현하면 W_out의 차원은 300×10,000이 됩니다. 출력층의 뉴런은 vocabulary 수가 10,000개입니다. 그리고 CBOW 작업으로 맞추고 싶은 단어인 '王子(왕자)'만 1이 되고 다른 단어는 0이 되는 출력 결과가 답이 되는 출력입니다(정확하게는 전결합 층 뒤의 소프트맥스 함수을 활용한 계산 결과로 '王子(왕자)'만 1, 그 외가 0인 출력).

이처럼 두 개의 전결합 층으로 이루어진 딥러닝 모델로 원하는 출력을 얻을 수 있도록 전결합 층의 가중치 W_in과 W_out을 학습시킵니다. 가중치 W_in은 [그림 7-5]처럼 10,000개의 행과 300개의 열로 이루어진 행렬입니다. 위에서 두 번째 '貴族(귀족)'만 입력 1이면 출력 300개의 뉴런 값은 W_in 두 번째 행의 값과 같아집니다. 즉 '貴族(귀족)'을 300차원으로 하면 W_in 두 번째 행의 300차원 값으로 변환됩니다.

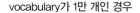

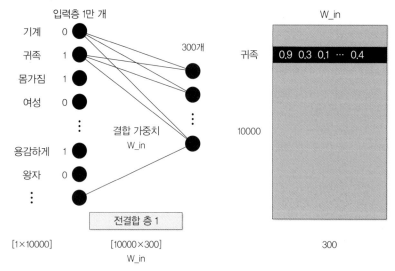

그림 7-5 CBOW의 W_in

CBOW 딥러닝 모델의 첫 번째 전결합 층의 가중치 W_in은 대응되는 단어들을 300차원의 특징량으로 했을 때 300차원의 특징량 값이 되며, W_in의 행 표현을 각 단어의 벡터 표현으로 사용합니다.

정리하겠습니다. CBOW 작업에서 단어의 벡터 표현을 배울 수 있는 것은 두 개의 전결합 층으로 이루어진 딥러닝 모델을 준비하여 CBOW 작업을 구현하면 중간층 뉴런에 단어 정보를 압축하여 표현됩니다. 이 정보를 벡터 표현으로 사용할 수 있습니다. 단어의 벡터 표현은 하나의 전결합 층 가중치 W_in으로 표현되고 W_in의 각 행은 각 단어의 벡터 표현을 나타냅니다. W_out도 사용하여 벡터를 표현하는 경우도 있습니다.

CBOW의 word2vec을 구현하여 딥러닝 모델의 가중치를 학습시킬 경우에는 구현 및 학습하지는 않습니다. vocabulary가 수십 만이 되면 구현 및 학습이 어렵습니다. 네거티브 샘플링 negative sampling과 계층화 소프트맥스 기술로 문제를 잘 바꾸어 효율적인 학습을 구현해야 합니다. 책에서는 이러한 기술까지 설명하지 않습니다. 관심이 있는 분은 논문[5]이나 그 외의 인터넷 정보를 참조하기 바랍니다.

7.3.3 word2vec을 활용한 단어의 벡터 표현 방법: 스킵그램

word2vec을 활용한 표현 방법인 스킵그램을 설명하겠습니다. 스킵그램은 [그림 7-6]처럼 '王子(왕자)'라는 단어를 주고 전후의 단어를 추정합니다. 윈도우 폭이 1이면 '王子(왕자)'의 전후 한 단어인 '学ぶ(배우는)'과 'は(는)'을 맞추게 됩니다. 한 단어로는 너무 어려우니 기본 적으로 다섯 단어 정도 사용합니다. 다섯 단어의 경우 '貴族(귀족)', 'の(의)', 'たしなみ(몸가 짐)', 'を(을)', '学ぶ(배우는)', 'は(은)', '勇ましく(용감하게)', '狩り(사냥)', 'に(을)', '出かけ (나갔)'을 추정합니다.

(원래 문장) **貴族 の たしなみ を 学ぶ 王子 は 勇ましく 狩り に 出かけ まし た**
　　　　　　귀족 의 몸가짐 을 배우는 왕자 는 용감하게 사냥 을 나갔 습니 다

(윈도우 폭 1의 경우)　　　　　　　　　　? **王子** ?
　　　　　　　　　　　　　　　　　　　　　　왕자

　　　　　　　　　　　→ ? 에 들어갈 단어를 맞춰주세요.

(윈도우 폭 5의 경우)
　　　　? ? ? ? ? **王子** ? ? ? ? ?
　　　　　　　　　　　　　　　　　　왕자

　　　　　　　　　　　→ ? 에 들어갈 단어를 맞춰주세요.

그림 7-6 스킵그램의 이미지

스킵그램 작업을 딥러닝 모델로 한다면 모델의 네트워크 형태는 CBOW와 동일하나 [그림 7-7]처럼 입출력이 바뀝니다. 입력은 '王子(왕자)'만 1의 one-hot 표현이 되고 출력은 주변 단어가 1의 one-hot 표현이 됩니다. CBOW의 경우와 마찬가지로 W_in이 각 단어를 특징량 300차원으로 하는 가중치를 이루고 있어 W_in의 각 행이 각 단어의 벡터 표현이 됩니다.

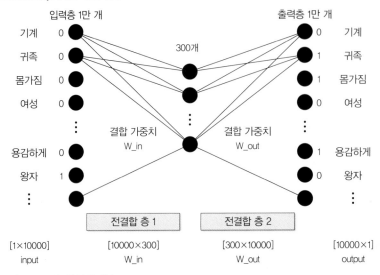

그림 7-7 스킵그램의 딥러닝

CBOW과 스킵그램 중에서 어떤 쪽의 단어 벡터 표현을 사용하면 좋을지 이론적인 증명은 없습니다. 기본적으로 스킵그램의 벡터 표현을 이용하는 것이 자연어 처리의 작업 성능이 좋다고 알려져 있습니다.

스킵그램이 더 좋은 두 가지 이유가 있습니다.

첫째, CBOW처럼 주변 다섯 단어씩 주어진 상태에서 중간 단어를 맞추는 것보다 스킵그램처럼 단어 앞뒤 다섯 단어를 맞추는 것이 어렵습니다. 어려운 작업을 수행할 수 있도록 학습한 벡터 표현이 스킵그램입니다.

둘째, CBOW 작업의 딥러닝 모델 입력은 기본적으로 one-hot 표현이지만 윈도우 폭이 5일 경우에는 입력이 1인 부분은 10개 있으며 특징량 뉴런 300개 값으로 변환합니다. CBOW는 W_in을 가진 전결합 층에 입력이 여러 개 있으며 중간층 300개 뉴런 값은 W_in의 여러 행의 합입니다. 한편 스킵그램은 입력의 one-hot 표현은 한 단어만 1, 그 외는 0입니다. 해당 단어만 W_in을 가진 전결합 층에서 특징량 뉴런으로 변환합니다. 중간층 300개 뉴런 값은 W_in의 한 단어 값뿐입니다. 단어 벡터 표현에서는 한 단어의 벡터 표현을 원합니다. 중간층 뉴런 표현이 W_in 여러 행의 합이 되는 CBOW보다 직접적으로 단어 하나의 행이 되는 스킵그램이 단어 하나의 특성을 반영하기 쉽습니다.

7.3.4 fasttext를 활용한 단어의 벡터 표현 방법

fasttext[6]를 활용한 단어의 벡터 표현 방법을 설명하겠습니다. fasttext는 word2vec과 마찬가지로 미콜로프가 제안한 벡터 표현 기법입니다. word2vec은 2013년, fasttext는 2016년에 발표되었습니다.

fasttext와 word2vec의 큰 차이는 '서브워드subword' 개념입니다. fasttext는 단어를 서브워드라는 '분할된 단어'의 합으로 표현하고 분할된 단어별로 벡터 표현을 학습시킵니다.

영어 단어를 서브워드로 분할하는 경우 기본적으로 3~6문자로 분할됩니다. 단어 where을 생각해봅시다. 단어의 시작과 끝을 나타내는 기호 〈 또는 〉를 붙여 〈where〉로 합니다. 이것을 3~6문자로 구분하면 다음과 같습니다.

- 3문자: 〈wh, whe, her, ere, re〉
- 4문자: 〈whe, wher, here, ere〉
- 5문자: 〈wher, where, here〉
- 6문자: 〈where, where〉

5+4+3+2=14가지 서브워드가 되었습니다. 14가지 서브워드의 벡터 표현 합으로 단어 where가 표현됩니다.

서브워드가 탄생한 것은 word2vec이 미지어未知語에 취약했기 때문입니다. word2vec 학습 시 vocabulary에 포함되지 않은 단어(미지어)는 단어의 벡터 표현을 얻을 수 없습니다. 미지어의 벡터 표현 문제를 해결하는 방법이 fasttext의 키가 되는 서브워드 개념입니다. 벡터 표현을 학습하지 않은 미지어를 서브워드로 나누어 다른 단어로 학습하면 서브워드의 합으로 미지어의 벡터 표현도 얻을 수 있습니다.

fasttext는 영어 등을 전제로 하지만 일본어 단어는 다음과 같이 할 수 있습니다. 우선 fasttext 구현 내 서브워드를 몇 문자로 분할할지 utf-8 바이트로 판단하여 3~6바이트로 서브워드를 구분합니다. 숫자의 경우 utf-8은 1바이트이므로 3~6문자입니다. 일본어 히라가나나 한자는 기본적으로 utf-8에서 3바이트입니다. 3~6바이트의 분할은 1문자 혹은 2문자로 분할됩니다. 단어 '機械学習(기계학습)'의 서브워드 표현을 봅시다. 단어 앞뒤의 개시 및 종료 기호는 바이트 수로 계산하지 않으며 다음과 같습니다.

- 1문자: 〈機, 械, 械, 学, 習, 習〉
- 2문자: 〈機械, 機械, 械学, 学習, 学習〉

6+5=11가지 서브워드가 됩니다. 11가지 서브워드의 벡터 합으로 '機械学習(기계학습)' 단어가 표현됩니다.

영어나 일본어 모두 fasttext 단어의 벡터 표현은 단어를 서브워드로 분할하여 처리하는 것 외부분은 word2vec과 같습니다. fasttext도 CBOW 또는 스킵그램을 사용하며 일반적으로는 스킵그램을 사용합니다. fasttext 구현에서는 word2vec보다 훨씬 빠르게 학습할 수 있는 다양한 방법이 있습니다.

word2vec과 fasttext의 개념을 살펴보았습니다. 다음 절에서는 일본어로 사용하는 구현 방법을 알아보겠습니다.

7.4 word2vec, fasttext에서 학습된 모델(일본어)을 사용하는 방법

이번 절에서는 word2vec 및 fasttext의 학습된 모델(일본어)을 이용하여 일본어 단어의 벡터 표현을 구현해보겠습니다. '姬(공주)−女性(여성)+男性(남성)'의 벡터 표현이 '王子(왕자)'가 되는 과정과 벡터 표현이 단어의 관계를 반영할 수 있는지 확인해보겠습니다.

이 절의 학습 목표는 다음과 같습니다.

1. 학습된 일본어 word2vec 모델로 단어를 벡터 표현으로 변환할 수 있다.
2. 학습된 일본어 fasttext 모델로 단어를 벡터 표현으로 변환할 수 있다.

구현 파일

7-4_vectorize.ipynb

7.4.1 준비

진행을 위해 gensim 패키지를 설치하고 word2vec의 학습된 모델(일본어), fasttext의 학습된 모델(일본어)을 다운로드합니다.

터미널에서 pip install gensim을 실행하세요.

이번에 사용할 word2vec의 학습된 모델(일본어)은 도호쿠 대학 이누이/오카자키乾/岡崎 연구실에서 공개한 데이터[7]를, fasttext의 학습된 모델(일본어)은 'Qiita: 바로 사용할 수 있는 단어 내장 벡터의 목록'[8]에서 @Hironsan가 공개한 모델을 사용하겠습니다.

word2vec의 학습된 모델은 7.1절 make_folders_and_data_downloads.ipynb 파일의 각 셀을 실행했을 때 생성되는 data 폴더 내 entity_vector 폴더의 entity_vector.model.bin 파일입니다.

fasttext의 학습된 모델(일본어)은 make_folders_and_data_downloads.ipynb의 지시대로 PC에서 수동으로 'Qiita: 바로 사용할 수 있는 단어 내장 벡터의 목록'의 fasttext 섹션에 있는 'URL2: Download Word Vectors(NEologd)' 링크를 클릭합니다. 구글 드라이브로 이동하며 vector_neologd.zip을 다운로드합니다.

AWS의 딥러닝용 EC2 머신에서 주피터 노트북을 열고 7_nlp_sentiment_transformer 폴더 내 data 폴더에 다운로드한 vector_neologd.zip 파일을 업로드합니다. make_folders_and_data_downloads.ipynb의 마지막에 언급된 셀을 실행하여 zip 파일의 압축을 풉니다. data 폴더에 vector_neologd 폴더가 생성되고 그 안에 model.vec이라는 파일이 만들어집니다.

7.4.2 word2vec의 학습된 모델(일본어)을 사용한 구현

7.2절에서 설명한 대로 전처리 및 단어 분할을 묶은 tokenizer_with_preprocessing 함수를 정의합니다. torchtext.data.Field 클래스의 텍스트 및 라벨도 정의한 후 torchtext.data.TabularDataset.splits를 이용하여 train_ds, val_ds, test_ds라는 세 개의 데이터셋을 만듭니다.

7.2절과 내용이 같아 구현 코드는 생략합니다. 앞으로 사용할 단어 벡터는 Mecab으로 단어를 분할하여 작성된 vocabulary를 사용합니다. 그에 맞춰 단어 분할을 Janome에서

MeCab+Neologd로 변경합니다. 자세한 내용은 7-4_vectorize.ipynb 파일을 참조하세요.

다운로드한 도호쿠 대학 이누이/오카자키 연구실의 일본어 위키피디아 엔티티 벡터 entity_vector.model.bin을 읽어들입니다. torchtext에서 그대로 읽을 수 없어 gensim 패키지로 한 번 읽은 후 torchtext에서도 읽어들일 수 있는 형식으로 다시 저장합니다.

다음과 같이 구현합니다. 다음 내용을 실행하면 data 폴더에 japanese_word2vec_vectors. vec 파일이 생성됩니다. 10분 정도의 시간이 걸립니다.

```
# torchtext에서 그대로 읽을 수 없어 gensim 라이브러리를 사용하여
# word2vec 포맷으로 다시 저장

# 사전 설치
# pip install gensim

from gensim.models import KeyedVectors

# 일단 gensim 라이브러리로 읽은 뒤 word2vec의 포맷으로 저장
model = KeyedVectors.load_word2vec_format(
    './data/entity_vector/entity_vector.model.bin', binary=True)

# 저장(10분 정도 시간이 걸린다)
model.wv.save_word2vec_format('./data/japanese_word2vec_vectors.vec')
```

torchtext의 단어 벡터로 가져오는 설정을 구현합니다. 한 단어를 표현하는 차원 수와 총 단어 수를 표시합니다.

```
# torchtext로 단어 벡터로 읽어들인다.
from torchtext.vocab import Vectors

japanese_word2vec_vectors = Vectors(
    name='./data/japanese_word2vec_vectors.vec')

# 단어 벡터의 내용을 확인한다.
print("한 단어를 표현하는 차원 수: ", japanese_word2vec_vectors.dim)
print("단어 수: ", len(japanese_word2vec_vectors.itos))
```

```
[출력]
한 단어를 표현하는 차원 수: 200
단어 수: 1015474
```

한 단어의 차원 수는 200이며 총 단어 수는 약 100만 단어입니다. 100만 단어의 데이터를 계속 사용하는 것은 힘듭니다. 훈련 데이터셋인 train_ds의 vocabulary를 작성하여 해당 vocabulary에만 벡터 표현을 부여합니다. 8.2절과 마찬가지로 TEXT.build_vocab을 수행하지만 이번에는 인수로 vectors=japanese_word2vec_vectors를 줍니다. 다음과 같이 구현합니다.

```
# 벡터화한 버전의 vocabulary를 만든다.
TEXT.build_vocab(train_ds, vectors=japanese_word2vec_vectors, min_freq=1)

# vocabulary의 벡터 확인
print(TEXT.vocab.vectors.shape)  # 49개 단어가 200차원의 벡터로 표현된다.
TEXT.vocab.vectors
```
```
[출력]
torch.Size([49, 200])
tensor([[ 0.0000,  0.0000,  0.0000,  ...,  0.0000,  0.0000,  0.0000],
        [ 0.0000,  0.0000,  0.0000,  ...,  0.0000,  0.0000,  0.0000],
        [ 2.6023, -2.6357, -2.5822,  ...,  0.6953, -1.4977,  1.4752],
...
```

49개 단어가 각각 200차원의 벡터로 표현되었습니다. vocabulary의 순서를 확인합니다. 姫(공주)가 41번째, 女性(여성)이 38번째, 男性(남성)이 46번째입니다.

```
# vocabulary의 단어 순서 확인
TEXT.vocab.stoi
```
```
[출력]
defaultdict(<function torchtext.vocab._default_unk_index()>,
            {'<unk>': 0,
             '<pad>': 1,
             'と': 2,
             '。': 3,
             'な': 4,
             'の': 5,
             '文章': 6,
...
```

마지막으로 '姫(공주)−女性(여성)+男性(남성)'의 벡터를 계산하여 '王子(왕자)'에 가까워지는지 확인합니다. 비교 대상으로 '女王(여왕)', '王(왕)', '王子(왕자)', '機械学習(기계학습)'을 준비합니다. 벡터의 가까움은 코사인 유사도로 계산합니다. 코사인 유사도는 벡터 *a*, *b*가 있을 때 **a·b**/(∥a∥·∥b∥)로 계산됩니다. 두 벡터가 똑같으면 1이고 전혀 닮지 않은 경우에는 0입니다.

```
# 姫 - 女性 + 男性의 벡터가 어느 것과 비슷한지 확인
import torch.nn.functional as F

# 姫 - 女性 + 男性
tensor_calc = TEXT.vocab.vectors[41] - \
    TEXT.vocab.vectors[38] + TEXT.vocab.vectors[46]

# 코사인 유사도 계산
# dim=0은 0차원에서 계산하도록 지정
print("女王", F.cosine_similarity(tensor_calc, TEXT.vocab.vectors[39], dim=0))
print("王", F.cosine_similarity(tensor_calc, TEXT.vocab.vectors[44], dim=0))
print("王子", F.cosine_similarity(tensor_calc, TEXT.vocab.vectors[45], dim=0))
print("機械学習", F.cosine_similarity(tensor_calc, TEXT.vocab.vectors[43], dim=0))
```

```
[출력]
女王 tensor(0.3840)
王 tensor(0.3669)
王子 tensor(0.5489)
機械学習 tensor(-0.1404)
```

'姫(공주) − 女性(여성) + 男性(남성)'의 벡터 계산 결과로 '王子(왕자)'가 가장 가까워졌습니다. 같은 왕족인 '王(왕)'과 '女王(여왕)'도 비슷하지만 '王子(왕자)'가 가장 유사한 벡터입니다. 전혀 관계없는 '機械学習(기계학습)' 단어는 거의 0이며 관계가 없다는 결과를 얻었습니다.

word2vec의 벡터 표현으로 단어 사이의 관계가 제대로 나온 것을 확인하였습니다.

7.4.3 fasttext의 학습된 모델(일본어)을 사용한 구현

fasttext의 학습된 단어 분산 표현(일본어)을 torchtext에서 사용하는 방법을 설명하겠습니다. @Hironsan가 공개한 학습된 모델을 사용합니다. torchtext에는 fasttext에서 학습된 모델(일본어)을 사용할 수 있지만 정밀도가 낮아 추천하지 않습니다.

7.2절과 같은 흐름에서 전처리와 단어 분할을 묶은 tokenizer_with_preprocessing 함

수와 `torchtext.data.Fieldk` 클래스의 텍스트 및 라벨을 정의한 후 `torchtext.data.TabularDataset.splits`를 이용해 `train_ds`, `val_ds`, `test_ds`의 데이터셋을 만듭니다. 구현 코드는 생략합니다.

`torchtext`의 단어 벡터로서 학습된 모델을 읽어들입니다. word2vec과 달리 파일은 그대로 빠르게 읽어들일 수 있습니다.

```python
# torchtext의 단어 벡터로서 읽어들인다.
# word2vec과는 달리 곧바로 읽어들일 수 있다.
from torchtext.vocab import Vectors

japanese_fasttext_vectors = Vectors(name='./data/vector_neologd/model.vec')
```

```python
# 단어 벡터의 내용 확인
print("한 단어를 표현하는 차원 수: ", japanese_fasttext_vectors.dim)
print("단어 수: ", len(japanese_fasttext_vectors.itos))
```

```
[출력]
한 단어를 표현하는 차원 수: 300
단어 수: 351122
```

fasttext의 경우 한 단어의 특징량은 300차원입니다. 단어 수는 35만으로 word2vec보다 적습니다.

읽어들인 fasttext의 단어 벡터로 vocabulary를 작성하여 word2vec과 마찬가지로 '姬(공주) − 女性(여성) + 男性(남성)'을 계산합니다. vocabulary 작성의 구현은 word2vec과 마찬가지로 `vectors` 인수를 `japanese_fasttext_vectors`로 변경합니다. 단어 벡터의 계산 방법도 마찬가지입니다.

```python
# 벡터화한 버전의 vocabulary를 만든다.
TEXT.build_vocab(train_ds, vectors=japanese_fasttext_vectors, min_freq=1)

# vocabulary의 벡터 확인
print(TEXT.vocab.vectors.shape)  # 52개의 단어가 300차원의 벡터로 표현
TEXT.vocab.vectors

# vocabulary의 단어 순서 확인
TEXT.vocab.stoi
```

```
# 姬 - 女性 + 男性의 벡터가 어느 것과 비슷한지 확인
import torch.nn.functional as F

# 姬 - 女性 + 男性
tensor_calc = TEXT.vocab.vectors[41] - \
    TEXT.vocab.vectors[38] + TEXT.vocab.vectors[46]

# 코사인 유사도 계산
# dim=0는 0차원에서 계산하도록 지정
print("女王", F.cosine_similarity(tensor_calc, TEXT.vocab.vectors[39], dim=0))
print("王", F.cosine_similarity(tensor_calc, TEXT.vocab.vectors[44], dim=0))
print("王子", F.cosine_similarity(tensor_calc, TEXT.vocab.vectors[45], dim=0))
print("機械学習", F.cosine_similarity(tensor_calc, TEXT.vocab.vectors[43], dim=0))
```

```
[출력]
女王 tensor(0.3650)
王 tensor(0.3461)
王子 tensor(0.5531)
機械学習 tensor(0.0952)
```

fasttext에서도 '姬(공주) − 女性(여성) + 男性(남성)'의 벡터 계산 결과는 '王子(왕자)'가 가장 가까워졌습니다. 같은 왕족인 '王(왕)'과 '女王(여왕)'도 비슷하지만 '王子(왕자)'가 가장 유사한 벡터입니다. 전혀 관계없는 '機械学習(기계학습)'은 0.1 이하의 작은 값으로 되었으며 관계성이 낮다는 결과를 보여줍니다. fasttext에서도 단어 사이의 관계가 벡터 표현에 제대로 반영된 것이 확인되었습니다.

이번 절에서는 word2vec 및 fasttext의 학습된 모델(일본어)을 이용해 일본어 단어를 벡터 표현하는 기법의 구현 방법을 설명했습니다. 다음 절은 IMDb$^{internet\ movie\ database}$ 사이트의 영화 리뷰 텍스트 데이터를 사용하여 감정 분석하는 방법을 설명하고 구현합니다.

7.5 IMDb의 데이터 로더 구현

이번 절부터 감정 분석 모델을 구축합니다. 텍스트 데이터의 데이터 로더를 구축합니다. 문서 데이터는 IMDb[9]라는 영화 리뷰 글을 모은 데이터를 사용합니다. 영어로 작성된 데이터입니다.

이 절의 학습 목표는 다음과 같습니다.

1. 텍스트 파일 데이터로 tsv 파일을 작성하고 torchtext용 데이터 로더를 만들 수 있다.

구현 파일

7-5_IMDb_Dataset_DataLoader.ipynb

7.5.1 IMDb 데이터 다운로드

IMDb 데이터셋은 원래부터 torchtext에 준비되었습니다. torchtext의 함수를 사용하면 바로 데이터 로더를 사용할 수 있지만 앞으로 여러분이 보유한 데이터로 자연어 처리를 구현할 수 있도록 직접 텍스트 데이터를 다운로드하여 데이터 로더를 구현합니다.

7.1절 make_folders_data_download.ipynb 파일을 순서대로 진행했다면 data 폴더 내 aclImdb 폴더가 있습니다. 하위 폴더로 train이나 test가 존재하며 그 안에 리뷰가 하나씩 .txt 형식 파일로 있습니다. 파일 수는 5만 건(train, test 모두 2만 5천 건)입니다(아나콘다를 사용하여 브라우저에서 확인하면 시스템이 멈출 수 있으니 조심하십시오).

데이터 ID 및 평가 rating(1~10)으로 파일 이름이 정해져 있습니다. 파일 이름으로 rating 이 0인 파일은 rating을 알 수 없는 파일입니다. 또한 rate는 10이 최고이고 1이 최저입니다. IMDb 데이터셋에서는 각 리뷰의 평가 rating이 4 이하인 경우 negative, 7 이상이 positive로 클래스가 분류되었습니다. 어느 영화의 리뷰인지 알려주는 정보는 없으며 리뷰 내용은 텍스트 파일에 기재되었습니다.

7.5.2 IMDb 데이터셋을 tsv 형식으로 변환

다운로드하면 폴더마다 positive 및 negative 클래스로 나누어진 텍스트 데이터가 있습니다. 이번 장에서는 지금까지 다뤄왔던 tsv 형식의 데이터, 즉 한 행에 하나의 데이터를 나타내고 텍스트 및 라벨(0: negative 1: positive)을 기재하여 탭으로 구분한 파일로 만듭니다.

구현은 다음과 같습니다. 원래의 리뷰 텍스트에 탭^{tab} 문자가 있으면 오작동합니다. text =
text.replace('\t', " ")로 문장 속의 탭을 제거합니다.

```python
# tsv 형식의 파일
import glob
import os
import io
import string

# 훈련 데이터의 tsv 파일 작성
f = open('./data/IMDb_train.tsv', 'w')

path = './data/aclImdb/train/pos/'
for fname in glob.glob(os.path.join(path, '*.txt')):
    with io.open(fname, 'r', encoding="utf-8") as ff:
        text = ff.readline()

        # 탭 지우기
        text = text.replace('\t', " ")

        text = text+'\t'+'1'+'\t'+'\n'
        f.write(text)

path = './data/aclImdb/train/neg/'
for fname in glob.glob(os.path.join(path, '*.txt')):
    with io.open(fname, 'r', encoding="utf-8") as ff:
        text = ff.readline()

        # 탭 지우기
        text = text.replace('\t', " ")

        text = text+'\t'+'0'+'\t'+'\n'
        f.write(text)

f.close()
```

테스트 데이터에도 동일하게 작업합니다.

```python
# 테스트 데이터 작성
f = open('./data/IMDb_test.tsv', 'w')
```

```
path = './data/aclImdb/test/pos/'
for fname in glob.glob(os.path.join(path, '*.txt')):
    with io.open(fname, 'r', encoding="utf-8") as ff:
        text = ff.readline()

        # 탭 지우기
        text = text.replace('\t', " ")

        text = text+'\t'+'1'+'\t'+'\n'
        f.write(text)

path = './data/aclImdb/test/neg/'

for fname in glob.glob(os.path.join(path, '*.txt')):
    with io.open(fname, 'r', encoding="utf-8") as ff:
        text = ff.readline()

        # 탭 지우기
        text = text.replace('\t', " ")

        text = text+'\t'+'0'+'\t'+'\n'
        f.write(text)

f.close()
```

data 폴더에 IMDb_train.tsv와 IMDb_test.tsv가 생성됩니다. 이후 7.2절에서 설명했던 순서대로 데이터 로더로 변환합니다.

7.5.3 전처리 및 단어 분할 함수 정의

전처리와 단어 분할 함수를 정의합니다. 전처리에서는 줄 바꿈 코드
를 제거하고 마침표와 쉼표 이외의 기호를 공백(스페이스)으로 바꾸어 제거합니다.

공백으로 단어를 분할하겠습니다. 전처리 및 단어 분할을 묶은 tokenizer_with_preprocessing 함수를 정의합니다.

```
import string
import re
```

```python
# 다음 기호는 스페이스(공백)로 치환(쉼표, 마침표 제외)
# punctuation은 구두점
print("구두점 문자: ", string.punctuation)
# !"#$%&'()*+,-./:;<=>?@[\]^_`{|}~

# 전처리
def preprocessing_text(text):
    # 개행 코드 삭제
    text = re.sub('<br />', '', text)

    # 쉼표, 마침표 이외의 기호를 공백으로 치환
    for p in string.punctuation:
        if (p == ".") or (p == ","):
            continue
        else:
            text = text.replace(p, " ")

    # 쉼표, 마침표의 전후에 공백 추가
    text = text.replace(".", " . ")
    text = text.replace(",", " , ")
    return text

# 띄어쓰기(이번에는 영어 데이터이며 임시로 공백으로 구분)
def tokenizer_punctuation(text):
    return text.strip().split()

# 전처리 및 띄어쓰기를 포함한 함수 정의
def tokenizer_with_preprocessing(text):
    text = preprocessing_text(text)
    ret = tokenizer_punctuation(text)
    return ret

# 동작 확인
print(tokenizer_with_preprocessing('I like cats.'))
```

[출력]
구두점 문자: !"#$%&'()*+,-./:;<=>?@[\]^_`{|}~
['I', 'like', 'cats', '.']

단어 분할 및 전처리 함수를 정의했습니다.

7.5.4 데이터 로더 작성

방금 작성한 tsv 파일을 읽어들일 때 각 행의 텍스트 및 라벨에 실행할 처리를 torchtext. data.Field로 정의합니다. 7.2절과 순서는 같으나 텍스트에 새로운 인수인 init_token=" <cls>", eos_token="<eos>"를 추가합니다. 데이터 로더로 할 때 문장 앞에 단어 <cls>를, 끝에 <eos>를 추가하라는 의미입니다. <cls>는 클래스를, eos는 end of sentence를 나타냅니다. 보통 문장 앞에는 <bos>[beginning of sentence] 기호를 넣을 때가 많지만 이번에는 클래스 분류를 할 것이니 <cls>를 사용합니다. 현 단계에서는 <cls>의 역할을 설명하기 어렵습니다. 아직은 이런 것이 있다는 정도로 이해하면 됩니다.

```python
# 데이터를 읽었을 때 내용에 실행할 처리 정의
import torchtext

# 문장과 라벨 모두 준비
max_length = 256
TEXT = torchtext.data.Field(sequential=True, tokenize=tokenizer_with_preprocessing,
                            use_vocab=True,
                            lower=True, include_lengths=True, batch_first=True,
                            fix_length=max_length, init_token="<cls>",
                            eos_token="<eos>")
LABEL = torchtext.data.Field(sequential=False, use_vocab=False)

# 인수의 의미는 다음과 같다.
# init_token: 전체 문장의 처음에 넣는 단어
# eos_token: 전체 문장의 끝에 넣는 단어
```

계속하여 데이터셋을 작성합니다. 훈련 및 검증 데이터셋인 train_val_ds와 테스트 데이터의 데이터셋인 test_ds로 나눕니다. 구현은 다음과 같습니다.

```python
# data 폴더에서 각 tsv 파일을 읽어들인다.
train_val_ds, test_ds = torchtext.data.TabularDataset.splits(
    path='./data/', train='IMDb_train.tsv',
    test='IMDb_test.tsv', format='tsv',
    fields=[('Text', TEXT), ('Label', LABEL)])

# 동작 확인
print('훈련 및 검증 데이터 수', len(train_val_ds))
print('첫 번째 훈련 및 검증 데이터', vars(train_val_ds[0]))
```

```
[출력]
훈련 및 검증 데이터 수 25000
첫 번째 훈련 및 검증 데이터 {'Text': ['i', 'couldn', 't', 'believe', 'the',
'comments', 'made', 'about', 'the', 'movie', '.', 'as', 'i', 'read',
...
‹hope›, ‹she›, ‹can›, ‹laugh›, ‹in›, ‹the›, ‹face›, ‹of›, ‹everyone›, ‹that›,
‹criticized›, ‹her›, ‹you›, ‹go›, ‹girl›], ‹Label›: ‹1›}
```

이제 훈련 및 검증 데이터셋을 분할합니다. 방금 만든 train_val_ds는 torchtext.data.
TabularDataset 클래스의 오브젝트이며 sprit 함수를 가집니다. 인수로 분할 비율 0.8을 주
고 훈련 및 검증 데이터셋으로 분할합니다. 이 작업을 통해 훈련 데이터는 2만 개, 검증 데이터
는 5천 개가 됩니다.

이상 훈련, 검증, 테스트 데이터셋을 만들었습니다.

```
import random
# torchtext.data.Dataset의 split 함수로 훈련 데이터와 검증 데이터를 나눈다.

train_ds, val_ds = train_val_ds.split(
    split_ratio=0.8, random_state=random.seed(1234))

# 동작 확인
print('훈련 데이터의 수', len(train_ds))
print('검증 데이터의 수', len(val_ds))
print('첫 번째 훈련 데이터', vars(train_ds[0]))
```
```
[출력]
훈련 데이터의 수 20000
검증 데이터의 수 5000
첫 번째 훈련 데이터 {'Text': ['i', 'watched', 'the', 'entire', 'movie',
'recognizing', 'the', 'participation', 'of', 'william', 'hurt', ',', 'natascha',
...
```

7.5.5 vocabulary 작성

단어 분산 표현을 이용한 vocabulary를 작성합니다. 분산 표현은 영어판 fasttext를 사용합니
다. fasttext의 학습된 모델(영어)은 make_folders_data_download.ipynb 파일을 실행했

다면 data 폴더 내 fasttext의 공식 모델이 wiki-news300d-1M.vec로 준비되어 있습니다. 먼저 학습된 모델을 읽어들입니다. 단어 수는 99만 개입니다.

```
# torchtext로 단어 벡터로서 학습된 모델(영어)을 읽어들인다.
from torchtext.vocab import Vectors

english_fasttext_vectors = Vectors(name='data/wiki-news-300d-1M.vec')

# 단어 벡터의 내용 확인
print("한 단어를 표현하는 차원 수: ", english_fasttext_vectors.dim)
print("단어 수: ", len(english_fasttext_vectors.itos))
```
```
[출력]
한 단어를 표현하는 차원 수: 300
단어 수: 999994
```

이어서 vocabulary를 만듭니다.

```
# 벡터화된 버전의 vocabulary를 만든다.
TEXT.build_vocab(train_ds, vectors=english_fasttext_vectors, min_freq=10)

# vocabulary 벡터 확인
print(TEXT.vocab.vectors.shape)  # 17,916개의 단어가 300차원 벡터로 표현되었다.
TEXT.vocab.vectors

# vocabulary 단어 순서 확인
TEXT.vocab.stoi
```
```
[출력]
torch.Size([17916, 300])
defaultdict(<function torchtext.vocab._default_unk_index()>,
            {'<unk>': 0,
             '<pad>': 1,
             '<cls>': 2,
             '<eos>': 3,
             'the': 4,
...
```

마지막으로 데이터 로더를 작성합니다.

```
# 데이터 로더 작성(torchtext에서는 iterater로 불린다)
train_dl = torchtext.data.Iterator(train_ds, batch_size=24, train=True)

val_dl = torchtext.data.Iterator(
    val_ds, batch_size=24, train=False, sort=False)

test_dl = torchtext.data.Iterator(
    test_ds, batch_size=24, train=False, sort=False)

# 동작 확인(검증 데이터의 데이터셋으로 확인)
batch = next(iter(val_dl))
print(batch.Text)
print(batch.Label)
```

```
[출력]
(tensor([[  2,  15,  22, ...,   1,   1,   1],
        [  2,  57,  14, ...,   1,   1,   1],
        [  2,  14,  43, ...,   1,   1,   1],
...
```

데이터 로더의 출력을 보면 단어는 벡터 표현이 아닌 단어 ID로 표현되었습니다. 데이터 로더에서 벡터 표현으로 단어 데이터를 보유하면 메모리를 많이 사용하기 때문입니다. 딥러닝 모델 측에서 단어 ID에 따라 벡터 표현을 꺼내도록 합니다. 단어 ID를 벡터 표현으로 하는 구현 방법은 다음 절에서 설명합니다.

지금까지 IMDb의 각 데이터 로더와 훈련 데이터의 단어를 사용하는 vocabulary의 분산 벡터를 준비하였습니다. 이후에도 이 기능을 가져와 쉽게 사용할 수 있도록 utils 폴더의 dataloader.py로 준비해둡니다.

다음 절에서는 지금 만든 데이터 로더와 단어 벡터를 사용하여 문장의 긍정과 부정 감정 분석을 실현하는 딥러닝 모델로서 Transformer를 구현합니다.

7.6 Transformer 구현(분류 작업용)

이번 절에서는 자연어 처리 분야에서 2017년 이후에 많이 사용하는 딥러닝 모델인 Transformer [1]를 구현합니다. Transformer는 「Attention Is All You Need」 논문에서 발표된 Attention

을 활용한 모델입니다. 이미 5장에서 Attention(Self-Attention)을 자세히 설명했습니다. Transformer의 모듈 구성 등을 설명하고 구현하겠습니다.

이 절의 학습 목표는 다음과 같습니다.

1. **Transformer 모듈 구성을 이해한다.**
2. **LSTM이나 RNN을 사용하지 않아도 CNN 기반의 Transformer로 자연어 처리가 가능한 이유를 이해한다.**
3. **Transformer를 구현할 수 있다.**

구현 파일

7-6_transformer.ipynb

7.6.1 지금까지의 자연어 처리와 Transformer의 관계

앞서 IMDb의 데이터를 데이터 로더로 사용할 수 있도록 하는 부분까지 구현하였습니다. 이제 데이터 로더에서 리뷰의 정보를 입력으로 꺼내 내용이 부정적(0)인지 긍정적(1)인지 클래스 분류하는 모델을 구축합니다.

언어 데이터는 화상 데이터와 성격이 다릅니다. 인간이 화상 또는 언어를 처리하는 상황을 생각하면 그 차이를 알기 쉽습니다.

화상 데이터는 기본적으로 픽셀 데이터의 집합을 한 장의 그림으로 하여 한 번에 뇌에 입력하여 처리합니다. 반면 언어 데이터는 모든 단어를 한 번에 알아듣는 것이 아닌 앞에서부터 순서대로 뇌에 입력하여 처리합니다. 언어 데이터에서는 어떠한 단어가 입력될 때 그때까지 입력된 단어의 정보를 보유하고 문맥을 이해하고 있어야 합니다(뇌, 신경 과학 분야에서 워킹 메모리 working memory라고 불리는 기억 유지 기능입니다).

예를 들어 언어 데이터는 갑자기 '샀다'는 단어가 입력되면 의미를 파악하지 못하지만 '어제 사과를'에 이어서 '샀다'가 입력되면 의미를 파악할 수 있습니다. 화상 데이터는 화상의 일부분만 봐도 '이 화상은 사람의 다리 부분이네'와 같이 이해합니다.

언어 데이터는 순차적으로 처리하고 지금까지 입력된 단어 정보를 문맥으로 유지해야 합니다.

언어 데이터의 성질에 맞추어 순차적으로 언어 데이터를 처리하기 위하여 그동안 딥러닝 모델로 RNN$^{recurrent\ neural\ network}$과 LSTM$^{long\ short-term\ memory}$과 같은 순환 처리를 하는 신경망이 사용되었습니다.

다만 RNN, LSTM은 신경망의 학습 시간이 매우 오래 걸리는 문제가 있었습니다. 언어 데이터는 언어 데이터 문장의 단어를 1단계에 한 단어씩 네트워크에 투입합니다. 1단계로 전체 데이터를 처리할 수 있는 화상보다 수십 배(정확히는 한 텍스트 단어 수의 배수) 더 오래 걸립니다. 학습 시간이 오래 걸린다는 것은 모델 크기가 크고 복잡한 모델을 학습시키기 어렵다는 점과도 연결되어 고도의 처리를 요하는 자연어 처리 실행이 어려웠습니다. 이에 화상 데이터와 마찬가지로 언어 데이터를 합성곱 신경망^{CNN}이나 전결합 층을 사용하여 처리하는 방법이 시도되었습니다.

텍스트 데이터는 Bag-of-Words로 불리는 문장의 어순 정보를 버리고 어떠한 단어가 문장에 등장하는지의 정보 표현만으로도 작업에 따라서는 나름대로 좋은 성능을 발휘합니다.

언어 데이터에 CNN을 사용하면 Bag-of-Words에서 한 걸음 확장하여 합성곱을 활용해 인접한 몇몇 단어의 정보를 하나의 특징 표현으로 단어와 단어의 이웃 정보를 가미한 정보 처리를 실현하게 됩니다. CNN을 이용한 언어 처리는 순환 신경망과는 달리 한 번에 문장을 처리할 수 있어 학습 속도가 빨라집니다.

하지만 문제점이 하나 있습니다. CNN은 인접한 단어의 정보를 특징량으로 변환하지만 멀리 떨어진 단어와의 관계는 고려하지 않습니다. 텍스트 데이터는 한 단어가 멀리 떨어진 단어와 관련된 경우가 많습니다. '다나카 군은 어제 마라톤에 참가하였습니다. 자신의 신기록을 갱신하였습니다. 그래서 오늘 그는 피로가 가시지 않아 매우 피곤한 모습입니다'는 문장이 있습니다. 마지막 문장의 '그는'은 첫 번째 문장의 '다나카 군'과 관련이 있으며 마지막 문장의 '피곤'은 첫 번째 문장의 '마라톤'과 관계가 깊습니다. 이처럼 멀리 떨어진 위치에 있는 단어와의 관계성을 특징량으로 잘 변환할 수 있어야 합니다.

'CNN에서는 멀리 떨어진 위치에 있는 정보와의 관계성을 특징량으로 계산할 수 없다'는 문제는 화상 데이터의 CNN에서도 문제가 됩니다. 이에 5장의 GAN을 활용한 이미지 생성에서 Attention(Self-Attention) 개념을 설명하고 구현했습니다.

Self-Attention을 간단히 복습해보겠습니다. 데이터를 커널 크기 1의 합성곱으로 특징량을 변환하여 해당 특징량으로 각 픽셀을 다른 픽셀과 곱합니다. 곱셈한 값이 커지는 픽셀의 쌍은 특징량이 유사하여 관계가 깊어 해당 곱셈 값을 Attention Map으로 불렀습니다. Attention Map은 데이터의 각 픽셀이 떨어진 위치에 있는 픽셀과 어느 정도 관계가 있는지 보여줍니다. 원래 데이터를 별도의 점별 합성곱을 통해 특징량으로 변환하고 Attention Map과 곱하여 최종적으로 입력 데이터를 떨어진 위치의 픽셀과의 관계성을 고려한 특징량으로 변환할 수 있었습니다.

Self-Attention(이 책에서는 소개하지 않은 Source-Target-Attention)을 활용하면 언어 데이터에서도 한 단어와 떨어진 위치에 있는 단어와의 관계성을 고려할 수 있습니다. 언어 데이터에 Attention을 사용하는 딥러닝 모델이 「Attention Is All You Need」에서 제안된 Transformer입니다.

Transformer는 Transform(변환)의 이름이 붙어 있는 것처럼 처음에는 번역 작업 모델로 제안되었습니다. 일본어에서 영어로 번역하는 경우 Transformer의 인코더 네트워크에 일본어 문장을 입력하여 인코더 출력을 얻습니다. 이후 Transformer 디코더 네트워크에 인코더 출력을 입력하여 영어 번역문을 출력시킵니다.

이 책에서는 번역 작업과 같은 인코더 및 디코더가 모두 존재하는 유형의 작업이 아닙니다. 감정 분석과 같이 인코더만 필요하여 Transformer의 인코더 네트워크만 설명하겠습니다.

7.6.2 Transformer의 네트워크 구조

Transformer의 네트워크 구조를 설명합니다. 앞서 언급한 것처럼 Transformer의 인코더만 사용합니다. 마지막에 긍정적 및 부정적 감정을 분석하는 클래스 분류 모듈을 더한 네트워크를 설명하겠습니다.

[그림 7-8]은 Transformer 모듈의 구성을 보여줍니다.

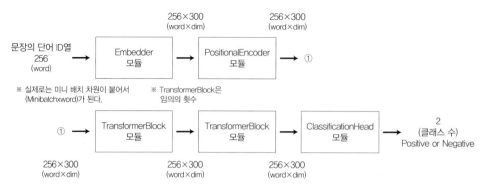

그림 7-8 Transformer 모듈의 구성

입력 텐서는 '미니 배치 수×한 문장의 단어 수'입니다. IMDb의 데이터 로더를 만들 때 max_length=256으로 설정했으므로 '미니 배치 수×256'이 입력 텐서의 크기입니다. [그림 7-8]은 첫 번째 미니 배치의 차원은 생략하여 입력은 한 문장의 단어 수 256인 텐서 크기입니다.

데이터 로더는 단어의 ID만 가졌으며 단어의 벡터 표현은 보유하지 않았습니다. 먼저 **Embedder** 모듈에서 각 단어를 벡터 표현으로 변환합니다. 단어 ID에 따라 단어의 벡터 표현을 준비합니다. 이번에는 단어의 벡터 표현으로 fasttext의 학습된 벡터(영어)를 사용합니다. 학습된 벡터는 300차원입니다. **Embedder** 모듈의 출력은 '단어 수×분산 표현의 차원 수'가 되고 '256×300'의 텐서가 출력됩니다.

계속하여 **PositionalEncoder** 모듈입니다. '단어 수×분산 표현의 차원 수' 입력 데이터에 '단어 수×분산 표현의 차원 수' 위치 정보 텐서를 더하여 입력 데이터와 같은 '단어 수×분산 표현의 차원 수'의 텐서를 출력합니다. 위치 정보 텐서는 '단어 수×분산 표현의 차원 수' 크기의 텐서입니다. 위치 정보 텐서의 값을 보면 그 값이 있는 위치가 입력 문장 몇 번째 단어이며 분산 표현의 몇 번째 차원을 나타내는지 알 수 있는, 즉 위치 정보를 저장하는 텐서입니다.

위치 정보 텐서가 필요한 이유는 다음과 같습니다. Self-Attention을 사용하였으니 각 단어가 어떠한 단어와 관계 깊은지 Attention으로 계산합니다. 한 가지 문제가 나타납니다. 예를 들어 입력 문장의 단어 순서를 엉망으로 했을 경우 Attention은 그에 맞추어 처리합니다. 일반적인 문장도, 어순을 엉망으로 한 문장도 동일하게 처리할 수 있습니다. 어순이라는 개념이 없는 것이 됩니다.

Attention으로 생기는 어순 정보의 누락 문제를 해결해야 합니다. 어순이나 단어 벡터의 차원 어순 개념을 가지고 오기 위하여 위치 정보 텐서를 준비합니다. 단어 벡터의 차원은 Self-Attention에서 고려하지 않아도 되지만 Transformer는 단어 벡터의 차원도 제대로 정할 수 있도록 위치 정보 텐서를 준비합니다. 위치 정보 텐서는 입력 데이터에 더하기만 하면 됩니다. PositionalEncoder 모듈의 출력은 입력과 마찬가지로 '단어 수×분산 표현의 차원 수'이며 '256×300'의 텐서가 출력됩니다.

두 모듈로 단어 열이 벡터 표현이 되고 어순 정보까지 추가되면 나머지는 TransformerBlock 모듈을 사용하여 특징량을 클래스 분류로 잘 처리할 수 있는 특징량으로 변환합니다. TransformerBlock 모듈은 임의의 횟수로 반복하여 사용합니다. TransformerBlock 모듈의 입력은 PositionalEncoder 모듈의 출력인 '256×300'의 텐서 또는 TransformerBlock 모듈의 출력입니다. TransformerBlock 모듈의 출력은 입력과 마찬가지로 '단어 수×분산 표현의 차원 수'로 '256×300' 텐서를 출력합니다. 책에서는 TransformerBlock 모듈을 활용한 특징량 변환은 2단으로 구현합니다.

TransformerBlock 모듈에서는 마스크^{mask}라는 개념이 등장합니다. Attention Map의 일부 값을 0으로 대체하는 역할을 합니다. 0으로 바꾸는 값은 문장이 max_length의 256자보다 짧도록 <pad>가 채워져 있는 부분입니다. <pad>에 Attention이 적용되면 이상합니다. Self-Attention이 반영되지 않도록 Attention Map의 <pad> 가중치는 마스크를 통해 0으로 바꿉니다. 번역 작업 등에서는 디코더에서 다른 마스크를 사용합니다.

임의의 횟수의 TransformerBlock 모듈로 특징량을 변환한 후 '단어 수×분산 표현의 차원 수'의 입력 텐서를 마지막 ClassificationHead 모듈에 입력합니다. ClassificationHead 모듈은 Transformer에서 표준으로 사용하는 것은 아닙니다. 이번 작업이 긍정적 및 부정적 클래스 분류이기에 Transformer 인코더의 마지막에 사용합니다. ClassificationHead 모듈은 평범한 전결합 층이며 '단어 수×분산 표현의 차원 수'의 입력 텐서에 대해 긍정적/부정적 클래스의 클래스 분류를 실시하고 '클래스 수', 이번에는 (2)의 텐서를 출력합니다.

ClassificationHead 모듈의 출력 텐서에 대해 지도 데이터의 정답 라벨 '0: 부정적, 1: 긍정적'의 손실 값을 nn.CrossEntropyLoss()로 계산합니다(nn.CrossEntropyLoss는 여러 클래스 출력의 소프트맥스를 계산하며 더 나아가 negative log likelihood loss를 계산합니다). 손실 값이 작아지도록 Transformer의 네트워크를 학습시키면 입력 문장의 긍정적/부정적인 감정을 판정하는 네트워크가 완성됩니다.

분류 작업용 Transformer의 개요를 알아봤습니다. 지금부터 각 모듈을 구현합니다. 이후의 Transformer의 구현은 참고 문헌[10]을 참고합니다.

7.6.3 Embedder 모듈

Embedder 모듈은 단어 ID에 따라서 단어 벡터를 부여하는 역할을 합니다. 파이토치의 nn.Embedding 유닛을 사용합니다. 가중치에 'vocabulary의 총 단어 수×분산 표현의 차원 수'인 TEXT.vocab.vectors를 주면 단어 ID, 즉 행 id에 따라 해당 행(단어의 분산 표현 벡터)을 반환합니다. 다음과 같이 구현합니다.

```python
class Embedder(nn.Module):
    '''id로 표시된 단어를 벡터로 변환'''

    def __init__(self, text_embedding_vectors):
        super(Embedder, self).__init__()

        self.embeddings = nn.Embedding.from_pretrained(
            embeddings=text_embedding_vectors, freeze=True)
        # freeze=True에 의해 역전파로 갱신되지 않고 변하지 않는다.

    def forward(self, x):
        x_vec = self.embeddings(x)

        return x_vec
```

동작을 확인합니다.

```python
# 동작 확인

# 이전 절의 데이터 로더 등을 취득
from utils.dataloader import get_IMDb_DataLoaders_and_TEXT
train_dl, val_dl, test_dl, TEXT = get_IMDb_DataLoaders_and_TEXT(
    max_length=256, batch_size=24)

# 미니 배치 준비
batch = next(iter(train_dl))

# 모델 구축
```

```
net1 = Embedder(TEXT.vocab.vectors)

# 입출력
x = batch.Text[0]
x1 = net1(x)  # 단어를 벡터로

print("입력 텐서 크기: ", x.shape)
print("출력 텐서 크기: ", x1.shape)
```

[출력]
입력 텐서 크기: torch.Size([24, 256])
출력 텐서 크기: torch.Size([24, 256, 300])

동작을 확인한 결과 '미니 배치 수×단어 수'의 입력이 '미니 배치 수×단어 수×분산 표현의 차원 수'로 변환되었습니다.

7.6.4 PositionalEncoder 모듈

이제 PositionalEncoder 모듈을 구현하겠습니다. 단어의 위치와 분산 표현의 차원이 고유하게 정해지는 위치 정보 텐서를 더합니다. 위치 정보 텐서는 다음 식으로 계산합니다.

$$PE\left(pos_{word}, 2i\right) = \sin\left(pos_{word} / 10000^{2i/DIM}\right)$$
$$PE\left(pos_{word}, 2i+1\right) = \cos\left(pos_{word} / 10000^{2i/DIM}\right)$$

PE는 positional encoding으로 위치 정보입니다. pos_{word}는 해당 단어가 몇 번째 단어인지 보여줍니다. $2i$는 단어의 분산 벡터에서 몇 번째 차원인지 나타냅니다. DIM은 분산 벡터의 차원 수로 이번에는 300으로 설정하였습니다. 예를 들어 세 번째 단어의 다섯 번째 차원의 PE 값은 다음과 같이 계산됩니다.

$$PE(3, 2*2+1) = \cos\left(3 / 10000^{4/300}\right)$$

꽤 까다로운 식입니다. 상대적으로 sin, cos이 덧셈이 쉽다는 특성을 잘 활용하려고 하기 때문에 나오는 식입니다. 자세한 내용은 논문[1]을 참조하세요.

PositionalEncoder 클래스를 구현하면 다음과 같습니다. 단어 벡터가 PE보다 작습니다. root(300)을 곱하여 크기를 어느 정도 맞춰 더합니다.

```python
class PositionalEncoder(nn.Module):
    '''입력된 단어의 위치를 나타내는 벡터 정보 부가'''

    def __init__(self, d_model=300, max_seq_len=256):
        super().__init__()

        self.d_model = d_model  # 단어 벡터의 차원 수

        # 단어 순서(pos)와 내장 벡터의 차원 위치(i)에 의해 고유하게 정해지는 값의
        # 표를 pe로 작성
        pe = torch.zeros(max_seq_len, d_model)

        # GPU를 사용할 수 있다면 GPU에 전달하는 것은 여기서는 생략. 실제 학습 시 사용
        # device = torch.device("cuda:0" if torch.cuda.is_available() else "cpu")
        # pe = pe.to(device)

        for pos in range(max_seq_len):
            for i in range(0, d_model, 2):
                pe[pos, i] = math.sin(pos / (10000 ** ((2 * i)/d_model)))
                pe[pos, i + 1] = math.cos(pos /
                                          (10000 ** ((2 * i)/d_model)))

        # 표 pe의 선두에 미니 배치 차원을 더한다.
        self.pe = pe.unsqueeze(0)

        # 경사를 계산하지 않는다.
        self.pe.requires_grad = False

    def forward(self, x):

        # 입력 x와 Positonal Encoding을 더한다.
        # x가 pe보다 작으므로 크게 한다.
        ret = math.sqrt(self.d_model)*x + self.pe
        return ret
```

동작을 확인합니다.

```
# 동작 확인

# 모델 구축
net1 = Embedder(TEXT.vocab.vectors)
net2 = PositionalEncoder(d_model=300, max_seq_len=256)

# 입출력
x = batch.Text[0]
x1 = net1(x)  # 단어를 벡터로
x2 = net2(x1)

print("입력 텐서 크기: ", x1.shape)
print("출력 텐서 크기: ", x2.shape)
```

```
[출력]
입력 텐서 크기: torch.Size([24, 256, 300])
출력 텐서 크기: torch.Size([24, 256, 300])
```

7.6.5 TransformerBlock 모듈

[그림 7-9]는 TransformerBlock 모듈의 구성을 보여줍니다. TransformerBlock 모듈은 레이어 정규화layer normalization 유닛, 드롭아웃, 그리고 두 개의 서브 네트워크 Attention과 피드포워드feedforward로 구성됩니다.

레이어 정규화는 각 단어가 가지는 300개의 특징량별로 정규화하는 작업입니다. 각 특징량 차원의 300요소 평균이 0, 표준편차가 1이 되도록 정규화합니다. 정규화 후 서브 네트워크 Attention에 입력된 특징량이 변환되어 '256, 300' 텐서가 출력됩니다. 서브 네트워크 Attention의 출력은 드롭아웃을 적용하며 출력과 레이어 정규화 앞의 입력을 더합니다. 이를 통해 Attention에 의한 특징량 변환이 완료됩니다. 여기에 방금 전의 Attention을 두 개의 전결합 층으로 이루어진 단순한 네트워크 피드포워드로 대체한 것과 동일한 처리를 실시하고 특징량을 변환합니다. 최종적으로 TransformerBlock 모듈의 입력 크기와 같은 '256, 300'의 텐서를 출력합니다.

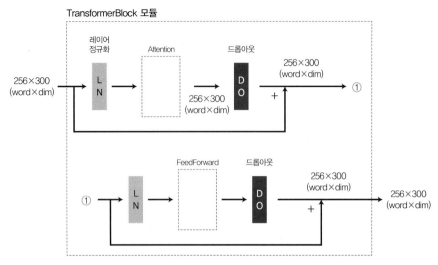

그림 7-9 TransformerBlock 구성

TransformerBlock 모듈을 구현하겠습니다. 본래의 Transformer[1]에서는 Attention이 Multi-Headed Attention으로 불리며 복수의 Attention을 병렬로 사용하는 방식을 취합니다. 여러 Attention을 동시에 사용하는 형태입니다. 여기서는 이해하기 쉽도록 단일 Attention으로 구현합니다.

5장에서 설명한 SAGAN은 Self-Attention에서 입력의 특징량 변환 커널 크기 1의 합성곱으로 실행하였습니다. Transformer는 전결합 층 nn.Linear에서 특징량을 변환합니다. 텍스트 데이터가 짧아 <pad>가 있는 부분은 마스크 값이 0이지만 Attention의 '마스크=0'에 해당하는 부분을 -1e9라는 마이너스 무한대의 값으로 바꿉니다. 소프트맥스를 계산해 정규화할 때 Attention Map이 0이 되기 위하여 마스크 값을 마이너스 무한대로 합니다(softmax(-inf) = 0입니다).

```python
class Attention(nn.Module):
    '''Transformer는 사실상 Multi-Headed Attention이지만
    쉽게 이해되도록 우선 단일 Attention으로 구현한다.'''

    def __init__(self, d_model=300):
        super().__init__()

        # SAGAN에서는 1dConv를 사용했지만 이번에는 전결합 층에서 특징량을 변환
```

```python
        self.q_linear = nn.Linear(d_model, d_model)
        self.v_linear = nn.Linear(d_model, d_model)
        self.k_linear = nn.Linear(d_model, d_model)

        # 출력 시 사용할 전결합 층
        self.out = nn.Linear(d_model, d_model)

        # Attention의 크기 조정 변수
        self.d_k = d_model

    def forward(self, q, k, v, mask):
        # 전결합 층에서 특징량을 변환
        k = self.k_linear(k)
        q = self.q_linear(q)
        v = self.v_linear(v)

        # Attention 값 계산
        # 각 값을 덧셈하면 너무 커지므로 root(d_k)로 나누어 조절
        weights = torch.matmul(q, k.transpose(1, 2)) / math.sqrt(self.d_k)

        # 여기서 마스크 계산
        mask = mask.unsqueeze(1)
        weights = weights.masked_fill(mask == 0, -1e9)

        # 소프트맥스로 규격화
        normlized_weights = F.softmax(weights, dim=-1)

        # Attention을 값과 곱한다.
        output = torch.matmul(normlized_weights, v)

        # 전결합 층에서 특징량 변환
        output = self.out(output)

        return output, normlized_weights
```

계속하여 FeedForward와 TransformerBlock을 구현합니다. TransformerBlock의 출력으로 normlized_weights도 출력하도록 설정하고 이후 Self-Attention을 확인할 수 있도록 합니다.

```python
class FeedForward(nn.Module):
    def __init__(self, d_model, d_ff=1024, dropout=0.1):
        '''Attention 층에서 출력을 단순히 전결합 층 두 개로 특징량을 변환하는 유닛이다.'''
```

```python
        super().__init__()

        self.linear_1 = nn.Linear(d_model, d_ff)
        self.dropout = nn.Dropout(dropout)
        self.linear_2 = nn.Linear(d_ff, d_model)

    def forward(self, x):
        x = self.linear_1(x)
        x = self.dropout(F.relu(x))
        x = self.linear_2(x)
        return x


class TransformerBlock(nn.Module):
    def __init__(self, d_model, dropout=0.1):
        super().__init__()

        # 레이어 정규화 층
        # https://pytorch.org/docs/stable/nn.html?highlight=layernorm
        self.norm_1 = nn.LayerNorm(d_model)
        self.norm_2 = nn.LayerNorm(d_model)

        # Attention 층
        self.attn = Attention(d_model)

        # Attention 다음의 전결합 층 두 개
        self.ff = FeedForward(d_model)

        # 드롭아웃
        self.dropout_1 = nn.Dropout(dropout)
        self.dropout_2 = nn.Dropout(dropout)

    def forward(self, x, mask):

        x_normlized = self.norm_1(x)
        output, normlized_weights = self.attn(
            x_normlized, x_normlized, x_normlized, mask)

        x2 = x + self.dropout_1(output)

        # 정규화와 전결합 층
        x_normlized2 = self.norm_2(x2)
        output = x2 + self.dropout_2(self.ff(x_normlized2))
```

```
    return output, normlized_weights
```

TransformerBlock 모듈 구현이 완료되었습니다. 동작을 확인하겠습니다. input_mask는 단어가 있는 부분은 1, 문장이 끝나고 <pad>가 있는 부분은 0이 출력됩니다.

```
# 동작 확인

# 모델 구축
net1 = Embedder(TEXT.vocab.vectors)
net2 = PositionalEncoder(d_model=300, max_seq_len=256)
net3 = TransformerBlock(d_model=300)

# 마스크 작성
x = batch.Text[0]
input_pad = 1  # 단어 ID에서 '<pad>': 1이므로
input_mask = (x != input_pad)
print(input_mask[0])

# 입출력
x1 = net1(x)  # 단어를 벡터로
x2 = net2(x1)  # 포지션 정보를 더한다.
x3, normlized_weights = net3(x2, input_mask)  # Self-Attention으로 특징량 변환

print("입력 텐서 크기: ", x2.shape)
print("출력 텐서 크기: ", x3.shape)
print("Attention 크기: ", normlized_weights.shape)
```

```
[출력]
생략
```

7.6.6 ClassificationHead 모듈

TransformerBlock 모듈을 임의 횟수로 반복하여 특징량을 변환한 후 '단어 수×분산 표현의 차원 수'의 '256×300' 텐서를 ClassificationHead 모듈에 입력합니다. 긍정적/부정적 값을 2차원으로 출력합니다. 출력한 것으로 클래스 분류를 하여 입력 문장이 긍정적인지 부정적인지 판정합니다. ClassificationHead 모듈은 하나의 전결합 층만 있습니다.

다음과 같이 구현합니다. ClassificationHead 모듈의 입력 텐서 '256×300'에서 첫 번째 단

어의 특징량 '1×300'을 꺼내 사용합니다. 데이터셋과 데이터 로더를 작성할 때 텍스트 필드에 init_token="<cls>"를 설정하고 문장의 첫 번째 단어를 <cls>로 하였습니다. cls의 특징량을 사용하여 문장이 긍정적인지 부정적인지 판정합니다. 총 256단어의 모든 특징량을 사용해도 되지만 데이터별로 문장 길이와 문장 후반에 <pad>가 있는 수가 문장마다 달라 특징량 전체를 사용하는 것은 애매합니다. 하나의 특징량을 사용하는 것이 좋으며 선두를 사용하는 방법입니다.

Transformer에서는 선두 단어의 특징량에 클래스 분류를 위한 정보가 자연스럽게 모이는 성질이 제공되지 않으니 주의해야 합니다. 선두 단어의 특징량을 사용하고 분류한 후 그 손실을 역전파하여 네트워크 전체를 학습시킵니다. 선두 단어의 특징량이 자연스럽게 문장이 긍정적인지 부정적인지 판정하는 특징량이 되도록 학습됩니다.

```python
class ClassificationHead(nn.Module):
    '''Transformer_Block의 출력을 사용하여 마지막에 클래스 분류를 시킨다.'''

    def __init__(self, d_model=300, output_dim=2):
        super().__init__()

        # 전결합 층
        self.linear = nn.Linear(d_model, output_dim)  # output_dim은 음성, 양성 두 가지

        # 가중치 초기화
        nn.init.normal_(self.linear.weight, std=0.02)
        nn.init.normal_(self.linear.bias, 0)

    def forward(self, x):
        x0 = x[:, 0, :]  # 각 미니 배치의 각 문장의 선두 단어 특징량(300차원)을 꺼낸다.
        out = self.linear(x0)

        return out
```

7.6.7 Transformer 구현

지금까지 작성한 모듈을 조합하여 분류 작업용 Transformer를 구현합니다. 이번에는 TransformerBlock 모듈을 두 번 반복합니다.

```python
# 최종 Transformer 모델 클래스
class TransformerClassification(nn.Module):
    '''Transformer로 클래스 분류'''

    def __init__(self, text_embedding_vectors, d_model=300, max_seq_len=256,
output_dim=2):
        super().__init__()

        # 모델 구축
        self.net1 = Embedder(text_embedding_vectors)
        self.net2 = PositionalEncoder(d_model=d_model, max_seq_len=max_seq_len)
        self.net3_1 = TransformerBlock(d_model=d_model)
        self.net3_2 = TransformerBlock(d_model=d_model)
        self.net4 = ClassificationHead(output_dim=output_dim, d_model=d_model)

    def forward(self, x, mask):
        x1 = self.net1(x)  # 단어를 벡터로
        x2 = self.net2(x1)  # 포지션 정보를 더한다.
        x3_1, normlized_weights_1 = self.net3_1(
            x2, mask)  # Self-Attention으로 특징량 변환
        x3_2, normlized_weights_2 = self.net3_2(
            x3_1, mask)  # Self-Attention으로 특징량 변환
        x4 = self.net4(x3_2)  # 최종 출력의 0번째 단어를 사용하여 분류 0~1의 스칼라 출력
        return x4, normlized_weights_1, normlized_weights_2
```

마지막으로 Transformer 동작을 확인합니다.

```python
# 동작 확인

# 미니 배치 준비
batch = next(iter(train_dl))

# 모델 구축
net = TransformerClassification(
    text_embedding_vectors=TEXT.vocab.vectors, d_model=300, max_seq_len=256,
output_dim=2)

# 입출력
x = batch.Text[0]
input_mask = (x != input_pad)
out, normlized_weights_1, normlized_weights_2 = net(x, input_mask)

print("출력 텐서 크기: ", out.shape)
```

```
print("출력 텐서의 sigmoid: ", F.softmax(out, dim=1))
```

```
[출력]
출력 텐서 크기: torch.Size([24, 2])
출력 텐서의 sigmoid: tensor([[0.6980, 0.3020],
        [0.7318, 0.2682],
        [0.7244, 0.2756],
...
```

감정 분석(분류 작업)용 Transformer 구현이 완료되었습니다. 다음 절에서는 IMDb 데이터 로더의 Transformer를 학습시켜 추론합니다.

7.7 Transformer의 학습/추론, 판단 근거의 시각화 구현

IMDb의 데이터 로더에서 데이터를 꺼내 앞 절에서 구현한 Transformer를 학습시켜 영화 리뷰(영어) 내용이 긍정적인지 부정적인지 판단합니다. 판정 시 어떤 단어에 주목하여 판정했는지 Self-Attention을 시각화합니다.

이 절의 학습 목표는 다음과 같습니다.

1. **Transformer 학습을 구현할 수 있다.**
2. **Transformer 판정 시 Attention 시각화를 구현할 수 있다.**

구현 파일

7-7_transformer_training_inference.ipynb

7.7.1 데이터 로더 및 Transformer 모델 준비

7.5절에서 구현한 데이터 로더와 7.6절에서 구현한 Transformer 모델을 utils 폴더의 파이썬 파일로 제공합니다. 읽어들여 데이터 로더와 모델을 준비합니다. 한 문장의 단어 수를 256으로 하고 그보다 짧은 문장은 <pad>로 채워 256 단어보다 긴 문장은 넘친 부분을 자릅니다. 미니 배치의 크기는 64입니다.

모델의 TransformerBlock 모듈은 활성화 함수가 ReLU입니다. nn.init.kaiming_normal_
로 'He 초깃값'으로 초기화합니다.

```python
from utils.dataloader import get_IMDb_DataLoaders_and_TEXT

# 데이터 읽기
train_dl, val_dl, test_dl, TEXT = get_IMDb_DataLoaders_and_TEXT(
    max_length=256, batch_size=64)

# 사전 오브젝트로 정리
dataloaders_dict = {"train": train_dl, "val": val_dl}

# 네트워크 모델 작성
from utils.transformer import TransformerClassification

# 모델 구축
net = TransformerClassification(
    text_embedding_vectors=TEXT.vocab.vectors, d_model=300, max_seq_len=256,
output_dim=2)

# 네트워크 초기화
def weights_init(m):
    classname = m.__class__.__name__
    if classname.find('Linear') != -1:
        # 라이너 층 초기화
        nn.init.kaiming_normal_(m.weight)
        if m.bias is not None:
            nn.init.constant_(m.bias, 0.0)

# 훈련 모드로 설정
net.train()

# TransformerBlock 모듈 초기화
net.net3_1.apply(weights_init)
net.net3_2.apply(weights_init)

print('네트워크 설정 완료')
```

7.7.2 손실함수와 최적화 기법

손실함수와 최적화 기법을 구현합니다. 클래스 분류입니다. 일반적인 크로스 엔트로피 손실을 사용합니다. 최적화 기법은 아담adaptive moment estimation (Adam)을 사용합니다.

```python
# 손실함수 설정
criterion = nn.CrossEntropyLoss()
# nn.LogSoftmax()를 계산한 뒤 nn.NLLLoss(negative log likelihood loss) 계산

# 최적화 기법 설정
learning_rate = 2e-5
optimizer = optim.Adam(net.parameters(), lr=learning_rate)
```

7.7.3 훈련 및 검증 함수의 구현과 실행

모델을 훈련시키는 함수를 구현하고 학습합니다. 지금까지 설명한 내용과 동일합니다. 훈련한 모델을 반환하여 취득합니다.

```python
# 모델을 학습시키는 함수 작성
def train_model(net, dataloaders_dict, criterion, optimizer, num_epochs):

    # GPU를 사용할 수 있는지 확인
    device = torch.device("cuda:0" if torch.cuda.is_available() else "cpu")
    print("사용 장치: ", device)
    print('-----start-------')
    # 네트워크를 GPU로
    net.to(device)

    # 네트워크가 어느 정도 고정되면 고속화시킨다.
    torch.backends.cudnn.benchmark = True

    # 에폭 루프
    for epoch in range(num_epochs):
        # 에폭별 훈련 및 검증 루프
        for phase in ['train', 'val']:
            if phase == 'train':
                net.train()  # 모델을 훈련 모드로
            else:
                net.eval()   # 모델을 검증 모드로
            epoch_loss = 0.0  # 에폭의 손실 합
```

```python
        epoch_corrects = 0  # 에폭의 정답 수

        # 데이터 로더에서 미니 배치를 꺼내는 루프
        for batch in (dataloaders_dict[phase]):
            # 배치는 텍스트와 라벨의 사전 오브젝트

            # GPU를 사용할 수 있으면 GPU로 데이터를 보낸다.
            inputs = batch.Text[0].to(device)  # 문장
            labels = batch.Label.to(device)  # 라벨

            # 옵티마이저 초기화
            optimizer.zero_grad()

            # 순전파 계산
            with torch.set_grad_enabled(phase == 'train'):

                # 마스크 작성
                input_pad = 1  # 단어 ID에 있어서 '<pad>': 1이므로
                input_mask = (inputs != input_pad)

                # Transformer에 입력
                outputs, _, _ = net(inputs, input_mask)
                loss = criterion(outputs, labels)  # 손실 계산

                _, preds = torch.max(outputs, 1)  # 라벨 예측

                # 훈련 시에는 역전파
                if phase == 'train':
                    loss.backward()
                    optimizer.step()

                # 결과 계산
                epoch_loss += loss.item() * inputs.size(0)  # 손실 합계 갱신
                # 정답 수 합계를 갱신
                epoch_corrects += torch.sum(preds == labels.data)

        # 에폭별 손실과 정답률
        epoch_loss = epoch_loss / len(dataloaders_dict[phase].dataset)
        epoch_acc = epoch_corrects.double(
        ) / len(dataloaders_dict[phase].dataset)

        print('Epoch {}/{} | {:^5} | Loss: {:.4f} Acc: {:.4f}'.
format(epoch+1, num_epochs, phase, epoch_loss, epoch_acc))

    return net
```

학습 및 검증을 실행합니다. 이번에는 10에폭 실시합니다. 학습은 15분 정도 걸립니다.

```
# 학습 및 검증 실행(15분 정도 걸린다)
num_epochs = 10
net_trained = train_model(net, dataloaders_dict,
                          criterion, optimizer, num_epochs=num_epochs)
```

```
[출력]
사용 장치: cuda:0
-----start-------
Epoch 1/10 ¦ train ¦ Loss: 0.6039 Acc: 0.6629
Epoch 1/10 ¦  val  ¦ Loss: 0.4203 Acc: 0.8174
Epoch 2/10 ¦ train ¦ Loss: 0.4382 Acc: 0.8025
Epoch 2/10 ¦  val  ¦ Loss: 0.3872 Acc: 0.8332
Epoch 3/10 ¦ train ¦ Loss: 0.4130 Acc: 0.8161
Epoch 3/10 ¦  val  ¦ Loss: 0.3688 Acc: 0.8456
Epoch 4/10 ¦ train ¦ Loss: 0.3862 Acc: 0.8292
Epoch 4/10 ¦  val  ¦ Loss: 0.3789 Acc: 0.8432
Epoch 5/10 ¦ train ¦ Loss: 0.3718 Acc: 0.8356
Epoch 5/10 ¦  val  ¦ Loss: 0.3477 Acc: 0.8552
Epoch 6/10 ¦ train ¦ Loss: 0.3601 Acc: 0.8397
Epoch 6/10 ¦  val  ¦ Loss: 0.3401 Acc: 0.8570
Epoch 7/10 ¦ train ¦ Loss: 0.3515 Acc: 0.8480
Epoch 7/10 ¦  val  ¦ Loss: 0.3452 Acc: 0.8558
Epoch 8/10 ¦ train ¦ Loss: 0.3435 Acc: 0.8513
Epoch 8/10 ¦  val  ¦ Loss: 0.3523 Acc: 0.8560
Epoch 9/10 ¦ train ¦ Loss: 0.3409 Acc: 0.8525
Epoch 9/10 ¦  val  ¦ Loss: 0.3300 Acc: 0.8598
Epoch 10/10 ¦ train ¦ Loss: 0.3312 Acc: 0.8573
Epoch 10/10 ¦  val  ¦ Loss: 0.3354 Acc: 0.8598
```

9에폭에 검증 데이터의 정답률이 약 86%가 되면서 최고의 성능이 되었습니다. 이후 훈련 데이터의 정답률은 올라가지만 검증 데이터의 정답률은 오르지 않고 과학습에 빠졌습니다.

7.7.4 테스트 데이터에서의 추론과 판정 근거의 시각화

10에폭만큼 학습된 Transformer 모델인 **net_trained**로 테스트 데이터의 정답률을 구합니다. 테스트 데이터의 정답률은 85%가 되었습니다.

```python
# device
device = torch.device("cuda:0" if torch.cuda.is_available() else "cpu")

net_trained.eval()   # 모델을 검증 모드로
net_trained.to(device)

epoch_corrects = 0  # 에폭의 정답 수

for batch in (test_dl):  # 테스트 데이터의 데이터 로더
    # 배치는 텍스트와 라벨의 사전 오브젝트

    # GPU를 사용할 수 있다면 GPU로 데이터를 보낸다.
    inputs = batch.Text[0].to(device)  # 문장
    labels = batch.Label.to(device)  # 라벨

    # 순전파 계산
    with torch.set_grad_enabled(False):

        # 마스크 작성
        input_pad = 1  # 단어 ID에 있어서 '<pad>': 1이므로
        input_mask = (inputs != input_pad)

        # Transformer에 입력
        outputs, _, _ = net_trained(inputs, input_mask)
        _, preds = torch.max(outputs, 1)  # 라벨 예측

        # 결과 계산
        # 정답 수 합계 갱신
        epoch_corrects += torch.sum(preds == labels.data)

# 정답률
epoch_acc = epoch_corrects.double() / len(test_dl.dataset)

print('테스트 데이터 {}개의 정답률: {:.4f}'.format(len(test_dl.dataset),epoch_acc))
```

[출력]
테스트 데이터 25000개의 정답률: 0.8500

7.7.5 Attention 시각화로 판정 근거를 살피기

마지막으로 리뷰 글의 내용을 긍정적 또는 부정적이라고 모델이 판정했는지 판정 시 강하게 Attention을 적용한 단어를 시각화하여 판정 근거를 살펴봅니다. 최근에는 **XAI**explainable artificial intelligence **(설명 가능한 인공 지능)** 등 딥러닝의 블랙박스를 완화하고 조금이라도 설명할 수 있게 하는 판정 근거의 시각화 기술이 주목받고 있습니다.

Attention을 가시화하여 모델의 판정 근거를 살펴보겠습니다. 2019년 기준으로 자연어 처리에 판정 근거를 나타내는 확립된 기법은 없습니다. 우선 Attention의 시각화 수준에서 찾아보겠습니다. Attention이 판단 근거가 되는지에 대한 연구가 진행되고 있으며 순환 신경망은 Attention이 판정 근거가 된다고는 단언할 수 없다는 연구도 있습니다.[11] LSTM 기반인지 CNN 기반인지 딥러닝 모델의 구성 및 작업에 따라서도 Attention이 갖는 설명 가능한지의 타당성이 달라집니다.

문장 데이터에서 Attention이 강하게 적용된 단어는 배경을 붉게 하고 빨간색의 농도로 Attention 강도를 시각화합니다. 주피터 노트북의 `print`문으로는 출력할 수 없으니 HTML 데이터로 작성합니다.

HTML의 배경색background-color 값을 Attention 강도에 맞게 변화시킨 HTML 데이터를 주피터 노트북으로 표시합니다. 이를 위해 `highlight` 함수와 `mk_html`을 정의합니다. @itok_msi 의 기사[12]에서 구현한 것을 참고하였습니다.

구현은 다음과 같습니다. 문장 첫 단어인 `<cls>`의 특징량을 긍정적인지 부정적인지 분류하는 것에 사용하며 해당 특징량을 작성할 때 사용한 Self-Attention을 `normlized_weights`에서 꺼내 사용합니다. `TransformerBlock` 모듈이 두 개입니다. 첫 번째와 두 번째 Attention이 존재합니다.

```
# HTML 작성 함수 구현
def highlight(word, attn):
    "Attention 값이 크면 문자 배경을 진한 빨간색으로 하는 html 출력 함수"

    html_color = '#%02X%02X%02X' % (
        255, int(255*(1 - attn)), int(255*(1 - attn)))
    return '<span style="background-color: {}"> {}</span>'.format(html_color,
word)
```

```python
def mk_html(index, batch, preds, normlized_weights_1, normlized_weights_2, TEXT):
    "HTML 데이터 작성"

    # index 결과 추출
    sentence = batch.Text[0][index]  # 문장
    label = batch.Label[index]  # 라벨
    pred = preds[index]  # 예측

    # index의 Attention을 추출하고 규격화
    attens1 = normlized_weights_1[index, 0, :]  # 0번째 <cls>의 Attention
    attens1 /= attens1.max()

    attens2 = normlized_weights_2[index, 0, :]  # 0번째 <cls>의 Attention
    attens2 /= attens2.max()

    # 라벨 및 예측 결과를 문자로 치환
    if label == 0:
        label_str = "Negative"
    else:
        label_str = "Positive"

    if pred == 0:
        pred_str = "Negative"
    else:
        pred_str = "Positive"

    # 표시용 HTML 작성
    html = '정답 라벨: {}<br>추론 라벨: {}<br><br>'.format(label_str, pred_str)

    # 첫 번째 단의 Attention
    html += '[TransformerBlock의 첫 번째 단의 Attention을 시각화]<br>'
    for word, attn in zip(sentence, attens1):
        html += highlight(TEXT.vocab.itos[word], attn)
    html += "<br><br>"

    # 두 번째 단의 Attention
    html += '[TransformerBlock의 두 번째 단의 Attention을 시각화]<br>'
    for word, attn in zip(sentence, attens2):
        html += highlight(TEXT.vocab.itos[word], attn)

    html += "<br><br>"

    return html
```

Attention 시각화 함수를 구현하였습니다. 테스트 데이터를 판정하여 해당 Attention을 시각화합니다. 학습된 Transformer에 데이터를 입력하고 예측 결과와 **TransformerBlock** 모듈의 Self-Attention을 구하여 앞서 작성한 mk_html 함수로 HTML을 작성해 표시합니다.

구현은 다음과 같습니다. **index** 인수로 미니 배치의 몇 번째 문장을 표시할지 지정합니다.

```
from IPython.display import HTML

# Transformer로 처리

# 미니 배치 준비
batch = next(iter(test_dl))

# GPU를 사용할 수 있다면 GPU로 데이터를 보낸다.
inputs = batch.Text[0].to(device)  # 문장
labels = batch.Label.to(device)  # 라벨

# 마스크 작성
input_pad = 1  # 단어 ID에 있어서 '<pad>': 1이므로
input_mask = (inputs != input_pad)

# Transformer에 입력
outputs, normlized_weights_1, normlized_weights_2 = net_trained(
    inputs, input_mask)
_, preds = torch.max(outputs, 1)  # 라벨 예측


index = 3  # 출력할 데이터
html_output = mk_html(index, batch, preds, normlized_weights_1,
                      normlized_weights_2, TEXT)  # HTML 작성
HTML(html_output)  # HTML 형식으로 출력
```

코드를 실행하면 [그림 7-10]이 출력됩니다. 1단인 **TransformerBlock**의 Attention은 'wonderful' 단어에 강하게 걸렸고 그 외의 'charming', 'great', 'nice' 등의 단어도 Attention이 적용되었습니다. 2단의 **TransformerBlock**으로 처리하고 최종적으로 판정에 사용한 특징량을 생성할 때 [그림 7-10]의 아래쪽 Attention을 사용하였습니다. 1단 Attention에서 변하고 있으며 'wonderful'의 Attention이 약해지고 'very cool' 또는 'great', 그리고 1단에서 Attention되지 않았던 'well' 등에 Attention이 걸렸습니다. 단어 위치의 특징량을 강하게 사용하여 Positive로 판단되었습니다.

정답 라벨: Positive
추론 라벨: Positive

[TransformerBlock의 첫번째 단의 Attention을 시각화]
a wonderful film a charming , quirky family story . a cross country journey filled with lots of interesting , oddball stops along the way several very cool cameos . great cast led by rod carries the film along and leads to a surprise ending . well directed shot a really nice movie .

[TransformerBlock의 두번째 단의 Attention을 시각화]
a wonderful film a charming , quirky family story . a cross country journey filled with lots of interesting , oddball stops along the way several very cool cameos . great cast led by rod carries the film along and leads to a surprise ending . well directed shot a really nice movie .

그림 7-10 문장 데이터의 판정 Attention의 시각화 1

계속하여 다음 코드로 긍정적인지 부정적인지 판정을 잘못한 예제 Attention을 실행하여 [그림 7-11]에서 확인합니다. 긍정적인 내용이지만 부정적으로 판정되었습니다.

```
index = 61  # 출력할 데이터
html_output = mk_html(index, batch, preds, normlized_weights_1,
                      normlized_weights_2, TEXT)  # HTML 작성
HTML(html_output)  # HTML 형식으로 출력
```

정답 라벨: Positive
추론 라벨: Negative

[TransformerBlock의 첫번째 단의 Attention을 시각화]
i watched this movie as a child and still enjoy viewing it every once in a while for the nostalgia factor . when i was younger i loved the movie because of the entertaining storyline and interesting characters . today , i still love the characters . additionally , i think of the plot with higher regard because i now see the morals and symbolism . rainbow is far from the worst film ever , and though out dated , i m sure i will show it to my children in the future , when i have children .

[TransformerBlock의 두번째 단의 Attention을 시각화]
i watched this movie as a child and still enjoy viewing it every once in a while for the nostalgia factor . when i was younger i loved the movie because of the entertaining storyline and interesting characters . today , i still love the characters . additionally , i think of the plot with higher regard because i now see the morals and symbolism . rainbow is far from the worst film ever , and though out dated , i m sure i will show it to my children in the future , when i have children .

그림 7-11 문장 데이터의 판정 Attention의 시각화 2

1단의 Attention은 'enjoy' 또는 'loved', 'entertaining' 등의 단어 외에 'worst'와 같은 부정적인 단어에도 Attention이 적용되었습니다. 이러한 낱말을 가미하여 2단에 보내는 특징량이 작성되었습니다. 그러나 2단 Attention은 'worst'에만 집중하여 Negative 판정을 내립니다. 'worst'(정확하게는 'worst' 라는 단어 위치의 특징량)에 기인하여 잘못된 판정을 내렸습니다.

리뷰 문장을 꼼꼼히 읽어보면 'rainbow is far from the worst film ever'이고 rainbow는 영화 이름일 것입니다. 직역하면 '영화 rainbow는 최악의 영화와는 거리가 멀어요'이고 문맥상 '영화 rainbow는 그런대로 좋은 영화예요'가 됩니다. 'worst'만이 아니라 'far from the worst'라는 이중 부정의 의미를 잘 파악해야 합니다. 'far from the worst'라는 표현, 'far'를 이용한 이중 부정 표현이 학습 데이터에 적어 제대로 이중 부정 뉘앙스를 학습하지 못하고 'far from the worst'가 아닌 'worst '만 강하게 반응한 것으로 보입니다.

이중 부정과 같은 완곡한 표현은 딥러닝 모델을 사용하지 않는 bag-of-words 기법으로도 잘 처리되지 않습니다. 이번 데이터셋은 영화 리뷰만 포함된 작은 데이터셋입니다. 더욱 큰 데이터셋으로 Transformer 모델을 학습시키면 'farfrom the worst'라는 표현이 제대로 처리되어 정확도가 높아질 것입니다.

Attention을 시각화하면 딥러닝 추론 결과가 나온 근거(정확하게는 힌트 정도)를 구할 수 있으며 모델 개선 방침 등도 검토할 수 있습니다.

7.7.6 정리

이번 장에서는 자연어 처리에 임해 Janome, MeCab+NEologd를 이용한 단어 분할, torchtext를 통한 데이터 로더 작성의 흐름, word2vec, fasttext를 활용한 단어 벡터 표현, Transformer 모델과 IMDb 분류, 마지막으로 Attention 시각화를 설명하고 구현하였습니다. 다음 장에서는 Transformer에서 한층 더 진화된 자연어 처리 모델인 BERT를 설명하고 구현하여 다시 IMDb의 감정 분석을 하겠습니다.

7장 참고 문헌

[1] Transformer

Vaswani, A., Shazeer, N., Parmar, N., Uszkoreit, J., Jones, L., Gomez, A. N., ... & Polosukhin, I. (2017). Attention is All you Need. In Advances in neural information processing systems(pp. 5998-6008).

http://papers.nips.cc/paper/7181-attention-is-all-you-need

[2]『자연어 처리의 기초와 기술』, 오쿠노 아키라, 쇼에이사

自然言語処理の基本と技術,奥野 陽ら,翔泳社

[3]『파이썬을 활용한 텍스트 마이닝 입문』, 야마우치 나가쓰구, 옴사

Pythonによるテキストマイニング入門,山内 長承,オーム社

[4]『자연어 처리를 위한 심층 학습』, Yoav Goldberg, 공립 출판

自然言語処理のための深層学習,Yoav Goldberg,共立出版

[5] word2vec

Mikolov, T., Sutskever, I., Chen, K., Corrado, G. S., & Dean, J. (2013). Distributed Representations of Words and Phrases and their Compositionality. In Advances in neural information processing systems (pp. 3111-3119).

http://papers.nips.cc/paper/5021-distributed-representations-of-words-andphrases

[6] fasttext

Joulin, A., Grave, E., Bojanowski, P., & Mikolov, T. (2016). Bag of Tricks for Efficient Text Classificatio. arXiv preprint arXiv:1607.01759.

https://arxiv.org/abs/1607.01759

[7] 학습된 모델(일본어) word2vec

도호쿠 대학 이누이/오카자키 연구실 일본어 위키피디아 엔티티 벡터

http://www.cl.ecei.tohoku.ac.jp/~m-suzuki/jawiki_vector/

https://github.com/singletongue/WikiEntVec

MIT License

Copyright 2018 Masatoshi Suzuki

[8] 학습된 모델(일본어) fasttext

Qiita: 바로 사용 가능한 단어 내장 벡터의 목록 @Hironsan

https://qiita.com/Hironsan/items/8f7d35f0a36e0f99752c

URL2: Download Word Vectors(NEologd)

https://drive.google.com/open?id=0ByFQ96A4DgSPUm9wVWRLdm5qbmc

[9] IMDb(Large Movie Review Dataset)

Maas, A. L., Daly, R. E., Pham, P. T., Huang, D., Ng, A. Y., & Potts, C. (2011, June). Learning word vectors for sentiment analysis. In Proceedings of the 49th annual meeting of the association for computational linguistics: Human language technologies-volume 1(pp. 142-150). Association for Computational Linguistics.

https://dl.acm.org/citation.cfm?id=2002491

http://ai.stanford.edu/~amaas/data/sentiment/

[10] How to code The Transformer in Pytorch

https://towardsdatascience.com/how-to-code-the-transformer-in-pytorch-24db27c8f9ec

[11] Attention is not Explanation

Sarthak Jain, Byron C. Wallace. (2019). Attention is not Explanation. arXiv preprint arXiv: 1902.10186.

https://arxiv.org/abs/1902.10186

[12] Qiita: [self attention] 예측 이유를 쉽게 시각화할 수 있는 문서 분류 모델을 구현

https://qiita.com/itok_msi/items/ad95425b6773985ef959

https://github.com/nn116003/self-attention-classification/blob/master/view_attn.py

자연어 처리를 활용한 감정 분석 (BERT)

8.1 BERT 메커니즘

이번 장은 7장에 이어 텍스트 데이터를 취급하는 자연어 처리를 알아보겠습니다. 딥러닝 모델인 BERT[1]로 IMDb 데이터셋 내용이 긍정적인지 부정적인지 두 값의 클래스 분류를 하는 감정 분석을 살펴봅니다.

BERT는 2018년 하반기에 구글에서 발표한 자연어 처리를 위한 새로운 딥러닝 모델입니다. BERT의 정식 명칭은 Bidirectional Encoder Representations from Transformers입니다. 명칭의 끝에 Transformers가 포함된 것에서 알 수 있듯이 7장에서 구현한 Transformer에 기반합니다. BERT는 지금까지의 자연어 처리 딥러닝 모델과는 구별되는 특징을 가지며 화상 인식 계열에 비해 발전이 늦었던 언어 처리 딥러닝의 한계를 돌파하는 계기가 될 것이라 기대받는 모델입니다.

이번 절에서는 BERT의 네트워크 구조, BERT 특유의 사전 작업, 그리고 BERT의 세 가지 특징을 설명합니다.

이 절의 학습 목표는 다음과 같습니다.

1. **BERT 모델의 구조를 이해한다.**
2. **BERT가 사전 학습하는 두 종류의 언어 작업을 이해한다.**
3. **BERT의 세 가지 특징을 이해한다.**

구현 파일

없음

8.1.1 BERT 모델 구조의 개요

[그림 8-1]은 BERT 모델의 구조를 보여줍니다. 모델 크기가 서로 다른 두 가지 유형이 있으며 BERT-Base라는 작은 쪽의 모델을 알아보겠습니다.

기본적으로 BERT는 Transformer 구성과 거의 동일합니다. 먼저 문장을 단어 ID로 한 ID열을 준비합니다. BERT의 경우 그 길이는 seq_len=512입니다. 이 입력이 Transformer와 동일하게 Embeddings 모듈에 전달됩니다.

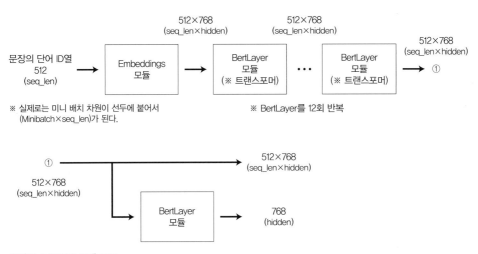

그림 8-1 BERT 모델 구조

Embeddings 모듈은 ID열을 단어의 특징량 벡터로 변환하고 Transformer와 같이 단어와 특징량 벡터의 위치 정보를 나타내는 Positional Embedding을 추가합니다. BERT(BERT-Base)에서 사용하는 특징량 벡터의 차원 수는 768입니다. [그림 8-1]에서는 hidden이라고 썼습니다.

Embeddings 모듈의 출력 텐서 (seq_lenxhidden)=(512×768)은 이후 Transformer 모듈인 BertLayer로 전달됩니다. 이 모듈에서는 Self-Attention을 이용하여 특징량의 변환이 이루어집니다. BertLayer의 출력 텐서 크기는 입력 텐서의 크기와 같은 (512×768)입니다. 이 BertLayer 모듈을 12회 반복합니다.

12회 반복하여 출력된 (512×768) 텐서의 첫 단어의 특징량 (1×768)을 꺼내 BertPooler 모듈에 입력합니다. BERT에서도 Transformer와 마찬가지로 첫 단어를 [CLS]로 설정하여 문장의 클래스 분류 등에 사용하기 위한 입력 문장 전체의 특징량을 갖는 부분으로 활용합니다. 선두 단어의 특징량을 BertPooler 모듈로 변환합니다.

이상이 BERT의 기본적인 처리 흐름입니다. 최종 출력 텐서는 12회의 BertLayer 모듈에서 출력된 (seq_lenxhidden)=(512×768) 텐서와 선두 단어 [CLS]의 특징량(BertPooler 모듈의 출력)인 크기(768) 텐서 두 종류가 됩니다.

8.1.2 BERT가 사전 학습하는 두 종류의 언어 작업

지금까지 BERT는 12단 Transformer 모델입니다. BERT와 Transformer의 큰 차이로 BERT는 네트워크 모델을 두 종류의 언어 작업으로 사전 학습한다는 점입니다. 두 종류의 언어 작업은 MLM$^{Masked Language Model}$과 NSP$^{Next Sentence Prediction}$입니다.

MLM은 7.3절의 word2vec 알고리즘 CBOW의 확장판 작업입니다. CBOW는 문장 중 한 단어를 마스크하여 알 수 없게 하고 마스크 단어의 앞뒤(약 5단어씩) 정보로 마스크된 단어를 추정하였습니다. CBOW로 마스크된 단어의 특징량 벡터를 주변 단어와의 관계에서 구축할 수 있었습니다. BERT의 MLM에서는 입력의 512단어 중 여러 단어를 마스크하여 마스크된 단어 앞뒤 몇 단어를 지정하지 않고 마스크되지 않은 단어 모두를 사용하여 마스크된 단어를 추정하여 해당 단어의 특징량 벡터를 획득하는 작업입니다(그림 8-2).

사전 작업

Masked Language Model

(예)
　일부 단어가 마스크된 문장을 입력하고 해당 단어가 vocabulary의 어떤 낱말인지 맞히기

	마스크		마스크	
(문장) [CLS] I accessed the	[ ]	account [SEP] We play soccer at the bank of the	[ ]	[SEP]
	※ 답은 bank		※ 답은 river	

사전 작업

Next Sentence Prediction

(예)
　두 문장을 입력하고 두 문장의 의미가 연결되어 있는지 맞히기

(문장) [CLS] I accessed the bank account [SEP] We play soccer at the bank of the river. [SEP]

※ 답은 관계성이 없음

그림 8-2 BERT 두 종류의 사전 학습

BERT의 또 다른 사전 학습인 NSP를 설명하겠습니다. 7장의 Transformer는 기본적으로 하나의 텍스트 데이터를 입력했지만 BERT의 사전 학습에서는 두 개의 텍스트 데이터를 입력합니다. 즉 512단어로 두 문장을 이룹니다. 두 문장은 [SEP]으로 구분되며 지도 데이터 내에서 '연속적으로 존재하며 의미 있고 관계가 깊은 문장'일 경우와 '전혀 관계가 없고 문맥의 연결이 없는 두 문장' 두 패턴을 준비합니다. NSP에서는 [그림 8-1]의 BertPooler 모듈에서 출력된 선두 단어 [CLS]의 특징량으로 입력된 두 개의 문장이 '연속적으로 존재하며 의미 있고 관계가 깊은 문장'인지 '전혀 관계가 없고 문맥의 연결이 없는 두 문장'인지 추론합니다(그림 8-2).

두 언어 작업을 해결하기 위한 모듈을 연결한 BERT 모델이 [그림 8-3]입니다. 기본 모델에 MaskedWordPredictions 모듈과 SeqRelationship 모듈을 붙여 두 종류의 사전 작업인 MLM 및 NSP를 잘 수행할 수 있도록 기본 모델을 학습시킵니다.

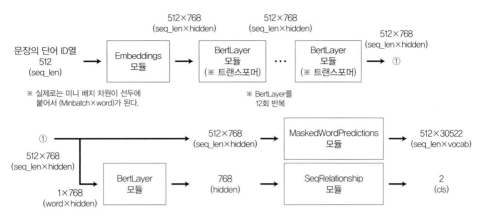

그림 8-3 사전 학습을 실시하는 BERT 모델 구조

`MaskedWordPredictions` 모듈에는 BERT의 `BertLayer` 출력 $(\text{seq\_len}\times\text{hidden})=(512\times 768)$을 입력하고 $(\text{seq\_len}\times\text{vocab\_size})=(512\times 30{,}522)$를 출력합니다. vocab_size의 30,522는 BERT의 vocabulary 전체의 단어 수입니다(영어로 학습된 모델의 경우). 입력된 512단어가 전체 vocabulary 단어의 어느 것인지 $(512\times 30{,}522)$에 대해 소프트맥스 함수를 계산하여 구합니다. 실제로 추정하게 되는 것은 입력 단어 512개 전체가 아닌 마스크된 알 수 없는 단어뿐입니다.

`SeqRelationship` 모듈은 `BertPooler` 모듈에서 출력된 선두 단어 [CLS]의 특징량 벡터를 전결합 층에 입력하여 클래스 수 2의 분류를 실행합니다. 전결합 층의 출력 크기 2는 '연속적으로 존재하며 의미 있고 관계가 깊은 문장' 혹은 '전혀 관계가 없고 문맥의 연결이 없는 두 문장' 중 어느 쪽인지 판정하기 위하여 클래스 수가 2입니다.

8.1.3 BERT의 세 가지 특징 이해하기

BERT는 '문맥에 의존한 단어 벡터 표현을 만들 수 있게 됐다', '자연어 처리 작업에서 파인튜닝이 가능해졌다', 'Attention에 의해 설명과 시각화가 간편하다'는 세 가지 특징을 가졌습니다.

첫 번째 특징으로 문맥에 의존한 단어 벡터 표현을 만들 수 있게 되었습니다. 예를 들어 bank라는 영어 단어는 '은행'과 '강변'이라는 의미가 있습니다. 어떤 언어이든 단어의 의미가 하나인 경우는 적습니다. 국어사전을 찾아보면 각 단어에는 다양한 의미가 있으며 문맥에 따라 단어의 의미가 달라집니다. 이처럼 BERT는 문맥에 맞는 단어 벡터의 표현이 가능합니다.

BERT는 12단 Transformer를 사용합니다. 먼저 `Embeddings` 모듈에서 단어 ID를 단어 벡터로 변환할 때는 은행의 bank와 강변의 bank는 길이 768의 동일한 단어 벡터입니다. 12단 Transformer를 거치는 동안 단어 bank의 위치에 있는 특징량 벡터는 변화합니다. 그 결과 12단째의 출력인 단어 bank의 위치에 있는 특징량 벡터는 최종적으로 은행의 bank와 강변의 bank인 서로 다른 벡터가 됩니다.

이 특징량 벡터는 사전 학습의 MLM이 푼 특징량 벡터입니다. 그 문장 중 단어 bank와 그 주변 단어와의 관계성을 바탕으로 하여 Transformer의 Self-Attention 처리로 작성됩니다. 동일한 bank라는 단어도 주변 단어와의 관계성을 고려해 문맥에 맞는 단어 벡터가 생성됩니다. 8.3절에서 실제로 구현하여 확인해보겠습니다.

BERT의 두 번째 특징은 파인튜닝이 자연어 처리 작업으로 가능해졌습니다. BERT를 기반으로 다양한 자연어 처리 작업을 수행하려면 두 언어 작업에서 사전 학습한 가중치 파라미터를 [그림 8-1] BERT 모델의 가중치로 설정한 후 [그림 8-1]에 나타낸 (seq_lenxhidden)=(512x768) 텐서와 (hidden)=(768)의 두 텐서를 출력시킵니다. 두 텐서를 실행하고 싶은 자연어 처리 작업에 맞춘 '어댑터 모듈'에 투입하여 작업에 따른 출력을 얻게 됩니다.

예를 들어 긍정적/부정적 감정 분석이라면 어댑터 모듈로 하나의 전결합 층을 추가하는 것만으로 문장의 판정이 가능합니다. 학습 시에는 베이스의 BERT와 어댑터 모듈의 전결합 층 양쪽 모두를 파인튜닝으로 학습시킵니다.

BERT의 출력에 어댑터 모듈을 연결하여 다양한 자연어 처리 작업을 수행할 수 있습니다. 2장 물체 감지의 SSD나 4장 자세 추정의 오픈포즈의 기반 네트워크인 VGG와 같은 역할을 BERT가 수행한다는 것을 의미합니다. 적은 문서 데이터로도 성능 좋은 모델을 작성할 수 있습니다. 자연어 처리 작업도 화상 작업처럼 전이학습 및 파인튜닝을 할 수 있게 된 것이 BERT가 주목받은 요인 중 하나입니다.

BERT는 어떻게 화상 작업의 기본 모델인 VGG와 같은 전이학습 및 파인튜닝의 기반 역할을 완수할 수 있을까요? VGG 등 화상 처리에서 화상 분류가 가능한 네트워크는 물체 감지나 시맨틱 분할에도 유효합니다. BERT도 사전 작업 MLM을 풀 수 있는 '단어를 문맥에 맞는 특징량 벡터로 변환할 수 있는 능력'이 단어의 의미를 정확하게 파악할 수 있습니다. 또한 사전 학습 NSP로 '문장이 의미 있게 연결되었는지 여부를 판정할 수 있는 능력'이 문장의 의미를 이해할 수 있습니다. 단어와 문장의 의미를 이해할 수 있도록 사전 학습하고 있어 자연어 처리 작업인 감정 분석 등에도 응용할 수 있습니다.

앞으로 MLM 및 NSP보다 최적화된 사전 학습 언어 작업이 나올 수도 있습니다. 그러나 '단어와 문장의 의미를 제대로 파악해야 하는 사전 작업을 수행한다', '사전 작업으로 학습한 가중치를 기반으로 어댑터를 자연어 처리 작업에 맞게 교체하여 파인튜닝시킨다'는 흐름은 자연어 처리에서 하나의 표준이 될 것입니다. BERT는 선구적인 범용 언어 모델의 사례를 만들었습니다.

BERT는 Attention을 활용한 설명과 시각화가 쉽습니다. 기본적으로 7장의 Transformer에서 Attention을 가시화한 것과 동일합니다. 딥러닝 모델의 해석력/설명력 등이 중요한 요즘 예측 결과에 영향을 준 단어 위치 정보인 Attention을 시각화하고 인간이 추론 결과를 설명하기 쉽다는 특징은 Transformer를 다단으로 연결한 BERT도 마찬가지입니다.

BERT 모델의 형태와 모듈의 개요를 설명하고, BERT에서 수행하는 사전 학습 내용, 그리고 BERT가 가진 세 가지 특징을 설명했습니다. 다음 절에서는 BERT를 구현합니다.

8.2 BERT 구현

BERT의 신경망 모델을 구현하겠습니다. 깃허브: *huggingface/pytorch-pretrained-BERT*[2]를 참고하며 프로그램은 모두 우분투에서의 동작을 전제로 합니다.

이 절의 학습 목표는 다음과 같습니다.

1. **BERT의 Embeddings 모듈 동작을 이해하고 구현할 수 있다.**
2. **BERT의 Self-Attention을 활용한 Transformer 부분인 BertLayer 모듈의 동작을 이해하고 구현할 수 있다.**
3. **BERT의 Pooler 모듈의 동작을 이해하고 구현할 수 있다.**

구현 파일

8-2-3_bert_base.ipynb

8.2.1 사용하는 데이터

이번 장에서 사용하는 폴더를 만들어 파일을 다운로드합니다. 코드를 다운로드하여 8_nlp_sentiment_bert 폴더 내 make_folders_and_data_downloads.ipynb 파일의 각 셀을 하나씩 실행하세요.

실행 결과 [그림 8-4]와 같은 폴더 구조가 생성됩니다. vocab 폴더에는 BERT에서 사용하는 단어의 vocabulary 목록인 bert-base-uncased-vocab.txt가, weights 폴더에는 BERT의 학습된 가중치 파라미터 pytorch_model.bin이, data 폴더에는 7장과 마찬가지로 IMDb 데이터가 다운로드됩니다. 이 장에서는 train 및 test의 tsv 파일인 IMDb_train.tsv와 IMDb_test.tsv까지 작성됩니다.

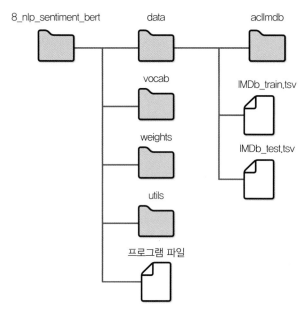

그림 8-4 8장의 폴더 구성

8.2.2 BERT_Base의 네트워크 설정 파일 읽기

먼저 BERT_Base에서 Transformer가 12단인 것과 특징량 벡터가 768차원인 것 등을 적은 weights 폴더의 네트워크 설정 파일 bert_config.json을 읽어들입니다. JSON 파일을 읽을 때 사전형 변수로 취급되지만 사전형 변수는 기술하기 번거롭습니다. 읽어들인 JSON 파일의 사전형 변수에서 key 'hidden' 값을 취하려면 config['hidden_size']로 적어야 합니다. 이를 config.hidden_size로 기술하면 깔끔합니다.

미리 콘솔 화면에서 pip install attrdict를 실행하고 attrdict 패키지를 설치합니다. attrdict 패키지는 config = AttrDict(config)를 실행하여 config 변수를 사전형 변수가 아닌 클래스 객체로 변환할 수 있습니다. 구성 파라미터에 config.hidden_size로 액세스하는 것도 가능합니다.

다음과 같이 구현합니다.

```python
# config.json에서 설정을 읽어들여 JSON 사전 변수를 오브젝트 변수로 변환
import json

config_file = "./weights/bert_config.json"

# 파일을 열어 JSON으로 읽는다.
json_file = open(config_file, 'r')
config = json.load(json_file)

# 출력 확인
config
```

```
[출력]
{'attention_probs_dropout_prob': 0.1,
 'hidden_act': 'gelu',
 'hidden_dropout_prob': 0.1,
 'hidden_size': 768,
 'initializer_range': 0.02,
 'intermediate_size': 3072,
 'max_position_embeddings': 512,
 'num_attention_heads': 12,
 'num_hidden_layers': 12,
 'type_vocab_size': 2,
 'vocab_size': 30522}
```

```
# 사전 변수를 오브젝트 변수로
from attrdict import AttrDict

config = AttrDict(config)
config.hidden_size
```

[출력]
768

8.2.3 BERT에 레이어 정규화 층 정의

BERT 모델 구축의 사전 준비로 레이어 정규화 층의 클래스를 정의합니다. 7장에서 사용한 것
처럼 파이토치에도 레이어 정규화가 있습니다. 텐서플로와 파이토치에서는 레이어 정규화의
구현 방법이 약간 다릅니다. 텐서의 마지막 채널(즉 단어의 특징량 벡터 768차원)에 평균 0,
표준편차 1이 되도록 레이어 정규화를 수행합니다. 0으로 나누지 않도록 보조 항 엡실론epsilon
을 넣는 방법은 파이토치와 텐서플로가 서로 다릅니다. 이번에 사용할 학습된 모델은 구글이
공개한 텐서플로의 학습 결과에 기반하여 텐서플로 버전의 레이어 정규화 층을 만듭니다.

다음과 같이 구현합니다.

```
# BERT용으로 레이어 정규화 층 정의
# 세부 구현을 텐서플로에 맞춘다.
class BertLayerNorm(nn.Module):
    """레이어 정규화 층 """

    def __init__(self, hidden_size, eps=1e-12):
        super(BertLayerNorm, self).__init__()
        self.gamma = nn.Parameter(torch.ones(hidden_size))   # weight에 대한 것
        self.beta = nn.Parameter(torch.zeros(hidden_size))   # 바이어스에 대한 것
        self.variance_epsilon = eps

    def forward(self, x):
        u = x.mean(-1, keepdim=True)
        s = (x - u).pow(2).mean(-1, keepdim=True)
        x = (x - u) / torch.sqrt(s + self.variance_epsilon)
        return self.gamma * x + self.beta
```

8.2.4 Embeddings 모듈 구현

[그림 8-1]에 나타낸 BERT의 모듈 구성에 따라 구현합니다. 우선 Embeddings 모듈입니다. 구현 코드는 다음과 같습니다. 코드에 세부 코멘트로 설명합니다.

Transformer의 Embeddings 모듈과 두 가지 큰 차이점이 있습니다.

첫째, Positional Embedding(위치 정보를 벡터로 변환)의 표현 기법을 Transformer는 sin, cos으로 계산하지만 BERT는 표현 방법도 학습시킵니다. 학습시키는 것은 단어의 위치 정보뿐이며 단어 벡터의 차원 정보는 부여하지 않습니다. 즉 첫 번째 단어의 768차원은 동일한 position_embeddings 값이 저장되고 두 번째 단어는 첫 번째 단어와는 다르지만 768차원 방향에 같은 position_embeddings 값이 저장됩니다.

둘째, Sentence Embedding의 존재입니다. BERT는 두 문장을 입력합니다. 첫 번째 문장과 두 번째 문장을 구분하기 위한 Embedding를 준비합니다.

Embeddings 모듈에서는 Token Embedding, Positional Embedding, Sentence Embedding에서 각각 구할 세 개의 텐서를 Transformer처럼 더하여 Embeddings 모듈의 출력으로 합니다. Embeddings 모듈에 대한 입력 텐서는 (batch_size, seq_len) 크기로 이루어진 문장의 단어 ID 나열인 변수 input_ids와 (batch_size, seq_len)의 각 단어가 첫 번째 문장인지 두 번째 문장인지 나타내는 문장 id인 변수 token_type_ids가 됩니다. 출력은 (batch_size, seq_len, hidden_size)의 텐서입니다. seq_len은 512이고 hidden_size 는 768입니다.

```
# BERT의 Embeddings 모듈
class BertEmbeddings(nn.Module):
    """문장의 단어 ID열과 첫 번째인지 두 번째 문장인지 정보를 내장 벡터로 변환"""

    def __init__(self, config):
        super(BertEmbeddings, self).__init__()

        # 세 개의 벡터 표현 내장

        # Token Embedding: 단어 ID를 단어 벡터로 변환
        # vocab_size = 30522로 BERT의 학습된 모델에 사용된 vocabulary 양
        # hidden_size = 768로 특징량 벡터의 길이는 768
        self.word_embeddings = nn.Embedding(
            config.vocab_size, config.hidden_size, padding_idx=0)
```

```python
        # padding_idx=0의 idx=0 단어 벡터는 0으로 한다. BERT의 vocabulary의 idx=0은
        # [PAD]이다.

        # Transformer Positional Embedding: 위치 정보 텐서를 벡터로 변환
        # Transformer의 경우는 sin, cos로 이루어진 고정 값이지만 BERT는 학습시킨다.
        # max_position_embeddings = 512로 문장 길이는 512단어
        self.position_embeddings = nn.Embedding(
            config.max_position_embeddings, config.hidden_size)

        # Sentence Embedding: 첫 번째, 두 번째 문장을 벡터로 변환
        # type_vocab_size = 2
        self.token_type_embeddings = nn.Embedding(
            config.type_vocab_size, config.hidden_size)

        # 작성한 레이어 정규화 층
        self.LayerNorm = BertLayerNorm(config.hidden_size, eps=1e-12)

        # 드롭아웃  'hidden_dropout_prob': 0.1
        self.dropout = nn.Dropout(config.hidden_dropout_prob)

    def forward(self, input_ids, token_type_ids=None):
        '''
        input_ids:  [batch_size, seq_len] 문장의 단어 ID 나열
        token_type_ids: [batch_size, seq_len] 각 단어가 첫 번째 문장인지 두 번째
        문장인지 나타내는 id
        '''

        # 1. Token Embeddings
        # 단어 ID를 단어 벡터로 변환
        words_embeddings = self.word_embeddings(input_ids)

        # 2. Sentence Embedding
        # token_type_ids가 없는 경우는 문장의 모든 단어를 첫 번째 문장으로 하여 0으로 설정
        # input_ids와 같은 크기의 제로 텐서 작성
        if token_type_ids is None:
            token_type_ids = torch.zeros_like(input_ids)
        token_type_embeddings = self.token_type_embeddings(token_type_ids)

        # 3. Transformer Positional Embedding:
        # [0, 1, 2 …]로 문장의 길이만큼 숫자가 하나씩 올라간다.
        # [batch_size, seq_len]의 텐서 position_ids 작성
        # position_ids를 입력하여 position_embeddings 층에서 768차원의 텐서를 꺼낸다.
        seq_length = input_ids.size(1)  # 문장 길이
        position_ids = torch.arange(
```

```
        seq_length, dtype=torch.long, device=input_ids.device)
position_ids = position_ids.unsqueeze(0).expand_as(input_ids)
position_embeddings = self.position_embeddings(position_ids)

# 세 개의 내장 텐서를 더한다. [batch_size, seq_len, hidden_size]
embeddings = words_embeddings + position_embeddings + token_type_embeddings

# 레이어 정규화와 드롭아웃 실행
embeddings = self.LayerNorm(embeddings)
embeddings = self.dropout(embeddings)

return embeddings
```

8.2.5 BertLayer 모듈

BertLayer는 Transformer 부분에 해당합니다. 서브 네트워크로서 Self-Attention을 계산하는 BertAttention과 Self-Attention의 출력을 처리하는 전결합 층인 BertIntermediate, 그리고 Self-Attention 출력과 BertIntermediate에서 처리한 특징량을 더하는 BertOutput 세 가지로 구성됩니다. [그림 8-5]와 같은 구성입니다.

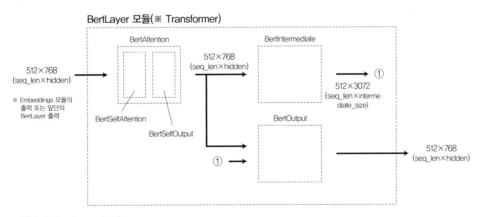

그림 8-5 BertLayer 구성

BertLayer에 대한 입력은 Embeddins 모듈의 출력 또는 앞단의 BertLayer에서의 출력이며 크기는 (batch_size, seq_len, hidden_size)입니다. 먼저 BertAttention에서 Self-

Attention이 계산되어 새로운 특징량으로 변환됩니다. BertAttention은 BertSelfAttention 과 BertSelfOutput으로 구성됩니다. BertAttention의 출력은 전결합 층으로 이루어진 BertIntermediate에서 특징량이 다시 변환됩니다. BertOutput에서는 BertIntermediate 의 출력 3072채널을 전결합 층에서 768채널로 변환하고 BertAttention의 출력과 더하여 BertLayer의 출력으로 합니다. BertLayer의 출력 크기는 입력과 마찬가지로 (batch_size, seq_len, hidden_size)입니다.

기본적인 BertLayer의 구현은 7장 Transformer와 동일합니다. 다음 코드에 세부 코멘트로 설명하고 있으니 참고하시기 바랍니다.

BertLayer 구현에서 7장 Transformer와 두 가지 다른 점이 있습니다.

첫째, BertIntermediate 전결합 층 뒤의 활성화 함수에 GELU^{Gaussian ErrorLinear Unit} 함수를 사용하는 점입니다. GELU는 기본적으로 ReLU와 같은 형태의 함수입니다. 입력이 0이지만 ReLU 출력이 거친(매끄러운 변화가 아니라 급격한 변화) 반면 GELU는 입력 0 근처의 출력이 매끄러운 형태입니다. 참고 문헌[3]의 Figure1에서 ReLU와 GELU의 형태를 비교하였으니 참고하기 바랍니다.

둘째, Attention이 Multi-Headed Self-Attention입니다. Transformer도 Multi-Headed Self-Attention이지만 7장에서는 이해를 돕기 위하여 단일 Self-Attention으로 구현하였습니다. Multi-Headed Self-Attention은 단순히 Self-Attention이 여러 개 있는 것 뿐입니다. 그렇지만 특징량 벡터의 차원을 768인 채로 Multi-Head로 하면 차수가 768에서 Multi-Head의 수만큼 배수로 증가하는 동시에 총 특징량 차원이 768이 되도록 조정합니다. 12개의 Multi-Head를 마련하고 Self-Attention에 입력할 특징량의 차원 수를 0~63번째까지, 64~127번째까지 등 64차원씩 입력합니다. Self-Attention 출력도 64차원으로 하고 모두 연결하여 12×64=768차원의 출력으로 합니다.

참고 문헌[2]을 참고하여 구현합니다. 일부분은 변경하였으며 attention_show_flg 인수를 추가합니다. 해당 플래그가 True인 경우 Self-Attention의 가중치 텐서도 출력하도록 수정합니다.

```
class BertLayer(nn.Module):
    '''BERT의 BertLayer 모듈이다. Transformer가 된다.'''
```

```python
    def __init__(self, config):
        super(BertLayer, self).__init__()

        # Self-Attention 부분
        self.attention = BertAttention(config)

        # Self-Attention의 출력을 처리하는 전결합 층
        self.intermediate = BertIntermediate(config)

        # Self-Attention에 의한 특징량과 BertLayer에 원래의 입력을 더하는 층
        self.output = BertOutput(config)

    def forward(self, hidden_states, attention_mask, attention_show_flg=False):
        '''
        hidden_states: Embedder 모듈의 출력 텐서 [batch_size, seq_len, hidden_size]
        attention_mask: Transformer의 마스크와 같은 기능의 마스킹
        attention_show_flg: Self-Attention의 가중치를 반환할지의 플래그
        '''
        if attention_show_flg == True:
            '''attention_show일 경우 attention_probs도 반환한다.'''
            attention_output, attention_probs = self.attention(
                hidden_states, attention_mask, attention_show_flg)
            intermediate_output = self.intermediate(attention_output)
            layer_output = self.output(intermediate_output, attention_output)
            return layer_output, attention_probs

        elif attention_show_flg == False:
            attention_output = self.attention(
                hidden_states, attention_mask, attention_show_flg)
            intermediate_output = self.intermediate(attention_output)
            layer_output = self.output(intermediate_output, attention_output)

            return layer_output  # [batch_size, seq_length, hidden_size]

class BertAttention(nn.Module):
    '''BertLayer 모듈의 Self-Attention 부분'''
    def __init__(self, config):
        super(BertAttention, self).__init__()
        self.selfattn = BertSelfAttention(config)
        self.output = BertSelfOutput(config)

    def forward(self, input_tensor, attention_mask, attention_show_flg=False):
        '''
        input_tensor: Embeddings 모듈 또는 앞단의 BertLayer에서의 출력
```

```
        attention_mask:  Transformer의 마스크와 같은 기능의 마스킹
        attention_show_flg: Self-Attention의 가중치를 반환할지의 플래그
        '''

        if attention_show_flg == True:
            '''attention_show일 경우 attention_probs도 반환한다.'''
            self_output, attention_probs = self.selfattn(input_tensor, attention_
mask, attention_show_flg)
            attention_output = self.output(self_output, input_tensor)
            return attention_output, attention_probs

        elif attention_show_flg == False:
            self_output = self.selfattn(input_tensor, attention_mask, attention_show_flg)
            attention_output = self.output(self_output, input_tensor)
            return attention_output


class BertSelfAttention(nn.Module):
    '''BertAttention의 Self-Attention이다.'''

    def __init__(self, config):
        super(BertSelfAttention, self).__init__()

        self.num_attention_heads = config.num_attention_heads
        # num_attention_heads': 12

        self.attention_head_size = int(
            config.hidden_size / config.num_attention_heads)  # 768/12=64
        self.all_head_size = self.num_attention_heads * \
            self.attention_head_size  # = 'hidden_size': 768

        # Self-Attention의 특징량을 작성하는 전결합 층
        self.query = nn.Linear(config.hidden_size, self.all_head_size)
        self.key = nn.Linear(config.hidden_size, self.all_head_size)
        self.value = nn.Linear(config.hidden_size, self.all_head_size)

        # 드롭아웃
        self.dropout = nn.Dropout(config.attention_probs_dropout_prob)

    def transpose_for_scores(self, x):
        '''Multi-Headed Attention용으로 텐서의 형태 변환
        [batch_size, seq_len, hidden] → [batch_size, 12, seq_len, hidden/12]
        '''
        new_x_shape = x.size()[
            :-1] + (self.num_attention_heads, self.attention_head_size)
        x = x.view(*new_x_shape)
```

```python
        return x.permute(0, 2, 1, 3)

    def forward(self, hidden_states, attention_mask, attention_show_flg=False):
        '''
        hidden_states: Embeddings 모듈 또는 앞단의 BertLayer에서의 출력
        attention_mask: Transformer의 마스크와 같은 기능의 마스킹
        attention_show_flg: Self-Attention의 가중치를 반환할지 플래그
        '''
        # 입력을 전결합 층에서 특징량 변환(Multi-Headed Attention 전부 한꺼번에 변환)
        mixed_query_layer = self.query(hidden_states)
        mixed_key_layer = self.key(hidden_states)
        mixed_value_layer = self.value(hidden_states)

        # Multi-Headed Attention용으로 텐서 형태 변환
        query_layer = self.transpose_for_scores(mixed_query_layer)
        key_layer = self.transpose_for_scores(mixed_key_layer)
        value_layer = self.transpose_for_scores(mixed_value_layer)

        # 특징량끼리 곱하여 비슷한 정도를 Attention_scores로 구한다.
        attention_scores = torch.matmul(
            query_layer, key_layer.transpose(-1, -2))
        attention_scores = attention_scores / \
            math.sqrt(self.attention_head_size)

        # 마스크가 있는 부분에 마스크 적용
        attention_scores = attention_scores + attention_mask
        # 마스크는 곱셈이 아니라 덧셈이 직관적이지만 그 후에 소프트맥스로 정규화하므로
        # 마스크된 부분은 -inf로 한다. attention_mask에는 원래 0이나-inf가 있으므로
        덧셈으로 한다.

        # Attention 정규화
        attention_probs = nn.Softmax(dim=-1)(attention_scores)

        # 드롭아웃
        attention_probs = self.dropout(attention_probs)

        # Attention Map을 곱한다.
        context_layer = torch.matmul(attention_probs, value_layer)

        # Multi-Headed Attention의 텐서 형태를 원래대로 되돌린다.
        context_layer = context_layer.permute(0, 2, 1, 3).contiguous()
        new_context_layer_shape = context_layer.size()[
            :-2] + (self.all_head_size,)
        context_layer = context_layer.view(*new_context_layer_shape)
```

```python
        # attention_show일 경우 attention_probs도 반환
        if attention_show_flg == True:
            return context_layer, attention_probs
        elif attention_show_flg == False:
            return context_layer


class BertSelfOutput(nn.Module):
    '''BertSelfAttention의 출력을 처리하는 전결합 층이다.'''

    def __init__(self, config):
        super(BertSelfOutput, self).__init__()

        self.dense = nn.Linear(config.hidden_size, config.hidden_size)
        self.LayerNorm = BertLayerNorm(config.hidden_size, eps=1e-12)
        self.dropout = nn.Dropout(config.hidden_dropout_prob)
        # 'hidden_dropout_prob': 0.1

    def forward(self, hidden_states, input_tensor):
        '''
        hidden_states: BertSelfAttention의 출력 텐서
        input_tensor: Embeddings 모듈 또는 앞단의 BertLayer에서의 출력
        '''
        hidden_states = self.dense(hidden_states)
        hidden_states = self.dropout(hidden_states)
        hidden_states = self.LayerNorm(hidden_states + input_tensor)
        return hidden_states


def gelu(x):
    '''Gaussian Error Linear Unit라는 활성화 함수이다.
    LeLU가 0으로 거칠고 불연속적이므로 연속적으로 매끄럽게 한 형태의 LeLU이다.
    '''
    return x * 0.5 * (1.0 + torch.erf(x / math.sqrt(2.0)))


class BertIntermediate(nn.Module):
    '''BERT의 TransformerBlock 모듈 FeedForward'''

    def __init__(self, config):
        super(BertIntermediate, self).__init__()

        # 전결합 층: 'hidden_size': 768, 'intermediate_size': 3072
        self.dense = nn.Linear(config.hidden_size, config.intermediate_size)
```

```
            # 활성화 함수 gelu
            self.intermediate_act_fn = gelu

        def forward(self, hidden_states):
            '''
            hidden_states:  BertAttention의 출력 텐서
            '''
            hidden_states = self.dense(hidden_states)
            hidden_states = self.intermediate_act_fn(hidden_states)   # GELU에 의한 활성화
            return hidden_states

class BertOutput(nn.Module):
    '''BERT의 TransformerBlock 모듈 FeedForward '''

    def __init__(self, config):
        super(BertOutput, self).__init__()

        # 전결합 층: 'intermediate_size': 3072, 'hidden_size': 768
        self.dense = nn.Linear(config.intermediate_size, config.hidden_size)

        self.LayerNorm = BertLayerNorm(config.hidden_size, eps=1e-12)

        # 'hidden_dropout_prob': 0.1
        self.dropout = nn.Dropout(config.hidden_dropout_prob)

    def forward(self, hidden_states, input_tensor):
        '''
        hidden_states:  BertIntermediate 출력 텐서
        input_tensor: BertAttention 출력 텐서
        '''
        hidden_states = self.dense(hidden_states)
        hidden_states = self.dropout(hidden_states)
        hidden_states = self.LayerNorm(hidden_states + input_tensor)
        return hidden_states
```

8.2.6 BertLayer 모듈의 반복 부분

BERT_Base에서는 BertLayer 모듈(Transformer)을 12회 반복합니다. 이들을 묶어서
BertEncoder 클래스로 만듭니다. 단순히 BertLayer 12개를 nn.ModuleList에 기재하여 순
전파시킵니다.

다음과 같이 구현합니다. 순전파 함수 forward의 인수를 알아보겠습니다. output_all_encoded_layers 인수는 반환 값으로 BertLayer에서 출력된 특징량을 12단만큼 모두 반환할지 아니면 12단 최종 층의 특징량만 반환할지 여부를 지정하는 변수입니다. 12단의 Transformer 중간에 단어 벡터가 어떻게 변해가는지 확인하고 싶을 때 output_all_encoded_layers 인수를 True로 하여 12단만큼의 단어 벡터를 꺼낼 수 있습니다. 단순히 12단 출력만 사용하여 자연어 처리 작업을 하는 경우 False로 하여 최종 BertLayer 모듈 출력만 BertEncoder에서 출력시킨 후 사용합니다.

attention_show_flg 인수는 BertLayer 모듈에서 사용했던 변수와 동일합니다. Self-Attention의 가중치를 출력할지 여부를 지정합니다. BERT_Base의 Attention은 각 층이 12개인 Multi-Headed Self-Attention입니다. 12단이므로 총 144개의 Self-Attention 가중치가 존재합니다. BertEncoder에서 attention_show_flg 인수를 True로 한 경우에는 BertLayer 모듈 중 12단 끝에 있는 BertLayer 모듈에서 12개의 Multi-Headed Self-Attention 가중치를 출력합니다.

```python
# BertLayer 모듈의 반복 부분이다.
class BertEncoder(nn.Module):
    def __init__(self, config):
        '''BertLayer 모듈의 반복 부분'''
        super(BertEncoder, self).__init__()

        # config.num_hidden_layers의 값, 즉 12개의 BertLayer 모듈을 만든다.
        self.layer = nn.ModuleList([BertLayer(config)
                                    for _ in range(config.num_hidden_layers)])

    def forward(self, hidden_states, attention_mask, output_all_encoded_
layers=True, attention_show_flg=False):
        '''
        hidden_states: Embeddings 모듈 출력
        attention_mask: Transformer의 마스크와 동일한 기능의 마스킹
        output_all_encoded_layers: 반환 값을 전체 TransformerBlock 모듈의 출력으로
        할지 마지막 층만으로 한정할지의 플래그
        attention_show_flg: Self-Attention의 가중치를 반환할지의 플래그
        '''

        # 반환 값으로 사용할 리스트
        all_encoder_layers = []
```

```
# BertLayer 모듈의 처리 반복
for layer_module in self.layer:

    if attention_show_flg == True:
        '''attention_show의 경우 attention_probs도 반환'''
        hidden_states, attention_probs = layer_module(
            hidden_states, attention_mask, attention_show_flg)
    elif attention_show_flg == False:
        hidden_states = layer_module(
            hidden_states, attention_mask, attention_show_flg)

    # 반환 값으로 BertLayer에서 출력된 특징량을 12층분 모두 사용할 경우의 처리
    if output_all_encoded_layers:
        all_encoder_layers.append(hidden_states)

# 반환 값으로 마지막 BertLayer에서 출력된 특징량만을 사용할 경우의 처리
if not output_all_encoded_layers:
    all_encoder_layers.append(hidden_states)

# attention_show의 경우 attention_probs(마지막 12단)도 반환한다.
if attention_show_flg == True:
    return all_encoder_layers, attention_probs
elif attention_show_flg == False:
    return all_encoder_layers
```

8.2.7 BertPooler 모듈

[그림 8-1]에 나타낸 BertPooler 모듈을 구현하겠습니다. BertPooler 모듈은 BertEncoder 출력에서 입력 문장의 첫 번째 단어인 [CLS] 부분의 특징량 텐서 (1×768차원)을 꺼내 전결합 층을 사용한 후 특징량을 변환하는 모듈입니다. 전결합 층의 뒤에 활성화 함수 Tanh을 사용하고 출력을 1에서 −1까지의 범위로 합니다. 출력 텐서의 크기는 (batch_size, hidden_size)입니다.

구현은 다음과 같습니다.

```
class BertPooler(nn.Module):
    '''입력 문장의 첫 번째 단어 [cls]의 특징량을 반환하고 유지하기 위한 모듈'''
    def __init__(self, config):
```

```
        super(BertPooler, self).__init__()

        # 전결합 층, 'hidden_size': 768
        self.dense = nn.Linear(config.hidden_size, config.hidden_size)
        self.activation = nn.Tanh()

    def forward(self, hidden_states):
        # 첫 번째 단어의 특징량 취득
        first_token_tensor = hidden_states[:, 0]

        # 전결합 층에서 특징량 변환
        pooled_output = self.dense(first_token_tensor)

        # 활성화 함수 Tanh을 계산
        pooled_output = self.activation(pooled_output)

        return pooled_output
```

8.2.8 동작 확인

지금까지 작성한 모듈의 동작을 확인해보겠습니다. 다음과 같이 구현합니다.

미니 배치의 크기를 2, 각 미니 배치의 문장 길이를 5로 하여 입력을 적당히 만듭니다. 길이 5
에 두 문장이 포함되었습니다. 어떠한 단어까지 첫 번째 문장이고 어떠한 단어부터 두 번째 문
장인지 나타내는 문장 ID와 Attention용 마스크도 생성했습니다. 이러한 입력으로 동작을 확
인합니다.

Attention용 마스크를 확장한 extended_attention_mask 변수를 작성한다는 점을 주의해
야 합니다. Multi-Headed Self-Attention에서 Attention 마스크를 사용할 수 있도록 하는
변환입니다. Attention을 적용하지 않는 부분은 시그모이드를 계산했을 때 0이 되도록 마이너
스 무한의 대안으로써 −10000을 대입합니다.

```
# 동작 확인

# 입력 단어 ID열 batch_size는 두 가지
input_ids = torch.LongTensor([[31, 51, 12, 23, 99], [15, 5, 1, 0, 0]])
print("입력 단어 ID열의 텐서 크기: ", input_ids.shape)
# 마스크
```

```python
attention_mask = torch.LongTensor([[1, 1, 1, 1, 1], [1, 1, 1, 0, 0]])
print("입력 마스크의 텐서 크기: ", attention_mask.shape)

# 문장의 ID. 두 미니 배치 각각에 대해 0은 첫 번째 문장을, 1은 두 번째 문장을 나타
낸다.
token_type_ids = torch.LongTensor([[0, 0, 1, 1, 1], [0, 1, 1, 1, 1]])
print("입력 문장 ID의 텐서 크기: ", token_type_ids.shape)

# BERT의 각 모듈 준비
embeddings = BertEmbeddings(config)
encoder = BertEncoder(config)
pooler = BertPooler(config)

# 마스크 변형  [batch_size, 1, 1, seq_length]로 한다.
# Attention을 적용하지 않는 부분은 마이너스 무한으로 하고 위하여 -10000을 곱한다.
extended_attention_mask = attention_mask.unsqueeze(1).unsqueeze(2)
extended_attention_mask = extended_attention_mask.to(dtype=torch.float32)
extended_attention_mask = (1.0 - extended_attention_mask) * -10000.0
print("확장된 마스크의 텐서 크기: ", extended_attention_mask.shape)

# 순전파
out1 = embeddings(input_ids, token_type_ids)
print("BertEmbeddings의 출력 텐서 크기: ", out1.shape)

out2 = encoder(out1, extended_attention_mask)
# out2는[minibatch, seq_length, embedding_dim]이 12개 리스트
print("BertEncoder 최후 층의 출력 텐서 크기: ", out2[0].shape)

out3 = pooler(out2[-1])   # out2는 12층의 특징량 리스트가 되어 가장 마지막을 사용
print("BertPooler의 출력 텐서 크기: ", out3.shape)
```

```
[출력]
입력 단어 ID열의 텐서 크기: torch.Size([2, 5])
입력 마스크의 텐서 크기: torch.Size([2, 5])
입력 문장 ID의 텐서 크기: torch.Size([2, 5])
확장된 마스크의 텐서 크기: torch.Size([2, 1, 1, 5])
BertEmbeddings의 출력 텐서 크기: torch.Size([2, 5, 768])
BertEncoder 최후 층의 출력 텐서 크기: torch.Size([2, 5, 768])
BertPooler의 출력 텐서 크기: torch.Size([2, 768])
```

8.2.9 모두 연결하여 BERT 모델로

동작을 확인한 후 문제가 없다면 모두 연결한 BERT 모델로 합니다. [그림 8-1]에 나타낸 BERT
모델의 클래스가 완성되었습니다.

```python
class BertModel(nn.Module):
    '''모듈을 전부 연결한 BERT 모델'''

    def __init__(self, config):
        super(BertModel, self).__init__()

        # 세 가지 모듈 작성
        self.embeddings = BertEmbeddings(config)
        self.encoder = BertEncoder(config)
        self.pooler = BertPooler(config)

    def forward(self, input_ids, token_type_ids=None, attention_mask=None,
                output_all_encoded_layers=True, attention_show_flg=False):
        '''
        input_ids:  [batch_size, sequence_length] 문장의 단어 ID 나열
        token_type_ids:  [batch_size, sequence_length] 각 단어가 첫 번째 문장인지
        두 번째 문장인지 나타내는 id
        attention_mask: Transformer의 마스크와 같은 기능의 마스킹
        output_all_encoded_layers: 마지막 출력에 12단의 Transformer 모두 리스트로
        반환할지 마지막만인지 지정
        attention_show_flg: Self-Attention의 가중치를 반환할지 플래그
        '''

        # Attention 마스크와 첫 번째, 두 번째 문장의 id가 없으면 작성
        if attention_mask is None:
            attention_mask = torch.ones_like(input_ids)
        if token_type_ids is None:
            token_type_ids = torch.zeros_like(input_ids)

        # 마스크 변형 [minibatch, 1, 1, seq_length]로 한다.
        # 나중에 Multi-Headed Attention에서 사용할 수 있는 형태로 하기 위하여
        extended_attention_mask = attention_mask.unsqueeze(1).unsqueeze(2)

        # 마스크는 0, 1이지만 소프트맥스를 계산할 때 마스크가 되도록 0과 -inf로 한다.
        # -inf 대신 -10000으로 한다.
        extended_attention_mask = extended_attention_mask.to(
            dtype=torch.float32)
        extended_attention_mask = (1.0 - extended_attention_mask) * -10000.0
```

```python
# 순전파시킨다
# BertEmbeddins 모듈
embedding_output = self.embeddings(input_ids, token_type_ids)

# BertLayer 모듈(Transformer)을 반복하는 BertEncoder 모듈
if attention_show_flg == True:
    '''attention_show의 경우 attention_probs도 반환'''

    encoded_layers, attention_probs = self.encoder(embedding_output,
                                                   extended_attention_mask,
                                                   output_all_encoded_layers,
                                                   attention_show_flg)

elif attention_show_flg == False:
    encoded_layers = self.encoder(embedding_output,
                                  extended_attention_mask,
                                  output_all_encoded_layers, attention_show_flg)


# BertPooler 모듈
# 인코더의 맨 마지막 BertLayer에서 출력된 특징량 사용
pooled_output = self.pooler(encoded_layers[-1])

# output_all_encoded_layers가 False인 경우는 리스트가 아닌 텐서를 반환
if not output_all_encoded_layers:
    encoded_layers = encoded_layers[-1]

# attention_show의 경우 attention_probs(가장 마지막)도 반환한다.
if attention_show_flg == True:
    return encoded_layers, pooled_output, attention_probs
elif attention_show_flg == False:
    return encoded_layers, pooled_output
```

동작을 확인합니다.

```python
# 동작 확인
# 입력 준비
input_ids = torch.LongTensor([[31, 51, 12, 23, 99], [15, 5, 1, 0, 0]])
attention_mask = torch.LongTensor([[1, 1, 1, 1, 1], [1, 1, 1, 0, 0]])
token_type_ids = torch.LongTensor([[0, 0, 1, 1, 1], [0, 1, 1, 1, 1]])

# BERT 모델을 만든다.
net = BertModel(config)
```

```
# 순전파
encoded_layers, pooled_output, attention_probs = net(
    input_ids, token_type_ids, attention_mask, output_all_encoded_layers=False,
attention_show_flg=True)

print("encoded_layers의 텐서 크기: ", encoded_layers.shape)
print("pooled_output의 텐서 크기: ", pooled_output.shape)
print("attention_probs의 텐서 크기: ", attention_probs.shape)
```

[출력]
encoded_layers의 텐서 크기: torch.Size([2, 5, 768])
pooled_output의 텐서 크기: torch.Size([2, 768])
attention_probs의 텐서 크기: torch.Size([2, 12, 5, 5])

[그림 8-1]에 나타낸 BERT 모델을 구현해보았습니다. 다음 절에서는 BERT를 이용하여 bank(은행)와 bank(강변)의 단어 벡터 표현을 비교합니다.

8.3 BERT를 활용한 벡터 표현 비교(bank: 은행과 bank: 강변)

BERT가 문맥에 맞는 단어 표현을 획득하는 특징을 확인하기 위하여 bank(은행)와 bank(강변)의 단어 벡터 표현을 비교합니다. 책에서는 처음부터 BERT를 학습시키지 않고 학습된 모델(영어 버전)을 읽어들입니다.

먼저 BERT의 텍스트 데이터 전처리 클래스를 구현합니다. 전처리한 텍스트 데이터를 BERT에 입력하여 BertLayer에서 출력되는 단어의 특징량 벡터를 비교하고 bank(은행)와 bank(강변)의 단어 벡터 표현이 문맥에 따라 변화하는 것을 확인합니다.

이 절의 학습 목표는 다음과 같습니다.

1. **BERT**의 학습된 모델을 자신의 구현 모델에 읽어들일 수 있다.
2. **BERT**용 단어 분할 클래스 등 언어 데이터의 전처리 부분을 구현할 수 있다.
3. **BERT**로 단어 벡터를 꺼내 확인하는 내용을 구현할 수 있다.

8.3.1 학습된 모델 로드

앞서 구현한 BERT 모델[2]에서 제공되는 학습된 모델의 파라미터를 읽어들입니다. weights 폴더의 pytorch_model.bin입니다.

pytorch_model.bin은 사전 학습 과제인 MLM과 NSP를 풀기 위한 모듈까지 포함되었으며 앞서 구현한 BERT 모델은 pytorch_model.bin과 모듈명이 달라 그대로 읽어들일 수 없습니다. 그러나 앞서 구현한 모델은 학습된 모델과 파라미터명은 다르나 파라미터의 순서를 같게 하여 앞부터 순서대로 결합 파라미터를 복사할 수 있습니다.

먼저 학습된 모델을 읽어들이고 파라미터명을 출력합니다.

```
# 학습된 모델을 읽어들인다.
weights_path = "./weights/pytorch_model.bin"
loaded_state_dict = torch.load(weights_path)

for s in loaded_state_dict.keys():
    print(s)
```
```
[출력]
bert.embeddings.word_embeddings.weight
bert.embeddings.position_embeddings.weight
bert.embeddings.token_type_embeddings.weight
...
```

이어서 앞서 구현한 BERT 모델의 파라미터명을 확인합니다.

```
# 모델 준비
net = BertModel(config)
net.eval()

# 현재 네트워크 모델의 파라미터명
param_names = []   # 파라미터명을 저장해 나간다.
```

```
for name, param in net.named_parameters():
    print(name)
    param_names.append(name)
```

```
[출력]
embeddings.word_embeddings.weight
embeddings.position_embeddings.weight
embeddings.token_type_embeddings.weight
...
```

학습된 모델 bert.embeddings.word_embeddings.weight라는 이름에 대해 구현한 모델 embeddings.word_embeddings.weight와 앞 절의 모델의 파라미터명 앞에 bert라는 부분이 없습니다. 학습된 모델은 cls.predictions.bias 등 사전 학습 과제용 cls 모듈이 존재합니다.

구현한 모델은 학습된 모델에 대해 이름은 달라도 실질적인 파라미터 순서는 같으며 도중까지 동일하여 마지막 cls부터 다음이 없습니다. 앞에서부터 순서대로 파라미터의 내용을 대입하는 방법을 취합니다.

구현은 다음과 같습니다. 학습된 모델의 파라미터가 구현한 모델의 파라미터 어디에 복사되었는지 출력으로 확인하고 이상한 복사가 없는지 확인합니다. 앞서 구현한 BERT 모델에 학습된 파라미터를 읽어들일 수 있습니다.

```
# state_dict의 이름이 달라 앞쪽부터 순서대로 대입한다.
# 이번에는 파라미터명이 달라도 대응하는 것은 동일한 순서이다.

# 현재 네트워크 정보를 복사하여 새로운 state_dict 작성
new_state_dict = net.state_dict().copy()

# 새로운 state_dict에 학습된 값 대입
for index, (key_name, value) in enumerate(loaded_state_dict.items()):
    name = param_names[index]  # 현재 네트워크의 파라미터명 취득
    new_state_dict[name] = value  # 값을 넣는다.
    print(str(key_name)+"→"+str(name))  # 어디로 들어갔는지 표시

    # 현재 네트워크의 파라미터를 전부 읽어들이면 끝낸다.
    if index+1 >= len(param_names):
        break
```

```
# 새로운 state_dict를 구축한 BERT 모델에 제공
net.load_state_dict(new_state_dict)
```

```
[출력]
bert.embeddings.word_embeddings.weight→embeddings.word_embeddings.weight
bert.embeddings.position_embeddings.weight→embeddings.position_embeddings.weight
...
bert.pooler.dense.weight→pooler.dense.weight
bert.pooler.dense.bias→pooler.dense.bias
```

8.3.2 BERT용 Tokenizer 구현

BERT용인 텍스트 데이터의 전처리 클래스 Tokenizer(단어 분할 클래스)를 구현합니다. 7장에서는 단순히 공백으로 단어를 분할했지만 BERT에서는 서브워드 개념으로 단어를 나눕니다. 책에서는 BERT의 단어 분할을 구체적으로 언급하지 않으며 참고 문헌[2]에서 구현한 것을 그대로 사용합니다. BERT의 서브워드 단어 분할의 세부 정보가 궁금하다면 논문[1]을 확인하기 바랍니다(워드피스WordPiece 기술을 사용합니다).

단어 분할 클래스로 BertTokenizer를 구현합니다. vocab 폴더에 BERT의 vocabulary 파일을 bert-base-uncased-vocab.txt로 다운로드했으니 사전으로 사용합니다. bert-base-uncased-vocab.txt는 한 줄에 한 단어(정확하게는 서브워드)가 기재되어 30,522행, 즉 30,522단어가 준비된 파일입니다. 문장을 단어 중 하나로 분할합니다.

먼저 단어 사전이 되는 텍스트 파일을 읽고 단어와 ID를 연결한 사전형 변수 vocab과 반대로 ID와 단어를 연결한 사전형 변수 ids_to_tokens를 만듭니다. 구현은 다음과 같습니다.

```
# vocab 파일을 읽는다.
import collections

def load_vocab(vocab_file):
    """텍스트 형식의 vocab 파일의 내용을 사전에 저장"""
    vocab = collections.OrderedDict()  # (단어, id) 순서의 사전 변수
    ids_to_tokens = collections.OrderedDict()  # (id, 단어) 순서의 사전 변수
    index = 0

    with open(vocab_file, "r", encoding="utf-8") as reader:
        while True:
```

```
                    token = reader.readline()
                    if not token:
                        break
                    token = token.strip()

                    # 저장
                    vocab[token] = index
                    ids_to_tokens[index] = token
                    index += 1

            return vocab, ids_to_tokens

    # 실행
    vocab_file = "./vocab/bert-base-uncased-vocab.txt"
    vocab, ids_to_tokens = load_vocab(vocab_file)
```

구현을 실행하여 얻을 수 있는 **vocab**과 **ids_to_tokens**는 다음과 같은 내용이 포함되었습니다.

1. vocab

```
OrderedDict([('[PAD]', 0),
             ('[unused0]', 1),
             ('[unused1]', 2),
 ...
```

2. ids_to_tokens

```
OrderedDict([(0, '[PAD]'),
             (1, '[unused0]'),
             (2, '[unused1]'),
 ...
```

이를 통해 BERT용 vocabulary에서 사용하는 단어를 파이썬의 사전형 변수로 준비하였습니다. 계속하여 단어 분할을 실행하는 **BertTokenizer** 클래스를 구현해보겠습니다. utils 폴더의 tokenizer.py에 준비한 클래스 **BasicTokenizer**와 **WordpieceTokenizer**를 활용합니다.

BertTokenizer 클래스의 함수에는 문장을 단어로 분할하는 **tokenize** 함수, 분할된 단어 목록을 ID로 변환하는 convert_tokens_to_ids 함수, ID를 단어로 변환하는 convert_ids_to_tokens 함수를 준비합니다. 구현은 다음과 같습니다.

```python
from utils.tokenizer import BasicTokenizer, WordpieceTokenizer

# BasicTokenizer, WordpieceTokenizer는 참고 문헌[2] 그대로이다.
# https://github.com/huggingface/pytorch-pretrained-BERT/blob/master/pytorch_
pretrained_bert/tokenization.py
# 서브워드로 단어 분할을 실시하는 클래스

class BertTokenizer(object):
    '''BERT용인 문장 단어 분할 클래스 구현'''

    def __init__(self, vocab_file, do_lower_case=True):
        '''
        vocab_file: vocabulary 경로
        do_lower_case: 전처리에서 단어를 소문자로 바꾸는지 여부
        '''

        # vocabulary를 읽어들인다.
        self.vocab, self.ids_to_tokens = load_vocab(vocab_file)

        # 분할 처리 함수를 utils 폴더에서 imoprt, 서브워드로 단어 분할을 실시
        never_split = ("[UNK]", "[SEP]", "[PAD]", "[CLS]", "[MASK]")
        # 위 단어는 도중에 분할하지 않고 하나의 단어로 간주한다.

        self.basic_tokenizer = BasicTokenizer(do_lower_case=do_lower_case,
                                            never_split=never_split)
        self.wordpiece_tokenizer = WordpieceTokenizer(vocab=self.vocab)

    def tokenize(self, text):
        '''문장의 단어를 분할하는 함수'''
        split_tokens = []  # 분할 후 단어들
        for token in self.basic_tokenizer.tokenize(text):
            for sub_token in self.wordpiece_tokenizer.tokenize(token):
                split_tokens.append(sub_token)
        return split_tokens

    def convert_tokens_to_ids(self, tokens):
        """분할된 단어 목록을 ID로 변환하는 함수"""
        ids = []
        for token in tokens:
            ids.append(self.vocab[token])
```

```
        return ids

    def convert_ids_to_tokens(self, ids):
        """ID를 단어로 변환하는 함수"""
        tokens = []
        for i in ids:
            tokens.append(self.ids_to_tokens[i])
        return tokens
```

8.3.3 Bank의 문맥에 따른 의미 변화를 단어 벡터로 구하기

이제 BERT용 `tokenizer` 클래스를 구현하고 문장을 단어로 분할하여 그 단어를 ID로 변환할 수 있게 되었습니다. 나머지는 7장과 마찬가지로 텍스트 데이터를 전처리하여 모델에 입력하면 됩니다.

단어 bank가 문맥에 따라 '은행'과 '강변'이라는 의미로 바뀌는 상황을 BERT가 단어 벡터 표현으로 제대로 파악하는지 확인합니다. 우선 다음과 같은 세 문장을 입력으로 준비합니다.

- 문장 1: 은행 계좌에 접근했습니다.
  ("[CLS] I accessed the bank account [SEP]")
- 문장 2: 그는 보증금을 은행 계좌로 이체했습니다.
  ("[CLS] He transferred the deposit money into the bank account [SEP]")
- 문장 3: 우리는 강변에서 축구를 합니다.
  ("[CLS] We play soccer at the bank of the river. [SEP]")

BERT에 입력하는 것은 영어 텍스트입니다. 문장 1, 2에서 bank는 은행을, 문장 3에서는 강변을 의미합니다. 문장을 BERT에 입력하고 bank 위치의 768차원 특징량 벡터를 꺼냅니다. 꺼내는 곳은 12단 `BertLayer`(Transformer) 출력의 1단 또는 12단입니다. 768차원 특징량 벡터의 코사인 유사도를 비교합니다. 문장 1의 bank가 문장 2의 bank와 유사하고 문장 3의 bank와 유사하지 않으면 문맥에 따른 단어 벡터의 표현이 제대로 실현된 것입니다.

먼저 문장을 입력하고 BERT용 단어 분할을 준비하여 단어를 나눕니다.

```
# 문장 1: 은행 계좌에 접근했습니다.
text_1 = "[CLS] I accessed the bank account. [SEP]"

# 문장 2: 그는 보증금을 은행 계좌로 이체했습니다.
text_2 = "[CLS] He transferred the deposit money into the bank account. [SEP]"

# 문장 3: 우리는 강변에서 축구를 합니다.
text_3 = "[CLS] We play soccer at the bank of the river. [SEP]"

# 단어 분할 Tokenizer 준비
tokenizer = BertTokenizer(
    vocab_file="./vocab/bert-base-uncased-vocab.txt", do_lower_case=True)

# 문장의 단어 분할
tokenized_text_1 = tokenizer.tokenize(text_1)
tokenized_text_2 = tokenizer.tokenize(text_2)
tokenized_text_3 = tokenizer.tokenize(text_3)

# 확인
print(tokenized_text_1)
```

```
[출력]
['[CLS]', 'i', 'accessed', 'the', 'bank', 'account', '.', '[SEP]']
```

단어를 ID로 변환합니다.

```
# 단어를 ID로 변환한다.
indexed_tokens_1 = tokenizer.convert_tokens_to_ids(tokenized_text_1)
indexed_tokens_2 = tokenizer.convert_tokens_to_ids(tokenized_text_2)
indexed_tokens_3 = tokenizer.convert_tokens_to_ids(tokenized_text_3)

# 각 문장의 bank 위치
bank_posi_1 = np.where(np.array(tokenized_text_1) == "bank")[0][0]   # 4
bank_posi_2 = np.where(np.array(tokenized_text_2) == "bank")[0][0]   # 8
bank_posi_3 = np.where(np.array(tokenized_text_3) == "bank")[0][0]   # 6

# seqId(이번에는 첫 번째인지 두 번째인지 필요 없다)

# 리스트를 파이토치 텐서로
tokens_tensor_1 = torch.tensor([indexed_tokens_1])
tokens_tensor_2 = torch.tensor([indexed_tokens_2])
tokens_tensor_3 = torch.tensor([indexed_tokens_3])
```

```
# bank의 단어 id
bank_word_id = tokenizer.convert_tokens_to_ids(["bank"])[0]

# 확인
print(tokens_tensor_1)
```

```
[출력]
tensor([[ 101, 1045, 11570, 1996, 2924, 4070, 1012, 102]])
```

학습된 모델을 읽어들인 BERT에 입력하여 추론합니다. output_all_encoded_layers=True
로 설정하고 12단 BertLayer의 모든 출력을 리스트로 하여 encoded_layers_1~3 변수에 출
력합니다.

```
# 문장을 BERT로 처리
with torch.no_grad():
    encoded_layers_1, _ = net(tokens_tensor_1, output_all_encoded_layers=True)
    encoded_layers_2, _ = net(tokens_tensor_2, output_all_encoded_layers=True)
    encoded_layers_3, _ = net(tokens_tensor_3, output_all_encoded_layers=True)
```

각 문장의 1단 BertLayer 모듈(Transformer)에서 출력되는 bank의 위치 특징량 벡터와 마
지막 12단의 특징량 벡터를 꺼냅니다.

```
# bank의 초기 단어 벡터 표현
# Embeddings 모듈에서 꺼내 단어 bank의 id에 따른 단어 벡터이므로 세 문장에서 공통이다.
bank_vector_0 = net.embeddings.word_embeddings.weight[bank_word_id]

# 문장 1의 BertLayer 모듈 1단에서 출력되는 bank의 특징량 벡터
bank_vector_1_1 = encoded_layers_1[0][0, bank_posi_1]

# 문장 1의 BertLayer 모듈 마지막 12단에서 출력되는 bank의 특징량 벡터
bank_vector_1_12 = encoded_layers_1[11][0, bank_posi_1]

# 문장 2, 3도 동일하게 실행한다.
bank_vector_2_1 = encoded_layers_2[0][0, bank_posi_2]
bank_vector_2_12 = encoded_layers_2[11][0, bank_posi_2]
bank_vector_3_1 = encoded_layers_3[0][0, bank_posi_3]
bank_vector_3_12 = encoded_layers_3[11][0, bank_posi_3]
```

꺼낸 단어 벡터 표현의 코사인 유사도를 계산합니다.

```
# 코사인 유사도 계산
import torch.nn.functional as F

print("bank의 초기 벡터와 문장 1의 1단 bank 유사도: ",
      F.cosine_similarity(bank_vector_0, bank_vector_1_1, dim=0))
print("bank의 초기 벡터와 문장 1의 12단 bank 유사도: ",
      F.cosine_similarity(bank_vector_0, bank_vector_1_12, dim=0))

print("문장 1의 1층 bank와 문장 2의 1단 bank 유사도: ",
      F.cosine_similarity(bank_vector_1_1, bank_vector_2_1, dim=0))
print("문장 1의 1층 bank와 문장 3의 1단 bank 유사도: ",
      F.cosine_similarity(bank_vector_1_1, bank_vector_3_1, dim=0))

print("문장 1의 12층 bank와 문장 2의 12단 bank 유사도: ",
      F.cosine_similarity(bank_vector_1_12, bank_vector_2_12, dim=0))
print("문장 1의 12층 bank와 문장 3의 12단 bank 유사도: ",
      F.cosine_similarity(bank_vector_1_12, bank_vector_3_12, dim=0))
```

[출력]
bank의 초기 벡터와 문장 1의 1단 bank 유사도: tensor(0.6814, grad_
fn=<DivBackward0>)
bank의 초기 벡터와 문장 1의 12단 bank 유사도: tensor(0.2276, grad_
fn=<DivBackward0>)
문장 1의 1층 bank와 문장 2의 1단 bank 유사도: tensor(0.8968)
문장 1의 1층 bank와 문장 3의 1단 bank 유사도: tensor(0.7584)
문장 1의 12층 bank와 문장 2의 12단 bank 유사도: tensor(0.8796)
문장 1의 12층 bank와 문장 3의 12단 bank 유사도: tensor(0.4814)

출력 결과를 보면 bank의 초기 벡터와 문장 1에 BertLayer를 1단 통과한 후 단어 벡터의 코사인 유사도는 0.6814입니다. BertLayer를 12단 통과한 후에는 0.2276이 됩니다. 초기 벡터에서 BertLayer를 반복하면서 단어 벡터의 표현이 변화합니다.

문장 1과 문장 2의 bank 유사도, 문장 1과 문장 3의 bank 유사도를 비교합니다. BertLayer 1단에서 출력되는 단어 벡터는 0.8968과 0.7584입니다. 문장 1의 bank는 문장 2, 문장 3의 bank와 비슷합니다. BertLayer의 마지막 12단에서 출력되는 단어 벡터라면 0.8796과 0.4814가 됩니다. 문장 1의 bank는 문장 2의 bank와 비슷하지만 문장 3의 bank와는 유사하지 않다는 것을 알 수 있습니다. 즉 단어 bank는 은행이라는 의미로 사용되는 경우(문장 1, 2)와 강변이라는 의미로 사용되는 경우(문장 3)에 따라 BERT에서 최종적으로 출력되는 단어 벡터가 변화하여 문맥에 따른 벡터 표현을 획득합니다.

단어 bank가 은행 또는 강변이라는 의미의 문장으로 사용된 경우 문맥에 따라 어떻게 단어 벡터 표기법으로 표현되는지 비교하였습니다. BERT는 BertLayer(Transformer)를 12단 통과하면서 동일한 단어라도 문장 내 주변 단어의 정보를 Self-Attention으로 가져와 연산 처리하고 문맥에 맞는 단어 벡터 표현을 획득하여 출력한다는 것을 확인하였습니다.

다음 절에서는 BERT의 출력으로 이용하여 7장처럼 IMDb 영화 리뷰 문장이 긍정적인지 부정적인지판정하는 감정 분석을 구현하여 학습 및 평가를 실행합니다.

8.3.4 부록: 사전 학습 과제용 모듈을 구현

구현 파일 '8-2-3_bert_base.ipynb'에는 부록으로 BERT의 사전 학습 과제의 추론 부분이 있습니다. 부록에서는 사전 학습 과제 Masked Language Model 및 Next Sentence Prediction을 위한 어댑터 모듈로서 [그림 8-3]에 표현된 MaskedWordPredictions 모듈과 SeqRelationship 모듈을 구현합니다. 학습된 모델을 읽어들여 Masked Language Model 및 Next Sentence Prediction이 실제로 풀리는지 확인합니다.

8.4 BERT의 학습 및 추론, 판단 근거의 시각화 구현

BERT로 7장에서 사용한 영화 리뷰 데이터인 IMDb의 내용이 긍정적인지 부정적인지 판정하는 감정 분석 모델을 구축하겠습니다. 모델 구축 후 학습 및 추론을 실행합니다. 추론 시 Self-Attention의 가중치를 시각화하고 BERT가 어떠한 단어에 주목하여 추론하는지 알아보겠습니다.

이 절의 학습 목표는 다음과 같습니다.

1. **BERT의 vocabulary를 torchtext에서 사용하는 구현 방법을 이해한다.**
2. **BERT에 분류 작업용의 어댑터 모듈을 추가하고 감정 분석을 실행하는 모델을 구현할 수 있다.**
3. **BERT를 파인튜닝하여 모델을 학습할 수 있다.**
4. **BERT의 Self-Attention 가중치를 시각화하고 추론의 설명을 시도할 수 있다.**

8.4.1 IMDb 데이터를 읽고 데이터 로더 작성(BERT의 Tokenizer 사용)

이번 절에서는 IMDb 데이터를 읽고 딥러닝에 사용할 수 있도록 데이터 로더 형태로 만들겠습니다. 기본적으로 7장 Transformer와 동일하나 두 가지 다른 점이 있습니다.

첫째, 단어 분할 Tokenizer에 BERT용 Tokenizer를 사용합니다. 7장에서는 공백으로 구분하는 함수를 직접 만들었지만 이번에는 앞서 구현한 BertTokenizer 클래스의 tokenize 함수를 사용합니다.

둘째, torchtext에서 데이터 로더를 작성할 때 vocabulary인 TEXT.vocab을 만드는 방법이 다릅니다. 7장에서는 훈련 데이터에 포함된 단어로 vocabulary를 작성했습니다. BERT는 미리 준비된 vocab 폴더 내 bert-base-uncased-vocab.txt의 30,522단어(정확하게는 서브워드)를 모두 사용한 vocabulary를 만듭니다. BERT의 모든 단어를 사용하여 BertEmbedding 모듈을 작성하기 때문입니다.

두 가지 차이점에 주의하면서 구현합니다. 다음과 같이 구현합니다. 먼저 문장의 전처리와 단어 분할을 묶은 tokenizer_with_preprocessing 함수를 구현합니다. 앞서 구현한 BertTokenizer는 utils 폴더의 bert.py에 준비되었습니다.

```python
# 전처리 및 단어 분할을 묶은 함수 작성
import re
import string
from utils.bert import BertTokenizer
# utils 폴더의 bert.py를 불러들인다.


def preprocessing_text(text):
    '''IMDb 전처리'''
    # 개행 코드 삭제
    text = re.sub('<br />', '', text)

    # 쉼표, 마침표 외의 기호를 공백(스페이스)으로 대체
```

```
    for p in string.punctuation:
        if (p == ".") or (p == ","):
            continue
        else:
            text = text.replace(p, " ")

    # 마침표 등의 전후에 공백을 넣는다.
    text = text.replace(".", " . ")
    text = text.replace(",", " , ")
    return text

# 단어 분할용 Tokenizer 준비
tokenizer_bert = BertTokenizer(
    vocab_file="./vocab/bert-base-uncased-vocab.txt", do_lower_case=True)

# 전처리와 단어 분할을 묶은 함수 정의
# 단어 분할 함수를 전달하므로 tokenizer_bert 대신 tokenizer_bert.tokenize를 전달하
는 점에 주의
def tokenizer_with_preprocessing(text, tokenizer=tokenizer_bert.tokenize):
    text = preprocessing_text(text)
    ret = tokenizer(text)  # tokenizer_bert
    return ret
```

데이터를 읽을 때 어떠한 처리를 하는지 알아보기 위하여 텍스트 및 라벨에 대해 **torchtext.**
data.Field를 준비합니다. **max_length**는 7장 Transformer와 마찬가지로 256단어로 합니
다. 데이터 로더로 했다면 256단어 미만일 경우 [PAD]가 추가되어 256단어가 됩니다. BERT
에 입력할 때 다시금 [PAD]가 추가되어 512단어의 텍스트 데이터로 BERT 내에서 처리됩
니다.

```
# 데이터를 읽었을 때 내용에 수행할 처리 정의
max_length = 256

TEXT = torchtext.data.Field(sequential=True,
                            tokenize=tokenizer_with_preprocessing, use_vocab=True,
                            lower=True, include_lengths=True, batch_first=True,
                            fix_length=max_length, init_token="[CLS]",
                            eos_token="[SEP]", pad_token='[PAD]',
                            unk_token='[UNK]')
LABEL = torchtext.data.Field(sequential=False, use_vocab=False)

# 각 인수를 재확인
```

```
# sequential: 데이터의 길이가 달라질 수 있는가? 문장은 길이가 다양하므로 True. 라벨은 False
# tokenize: 문장을 읽을 때 전처리 및 단어 분할 함수 정의
# use_vocab: vocabulary에 단어를 추가할지 여부
# lower: 알파벳이 있을 때 소문자로 변환할지 여부
# include_length: 문장의 단어 수 데이터를 포함할지 여부
# batch_first: 미니 배치 차원을 선두에 제공할지 여부
# fix_length: 전체 문장을 지정한 길이가 되도록 padding
# init_token, eos_token, pad_token, unk_token: 문장 선두, 문장 말미, padding, 미지
어에 어떠한 단어를 부여하는지 지정
```

이제 data 폴더에서 IMDb를 고친 tsv 파일을 읽어들여 데이터셋으로 만듭니다. 실행 완료까지 10분 정도 걸립니다.

```
# data 폴더에서 각 tsv 파일을 읽는다.
# BERT용으로 처리하므로 10분 정도 시간이 걸린다.
train_val_ds, test_ds = torchtext.data.TabularDataset.splits(
    path='./data/', train='IMDb_train.tsv',
    test='IMDb_test.tsv', format='tsv',
    fields=[('Text', TEXT), ('Label', LABEL)])

# torchtext.data.Dataset의 split 함수로 훈련 데이터와 검증 데이터를 나눈다.
train_ds, val_ds = train_val_ds.split(
    split_ratio=0.8, random_state=random.seed(1234))
```

torchtext에서 데이터 로더를 만들 때 ID와 단어를 연결하는 사전인 TEXT.vocab.stoi (stoi는 string_to_ID로 단어에서 ID로의 사전)가 있어야 합니다. BERT의 vocabulary 데이터를 사전형 변수 vocab_bert로 준비하고 TEXT.vocab.stoi=vocab_bert로 하고 싶다면 일단 TEXT.bulild_vocab을 실행합니다. 그렇지 않으면 텍스트 오브젝트가 vocab의 멤버 변수를 가지고 있지 않아 오류가 발생합니다. 다음과 같은 구현으로 대응합니다.

```
# BERT는 BERT가 가진 모든 단어로 BertEmbedding 모듈을 작성하여 vocabulary는 전체
단어를 사용한다.
# 훈련 데이터로 vocabulary를 만들지 않는다.

# 우선 BERT용의 단어 사전을 사전형 변수에 준비한다.
from utils.bert import BertTokenizer, load_vocab

vocab_bert, ids_to_tokens_bert = load_vocab(
    vocab_file="./vocab/bert-base-uncased-vocab.txt")
```

```
# TEXT.vocab.stoi= vocab_bert(stoi는 string_to_ID로 단어에서 ID로의 사전)로 하고 싶지만
# bulild_vocab를 실행하지 않으면 텍스트 오브젝트가 vocab의 멤버 변수를 갖지 않는다.
# ('Field' object has no attribute 'vocab' 오류 발생)

# 적당히 build_vocab에서 vocabulary를 작성하고 BERT의 vocabulary를 덮어쓴다.
TEXT.build_vocab(train_ds, min_freq=1)
TEXT.vocab.stoi = vocab_bert
```

텍스트에 단어 사전인 **TEXT.vocab.stoi**를 준비하였습니다. 이제 데이터 로더를 작성합니다.

```
# 데이터 로더 작성(torchtext에서 iterater라고 불린다)
batch_size = 32   # BERT에서는 16, 32 근처를 사용

train_dl = torchtext.data.Iterator(
    train_ds, batch_size=batch_size, train=True)

val_dl = torchtext.data.Iterator(
    val_ds, batch_size=batch_size, train=False, sort=False)

test_dl = torchtext.data.Iterator(
    test_ds, batch_size=batch_size, train=False, sort=False)

# 사전 객체로 정리
dataloaders_dict = {"train": train_dl, "val": val_dl}
```

IMDb 데이터에 대한 BERT의 단어 분할과 vocabulary를 사용한 **torchtext**의 데이터 로더를 구축하였습니다. 동작을 확인합니다.

```
# 동작 확인  검증 데이터셋으로 확인
batch = next(iter(val_dl))
print(batch.Text)
print(batch.Label)
```

[출력]
```
(tensor([[ 101, 2023, 3185,  ...,    0,    0,    0],
        [ 101, 2043, 1045,  ...,    0,    0,    0],
...
```

미니 배치의 첫 번째 문장을 확인합니다. 데이터 로더는 단어 ID로 문장이 표현되었습니다. ID를 단어로 되돌리기 위하여 **tokenizer_bert.convert_ids_to_tokens** 함수를 사용합니다.

```
# 미니 배치의 첫 번째 문장 확인
text_minibatch_1 = (batch.Text[0][1]).numpy()

# ID를 단어로 되돌린다.
text = tokenizer_bert.convert_ids_to_tokens(text_minibatch_1)

print(text)
```

[출력]
['[CLS]', 'when', 'i', 'saw', 'this', 'movie', ',', 'i', 'was', 'amazed', 'that',
'it', 'was', 'only', 'a', 'tv', 'movie', '.', 'i', 'think', 'this', 'movie',
'should', 'have', 'been', 'in', 'theaters', '.', 'i', 'have', 'seen', 'many',
'movies', 'that', 'are', 'about', 'rape', ',', 'but', 'this', 'one', 'stands',
'out', '.', 'this', 'movie', 'has', 'a', 'kind', 'of', 'realism', 'that', 'is',
'very', 'rarely', 'found', 'in', 'movies', 'today', ',', 'let', 'alone', 'tv',
'movies', '.', 'it', 'tells', 'a', 'story', 'that', 'i', 'm', 'sure', 'is',
'very', 'realistic', 'to', 'many', 'rape', 'victims', 'in', 'small', 'towns',
'today', ',', 'and', 'i', 'found', 'it', 'to', 'be', 'very', 'bel', '##ie',
'##vable', 'which', 'is',...]

'bel', '##ie', '##vable'이라는 표현이 있으며 'believable(믿을 수 있는)'이 서브워드로
분할되었습니다.

8.4.2 감정 분석용 BERT 모델 구축

BERT 모델에 대해 학습된 파라미터를 읽어들이고 긍정적인지 부정적인지 분류하는 어댑터
모듈을 설치하여 감정 분석을 하는 BERT 모델을 구축합니다.

먼저 BERT의 기본 모델을 구축한 후 학습된 파라미터를 읽어들입니다. 앞서 구현한
BertModel 클래스 등을 utils 폴더의 bert.py로 준비하였습니다. 이를 import합니다.

```
from utils.bert import get_config, BertModel, set_learned_params

# 모델 설정 JSON 파일을 오브젝트 변수로 가져온다.
config = get_config(file_path="./weights/bert_config.json")

# BERT 모델 작성
net_bert = BertModel(config)
```

```
# BERT 모델에 학습된 파라미터 설정
net_bert = set_learned_params(
    net_bert, weights_path="./weights/pytorch_model.bin")
```

[출력]
bert.embeddings.word_embeddings.weight→embeddings.word_embeddings.weight
bert.embeddings.position_embeddings.weight→embeddings.position_embeddings.weight
...

BERT의 기본 모델에 문장 분류를 위한 어댑터로 전결합 층을 하나만 연결한 `BertForIMDb` 클래스를 만듭니다. BERT는 클래스 분류 시 문장 첫 번째 단어 [CLS]의 특징량을 입력한 텍스트 데이터의 특징량으로 사용합니다.

Transformer와 BERT는 모두 입력한 텍스트 데이터의 특징량으로 선두 단어의 특징량을 사용하지만 자세히 살펴보면 다릅니다. BERT는 선두 단어의 특징량을 사용하여 Next Sentence Prediction을 사전 학습 작업으로 실행합니다. BERT에서 입력 문장의 의미를 알 수 있는(적어도 입력된 두 문장의 의미가 연결되었는지 판단이 설 정도의 정보를 보유하는) 것처럼 선두 단어의 특징량을 만드는 방법이 사전 학습되었으며 선두 단어의 특징량이 입력 문장 전체의 특징을 반영합니다. Transformer는 사전 작업이 없습니다. 문장 분류에 선두 단어를 사용하여 역전파로 선두 단어의 특징량이 텍스트 데이터의 특징을 나타내도록 학습합니다. BERT는 선두 단어가 입력 텍스트 전체의 특징을 가지도록 사전 작업에서 결합 파라미터가 학습됩니다.

구현은 다음과 같습니다.

```
class BertForIMDb(nn.Module):
    '''BERT 모델에 IMDb 내용이 긍정적/부정적인지 판정하는 부분을 연결한 모델'''

    def __init__(self, net_bert):
        super(BertForIMDb, self).__init__()

        # BERT 모듈
        self.bert = net_bert  # BERT 모델

        # head에 긍정적/부정적 예측 추가
        # 입력은 BERT의 출력 특징량의 차원, 출력은 긍정적/부정적 두 가지
        self.cls = nn.Linear(in_features=768, out_features=2)
```

```python
        # 가중치 초기화 처리
        nn.init.normal_(self.cls.weight, std=0.02)
        nn.init.normal_(self.cls.bias, 0)

    def forward(self, input_ids, token_type_ids=None, attention_mask=None, output_
            all_encoded_layers=False, attention_show_flg=False):

        '''
        input_ids: [batch_size, sequence_length] 문장의 단어 ID 나열
        token_type_ids: [batch_size, sequence_length] 각 단어가 첫 번째 문장인지
        두 번째 문장인지 나타내는 id
        attention_mask: Transformer의 마스크와 같은 기능의 마스킹
        output_all_encoded_layers: 반환 값을 전체 TransformerBlock 모듈의 출력으로
        할 것인지 마지막 층만으로 한정할지의 플래그
        attention_show_flg: Self-Attention의 가중치를 반환할지의 플래그
        '''

        # BERT의 기본 모델 부분의 순전파
        # 순전파한다.
        if attention_show_flg == True:
            '''attention_show의 경우 attention_probs도 반환'''
            encoded_layers, pooled_output, attention_probs = self.bert(
                input_ids, token_type_ids, attention_mask,
                output_all_encoded_layers, attention_show_flg)
        elif attention_show_flg == False:
            encoded_layers, pooled_output = self.bert(
                input_ids, token_type_ids, attention_mask,
                output_all_encoded_layers, attention_show_flg)

        # 입력 문장의 첫 단어 [CLS]의 특징량을 사용하여 긍정적/부정적인지 분류
        vec_0 = encoded_layers[:, 0, :]
        vec_0 = vec_0.view(-1, 768)  # size를 (batch_size, hidden_size)로 변환
        out = self.cls(vec_0)

        # attention_show의 경우 attention_probs(마지막)도 반환
        if attention_show_flg == True:
            return out, attention_probs
        elif attention_show_flg == False:
            return out
```

작성한 **BertForIMDb** 클래스의 **net** 오브젝트를 만들고 훈련 모드로 하면 완성입니다. 감정 분석용 BERT 모델을 구축하였습니다.

```
# 모델 구축
net = BertForIMDb(net_bert)

# 훈련 모드 설정
net.train()

print('네트워크 설정 완료')
```

8.4.3 BERT의 파인튜닝을 위한 설정

이제 BertForIMDb의 파인튜닝을 위한 설정을 하겠습니다. BERT 관련 논문[1]에서는 12단 BertLayer의 모든 파라미터를 파인튜닝합니다. 12단 모두 파인튜닝하기에는 많은 시간이 필요합니다(덧붙여 GPU 메모리를 많이 차지하여 미니 배치 크기를 32에서 16으로 해야 합니다). 학습 시간을 단축하기 위하여 마지막 12단의 BertLayer만 파인튜닝하며 1~11단의 BertLayer 파라미터는 변경하지 않도록 설정합니다.

구현은 다음과 같습니다.

```
# 기울기 계산을 마지막 BertLayer 모듈과 추가한 분류 어댑터만 실행

# 1. 먼저 모두 기울기 계산 False로 한다.
for name, param in net.named_parameters():
    param.requires_grad = False

# 2. 마지막 BertLayer 모듈을 기울기 계산하도록 변경
for name, param in net.bert.encoder.layer[-1].named_parameters():
    param.requires_grad = True

# 3. 식별기를 기울기 계산을 하도록 변경
for name, param in net.cls.named_parameters():
    param.requires_grad = True
```

계속하여 최적화 기법과 손실함수를 정의합니다. 최적화 설정은 BERT 논문[1]에서 권장된 파라미터를 사용합니다.

```
# 최적화 기법 설정

# BERT의 원래 부분을 파인튜닝
optimizer = optim.Adam([
    {'params': net.bert.encoder.layer[-1].parameters(), 'lr': 5e-5},
    {'params': net.cls.parameters(), 'lr': 5e-5}
], betas=(0.9, 0.999))

# 손실함수 설정
criterion = nn.CrossEntropyLoss()
# nn.LogSoftmax()를 계산한 후 nn.NLLLoss(negative log likelihood loss) 계산
```

8.4.4 학습 및 검증 실시

BertForIMDb의 학습 및 검증을 실행합니다. 1에폭에 20분 정도 소요됩니다(AWS: p2.xlarge의 경우). 2에폭 학습을 실행하겠습니다.

구현은 다음과 같습니다. 이번 절에서는 [PAD]에 대해 Self-Attention을 적용하지 않도록 하는 attention_mask를 생략하여 None으로 합니다. 사전 학습으로 [PAD]가 의미 없음을 배웠고 이번 절 내용은 [PAD]에 대한 attention_mask를 생략해도 성능에는 거의 변함이 없습니다.

```
# 모델을 학습시키는 함수 작성
def train_model(net, dataloaders_dict, criterion, optimizer, num_epochs):

    # GPU를 사용할 수 있는지 확인
    device = torch.device("cuda:0" if torch.cuda.is_available() else "cpu")
    print("사용 장치: ", device)
    print('-----start-------')

    # 네트워크를 GPU로
    net.to(device)

    # 네트워크가 어느 정도 고정되면 고속화시킨다.
    torch.backends.cudnn.benchmark = True

    # 미니 배치 크기
    batch_size = dataloaders_dict["train"].batch_size
```

```python
# 에폭 루프
for epoch in range(num_epochs):
    # 에폭별 훈련 및 검증 루프
    for phase in ['train', 'val']:
        if phase == 'train':
            net.train()  # 모델을 훈련 모드로
        else:
            net.eval()   # 모델을 검증 모드로

        epoch_loss = 0.0  # 에폭의 손실 합
        epoch_corrects = 0  # 에폭의 정답 수
        iteration = 1

        # 개시 시간 저장
        t_epoch_start = time.time()
        t_iter_start = time.time()

        # 데이터 로더에서 미니 배치를 꺼내는 루프
        for batch in (dataloaders_dict[phase]):
            # batch는 텍스트와 라벨의 사전형 변수

            # GPU를 사용할 수 있다면 GPU로 데이터를 보낸다.
            inputs = batch.Text[0].to(device)  # 문장
            labels = batch.Label.to(device)  # 라벨

            # 옵티마이저 초기화
            optimizer.zero_grad()

            # 순전파 계산
            with torch.set_grad_enabled(phase == 'train'):

                # BertForIMDb에 입력
                outputs = net(inputs, token_type_ids=None, attention_mask=None,
                            output_all_encoded_layers=False, attention_show_flg=False)

                loss = criterion(outputs, labels)  # 손실 계산

                _, preds = torch.max(outputs, 1)  # 라벨 예측

                # 훈련 시에는 역전파
                if phase == 'train':
                    loss.backward()
                    optimizer.step()
```

```python
            if (iteration % 10 == 0):  # 10iter에 한 번 손실을 표시
                t_iter_finish = time.time()
                duration = t_iter_finish - t_iter_start
                acc = (torch.sum(preds == labels.data)
                       ).double()/batch_size
                print('반복 {} || Loss: {:.4f} || 10iter: {:.4f} sec.
                    || 이 반복의 정답률: {}'.format(
                    iteration, loss.item(), duration, acc))
                t_iter_start = time.time()

            iteration += 1

            # 손실과 정답 수의 합계 갱신
            epoch_loss += loss.item() * batch_size
            epoch_corrects += torch.sum(preds == labels.data)

        # 에폭별 손실과 정답률
        t_epoch_finish = time.time()
        epoch_loss = epoch_loss / len(dataloaders_dict[phase].dataset)
        epoch_acc = epoch_corrects.double(
        ) / len(dataloaders_dict[phase].dataset)

        print('Epoch {}/{} | {:^5} |  Loss: {:.4f} Acc: {:.4f}'.
              format(epoch+1, num_epochs, phase, epoch_loss, epoch_acc))
        t_epoch_start = time.time()

    return net

# 학습 및 검증 실행. 1에폭에 20분 소요
num_epochs = 2
net_trained = train_model(net, dataloaders_dict,
                          criterion, optimizer, num_epochs=num_epochs)
```

```
[출력]
사용 장치: cuda:0
-----start-------
반복 10 || Loss: 0.7256 || 10iter: 11.7782 sec. || 이 반복의 정답률: 0.53125
반복 20 || Loss: 0.6693 || 10iter: 11.0131 sec. || 이 반복의 정답률: 0.59375
...
Epoch 1/2 | train |  Loss: 0.3441 Acc: 0.8409
Epoch 1/2 |  val  |  Loss: 0.2963 Acc: 0.8856
...
Epoch 2/2 | train |  Loss: 0.2566 Acc: 0.8957
Epoch 2/2 |  val  |  Loss: 0.2589 Acc: 0.9004
```

학습 네트워크 파라미터를 저장하고 테스트 데이터의 정답률을 확인합니다.

```python
# 학습한 네트워크 파라미터 저장
save_path = './weights/bert_fine_tuning_IMDb.pth'
torch.save(net_trained.state_dict(), save_path)


# 테스트 데이터의 정답률을 구한다.
device = torch.device("cuda:0" if torch.cuda.is_available() else "cpu")

net_trained.eval()   # 모델을 검증 모드로
net_trained.to(device)  # GPU를 사용할 수 있다면 GPU에 보낸다.

# 에폭의 정답 수를 기록하는 변수
epoch_corrects = 0

for batch in tqdm(test_dl):  # 테스트 데이터의 데이터 로더
    # batch는 텍스트와 라벨의 사전 오브젝트
    # GPU를 사용할 수 있다면 GPU로 데이터를 보낸다.
    device = torch.device("cuda:0" if torch.cuda.is_available() else "cpu")
    inputs = batch.Text[0].to(device)  # 문장
    labels = batch.Label.to(device)  # 라벨

    # 순전파 계산
    with torch.set_grad_enabled(False):

        # BertForIMDb에 입력
        outputs = net_trained(inputs, token_type_ids=None, attention_mask=None,
                              output_all_encoded_layers=False, attention_show_flg=False)

        loss = criterion(outputs, labels)  # 손실 계산
        _, preds = torch.max(outputs, 1)  # 라벨 예측
        epoch_corrects += torch.sum(preds == labels.data)  # 정답 수의 합계 갱신

# 정답률
epoch_acc = epoch_corrects.double() / len(test_dl.dataset)

print('테스트 데이터 {}개에서 정답률: {:.4f}'.format(len(test_dl.dataset), epoch_acc))
```

[출력]
테스트 데이터 25000개에서 정답률: 0.9038

정답률은 90% 이상이 되었습니다. 약 85%였던 7장 Transformer보다 크게 상승하였습니다.

8.4.5 Attention의 시각화

BERT의 Self-Attention 가중치를 시각화하고 어떠한 단어 위치에 주목하여 추론했는지 시각화합니다. 7장 Transformer와 동일한 문장을 시각화합니다. 테스트 데이터의 미니 배치 크기는 64로 합니다.

```
# batch_size를 64로 한 테스트 데이터로 데이터 로더 작성
batch_size = 64
test_dl = torchtext.data.Iterator(
    test_ds, batch_size=batch_size, train=False, sort=False)
```

테스트 데이터의 데이터 로더 첫 64문장을 BertForIMDb로 추론합니다. attention_show_flg=True로 설정하고 마지막 층인 12단 BertLayer의 특징량을 계산할 때 사용한 Self-Attention 가중치를 attention_probs 변수로 꺼냅니다. Multi-Headed Attention입니다. 12개 Attention의 가중치 목록을 가져옵니다.

```
# BertForIMDb로 처리

# 미니 배치 준비
batch = next(iter(test_dl))

# GPU를 사용할 수 있다면 GPU로 데이터를 보낸다.
inputs = batch.Text[0].to(device)  # 문장
labels = batch.Label.to(device)  # 라벨

outputs, attention_probs = net_trained(inputs, token_type_ids=None, attention_mask=None,
                                        output_all_encoded_layers=False,
                                        attention_show_flg=True)

_, preds = torch.max(outputs, 1)  # 라벨 예측
```

문장을 Attention의 가중치에 따라 색칠하고 시각화한 HTML을 작성하는 함수를 구현합니다. 7장의 HTML 생성과 거의 동일합니다.

```
# HTML 작성 함수 구현
def highlight(word, attn):
    "Attention 값이 크면 문자 배경을 진한 빨간색으로 하는 html을 출력하는 함수"
```

```python
        html_color = '#%02X%02X%02X' % (
            255, int(255*(1 - attn)), int(255*(1 - attn)))
        return '<span style="background-color: {}"> {}</span>'.format(html_color, word)


def mk_html(index, batch, preds, normlized_weights, TEXT):
    "HTML 데이터 작성"
    # index 결과 추출
    sentence = batch.Text[0][index]  # 문장
    label = batch.Label[index]  # 라벨
    pred = preds[index]  # 예측

    # 라벨과 예측 결과를 문자로 대체
    if label == 0:
        label_str = "Negative"
    else:
        label_str = "Positive"

    if pred == 0:
        pred_str = "Negative"
    else:
        pred_str = "Positive"

    # 표시용인 HTML 작성
    html = '정답 라벨: {}<br>추론 라벨: {}<br><br>'.format(label_str, pred_str)

    # Self-Attention 가중치를 가시화. Multi-Head가 12개이므로 12종류의 Attention이 존재
    for i in range(12):

        # index의 Attention을 추출하고 규격화
        # 0번째 단어 [CLS]의 i번째 Multi-Headed Attention을 꺼내
        # index는 미니 배치의 몇 번째 데이터인지 나타낸다.
        attens = normlized_weights[index, i, 0, :]
        attens /= attens.max()

        html += '[BERT의 Attention을 시각화_' + str(i+1) + ']<br>'
        for word, attn in zip(sentence, attens):

            # 단어가 [SEP]인 경우 문장의 끝이므로 break
            if tokenizer_bert.convert_ids_to_tokens([word.numpy().tolist()])[0] == "[SEP]":
                break

            # highlight 함수로 색을 칠하고 tokenizer_bert.convert_ids_to_tokens 함수로
            # ID를 단어로 되돌린다.
            html += highlight(tokenizer_bert.convert_ids_to_tokens(
```

```
                    [word.numpy().tolist()])[0], attn)
        html += "<br><br>"


    # 12종류의 Attention 평균을 구한다. 최대치로 규격화
    all_attens = attens*0  # all_attens이라는 변수 작성
    for i in range(12):
        attens += normlized_weights[index, i, 0, :]
    attens /= attens.max()

    html += '[BERT의 Attention을 시각화_ALL]<br>'
    for word, attn in zip(sentence, attens):

        # 단어가 [SEP]일 경우는 문장의 끝이므로 break
        if tokenizer_bert.convert_ids_to_tokens([word.numpy().tolist()])[0] == "[SEP]":
            break

        # highlight 함수로 색을 칠하고 tokenizer_bert.convert_ids_to_tokens 함수로
        ID를 단어로 되돌린다.
        html += highlight(tokenizer_bert.convert_ids_to_tokens(
            [word.numpy().tolist()])[0], attn)
    html += "<br><br>"

    return html
```

입력 문장 데이터의 세 번째 추론 결과와 Attention을 시각화합니다.

```
from IPython.display import HTML

index = 3  # 출력할 데이터
html_output = mk_html(index, batch, preds, attention_probs, TEXT)  # HTML 작성
HTML(html_output)  # HTML 형식으로 출력
```

출력 결과는 [그림 8-6]과 같습니다. 정답과 예측 결과는 모두 Positive입니다. Multi-Headed Attention은 각각 Attention을 실행하고 있습니다. 12개 Attention의 평균을 취한 [BERT의 Attention을 시각화_ALL]을 보면 'a wonderful film', 'well', 'a really nice movie' 등에 강하게 Attention이 적용되었습니다. 이러한 단어 위치의 특징량을 참고하여 Positive 결과를 판정하였습니다.

정답 라벨: Positive
추론 라벨: Positive

[BERT의 Attention을 시각화_1]
[CLS] a wonderful film a charming , qui ##rky family story . a cross country journey filled with lots of interesting , odd ##ball stops along the way several very cool cameo ##s . great cast led by rod ste ##iger carries the film along and leads to a surprise ending . well directed shot a really nice movie .

[BERT의 Attention을 시각화_2]
[CLS] a wonderful film a charming , qui ##rky family story . a cross country journey filled with lots of interesting , odd ##ball stops along the way several very cool cameo ##s . great cast led by rod ste ##iger carries the film along and leads to a surprise ending . well directed shot a really nice movie .

⋮

[BERT의 Attention을 시각화_ALL]
[CLS] a wonderful film a charming , qui ##rky family story . a cross country journey filled with lots of interesting , odd ##ball stops along the way several very cool cameo ##s . great cast led by rod ste ##iger carries the film along and leads to a surprise ending . well directed shot a really nice movie .

그림 8-6 문장 데이터 판정의 Attention 시각화 1

계속하여 7장 Transformer에서는 제대로 판정할 수 없었던 61번째 문장의 추론 결과 및 Attention을 확인합니다.

```
index = 61  # 출력할 데이터
html_output = mk_html(index, batch, preds, attention_probs, TEXT)  # HTML 작성
HTML(html_output)  # HTML 형식으로 출력
```

정답 라벨: Positive
추론 라벨: Positive

[BERT의 Attention을 시각화_1]
[CLS] i watched this movie as a child and still enjoy viewing it every once in a while for the nostalgia factor . when i was younger i loved the movie because of the entertaining storyline and interesting characters . today , i still love the characters . additionally , i think of the plot with higher regard because i now see the morals and symbolism . rainbow brit ##e is far from the worst film ever , and though out dated , i m sure i will show it to my children in the future , when i have children .

[BERT의 Attention을 시각화_2]
[CLS] i watched this movie as a child and still enjoy viewing it every once in a while for the nostalgia factor . when i was younger i loved the movie because of the entertaining storyline and interesting characters . today , i still love the characters . additionally , i think of the plot with higher regard because i now see the morals and symbolism . rainbow brit ##e is far from the worst film ever , and though out dated , i m sure i will show it to my children in the future , when i have children .

⋮

[BERT의 Attention을 시각화_ALL]
[CLS] i watched this movie as a child and still enjoy viewing it every once in a while for the nostalgia factor . when i was younger i loved the movie because of the entertaining storyline and interesting characters . today , i still love the characters . additionally , i think of the plot with higher regard because i now see the morals and symbolism . rainbow brit ##e is far from the worst film ever , and though out dated , i m sure i will show it to my children in the future , when i have children .

그림 8-7 문장 데이터 판정의 Attention 시각화 2

7장 Transformer와는 달리 BERT의 추론 결과도 Positive로 정확하게 예상하였습니다. 12개의 Attention 평균을 취한 [BERT의 Attention을 시각화_ALL]을 보면 'is far from the worst film' 열에 Attention이 강하게 적용되었습니다. 7장의 결과와 마찬가지로 Attention이 강한(가장 붉은) 단어는 'worst'이지만 앞뒤 단어까지 Attention이 적용되었으며 이중 부정의 표현을 잘 파악하였습니다. BERT에서는 정확하게 Positive로 추론하였습니다.

8.4.6 정리

BERT의 단어 분할과 vocabulary를 사용하여 torchtext로 IMDb용 데이터 로더를 작성하고, BERT의 감정 분석 모델 구축, 학습 및 추론, Self-Attention을 시각화하였습니다.

8장 자연어 처리를 활용한 감정 분석(BERT)이 끝났습니다. 다음 장에서는 동영상 분류를 설명합니다.

8장 참고 문헌

[1] BERT

Devlin, J., Chang, M. W., Lee, K. & Toutanova, K. (2018). BERT: Pre-training of Deep Bidirectional Transformers for Language Understanding. arXiv preprintarXiv:1810.04805.

https://arxiv.org/abs/1810.04805

[2] 깃허브: huggingface/pytorch-pretrained-BERT

https://github.com/huggingface/pytorch-pretrained-BERT

Copyright(c) 2018 Hugging Face Released under the Apache License 2.0

https://github.com/huggingface/pytorch-pretrained-BERT/blob/master/LICENSE

[3] Gaussian Error Linear Units(GELUs)

Hendrycks, D. & Gimpel, K. (2016). Gaussian Error Linear Units(GELUs). arXiv preprint arXiv:1606.08415.

https://arxiv.org/abs/1606.08415

동영상 분류(3DCNN, ECO)

9.1 동영상 데이터에 대한 딥러닝과 ECO 개요

이번 장에서는 동영상 데이터를 클래스로 분류하면서 딥러닝 모델인 ECO^{efficient convolutional network for online video understanding}[1]를 구현합니다.

동영상 데이터 처리에는 동영상을 클래스로 분류하는 분류 과제나 동영상 내용을 텍스트화하는 이미지 캡셔닝^{video captioning} 등이 있습니다. 이번 장에서는 동영상을 클래스로 분류하는 분류 과제를 다룹니다.

구현은 학습된 모델만 읽어들이고 동영상 데이터셋에 대한 학습 및 파인튜닝은 하지 않습니다. 학습 및 파인튜닝은 지금까지 설명해온 방법과 동일합니다. 사람의 동작을 모은 동영상 데이터셋을 활용하겠습니다.

먼저 동영상 데이터를 딥러닝에서 취급할 때의 대략적인 방향과 주의점, 이번 장에서 구현할 딥러닝 모델인 ECO를 설명합니다.

이 절의 학습 목표는 다음과 같습니다.

1. 동영상 데이터를 딥러닝에서 취급할 때 주의할 점과 대책을 이해한다.
2. ECO 모델을 이해한다.

9.1.1 동영상 데이터를 딥러닝에서 취급할 때의 주의 사항

컴퓨터에서 동영상 데이터는 기본적으로 정지 화면을 모은 것입니다. 단시간에 여러 장의 화상을 차례로 표시하여 사람의 눈은 정지 영상의 모임을 동영상으로 인식합니다.

딥러닝에서 동영상 데이터를 다룰 때 '여러 장의 정지 영상을 채널, 높이, 폭 방향 중 어느 하나의 차원에 많이 연결한 긴 화상으로 파악하면 좋지 않을까'라고 생각할 수 있지만 동영상 데이터를 제대로 처리할 수 없습니다. 동영상을 정지 사진이 여러 장 이어진 긴 화상으로 파악하는 방법은 동영상 내 사람의 동작 등에 나타나는 '시간의 어긋남'을 커버할 수 없습니다.

'접시 하나를 씻는다'는 동영상 데이터가 여러 개 있다고 합시다. 접시 하나를 씻는 데 걸리는 시간은 동영상마다 다릅니다. 동영상 A에서는 3초간 씻을 수 있고 동영상 B는 3.5초 걸릴 수도 있습니다. 동영상 데이터마다 해당 동작에 걸리는 시간이 다릅니다. 동영상 A와 B는 정확히 같은 타이밍에 설거지를 시작하는 것도 아닙니다.

이처럼 동영상을 긴 화상으로 파악하는 것은 동영상에서 나타나는 시간의 어긋남에 대응할 수 없습니다.

9.1.2 동영상 데이터를 딥러닝에서 다루는 방법

동영상 데이터는 시간 방향에 따라 흔들리는 문제가 있습니다. 정지 영상인 화상 데이터도 공간 방향으로 흔들리는 문제가 있었습니다. 예를 들어 강아지 이미지를 인식할 때 화상마다 강아지가 찍힌 위치가 어긋나기도 합니다. 화상 내 물체 위치의 흔들림 문제를 해결한 것이 합성곱 층과 풀링입니다.

합성곱 층의 필터로 화상의 특징량을 계산하고 그 결과를 풀링 층(예: 최대 풀링) 등으로 처리하면 화상 내 물체 위치의 작은 차이를 받아들일 수 있었습니다. 동영상도 마찬가지입니다. 시간 방향의 흔들림을 받아들이도록 합성곱 층을 포함하는 방법이 있습니다.

일반적인 합성곱 층은 높이와 폭의 2차원 필터를 입력 채널별로 준비합니다. 여기에 시간 방향을 추가하고 높이, 폭, 시간의 3차원 필터를 가진 합성곱 층을 이용하여 동영상을 처리하는 방법입니다. 3차원 합성곱 층을 사용하는 방법은 2014년에 발표된 C3D^{Convolutional 3D}[2]입니다.

시간 방향 정보를 합성곱 층으로 준비하지 않고 시간 개념을 가지는 영상을 따로 준비하여 동영상을 정지 영상으로 한 화상과 짝짓는 방법도 있습니다. 2014년에 발표된 Two-Stream ConvNets[3]입니다. Two-Stream 딥러닝 모델은 기존의 화상 정보뿐만 아니라 시간의 개념을 나타내는 정보로 옵티컬 플로^{optical flow}를 사용합니다. 옵티컬 플로란 동영상을 정지 영상으로 분할했을 때 연속된 두 장의 정지 영상(프레임) 사이에 물체가 이동한 궤적을 벡터로 나타낸 화상입니다. 두 장의 프레임 사이에 물체가 이동하지 않으면 옵티컬 플로 벡터의 길이는 0입니다. 물체가 빠르게 움직이면 옵티컬 플로는 프레임 사이에 물체가 이동한 길이의 벡터가됩니다. 물체가 움직이는 속도가 빠를수록 옵티컬 플로의 벡터는 길어집니다. 옵티컬 플로 정보를 보면 물체의 움직임 속도나 어느 타이밍에 동작이 시작되었는지 알 수 있어 단순히 동영상을 프레임 화상으로 나열한 것만으로는 알기 어려운 정보를 얻을 수 있습니다.

C3D는 어떤 의미로는 옵티컬 플로처럼 시간 방향의 특징량을 데이터로 학습시키는 기법입니다. Two-Stream ConvNets는 처음부터 부여하는 기법으로 볼 수 있습니다. 이렇게 설명하면 C3D가 더 좋아 보이지만 데이터로 특징량을 학습시키기 위해서는 대량의 비디오 데이터가 필요하고 네트워크 파라미터도 방대해져 학습 및 추론에 많은 시간이 걸린다는 단점이 있습니다.

C3D의 단점을 해결하려고 고안된 것이 이번 장에서 구현할 2018년에 발표된 ECO[1]입니다. ECO는 프레임 화상을 2차원의 합성곱 신경망에서 작은 크기의 특징량 데이터로 변환하고 이를 C3D에 입력하여 동영상을 처리하는 딥러닝 모델입니다.

[그림 9-1]은 ECO 개요입니다. 먼저 동영상 데이터를 전처리합니다. 전처리에서 동영상을 프레임별 화상으로 분해하고 화상 크기를 변경하거나 색상 정보를 표준화합니다.

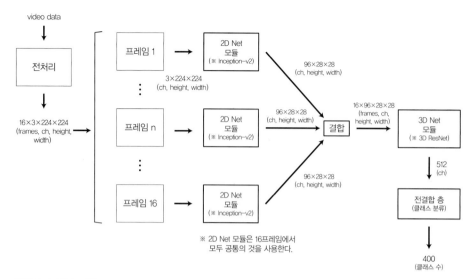

그림 9-1 ECO 개요

동영상 데이터의 전체 프레임을 사용하면 화상 매수가 많습니다. 일정한 간격으로 총 16프레임 정도의 화상을 꺼냅니다(동영상 길이는 10초 정도 상정). 이러한 전처리로 동영상 데이터는 (frames, 색상 채널, 높이, 폭)=(16×3×224×224) 텐서가 됩니다. 선두에는 미니 배치 차원도 존재하지만 [그림 9-1]은 미니 배치의 차원을 생략합니다.

16프레임의 화상을 화상 처리 딥러닝 모델인 2D Net 모듈에 각각 입력합니다. 지금까지 화상 처리 모델로 VGG와 ResNet을 설명하였지만 ECO는 Inception-v2 모델을 사용합니다. Inception-v2는 다음 절에서 설명하겠습니다. 2D Net 모듈에 대한 입력은 화상이며 (색상 채널, 높이, 폭)=(3×224×224)의 텐서입니다. 출력은 (채널, 높이, 폭)=(96×28×28)의 텐서가 됩니다. 높이 및 폭이 224에서 28로 줄었습니다.

16프레임의 각 화상은 독립적으로 2D Net 모듈에서 처리되어 특징량을 추출합니다. [그림 9-1]은 2D Net 모듈이 세 개 그려져 있지만 2D Net 모듈은 하나뿐입니다. 프레임별로 다른 2D Net 모듈을 준비하는 것이 아니라 하나의 2D Net 모듈로 전체 프레임의 화상을 처리합니다.

16프레임의 화상이 독립적으로 2D Net 모듈에서 처리되어 얻은 출력 텐서를 결합시켜 (frames, 채널, 높이, 폭)=(16×96×28×28)의 텐서로 만듭니다. 텐서를 공간과 시간

(frames) 방향의 3차원 합성곱 층에서 구성된 **3D Net** 모듈에 입력합니다. **3D Net** 모듈에서는 1차원으로 512요소인 특징량이 출력됩니다.

마지막으로 **3D Net** 모듈의 출력을 전결합 층에서 클래스 분류하여 클래스 수만큼의 요소를 가진 출력을 얻습니다. 출력에 소프트맥스 함수를 계산하면 입력 동영상이 각 클래스에 속할 확률을 얻을 수 있습니다. 이번 장에서 사용하는 학습된 데이터의 클래스 수는 400입니다. [그림 9-1]에 클래스 수를 400으로 기재하였습니다.

이상 ECO을 활용한 동영상 분류의 개요를 알아보았습니다. 다음 절부터 ECO를 구현하며 9.2절에서는 ECO의 **2D Net** 모듈인 Inception-v2를 구현합니다.

9.2 2D Net 모듈(Inception-v2) 구현

ECO의 **2D Net** 모듈인 Inception-v2를 구현합니다. 깃허브: *zhang-can/ECO-pytorch*[4]를 참고합니다. 프로그램은 우분투에서의 작동을 전제로 합니다.

이 절의 학습 목표는 다음과 같습니다.

1. **ECO의 2D Net 모듈의 개요를 이해한다.**
2. **Inception-v2를 구현할 수 있다.**

구현 파일

9-2-3_eco.ipynb

9.2.1 ECO의 2D Net 모듈 개요

[그림 9-2]는 ECO의 **2D Net** 모듈의 개요입니다. **2D Net** 모듈에 대한 입력은 (색상 채널, 높이, 폭)=(3×224×224)의 텐서입니다. 최종적으로 (채널, 높이, 폭)=(96×28×28)의 텐서가 됩니다.

2D Net 모듈 내에는 네 개의 모듈이 있습니다. BasicConv, InceptionA, InceptionB,

InceptionC입니다. BasicConv는 합성곱 층을 기반으로 한 특징량 변환 모듈입니다. 입력 화상 (채널, 높이, 폭)=$(192\times28\times28)$의 텐서로 변환됩니다. 특징량의 크기는 28입니다. 이후 InceptionA에서 InceptionC로 다시 특징량을 변환합니다. 출력 텐서의 크기는 InceptionA가 $(256\times28\times28)$, InceptionB가 $(320\times28\times28)$, 그리고 InceptionC가 $(96\times28\times28)$ 입니다.

네 개 모듈의 네트워크 구조를 확인하고 하나씩 구현합니다.

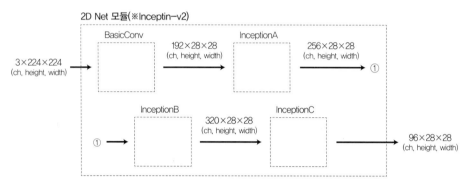

그림 9-2 ECO의 2D Net 모듈 개요

9.2.2 BasicConv 모듈 구현

[그림 9-3]은 BasicConv 모듈의 개요입니다. 2차원의 합성곱 층, 배치 정규화, 활성화 함수 ReLU, 최대 풀링을 사용한 기본적인 합성곱 신경망 모델입니다.

구현은 다음과 같습니다. 레이어를 하나씩 차근차근 준비합니다.

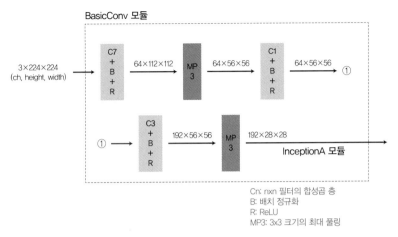

BasicConv 모듈

3×224×224
(ch, height, width)

C7 + B + R

64×112×112

MP 3

64×56×56

C1 + B + R

64×56×56

①

①

C3 + B + R

192×56×56

MP 3

192×28×28

InceptionA 모듈

Cn: nxn 필터의 합성곱 층
B: 배치 정규화
R: ReLU
MP3: 3x3 크기의 최대 풀링

그림 9-3 BasicConv 모듈 개요

```python
class BasicConv(nn.Module):
    '''ECO의 2D Net 모듈의 첫 번째 모듈'''

    def __init__(self):
        super(BasicConv, self).__init__()

        self.conv1_7x7_s2 = nn.Conv2d(3, 64, kernel_size=(
            7, 7), stride=(2, 2), padding=(3, 3))
        self.conv1_7x7_s2_bn = nn.BatchNorm2d(
            64, eps=1e-05, momentum=0.1, affine=True, track_running_stats=True)
        self.conv1_relu_7x7 = nn.ReLU(inplace=True)
        self.pool1_3x3_s2 = nn.MaxPool2d(
            kernel_size=3, stride=2, padding=0, dilation=1, ceil_mode=True)
        self.conv2_3x3_reduce = nn.Conv2d(
            64, 64, kernel_size=(1, 1), stride=(1, 1))
        self.conv2_3x3_reduce_bn = nn.BatchNorm2d(
            64, eps=1e-05, momentum=0.1, affine=True, track_running_stats=True)
        self.conv2_relu_3x3_reduce = nn.ReLU(inplace=True)
        self.conv2_3x3 = nn.Conv2d(64, 192, kernel_size=(
            3, 3), stride=(1, 1), padding=(1, 1))
        self.conv2_3x3_bn = nn.BatchNorm2d(
            192, eps=1e-05, momentum=0.1, affine=True, track_running_stats=True)
        self.conv2_relu_3x3 = nn.ReLU(inplace=True)
        self.pool2_3x3_s2 = nn.MaxPool2d(
            kernel_size=3, stride=2, padding=0, dilation=1, ceil_mode=True)
```

```python
def forward(self, x):
    out = self.conv1_7x7_s2(x)
    out = self.conv1_7x7_s2_bn(out)
    out = self.conv1_relu_7x7(out)
    out = self.pool1_3x3_s2(out)
    out = self.conv2_3x3_reduce(out)
    out = self.conv2_3x3_reduce_bn(out)
    out = self.conv2_relu_3x3_reduce(out)
    out = self.conv2_3x3(out)
    out = self.conv2_3x3_bn(out)
    out = self.conv2_relu_3x3(out)
    out = self.pool2_3x3_s2(out)
    return out
```

9.2.3 InceptionA에서 InceptionC까지의 모듈 구현

[그림 9-4]는 InceptionA 모듈의 개요입니다. 입력이 분기되어 합성곱 층, 배치 정규화, ReLU로 처리되고 결합하여 출력합니다.

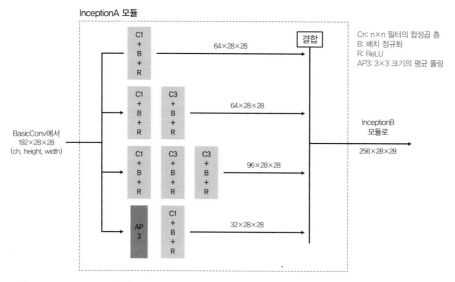

그림 9-4 InceptionA 모듈 개요

Inception은 구글넷GoogLeNet[5]에서 처음 제안된 기법입니다. 입력이 분기되어 병렬시켜 합성곱 층으로 처리하는 것이 특징입니다.

합성곱 층을 병렬시키는 이유는 필터 크기가 큰 합성곱 층을 대체하기 위해서입니다. 필터 크기가 큰 합성곱 층은 학습할 파라미터도 많아 처리하는 것이 어렵습니다. 5×5 필터를 가진 합성곱 층을 준비하는 것보다 왼쪽 상단 2×2, 오른쪽 하단 3×3만 가중치 값이 크고 다른 부분의 가중치는 매우 작아 무시할 수 있다면 2×2 및 3×3 필터를 가진 합성곱 층 두 개를 병렬로 사용하는 것이 학습할 파라미터가 적습니다. 필터 크기가 작은 합성곱 층을 병렬로 사용하여 학습할 파라미터 수를 줄이는 전략을 Inception이라고 합니다.

Inception은 5장에서 설명한 1×1 합성곱을 사용하여 특징량의 변환(채널 수에 대한 차원 압축)을 실행합니다. ECO에서 사용하는 것은 Inception-v2입니다. [그림 9-4]의 위에서 세 번째 흐름은 3×3의 합성곱 층이 2회 반복됩니다. Inception-v1에서는 이 부분이 5×5의 합성곱 층 1회였지만 버전 2에서는 3×3의 합성곱 층 2회로 변경되었습니다.

구현은 다음과 같습니다. 층을 하나씩 차근차근 준비합니다.

```python
class InceptionA(nn.Module):
    '''InceptionA'''

    def __init__(self):
        super(InceptionA, self).__init__()

        self.inception_3a_1x1 = nn.Conv2d(
            192, 64, kernel_size=(1, 1), stride=(1, 1))
        self.inception_3a_1x1_bn = nn.BatchNorm2d(
            64, eps=1e-05, momentum=0.1, affine=True, track_running_stats=True)
        self.inception_3a_relu_1x1 = nn.ReLU(inplace=True)

        self.inception_3a_3x3_reduce = nn.Conv2d(
            192, 64, kernel_size=(1, 1), stride=(1, 1))
        self.inception_3a_3x3_reduce_bn = nn.BatchNorm2d(
            64, eps=1e-05, momentum=0.1, affine=True, track_running_stats=True)
        self.inception_3a_relu_3x3_reduce = nn.ReLU(inplace=True)
        self.inception_3a_3x3 = nn.Conv2d(
            64, 64, kernel_size=(3, 3), stride=(1, 1), padding=(1, 1))
        self.inception_3a_3x3_bn = nn.BatchNorm2d(
            64, eps=1e-05, momentum=0.1, affine=True, track_running_stats=True)
        self.inception_3a_relu_3x3 = nn.ReLU(inplace=True)
```

```python
        self.inception_3a_double_3x3_reduce = nn.Conv2d(
            192, 64, kernel_size=(1, 1), stride=(1, 1))
        self.inception_3a_double_3x3_reduce_bn = nn.BatchNorm2d(
            64, eps=1e-05, momentum=0.1, affine=True, track_running_stats=True)
        self.inception_3a_relu_double_3x3_reduce = nn.ReLU(inplace=True)
        self.inception_3a_double_3x3_1 = nn.Conv2d(
            64, 96, kernel_size=(3, 3), stride=(1, 1), padding=(1, 1))
        self.inception_3a_double_3x3_1_bn = nn.BatchNorm2d(
            96, eps=1e-05, momentum=0.1, affine=True, track_running_stats=True)
        self.inception_3a_relu_double_3x3_1 = nn.ReLU(inplace=True)
        self.inception_3a_double_3x3_2 = nn.Conv2d(
            96, 96, kernel_size=(3, 3), stride=(1, 1), padding=(1, 1))
        self.inception_3a_double_3x3_2_bn = nn.BatchNorm2d(
            96, eps=1e-05, momentum=0.1, affine=True, track_running_stats=True)
        self.inception_3a_relu_double_3x3_2 = nn.ReLU(inplace=True)

        self.inception_3a_pool = nn.AvgPool2d(
            kernel_size=3, stride=1, padding=1)
        self.inception_3a_pool_proj = nn.Conv2d(
            192, 32, kernel_size=(1, 1), stride=(1, 1))
        self.inception_3a_pool_proj_bn = nn.BatchNorm2d(
            32, eps=1e-05, momentum=0.1, affine=True, track_running_stats=True)
        self.inception_3a_relu_pool_proj = nn.ReLU(inplace=True)

    def forward(self, x):

        out1 = self.inception_3a_1x1(x)
        out1 = self.inception_3a_1x1_bn(out1)
        out1 = self.inception_3a_relu_1x1(out1)

        out2 = self.inception_3a_3x3_reduce(x)
        out2 = self.inception_3a_3x3_reduce_bn(out2)
        out2 = self.inception_3a_relu_3x3_reduce(out2)
        out2 = self.inception_3a_3x3(out2)
        out2 = self.inception_3a_3x3_bn(out2)
        out2 = self.inception_3a_relu_3x3(out2)

        out3 = self.inception_3a_double_3x3_reduce(x)
        out3 = self.inception_3a_double_3x3_reduce_bn(out3)
        out3 = self.inception_3a_relu_double_3x3_reduce(out3)
        out3 = self.inception_3a_double_3x3_1(out3)
        out3 = self.inception_3a_double_3x3_1_bn(out3)
        out3 = self.inception_3a_relu_double_3x3_1(out3)
        out3 = self.inception_3a_double_3x3_2(out3)
```

```
        out3 = self.inception_3a_double_3x3_2_bn(out3)
        out3 = self.inception_3a_relu_double_3x3_2(out3)

        out4 = self.inception_3a_pool(x)
        out4 = self.inception_3a_pool_proj(out4)
        out4 = self.inception_3a_pool_proj_bn(out4)
        out4 = self.inception_3a_relu_pool_proj(out4)

        outputs = [out1, out2, out3, out4]

        return torch.cat(outputs, 1)
```

다음은 InceptionB 모듈입니다. 기본적으로 InceptionA와 같은 방식이며 네트워크 구조만 약간 다릅니다. [그림 9-5]는 InceptionB 모듈의 개요를 나타냅니다.

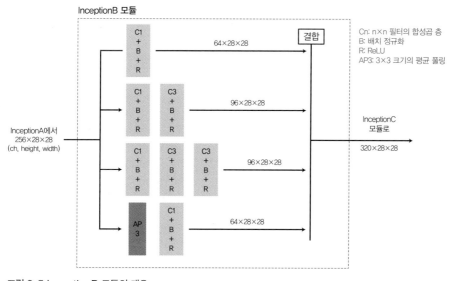

그림 9-5 InceptionB 모듈의 개요

구현은 다음과 같습니다. 레이어를 하나씩 차근차근 준비합니다.

```
class InceptionB(nn.Module):
    '''InceptionB'''

    def __init__(self):
```

```python
        super(InceptionB, self).__init__()

        self.inception_3b_1x1 = nn.Conv2d(
            256, 64, kernel_size=(1, 1), stride=(1, 1))
        self.inception_3b_1x1_bn = nn.BatchNorm2d(
            64, eps=1e-05, momentum=0.1, affine=True, track_running_stats=True)
        self.inception_3b_relu_1x1 = nn.ReLU(inplace=True)

        self.inception_3b_3x3_reduce = nn.Conv2d(
            256, 64, kernel_size=(1, 1), stride=(1, 1))
        self.inception_3b_3x3_reduce_bn = nn.BatchNorm2d(
            64, eps=1e-05, momentum=0.1, affine=True, track_running_stats=True)
        self.inception_3b_relu_3x3_reduce = nn.ReLU(inplace=True)
        self.inception_3b_3x3 = nn.Conv2d(
            64, 96, kernel_size=(3, 3), stride=(1, 1), padding=(1, 1))
        self.inception_3b_3x3_bn = nn.BatchNorm2d(
            96, eps=1e-05, momentum=0.1, affine=True, track_running_stats=True)
        self.inception_3b_relu_3x3 = nn.ReLU(inplace=True)

        self.inception_3b_double_3x3_reduce = nn.Conv2d(
            256, 64, kernel_size=(1, 1), stride=(1, 1))
        self.inception_3b_double_3x3_reduce_bn = nn.BatchNorm2d(
            64, eps=1e-05, momentum=0.1, affine=True, track_running_stats=True)
        self.inception_3b_relu_double_3x3_reduce = nn.ReLU(inplace=True)
        self.inception_3b_double_3x3_1 = nn.Conv2d(
            64, 96, kernel_size=(3, 3), stride=(1, 1), padding=(1, 1))
        self.inception_3b_double_3x3_1_bn = nn.BatchNorm2d(
            96, eps=1e-05, momentum=0.1, affine=True, track_running_stats=True)
        self.inception_3b_relu_double_3x3_1 = nn.ReLU(inplace=True)
        self.inception_3b_double_3x3_2 = nn.Conv2d(
            96, 96, kernel_size=(3, 3), stride=(1, 1), padding=(1, 1))
        self.inception_3b_double_3x3_2_bn = nn.BatchNorm2d(
            96, eps=1e-05, momentum=0.1, affine=True, track_running_stats=True)
        self.inception_3b_relu_double_3x3_2 = nn.ReLU(inplace=True)

        self.inception_3b_pool = nn.AvgPool2d(
            kernel_size=3, stride=1, padding=1)
        self.inception_3b_pool_proj = nn.Conv2d(
            256, 64, kernel_size=(1, 1), stride=(1, 1))
        self.inception_3b_pool_proj_bn = nn.BatchNorm2d(
            64, eps=1e-05, momentum=0.1, affine=True, track_running_stats=True)
        self.inception_3b_relu_pool_proj = nn.ReLU(inplace=True)

    def forward(self, x):
```

```
out1 = self.inception_3b_1x1(x)
out1 = self.inception_3b_1x1_bn(out1)
out1 = self.inception_3b_relu_1x1(out1)

out2 = self.inception_3b_3x3_reduce(x)
out2 = self.inception_3b_3x3_reduce_bn(out2)
out2 = self.inception_3b_relu_3x3_reduce(out2)
out2 = self.inception_3b_3x3(out2)
out2 = self.inception_3b_3x3_bn(out2)
out2 = self.inception_3b_relu_3x3(out2)

out3 = self.inception_3b_double_3x3_reduce(x)
out3 = self.inception_3b_double_3x3_reduce_bn(out3)
out3 = self.inception_3b_relu_double_3x3_reduce(out3)
out3 = self.inception_3b_double_3x3_1(out3)
out3 = self.inception_3b_double_3x3_1_bn(out3)
out3 = self.inception_3b_relu_double_3x3_1(out3)
out3 = self.inception_3b_double_3x3_2(out3)
out3 = self.inception_3b_double_3x3_2_bn(out3)
out3 = self.inception_3b_relu_double_3x3_2(out3)

out4 = self.inception_3b_pool(x)
out4 = self.inception_3b_pool_proj(out4)
out4 = self.inception_3b_pool_proj_bn(out4)
out4 = self.inception_3b_relu_pool_proj(out4)

outputs = [out1, out2, out3, out4]


return torch.cat(outputs, 1)
```

마지막으로 InceptionC 모듈입니다. InceptionA나 B와 같은 분기는 없습니다. 합성곱 층
과 배치 정규화, ReLU로 이루어졌습니다. InceptionC 모듈의 구성을 [그림 9-6]에 나타냈습
니다.

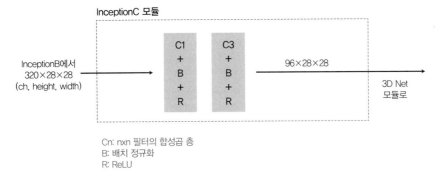

InceptionC 모듈

InceptionB에서
320×28×28
(ch, height, width)

C1
+
B
+
R

C3
+
B
+
R

96×28×28

3D Net
모듈로

Cn: nxn 필터의 합성곱 층
B: 배치 정규화
R: ReLU

그림 9-6 InceptionC 모듈의 개요

다음과 같이 구현합니다.

```python
class InceptionC(nn.Module):
    '''InceptionC'''

    def __init__(self):
        super(InceptionC, self).__init__()

        self.inception_3c_double_3x3_reduce = nn.Conv2d(
            320, 64, kernel_size=(1, 1), stride=(1, 1))
        self.inception_3c_double_3x3_reduce_bn = nn.BatchNorm2d(
            64, eps=1e-05, momentum=0.1, affine=True, track_running_stats=True)
        self.inception_3c_relu_double_3x3_reduce = nn.ReLU(inplace=True)
        self.inception_3c_double_3x3_1 = nn.Conv2d(
            64, 96, kernel_size=(3, 3), stride=(1, 1), padding=(1, 1))
        self.inception_3c_double_3x3_1_bn = nn.BatchNorm2d(
            96, eps=1e-05, momentum=0.1, affine=True, track_running_stats=True)
        self.inception_3c_relu_double_3x3_1 = nn.ReLU(inplace=True)

    def forward(self, x):
        out = self.inception_3c_double_3x3_reduce(x)
        out = self.inception_3c_double_3x3_reduce_bn(out)
        out = self.inception_3c_relu_double_3x3_reduce(out)
        out = self.inception_3c_double_3x3_1(out)
        out = self.inception_3c_double_3x3_1_bn(out)
        out = self.inception_3c_relu_double_3x3_1(out)

        return out
```

BasicConv 및 InceptionA부터 C까지의 모듈을 구현하였습니다. 이들을 묶어서 ECO의 2D Net 모듈 클래스로 구현합니다.

```python
class ECO_2D(nn.Module):
    def __init__(self):
        super(ECO_2D, self).__init__()

        # BasicConv 모듈
        self.basic_conv = BasicConv()

        # Inception 모듈
        self.inception_a = InceptionA()
        self.inception_b = InceptionB()
        self.inception_c = InceptionC()

    def forward(self, x):
        '''
        입력 x의 크기 torch.Size([batch_num, 3, 224, 224])
        '''
        out = self.basic_conv(x)
        out = self.inception_a(out)
        out = self.inception_b(out)
        out = self.inception_c(out)

        return out
```

이제 동작을 확인합니다. 네트워크의 각 부분에서 텐서 크기가 어떻게 되었는지 확인하겠습니다. 4.5절 '텐서보드X를 활용한 네트워크 모델의 가시화'에서 설명한 것처럼 텐서보드X를 사용합니다.

```python
# 모델 준비
net = ECO_2D()
net.train()
```

```
[출력]
ECO_2D(
  (basic_conv): BasicConv(
    (conv1_7x7_s2): Conv2d(3, 64, kernel_size=(7, 7), stride=(2, 2), padding=(3, 3))
...
```

계속해서 다음 구현 코드를 실행하여 텐서보드X용 graph 데이터를 저장합니다.

```
# 1. 텐서보드X의 저장 클래스 호출
from tensorboardX import SummaryWriter

# 2. tbX 폴더에 저장할 writer 준비
# tbX 폴더가 존재하지 않는 경우 작성
writer = SummaryWriter("./tbX/")

# 3. 네트워크에 넣을 더미 데이터 작성
batch_size = 1
dummy_img = torch.rand(batch_size, 3, 224, 224)

# 4. net에 대한 더미 데이터
# dummy_img를 넣었을 때의 graph를 writer에 저장시킨다.
writer.add_graph(net, (dummy_img, ))
writer.close()

# 5. 명령 프롬프트를 열어서 tbX 폴더가 위치한 폴더에 이동한 후
# 다음 명령을 실행한다.

# tensorboard --logdir="./tbX/"

# 그 후 http://localhost:6006에 접속한다.
```

명령 프롬프트를 열어 tbX 폴더 내 9_video_classification_eco 폴더로 이동한 후 tensorboard --logdir="./tbX/"를 실행합니다. 텐서보드X가 작동하면 *http://localhost:6006*에 접속합니다(AWS에서 실행하는 경우 포트 6006의 전송을 설정해야 합니다). [그림 9-7]과 같이 ECO의 **2D Net** 모듈 세부 사항과 각 텐서 크기를 확인할 수 있습니다.

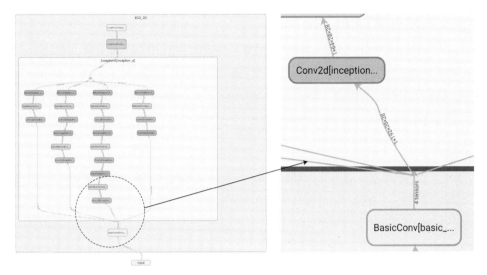

그림 9-7 텐서보드X에서 ECO 2D Net 모듈 확인

ECO의 **2D Net** 모듈의 개요와 주요 요소인 Inception-v2의 구현을 설명하였습니다. 다음 절에서는 **3D Net** 모듈의 개요 및 구현을 설명하겠습니다.

9.3 3D Net 모듈(3DCNN) 구현

ECO의 **3D Net** 모듈인 3D CNN으로 **3D Resnet**을 구현합니다.

이 절의 학습 목표는 다음과 같습니다.

> **1. ECO의 3D Net 모듈 개요를 이해한다.**
> **2. 3D Resnet을 구현할 수 있다.**

구현 파일

9-2-3_eco.ipynb

9.3.1 ECO의 3D Net 모듈 개요

ECO의 **3D Net** 모듈의 개요를 [그림 9-8]에 나타냈습니다. **3D Net** 모듈에 대한 입력은 (frames 채널, 높이, 폭)=(16×96×28×28)의 텐서입니다. 동영상의 16프레임 화상이 각각 **2D Net** 모듈에서 처리되고 (채널, 높이, 폭)=(96×28×28)로 변환된 후 결합시킨 (16×96×28×28)의 텐서입니다. 이 입력 텐서를 받아 **3D Net** 모듈은 (채널)=(512)의 텐서를 출력합니다.

3D Net 모듈에서는 먼저 텐서의 차원을 (16×96×28×28)에서 (96×16×28×28)의 형태로 바꿉니다. (시간, 높이, 폭)의 필터를 갖는 3차원 합성곱 층에 입력하기 위해 (시간, 높이, 폭)의 순서에 맞게 차원을 교체합니다.

그 후 3차원의 합성곱 층으로 구성된 **ResNet**에서 특징량을 변환합니다. **3D ResNet**은 3장 시맨틱 분할의 3.4절 'Feature 모듈의 설명 및 구현(**ResNet**)'에서 설명한 **ResNet**의 3차원 필터 버전입니다.

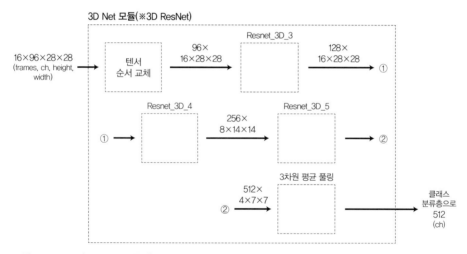

그림 9-8 ECO의 3D Net 모듈 개요

[그림 9-8]의 Resnet_3D_3에서 (96×16×28×28)의 입력이 (128×16×28×28)로 변환되어 Resnet_3D_4은 (256×8×14×14), Resnet_3D_5은 (512×4×7×7)입니다. 마지막으로 (512×4×7×7)의 텐서를 (512)의 특징량으로 변환합니다. 이때 전결합 층이 아닌 3차원 평균 풀링average pooling 층을 사용합니다.

지금까지 사용한 풀링 층은 특징량의 크기보다 작은 크기의 필터를 슬라이드시켜 필터의 최댓
값(또는 평균)을 구하고 화상 내 물체의 위치가 다소 이동하더라도 동일한 특징량을 얻을 수
있다는 목적으로 사용하였습니다. 여기에서 평균 풀링 층은 다른 용도로 사용합니다. 평균 풀
링 층의 필터 크기는 (4×7×7)로 평균 풀링 층에 입력되는 텐서 (512×4×7×7)과 같은 크
기입니다. 평균 풀링에서 입력 텐서의 평균을 간단하게 구할 수 있습니다.

평균 풀링 계층이 아닌 전결합 층을 사용하면 더욱 복잡한 처리를 할 수 있지만 그만큼 변수도
많아 과학습하기 쉽습니다. ECO에서는 마지막 특징량 변환을 전결합 층이 아닌 평균 풀링으
로 간결하게 끝내 과학습과 파라미터의 증가를 피합니다. 전결합 층 대신 사용하는 평균 풀링
은 전역 평균 풀링global average pooling이라고 합니다.

9.3.2 Resnet_3D_3 구현

ECO의 **3D Net** 모듈을 구현합니다. [그림 9-8]의 첫 텐서의 순서 교체에서 클래스를 준비하
지 않고 forward 함수 내에서 구현하므로 Resnet_3D_3부터 구현합니다.

[그림 9-9]는 Resnet_3D_3의 개요입니다. Resnet_3D_3에 대한 입력은 3차원의 합성곱 층
에서 처리됩니다. 그 후 residual 측과 2회의 합성곱 층 측에 분기하고 처리를 가산한 후 배치
정규화, ReLU를 계산하여 출력합니다.

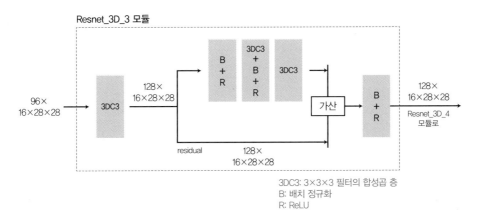

그림 9-9 Resnet_3D_3의 개요

구현은 다음과 같습니다.

```python
class Resnet_3D_3(nn.Module):
    '''Resnet_3D_3'''

    def __init__(self):
        super(Resnet_3D_3, self).__init__()

        self.res3a_2 = nn.Conv3d(96, 128, kernel_size=(
            3, 3, 3), stride=(1, 1, 1), padding=(1, 1, 1))

        self.res3a_bn = nn.BatchNorm3d(
            128, eps=1e-05, momentum=0.1, affine=True, track_running_stats=True)
        self.res3a_relu = nn.ReLU(inplace=True)

        self.res3b_1 = nn.Conv3d(128, 128, kernel_size=(
            3, 3, 3), stride=(1, 1, 1), padding=(1, 1, 1))
        self.res3b_1_bn = nn.BatchNorm3d(
            128, eps=1e-05, momentum=0.1, affine=True, track_running_stats=True)
        self.res3b_1_relu = nn.ReLU(inplace=True)
        self.res3b_2 = nn.Conv3d(128, 128, kernel_size=(
            3, 3, 3), stride=(1, 1, 1), padding=(1, 1, 1))

        self.res3b_bn = nn.BatchNorm3d(
            128, eps=1e-05, momentum=0.1, affine=True, track_running_stats=True)
        self.res3b_relu = nn.ReLU(inplace=True)

    def forward(self, x):

        residual = self.res3a_2(x)
        out = self.res3a_bn(residual)
        out = self.res3a_relu(out)

        out = self.res3b_1(out)
        out = self.res3b_1_bn(out)
        out = self.res3b_relu(out)
        out = self.res3b_2(out)

        out += residual

        out = self.res3b_bn(out)
        out = self.res3b_relu(out)

        return out
```

9.3.3 Resnet_3D_4 구현

[그림 9-10]은 Resnet_3D_4의 개요입니다. Resnet_3D_4에서는 분기를 2회 반복합니다. 구현은 다음과 같습니다.

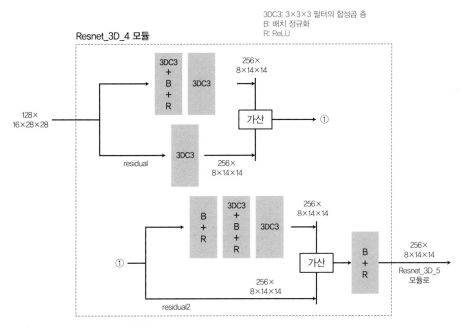

그림 9-10 Resnet_3D_4의 개요

```
class Resnet_3D_4(nn.Module):
    '''Resnet_3D_4'''

    def __init__(self):
        super(Resnet_3D_4, self).__init__()

        self.res4a_1 = nn.Conv3d(128, 256, kernel_size=(
            3, 3, 3), stride=(2, 2, 2), padding=(1, 1, 1))
        self.res4a_1_bn = nn.BatchNorm3d(
            256, eps=1e-05, momentum=0.1, affine=True, track_running_stats=True)
        self.res4a_1_relu = nn.ReLU(inplace=True)
        self.res4a_2 = nn.Conv3d(256, 256, kernel_size=(
            3, 3, 3), stride=(1, 1, 1), padding=(1, 1, 1))
```

```python
        self.res4a_down = nn.Conv3d(128, 256, kernel_size=(
            3, 3, 3), stride=(2, 2, 2), padding=(1, 1, 1))

        self.res4a_bn = nn.BatchNorm3d(
            256, eps=1e-05, momentum=0.1, affine=True, track_running_stats=True)
        self.res4a_relu = nn.ReLU(inplace=True)

        self.res4b_1 = nn.Conv3d(256, 256, kernel_size=(
            3, 3, 3), stride=(1, 1, 1), padding=(1, 1, 1))
        self.res4b_1_bn = nn.BatchNorm3d(
            256, eps=1e-05, momentum=0.1, affine=True, track_running_stats=True)
        self.res4b_1_relu = nn.ReLU(inplace=True)
        self.res4b_2 = nn.Conv3d(256, 256, kernel_size=(
            3, 3, 3), stride=(1, 1, 1), padding=(1, 1, 1))

        self.res4b_bn = nn.BatchNorm3d(
            256, eps=1e-05, momentum=0.1, affine=True, track_running_stats=True)
        self.res4b_relu = nn.ReLU(inplace=True)

    def forward(self, x):
        residual = self.res4a_down(x)

        out = self.res4a_1(x)
        out = self.res4a_1_bn(out)
        out = self.res4a_1_relu(out)

        out = self.res4a_2(out)

        out += residual

        residual2 = out

        out = self.res4a_bn(out)
        out = self.res4a_relu(out)

        out = self.res4b_1(out)

        out = self.res4b_1_bn(out)
        out = self.res4b_1_relu(out)

        out = self.res4b_2(out)

        out += residual2
```

```
        out = self.res4b_bn(out)
        out = self.res4b_relu(out)

        return out
```

9.3.4 Resnet_3D_5 구현

[그림 9-11]은 Resnet_3D_5의 개요입니다. 레이어 구성은 Resnet_3D_4와 같습니다. 채널 수 등은 다릅니다. 구현은 다음과 같습니다.

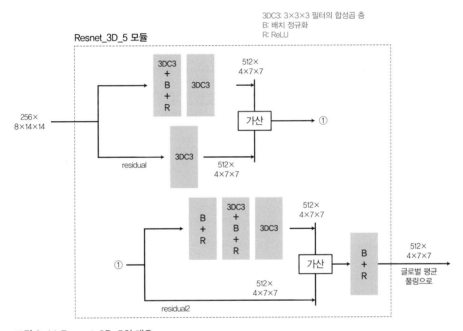

그림 9-11 Resnet_3D_5의 개요

```
class Resnet_3D_5(nn.Module):
    '''Resnet_3D_5'''

    def __init__(self):
        super(Resnet_3D_5, self).__init__()
```

```python
        self.res5a_1 = nn.Conv3d(256, 512, kernel_size=(
            3, 3, 3), stride=(2, 2, 2), padding=(1, 1, 1))
        self.res5a_1_bn = nn.BatchNorm3d(
            512, eps=1e-05, momentum=0.1, affine=True, track_running_stats=True)
        self.res5a_1_relu = nn.ReLU(inplace=True)
        self.res5a_2 = nn.Conv3d(512, 512, kernel_size=(
            3, 3, 3), stride=(1, 1, 1), padding=(1, 1, 1))

        self.res5a_down = nn.Conv3d(256, 512, kernel_size=(
            3, 3, 3), stride=(2, 2, 2), padding=(1, 1, 1))

        self.res5a_bn = nn.BatchNorm3d(
            512, eps=1e-05, momentum=0.1, affine=True, track_running_stats=True)
        self.res5a_relu = nn.ReLU(inplace=True)

        self.res5b_1 = nn.Conv3d(512, 512, kernel_size=(
            3, 3, 3), stride=(1, 1, 1), padding=(1, 1, 1))
        self.res5b_1_bn = nn.BatchNorm3d(
            512, eps=1e-05, momentum=0.1, affine=True, track_running_stats=True)
        self.res5b_1_relu = nn.ReLU(inplace=True)
        self.res5b_2 = nn.Conv3d(512, 512, kernel_size=(
            3, 3, 3), stride=(1, 1, 1), padding=(1, 1, 1))

        self.res5b_bn = nn.BatchNorm3d(
            512, eps=1e-05, momentum=0.1, affine=True, track_running_stats=True)
        self.res5b_relu = nn.ReLU(inplace=True)

    def forward(self, x):
        residual = self.res5a_down(x)

        out = self.res5a_1(x)
        out = self.res5a_1_bn(out)
        out = self.res5a_1_relu(out)

        out = self.res5a_2(out)

        out += residual  # res5a

        residual2 = out

        out = self.res5a_bn(out)
        out = self.res5a_relu(out)

        out = self.res5b_1(out)
        out = self.res5b_1_bn(out)
```

```
        out = self.res5b_1_relu(out)

        out = self.res5b_2(out)

        out += residual2  # res5b

        out = self.res5b_bn(out)
        out = self.res5b_relu(out)

        return out
```

3D CNN의 **ResNet** 모듈이 구현되었습니다. 이들을 묶어서 ECO의 **3D Net** 모듈 클래스를 구현합니다.

```
class ECO_3D(nn.Module):
    def __init__(self):
        super(ECO_3D, self).__init__()

        # 3D_Resnet 모듈
        self.res_3d_3 = Resnet_3D_3()
        self.res_3d_4 = Resnet_3D_4()
        self.res_3d_5 = Resnet_3D_5()

        # 글로벌 평균 풀링
        self.global_pool = nn.AvgPool3d(
            kernel_size=(4, 7, 7), stride=1, padding=0)

    def forward(self, x):
        '''
        입력 x의 크기 torch.Size([batch_num,frames, 96, 28, 28])
        '''
        out = torch.transpose(x, 1, 2)  # 텐서의 순서 교체
        out = self.res_3d_3(out)
        out = self.res_3d_4(out)
        out = self.res_3d_5(out)
        out = self.global_pool(out)

        # 텐서 크기 변경
        # torch.Size([batch_num, 512, 1, 1, 1])에서 torch.Size([batch_num, 512])로
        out =out.view(out.size()[0], out.size()[1])

        return out
```

마지막으로 앞 절처럼 텐서보드X 시각화로 확인합니다.

```
# 모듈 준비
net = ECO_3D()
net.train()
```
```
[출력]
ECO_3D(
  (res_3d_3): Resnet_3D_3(
    (res3a_2): Conv3d(96, 128, kernel_size=(3, 3, 3), stride=(1, 1, 1),
padding=(1, 1, 1))
...
```

계속하여 다음 구현 코드를 실행하고 텐서보드X용 graph 데이터를 저장합니다. 앞 절의 텐
서보드X 코드와 거의 동일하지만 더미 데이터의 텐서 크기를 (batch_size, 16, 96, 28,
28)로 변경하였습니다.

```
# 1. 텐서보드X의 저장 클래스 호출
from tensorboardX import SummaryWriter

# 2. tbX 폴더에 저장할 writer 준비
# tbX 폴더가 존재하지 않는 경우 작성
writer = SummaryWriter("./tbX/")

# 3. 네트워크에 넣을 더미 데이터 작성
batch_size = 1
dummy_img = torch.rand(batch_size, 16, 96, 28, 28)

# 4. net에 대한 더미 데이터
# dummy_img를 넣었을 때의 graph를 writer에 저장시킨다.
writer.add_graph(net, (dummy_img, ))
writer.close()

# 5. 명령 프롬프트를 열어서 tbX 폴더가 위치한 폴더에 이동한 후
# 다음 명령을 실행한다.

# tensorboard --logdir="./tbX/"

# 그 후 http://localhost:6006에 접속한다.
```

ECO의 **3D Net** 모듈의 개요와 주요 요소인 3D CNN(**3DResNet**)의 구현을 설명하였습니다. 앞 절의 **2D Net** 모듈과 함께 사용하면 ECO 모델을 구축할 수 있습니다. 여기까지의 내용을 utils 폴더의 eco.py로 준비하여 이후에는 이 파일을 `import`합니다.

다음 절에서는 Kinetics라는 동영상 데이터셋을 다운로드하여 동영상 데이터에 대해 전처리를 실행하고 파이토치의 데이터 로더로 변환하는 방법을 설명하고 구현합니다.

9.4 Kinetics 동영상 데이터셋을 데이터 로더로 구현

Kinetics^{the kinetics human action video dataset}[6]라는 인물의 동작에 관한 동영상 데이터셋을 처리합니다. Kinetics는 400종류(Kinetics-400) 또는 600종류(Kinetics-600)의 동작이 클래스로 나누어졌으며 각 클래스에 500개 정도의 동영상이 있습니다. 동영상 길이는 기본 10초입니다 (10초보다 짧은 것도 있습니다).

Kinetics-400에 대해 알아보겠습니다. 모든 데이터를 다운로드하는 것은 어려우니 Kinetics -400의 동영상 여덟 개를 선택적으로 다운로드합니다. 이번 절에서는 Kinetics-400의 동영상을 다운로드하는 방법, 전처리, 그리고 파이토치에서 다룰 수 있는 데이터 로더 작성을 구현하겠습니다.

이 절의 학습 목표는 다음과 같습니다.

1. **Kinetics 동영상 데이터셋을 다운로드할 수 있다.**
2. **동영상 데이터를 프레임별 화상 데이터로 변환할 수 있다.**
3. **ECO에서 사용하는 데이터 로더를 구현할 수 있다.**

구현 파일

9-4_1_kinetics_download_for_python2.ipynb

9-4_2_convert_mp4_to_jpeg.ipynb

9-4_3_ECO_DataLoader.ipynb

9.4.1 Kinetics-400의 동영상 데이터 다운로드

9_video_classification_ECO 폴더 내 video_download 폴더에 Kinetics를 다운로드하는 download.py 파일과 어떠한 항목을 다운로드할지 지정하는 kinetics-400_val_8videos. csv 파일이 있습니다. 'armwrestling(팔씨름)'과 'bungee jumping(번지점프)' 데이터를 각 각 네 개씩 다운로드합니다. Kinetics의 검증^{validation}에 사용되는 동영상 데이터입니다.

Kinetics는 유튜브에서 동영상을 다운로드합니다. 다운로드를 위한 동영상 ID가 csv 파일 kinetics-400_val_8videos.csv에 기재되었습니다. csv 파일의 내용에 따라 동영상을 다운 로드하는 download.py는 참고 문헌[7]을 참고하여 일부를 주석 처리하여 작성했습니다.

kinetics-400_val_8videos.csv에 기재된 동영상 ID의 유튜브 동영상을 download.py를 실행하여 다운로드하는 프로그램이 9-4_1_kinetics_download_for_python2.ipynb입니 다. download.py는 파이썬 2.X에서의 동작이 전제이며 파이썬 3에서는 제대로 작동하지 않 습니다. 새롭게 파이썬 2.X의 아나콘다 가상 환경을 만들어야 합니다. 이때 가상 환경에 넣을 패키지 및 가상 환경 이름 등의 설정 조건이 video_download 폴더의 environment.yml에 적혀 있습니다.

우분투 OS의 9_video_classification_ECO 폴더 1단계 위(pytorch_advanced 폴더)에 있 다고 해봅시다. 먼저 `source deactivate`를 실행하여 가상 환경을 빠져나옵니다. `conda env create -f ./9_video_classification_eco/video_download/environment.yml`를 실 행하여 environment.yml에 포함된 설정 조건으로 가상 환경 kinetics를 작성합니다.

다음으로 `source activate kinetics`를 실행하여 가상 환경 kinetics에 들어갑니다. `pipinstall --upgrade youtube-dl`, `pip install --upgrade joblib`을 실행하여 최신 패키지로 업데이트하면 완료됩니다.

`jupyter notebook --port 9999`를 실행하여 AWS EC2의 주피터 노트북을 엽니다. 9-3-1_kinetics_download_for_python2.ipynb 파일을 열어 다음 내용의 셀을 실행합니다.

```
import os

# data 폴더가 없으면 작성
data_dir = "./data/"
if not os.path.exists(data_dir):
    os.mkdir(data_dir)
```

```
# kinetics_videos 폴더가 없으면 작성
data_dir = "./data/kinetics_videos/"
if not os.path.exists(data_dir):
    os.mkdir(data_dir)


# video_download 폴더의 파이썬 파일인 download.py을 실행한다.
# 유튜브 데이터는 video_download 폴더의 kinetics-400_val_8videos.csv에 기재한 여덟
개 동영상이다.
# 저장할 곳은 data 폴더 내의 kinetics_videos 폴더이다.
!python2 ./video_download/download.py ./video_download/kinetics-400_val_8videos.
csv ./data/kinetics_videos/
```

실행하면 data 폴더 내 kinetics_videos 폴더 속에 arm wrestling과 bungee jumping 폴더가 생성되고 각각 네 개의 동영상이 다운로드됩니다.

9.4.2 동영상 데이터를 화상 데이터로 분할

다운로드한 동영상 데이터를 프레임별 화상 데이터로 변환합니다. 가상 환경은 kinetics입니다.

주피터 노트북에서 9-4_2_ convert_mp4_to_jpeg.ipynb 파일을 열고 다음 셀을 실행합니다. data 폴더 내의 kinetics_videos 폴더 안 arm wrestling과 bungee jumping 폴더에 동영상 파일명으로 폴더가 생성되고 jpeg 형식으로 프레임별 화상이 저장됩니다.

```
import os
import subprocess  # 터미널에서 실행할 명령을 수행할 수 있다.

# 동영상이 저장된 kinetics_videos 폴더에 있는 클래스의 종류와 경로를 얻는다.
dir_path = './data/kinetics_videos'
class_list = os.listdir(path=dir_path)
print(class_list)

# 각 클래스의 동영상 파일을 화상 파일로 변환한다.
for class_list_i in (class_list):  # 클래스별 루프

    # 클래스의 폴더 경로 취득
    class_path = os.path.join(dir_path, class_list_i)

    # 각 클래스 폴더 내의 동영상 파일을 하나씩 처리하는 루프
```

```
    for file_name in os.listdir(class_path):

        # 파일명과 확장자로 분할
        name, ext = os.path.splitext(file_name)

        # mp4 파일이 아닌 파일과 폴더 등은 처리하지 않는다.
        if ext != '.mp4':
            continue

        # 동영상 파일을 화상으로 분할하여 저장할 폴더명 취득
        dst_directory_path = os.path.join(class_path, name)

        # 위의 화상 저장 폴더가 없으면 작성
        if not os.path.exists(dst_directory_path):
            os.mkdir(dst_directory_path)

        # 동영상 파일의 경로 취득
        video_file_path = os.path.join(class_path, file_name)

        # ffmpeg를 실행하여 동영상 파일을 jpg로 바꾼다(높이 256 픽셀로 폭은 화면
        비율을 바꾸지 않는다).
        # kinetics 동영상은 10초이며 대략 300개 파일이 된다(30 frames /sec).
        cmd = 'ffmpeg -i \"{}\" -vf scale=-1:256 \"{}/image_%05d.jpg\"'.format(
            video_file_path, dst_directory_path)
        print(cmd)
        subprocess.call(cmd, shell=True)
        print('\n')

print("동영상 파일을 화상 파일로 변환했습니다.")
```

9.4.3 Kinetics 동영상 데이터셋으로 ECO의 데이터 로더 작성

ECO에서 사용할 데이터 로더를 Kinetics의 동영상 데이터셋으로 작성합니다. kinetics 가상 환경에서 빠져나와 pytorch_p36 가상 환경에 들어갑니다(source deactivate, source activate pytorch_p36).

데이터 로더 작성은 화상 데이터로 데이터 로더를 작성하는 방법과 동일합니다. 파일 경로가 포함된 리스트를 작성하고 전처리를 정의하며 데이터셋을 만든 후 데이터 로더를 작성합니다. 주의할 점은 동영상 데이터를 분할한 화상 데이터를 처리하기 위해 여러 장의 화상을 세트로 취급한다는 점입니다. 하나씩 구현하면서 확인해보겠습니다. 9-4_3_ECO_DataLoader. ipynb를 참조하기 바랍니다.

먼저 파일 경로가 포함된 리스트를 만듭니다. data 폴더 내 kinetics_videos 폴더에 있는 클래스별 폴더(arm wrestling 등)의 각 동영상을 화상으로 분할한 폴더 경로를 나열합니다.

구현은 다음과 같습니다.

```python
def make_datapath_list(root_path):
    """
    동영상을 화상 데이터로 만든 폴더의 파일 경로 리스트를 작성한다.
    root_path : str, 데이터 폴더로의 root 경로
    Returns: ret : video_list, 동영상을 화상 데이터로 만든 폴더의 파일 경로 리스트
    """

    # 동영상을 화상 데이터로 만든 폴더의 파일 경로 리스트
    video_list = list()

    # root_path의 클래스 종류와 경로 취득
    class_list = os.listdir(path=root_path)

    # 각 클래스의 동영상 파일을 화상으로 만든 폴더의 경로 취득
    for class_list_i in (class_list):  # 클래스별 루프

        # 클래스의 폴더 경로 취득
        class_path = os.path.join(root_path, class_list_i)

        # 각 클래스의 폴더 내 화상 폴더를 취득하는 루프
        for file_name in os.listdir(class_path):

            # 파일명과 확장자로 분할
            name, ext = os.path.splitext(file_name)

            # mp4 파일이 아닌 파일과 폴더 등은 무시
            if ext == '.mp4':
                continue

            # 동영상 파일을 화상으로 분할하여 저장한 폴더의 경로 취득
            video_img_directory_path = os.path.join(class_path, name)

            # vieo_list에 추가
            video_list.append(video_img_directory_path)
```

```
        return video_list

# 동작 확인
root_path = './data/kinetics_videos/'
video_list = make_datapath_list(root_path)
print(video_list[0])
print(video_list[1])
```

계속해서 전처리를 정의합니다. 전처리 클래스로 **VideoTransform** 클래스를 정의합니다. 책에서는 훈련을 하지 않아 데이터 확장은 생략합니다.

전처리에서는 다음의 5단계로 처리합니다.

1. 화상의 크기를 짧은 변의 길이가 224가 되도록 리사이즈한다.
2. 화상의 중심에서 224×224의 범위를 잘라낸다(center crop).
3. 데이터를 파이토치 텐서로 변환한다.
4. 데이터를 표준화한다.
5. 프레임 수만큼의 화상을 하나의 텐서로 정리한다.

먼저 **VideoTransform** 클래스를 정의한 후 각 전처리 클래스를 구현합니다. 16프레임만큼의 화상을 한꺼번에 전처리한다는 점을 주의합니다.

```
class VideoTransform():
    """
    동영상을 화상으로 만드는 전처리 클래스. 학습 시와 추론 시 다르게 작동한다.
    동영상을 화상으로 분할하고 있어 분할된 화상을 한꺼번에 전처리하는 점을 주의한다.
    """

    def __init__(self, resize, crop_size, mean, std):
        self.data_transform = {
            'train': torchvision.transforms.Compose([
                # DataAugumentation()  # 이번에는 생략
                GroupResize(int(resize)),  # 화상을 한꺼번에 리사이즈
                GroupCenterCrop(crop_size),  # 화상을 한꺼번에 center crop
                GroupToTensor(),  # 데이터를 파이토치 텐서로 변환
```

```
                GroupImgNormalize(mean, std),  # 데이터 표준화
                Stack()  # 여러 화상을 프레임 차원으로 결합시킨다.
            ]),
            'val': torchvision.transforms.Compose([
                GroupResize(int(resize)),  # 화상을 한꺼번에 리사이즈
                GroupCenterCrop(crop_size),  # 화상을 한꺼번에 center crop
                GroupToTensor(),  # 데이터를 파이토치 텐서로 변환
                GroupImgNormalize(mean, std),  # 데이터 표준화
                Stack()  # 여러 화상을 프레임 차원으로 결합시킨다.
            ])
        }

    def __call__(self, img_group, phase):
        """
        Parameters
        ----------
        phase : 'train' or 'val'
            전처리 모드 지정
        """
        return self.data_transform[phase](img_group)
```

다음과 같이 각 전처리 클래스를 구현합니다.

전처리에서 주의해야 할 점이 있습니다. GroupToTensor 클래스에서 한꺼번에 화상 리스트를 파이토치 텐서로 변환합니다. 이때 0에서 255까지의 값이 0에서 1로 규격화되어 255를 곱하고 0에서 255 사이의 값이 되도록 합니다. 나중에 사용할 학습된 모델이 0부터 255까지 처리하는 것에 맞추기 위해서입니다.

Stack 클래스에서는 화상의 리스트를 하나의 텐서로 변환합니다. (x.flip(dims=[0])으로 색상 채널의 순서를 RGB에서 BGR로 반전시킵니다. 역시 학습된 모델의 색상 채널 순서에 맞추기 위해서입니다. 색상 채널의 순서를 변경한 후 unsqueeze(dim=0)으로 선두에 새로운 차원을 만듭니다. 이는 프레임용 차원을 작성하는 작업입니다. 새로 생긴 프레임 차원에 16프레임분 데이터를 결합시켜 (frames, color-channel, hight width)=(16, 3, 224, 224)의 텐서를 만듭니다.

```
# 전처리로 사용할 클래스 정의

class GroupResize():
```

```python
    '''화상 크기를 한꺼번에 재조정(rescale)하는 클래스
    화상의 짧은 변의 길이가 리사이즈로 변환된다.
    화면 비율은 유지된다.
    '''

    def __init__(self, resize, interpolation=Image.BILINEAR):
        '''rescale 처리 준비'''
        self.rescaler = torchvision.transforms.Resize(resize, interpolation)

    def __call__(self, img_group):
        '''img_group(리스트)의 각 img에 rescale 실시'''
        return [self.rescaler(img) for img in img_group]


class GroupCenterCrop():
    '''화상을 한꺼번에 center crop하는 클래스
        (crop_size, crop_size)의 화상을 잘라낸다.
    '''

    def __init__(self, crop_size):
        '''center crop 처리를 준비'''
        self.ccrop = torchvision.transforms.CenterCrop(crop_size)

    def __call__(self, img_group):
        '''img_group(리스트)의 각 img에 center crop 실시'''
        return [self.ccrop(img) for img in img_group]


class GroupToTensor():
    '''화상을 한꺼번에 텐서로 만드는 클래스
    '''

    def __init__(self):
        '''텐서화하는 처리를 준비'''
        self.to_tensor = torchvision.transforms.ToTensor()

    def __call__(self, img_group):
        '''img_group(리스트)의 각 img에 텐서화 실시
        0부터 1까지가 아니라 0부터 255까지를 다뤄 255를 곱해서 계산한다.
        0부터 255로 다루는 것은 학습된 데이터 형식에 맞추기 위해서이다.
        '''

        return [self.to_tensor(img)*255 for img in img_group]


class GroupImgNormalize():
    '''화상을 한꺼번에 표준화하는 클래스
```

```
    '''

    def __init__(self, mean, std):
        '''표준화 처리를 준비'''
        self.normlize = torchvision.transforms.Normalize(mean, std)

    def __call__(self, img_group):
        '''img_group(리스트)의 각 img에 표준화 실시'''
        return [self.normlize(img) for img in img_group]

class Stack():
    '''화상을 하나의 텐서로 정리하는 클래스
    '''

    def __call__(self, img_group):
        '''img_group은 torch.Size([3, 224, 224])가 요소인 리스트
        '''
        ret = torch.cat([(x.flip(dims=[0])).unsqueeze(dim=0)
                        for x in img_group], dim=0)  # 프레임 차원으로 결합
        # x.flip(dims=[0])은 색상 채널을 RGB에서 BGR으로 순서를 바꾼다(원래의 학습
        데이터가 BGR이었기 때문).
        # unsqueeze(dim=0)은 새롭게 프레임용 차원을 작성한다.

        return ret
```

데이터셋을 작성합니다. 먼저 Kinetics-400의 라벨명을 ID로 변환하는 사전과 ID를 라벨명으로 변환하는 사전을 준비합니다. Kinetics-400의 라벨명과 ID의 대응을 video_download 폴더의 kinetics_400_label_dicitionary.csv로 준비했습니다. 파일을 읽어 사전형 변수를 만듭니다.

```
# Kinetics-400의 라벨명을 ID로 변환하는 사전과 ID를 라벨명으로 변환하는 사전 준비
Def get_label_id_dictionary(label_dicitionary_path='./video_download/kinetics_400_
label_dicitionary.csv'):
    label_id_dict = {}
    id_label_dict = {}

    with open(label_dicitionary_path, encoding="utf-8_sig") as f:

        # 읽어들인다.
        reader = csv.DictReader(f, delimiter=",", quotechar='"')
```

```
    # 1행씩 읽어 사전형 변수에 추가한다.
    for row in reader:
        label_id_dict.setdefault(
            row["class_label"], int(row["label_id"])-1)
        id_label_dict.setdefault(
            int(row["label_id"])-1, row["class_label"])

    return label_id_dict,  id_label_dict

# 확인
label_dicitionary_path = './video_download/kinetics_400_label_dicitionary.csv'
label_id_dict, id_label_dict = get_label_id_dictionary(label_dicitionary_path)
label_id_dict
```

```
[출력]
{'abseiling': 0,
 'air drumming': 1,
 'answering questions': 2,
 'applauding': 3,
 'applying cream': 4,
 'archery': 5,
 'arm wrestling': 6,
...
```

label_id_dict로 데이터셋을 정의합니다. 다음과 같이 구현합니다.

데이터셋 인수는 video_list, label_id_dict, num_segments, phase, transform, img_tmpl입니다. video_list는 make_datapath_list 함수로 작성한 동영상 폴더의 경로 리스트, label_id_dict는 Kineteics-400 라벨의 사전입니다.

중요한 파라미터는 num_segments입니다. 이 값으로 지정한 프레임 수만큼 동영상에서 화상을 추출합니다. num_segments=16을 사용하겠습니다. phase는 train 또는 val을 지정하는 변수입니다. 전처리 함수 transform의 동작을 제어합니다.

마지막 인수인 img_tmpl은 화상 파일명의 템플릿입니다.

화상 파일을 pull_item 함수로 꺼냅니다. 반환 값으로 16프레임을 정리한 텐서, 해당 동영상의 라벨, 라벨 ID, 그리고 동영상 파일명을 지정합니다. pull_item 함수 내에서는 _load_imgs 함수와 _get_indices 함수를 사용합니다.

_load_imgs 함수는 주어진 폴더 내 동영상의 16프레임만큼 화상을 꺼내 리스트로 만드는 처리를 합니다. _get_indices 함수는 동영상의 길이에서 일정한 간격으로 16frames을 추출할 때의 화상 index를 구합니다. 예를 들어 화상이 10초 250frames일 경우 [8 24 40 55 71 86 102 118 133 149 165 180 196 211 227 243] 16개가 추출하는 프레임입니다. 동영상 길이가 변화하면 추출할 프레임의 index도 변화합니다.

```python
class VideoDataset(torch.utils.data.Dataset):
    """
    동영상 데이터셋
    """

    def __init__(self, video_list, label_id_dict, num_segments, phase, transform,
    img_tmpl='image_{:05d}.jpg'):
        self.video_list = video_list  # 동영상 폴더의 경로 리스트
        self.label_id_dict = label_id_dict  # 라벨명을 id로 변환하는 사전형 변수
        self.num_segments = num_segments  # 동영상을 어떻게 분할하여 사용할지 결정
        self.phase = phase  # train or val
        self.transform = transform  # 전처리
        self.img_tmpl = img_tmpl  # 읽어들일 화상 파일명의 템플릿

    def __len__(self):
        '''동영상 수를 반환'''
        return len(self.video_list)

    def __getitem__(self, index):
        '''
        전처리한 화상들의 데이터와 라벨, 라벨 ID를 취득
        '''
        imgs_transformed, label, label_id, dir_path = self.pull_item(index)
        return imgs_transformed, label, label_id, dir_path

    def pull_item(self, index):
        '''전처리한 화상들의 데이터와 라벨, 라벨 ID를 취득'''

        # 1. 화상들을 리스트에서 읽는다.
        dir_path = self.video_list[index]  # 화상이 저장된 폴더
        indices = self._get_indices(dir_path)  # 읽어들일 화상 idx를 구한다.
        img_group = self._load_imgs(
            dir_path, self.img_tmpl, indices)  # 리스트로 읽는다.

        # 2. 라벨을 취득해 id로 변환
```

```python
        label = (dir_path.split('/')[3].split('/')[0])
        label_id = self.label_id_dict[label] # id를 취득

        # 3. 전처리 실시
        imgs_transformed = self.transform(img_group, phase=self.phase)

        return imgs_transformed, label, label_id, dir_path

    def _load_imgs(self, dir_path, img_tmpl, indices):
        '''화상을 한꺼번에 읽어들여 리스트화하는 함수'''
        img_group = []  # 화상을 저장할 리스트

        for idx in indices:
            # 화상 경로 취득
            file_path = os.path.join(dir_path, img_tmpl.format(idx))

            # 화상을 읽는다.
            img = Image.open(file_path).convert('RGB')

            # 리스트에 추가
            img_group.append(img)
        return img_group

    def _get_indices(self, dir_path):
        """
        동영상 전체를 self.num_segment로 분할했을 때의 동영상 idx 리스트 취득
        """
        # 동영상 프레임 수 구하기
        file_list = os.listdir(path=dir_path)
        num_frames = len(file_list)

        # 동영상의 간격 구하기
        tick = (num_frames) / float(self.num_segments)
        # 250 / 16 = 15.625
        # 동영상 간격으로 꺼낼 때 idx를 리스트로 구한다.
        indices = np.array([int(tick / 2.0 + tick * x)
                            for x in range(self.num_segments)])+1
        # 250frame에서 16frame 추출의 경우
        # indices = [  8  24  40  55  71  86 102 118 133 149 165 180 196 211 227 243]

        return indices
```

데이터셋의 동작을 확인합니다.

```
# 동작 확인

# vieo_list 작성
root_path = './data/kinetics_videos/'
video_list = make_datapath_list(root_path)

# 전처리 설정
resize, crop_size = 224, 224
mean, std = [104, 117, 123], [1, 1, 1]
video_transform = VideoTransform(resize, crop_size, mean, std)

# 데이터셋 작성
# num_segments는 동영상을 어떻게 분할하여 사용할지 정한다.
val_dataset = VideoDataset(video_list, label_id_dict, num_segments=16,
                           phase="val", transform=video_transform, img_tmpl='
                           image_{:05d}.jpg')

# 데이터를 꺼내는 예
# 출력은 imgs_transformed, label, label_id, dir_path
index = 0
print(val_dataset.__getitem__(index)[0].shape)  # 동영상의 텐서
print(val_dataset.__getitem__(index)[1])  # 라벨
print(val_dataset.__getitem__(index)[2])  # 라벨 ID
print(val_dataset.__getitem__(index)[3])  # 동영상 경로
```

```
[출력]
torch.Size([16, 3, 224, 224])
arm wrestling
6
./data/kinetics_videos/arm wrestling/C4lCVBZ3ux0_000028_000038
```

마지막으로 데이터셋을 데이터 로더로 만듭니다. 출력 텐서의 크기는 torch.Size([8, 16, 3, 224, 224]로 (미니 배치 수, frames 수, 색상 채널 수, 높이, 폭)을 나타냅니다.

```
# 데이터 로더로 한다.
batch_size = 8
val_dataloader = torch.utils.data.DataLoader(
    val_dataset, batch_size=batch_size, shuffle=False)

# 동작 확인
batch_iterator = iter(val_dataloader)  # 반복자로 변환
imgs_transformeds, labels, label_ids, dir_path = next(
```

```
    batch_iterator)  # 첫 번째 요소를 꺼낸다.
  print(imgs_transformeds.shape)
```

```
[출력]
torch.Size([8, 16, 3, 224, 224])
```

Kinetics-400 데이터셋에서 동영상을 다운로드하여 프레임별로 화상 데이터로 변환, 그리고 ECO용으로 파이토치의 데이터 로더를 작성하였습니다. 지금까지 내용을 utils 폴더의 kinetics400-eco-dataloader.py에 준비해두면 다음부터는 이 파일에서 읽을 수 있습니다. 다음 절에서는 ECO 모델을 구축하고 추론을 실행합니다.

9.5 ECO 모델 구현 및 동영상 분류의 추론 실시

ECO를 구현하고 학습된 모델을 읽어들여 앞서 만든 Kinetics의 데이터 로더의 동영상 클래스 분류를 실시합니다. 책에서는 훈련은 하지 않고 추론만 실시합니다.

이 절의 학습 목표는 다음과 같습니다.

1. **ECO 모델을 구현할 수 있다.**
2. **학습된 ECO 모델을 자신의 모델에 읽어들일 수 있다.**
3. **ECO 모델을 사용하여 테스트 데이터를 추론할 수 있다.**

구현 파일

9-5_ECO_inference.ipynb

9.5.1 Kinetics 데이터셋의 데이터 로더 작성

앞 절의 데이터 로더 구현에서 작성한 내용이 utils 폴더의 kinetics400_eco_dataloader.py에 준비되었습니다. 이 파일의 함수와 클래스 make_datapath_list, VideoTransform, get_label_id_dictionary, VideoDataset을 이용하여 데이터 로더를 작성합니다. 구현은

다음과 같습니다.

출력은 미니 배치의 크기를 8, 동영상을 분할 수를 16으로 설정합니다. 데이터 로더에서 꺼낸 요소의 화상 데이터 크기는 (batch_num, frames, 채널, 높이, 폭)=(8, 16 3, 224, 224)가 됩니다.

```
from utils.kinetics400_eco_dataloader import make_datapath_list, VideoTransform,
get_label_id_dictionary, VideoDataset

# vieo_list 작성
root_path = './data/kinetics_videos/'
video_list = make_datapath_list(root_path)

# 전처리 설정
resize, crop_size = 224, 224
mean, std = [104, 117, 123], [1, 1, 1]
video_transform = VideoTransform(resize, crop_size, mean, std)

# 라벨 사전 작성
label_dicitionary_path = './video_download/kinetics_400_label_dicitionary.csv'
label_id_dict, id_label_dict = get_label_id_dictionary(label_dicitionary_path)

# 데이터셋 작성
# num_segments는 동영상을 어떻게 분할하여 사용할지 정한다.
val_dataset = VideoDataset(video_list, label_id_dict, num_segments=16,
                           phase="val", transform=video_transform, img_tmpl='
                           image_{:05d}.jpg')

# 데이터 로더로 한다.
batch_size = 8
val_dataloader = torch.utils.data.DataLoader(
    val_dataset, batch_size=batch_size, shuffle=False)

# 동작 확인
batch_iterator = iter(val_dataloader)  # 반복자로 변환
imgs_transformeds, labels, label_ids, dir_path = next(
    batch_iterator)  # 첫 번째 요소를 꺼낸다.
print(imgs_transformeds.shape)
```

```
[출력]
torch.Size([8, 16, 3, 224, 224])
```

9.5.2 ECO 모델 구현

9.2절에서 구현한 Inception-v2 기반의 2D Net 모듈과 9.3절에서 구현한 **3D ResNet** 기반의 **3D Net** 모듈을 이용하여 ECO 모델을 만듭니다.

ECO 모델의 구현에서 주의할 점은 **forward** 함수가 약간 복잡하다는 점입니다. 데이터 로더에서 꺼낸 텐서 크기는 (batch_num, frames, 채널, 높이, 폭)=(8, 16, 3, 224,224)입니다. 이 텐서를 화상의 합성곱 층을 가진 **2D Net** 모듈로 보내고 싶지만 파이토치의 **nn.Conv2d** 클래스는 (batch_num, 채널, 높이, 폭)이라는 4차원으로 구성된 텐서만 입력할 수 있습니다. 즉 이번 frames 차원을 가진 5차원 텐서는 다룰 수 없습니다.

2D Net 모듈에서는 각 화상을 독립적으로 처리히야 frames의 차원을 미니 배치 차원과 맞도록 4차원 텐서로 강제 변형합니다. (batch_num, frames, 채널, 높이, 폭)=(8, 16, 3, 224, 224)의 텐서를 (batch_num×frames, 채널, 높이, 폭)=(128, 3, 224 224)라는 4차원 텐서로 변형하고 frames을 미니 배치 차원으로 둔 후 **2D Net** 모듈로 처리합니다.

2D Net 모듈로 처리된 데이터 크기는 (128, 96, 28, 28)이 됩니다. 이를 **3D Net** 모듈에 입력할 수 있도록 batch_numxframes로 변형한 부분을 원래대로 되돌립니다. (batch_numxframes, 채널, 높이, 폭)=(128, 96, 28, 28)을 (batch_num, frames, 채널, 높이, 폭)=(8, 16, 96, 28, 28)로 변형합니다. 나머지는 **3D Net** 모듈에 입력하여 출력된 (batch_num, 채널)=(8, 512)의 데이터를 전결합 층에서 클래스 분류 처리합니다.

다음과 같이 ECO 모델을 구현합니다. ECO 모델에는 Full ECO와 ECO Lite가 있으며 ECO Lite 모델을 구현하겠습니다.

```
from utils.eco import ECO_2D, ECO_3D

class ECO_Lite(nn.Module):
    def __init__(self):
        super(ECO_Lite, self).__init__()

        # 2D Net 모듈
        self.eco_2d = ECO_2D()

        # 3D Net 모듈
        self.eco_3d = ECO_3D()
```

```python
        # 클래스 분류의 전결합 층
        self.fc_final = nn.Linear(in_features=512, out_features=400, bias=True)

    def forward(self, x):
        '''
        입력 x는 torch.Size([batch_num, num_segments=16, 3, 224, 224]))
        '''

        # 입력 x의 각 차원 크기를 취득
        bs, ns, c, h, w = x.shape

        # x를 (bs*ns, c, h, w)의 크기로 변환한다.
        out = x.view(-1, c, h, w)
        # 파이토치의 Conv2D는 입력 크기가 (batch_num, c, h, w)만 허용되어
        # (batch_num, num_segments, c, h, w)는 처리할 수 없다.
        # 지금은 2차원 화상을 따로 처리하므로 num_segments는 batch_num의 차원에 넣어도 돼
        # (batch_num×num_segments, c, h, w)로 크기를 변환한다.

        # 2D Net 모듈 출력 torch.Size([batch_num×16, 96, 28, 28])
        out = self.eco_2d(out)

        # 2차원 화상을 텐서를 이용하여 3차원용으로 변환
        # batch_num의 차원으로 넣은 num_segments를 원래대로 되돌린다.
        out = out.view(-1, ns, 96, 28, 28)

        # 3D Net 모듈 출력 torch.Size([batch_num, 512])
        out = self.eco_3d(out)

        # 클래스 분류의 전결합 층 출력 torch.Size([batch_num, class_num=400])
        out = self.fc_final(out)

        return out
```

```python
net = ECO_Lite()
net
```

```
[출력]
ECO_Lite(
  (eco_2d): ECO_2D(
    (basic_conv): BasicConv(
      (conv1_7x7_s2): Conv2d(3, 64, kernel_size=(7, 7), stride=(2, 2), padding=(3, 3))
...
```

9.5.3 학습된 모델 로드

ECO Lite 모델로 Kinetics400 학습을 실시한 모델이 졸파가리[Zolfaghari]의 깃허브에 공개되었습니다.[8] weights 폴더에 ECO_Lite_rgb_model_Kinetics.pth.tar를 다운로드하여 배치하세요. 구글 드라이브 링크를 수동으로 다운로드하면 됩니다.

ECO_Lite_rgb_model_Kinetics.pth.tar는 지금까지 다룬 학습된 모델과 달리 파일 확장자가 .pth.tar입니다. pth 파일이 tar로 압축된 것은 모델의 파라미터인 state_dict 변수 외의 정보(학습 에폭 수 등)가 함께 저장된 사전형 변수로 되었기 때문입니다. tar로 압축된 것을 미리 해제할 필요는 없으며 파이토치에서 그대로 가져올 수 있습니다. 모델 파라미터를 사용할 때는 ['state_dict']로 지정해야 합니다.

8장 BERT 모델처럼 학습된 모델의 파라미터명은 이번 장에서 구현한 모델과 다릅니다. 학습된 모델은 module.base_model.conv1_7x7_s2.weight라는 이름이지만 구현한 모델은 eco_2d.basic_conv.conv1_7x7_s2.weight라는 파라미터명입니다. 이처럼 파라미터명은 다르지만 모델에 사용되는 파라미터의 종류나 순서는 동일합니다. 학습된 모델의 파라미터 이름을 이 절에서 구현한 모델의 파라미터 이름에 맞도록 state_dict를 작성하여 읽어들입니다.

구현은 다음과 같습니다.

```python
# 학습된 모델을 로드하는 함수 정의
def load_pretrained_ECO(model_dict, pretrained_model_dict):
    '''ECO 학습된 모델을 로드하는 함수
    이번에 구축한 ECO는 학습된 모델과 레이어 순서가 같지만 이름이 다르다.
    '''

    # 현재 네트워크 모델의 파라미터명
    param_names = []  # 파라미터명을 저장한다.
    for name, param in model_dict.items():
        param_names.append(name)

    # 현재 네트워크 정보를 복사하여 새로운 state_dict 작성
    new_state_dict = model_dict.copy()
```

```python
    # 새 state_dict에 학습된 값을 대입
    print("학습된 파라미터를 로드합니다")
    for index, (key_name, value) in enumerate(pretrained_model_dict.items()):
        name = param_names[index]  # 현재 네트워크에서 파라미터명 취득
        new_state_dict[name] = value  # 값을 넣는다.

        # 무엇에 로드된 것인지 표시
        print(str(key_name)+"→"+str(name))

    return new_state_dict


# 학습된 모델을 읽어들인다.
net_model_ECO = "./weights/ECO_Lite_rgb_model_Kinetics.pth.tar"
pretrained_model = torch.load(net_model_ECO, map_location='cpu')
pretrained_model_dict = pretrained_model['state_dict']
# pth가 tar로 압축되는 것은 state_dict 외의 정보도 함께 저장되어 있기 때문이다.
# 따라서 읽어들일 때는 사전형 변수로 되어 있어 ['state_dict']를 지정한다.

# 현재 모델의 변수명 등을 취득
model_dict = net.state_dict()

# 학습된 모델의 state_dict를 취득
new_state_dict = load_pretrained_ECO(model_dict, pretrained_model_dict)

# 학습된 모델의 파라미터 대입
net.eval()  # ECO 네트워크를 추론 모드로
net.load_state_dict(new_state_dict)
```

[출력]
학습된 파라미터를 읽어들입니다
module.base_model.conv1_7x7_s2.weight→eco_2d.basic_conv.conv1_7x7_s2.weight
module.base_model.conv1_7x7_s2.bias→eco_2d.basic_conv.conv1_7x7_s2.bias
...
module.new_fc.weight→fc_final.weight
module.new_fc.bias→fc_final.bias

9.5.4 추론(동영상 데이터의 클래스 분류)

마지막으로 추론을 실행합니다. 여덟 개 동영상 데이터를 데이터 로더에서 꺼내 ECO 모델로
추론합니다.

```
# 추론
net.eval()  # ECO 네트워크를 추론 모드로
batch_iterator = iter(val_dataloader)  # 반복자로 변환
imgs_transformeds, labels, label_ids, dir_path = next(
    batch_iterator)  # 첫 번째 요소를 꺼낸다.

with torch.set_grad_enabled(False):
    outputs = net(imgs_transformeds)  # ECO로 추론

print(outputs.shape)  # 출력 크기
```
```
[출력]
torch.Size([8, 400])
```

추론 결과는 (batch_num, class_num) = (8, 400)의 텐서입니다. 미니 배치의 각 데이터
에 대해 추론한 상위 결과를 출력하는 처리를 정의하고 실행합니다.

```
# 예측 결과 상위 다섯 개를 표시한다.
def show_eco_inference_result(dir_path, outputs_input, id_label_dict, idx=0):
    '''미니 배치의 각 데이터에 대해 추론한 상위 결과를 출력하는 함수 정의'''
    print("파일: ", dir_path[idx])  # 파일명

    outputs = outputs_input.clone()  # 사본 작성
    for i in range(5):
        '''1~5위까지 표시'''
        output = outputs[idx]
        _, pred = torch.max(output, dim=0)  # 확률 최대치 라벨 예측
        class_idx = int(pred.numpy())  # 클래스 ID 출력
        print("예측 {}위: {}".format(i+1, id_label_dict[class_idx]))
        outputs[idx][class_idx] = -1000  # 최대치였던 것을 없앤다(작게 한다).

# 예측 실시
```

```
idx = 0
show_eco_inference_result(dir_path, outputs, id_label_dict, idx)
```
```
[출력]
파일:  ./data/kinetics_videos/arm wrestling/C4lCVBZ3ux0_000028_000038
예측 1위: arm wrestling
예측 2위: headbutting
예측 3위: stretching leg
예측 4위: shaking hands
예측 5위: tai chi
```

팔씨름^{arm wrestling} 동영상을 클래스 분류한 결과 예측 1위는 arm wrestling입니다. 2위의 headbutting(박치기)나 4위의 shaking hands(악수)는 두 사람이 머리를 맞대고 손을 모으고 있어 팔씨름과 비슷하다는 생각할 수 있습니다.

이어서 네 번째 번지점프 동영상을 추론한 결과를 확인합니다.

```
# 예측 실시
idx = 4
show_eco_inference_result(dir_path, outputs, id_label_dict, idx)
```
```
[출력]
파일:  ./data/kinetics_videos/bungee jumping/TUvSX0pYu4o_000002_000012
예측 1위: bungee jumping
예측 2위: trapezing
예측 3위: abseiling
예측 4위: swinging on something
예측 5위: climbing a rope
```

번지점프 동영상을 클래스 분류한 결과 예측 1위는 bungee jumping(번지점프)입니다. 2위 trapezing(공중그네), 3위 abseiling(현수하강) 등은 공중 동작이라는 의미에서 동영상의 분위기가 번지점프와 비슷하게 느껴질 수 있습니다.

9.5.5 정리

이번 절에서는 ECO 모델 구축, 학습된 모델의 로드, Kinetics-400의 검증 데이터 추론을 설명하고 구현했습니다.

이상으로 9장 동영상 분류의 설명이 끝났습니다. 직접 만든 데이터셋에서의 학습은 실시하지 않았지만 9장의 학습된 모델을 파인튜닝하는 것으로 직접 만든 동영상 데이터셋도 분류할 수 있게 됩니다.

9장 참고 문헌

[1] ECO(Efficient Convolutional Network for Online Video Understanding)

Zolfaghari, M., Singh, K., & Brox, T. (2018). ECO: Efficient Convolutional Network for Online Video Understanding. In Proceedings of the European Conference on Computer Vision(ECCV) (pp. 695-712).

http://openaccess.thecvf.com/content_ECCV_2018/html/Mohammadreza_
Zolfaghari_ECO_Efficient_Convolutional_ECCV_2018_paper.html

[2] C3D(Convolutional 3D)

Tran, D., Bourdev, L., Fergus, R., Torresani, L., & Paluri, M. (2015). Learning Spatiotemporal Features With 3D Convolutional Networks. In Proceedings of the IEEE International Conference on Computer Vision(pp. 4489-4497).

https://www.cv-foundation.org/openaccess/content_iccv_2015/html/Tran_
Learning_Spatiotemporal_Features_ICCV_2015_paper.html

[3] Two-Stream ConvNets

Simonyan, K., & Zisserman, A. (2014). Two-Stream Convolutional Networks for Action Recognition in Videos. In Advances in Neural Information Processing Systems(pp. 568-576).

http://papers.nips.cc/paper/5353-two-stream-convolutional

[4] 깃허브: zhang-can/ECO-pytorch

https://github.com/zhang-can/ECO-pytorch

Released under the BSD 2-Clause License.

Copyright (c) 2017, Multimedia Laboratary, The Chinese University of Hong Kong All rights reserved.

https://github.com/zhang-can/ECO-pytorch/blob/master/LICENSE

[5] GoogLeNet

Szegedy, C., Liu, W., Jia, Y., Sermanet, P., Reed, S., Anguelov, D., ... & Rabinovich, A. (2015). Going Deeper With Convolutions. In Proceedings of the IEEE Conference on Computer Vision and Pattern Recognition (pp. 1-9).

https://www.cv-foundation.org/openaccess/content_cvpr_2015/html/
Szegedy_Going_Deeper_With_2015_CVPR_paper.html

[6] The Kinetics Human Action Video Dataset

Kay, W., Carreira, J., Simonyan, K., Zhang, B., Hillier, C., Vijayanarasimhan, S., ... & Suleyman, M. (2017). The Kinetics Human Action Video Dataset. arXiv preprint arXiv:1705.06950.

https://arxiv.org/abs/1705.06950

https://deepmind.com/research/open-source/open-source-datasets/kinetics/

The dataset is made available by Google, Inc. under a Creative Commons Attribution 4.0 International (CC BY 4.0) license.

[7] 깃허브: activitynet/ActivityNet

Released under the The MIT License.

Copyright (c) 2015 ActivityNet

https://github.com/activitynet/ActivityNet/blob/master/LICENSE

[8] ECO Lite의 Kinetics400 학습된 모델

깃허브: mzolfaghari/ECO-pytorch

https://github.com/mzolfaghari/ECO-pytorch

https://drive.google.com/open?id=1XNIq7byciKgrn011jLBggd2g79jKX4uD

INDEX

INDEX

INDEX

INDEX

INDEX

INDEX